KB174257

남명학의 현장 권4

오이환

지은이 오이환

1949년 부산에서 출생하여, 서울대학교 철학과를 졸업하였다. 동 대학원 및 타이완대학 대학원 철학과에서 수학한 후, 교토대학에서 문학석사 및 문학박사 학위를 수여받았다. 1982년 이후 경상대학교 철학과에 재직해 왔으며, 1997년에 사단법인 남명학연구원의 제1회 학술대상을 수상하였고, 제17대 한국동양철학회장을 역임하였다. 주요 저서로는 『남명학파연구』 2책, 『남명학의 새 연구』 2책, 『동아시아의 사상』, 편저로 『남명집4종』 및 『한국의 사상가 10인─남명 조식─』, 교감으로 『역주 고대일록』 3책, 역서로는 『중국 철학사』(가노 나오키 저) 및 『남명집』, 『남명문집』 등이 있다.

남명학의 현장 권4

© 오이환, 2013

1판 1쇄 인쇄: 2013년 09월 20일
1판 1쇄 발행: 2013년 09월 30일

지은이_오이환
펴낸이_홍정표
펴낸곳_글로벌콘텐츠
　　　　등　록_제25100-2008-24호

공급처: (주)글로벌콘텐츠출판그룹
　　　　이　사_양정섭
　　　　디자인_김미미
　　　　편　집_노경민 배소정 최민지
　　　　기획·마케팅_이용기
　　　　경영지원_안선영
　　　　주　소_서울특별시 강동구 천중로 196 정일빌딩 401호
　　　　전　화_02-488-3280
　　　　팩　스_02-488-3281
　　　　홈페이지_http://www.gcbook.co.kr
　　　　이메일_edit@gcbook.co.kr

값 28,000원
ISBN 978-89-93908-85-5 94150
　　　978-89-93908-81-7 94150(전5권 세트)

목 차

남명학의 현장 권 4

2002년

1월

7 (월) 맑음

오전 중 김경수 국장에게 전화해서, 지난번 권순찬 이사장과 만났을 때 제의받은 바를 수락하여 새해부터 내가 다시 사단법인 남명학연구원의 상임연구위원으로 복귀할 의사가 있음을 전했다. 퇴근 후 김 국장이 우리 아파트 앞으로 차를 몰고 와서 나를 태워 판문동에 있는 바다장어 구이 전문식당으로 갔고, 뒤이어 합류한 박라권·사재명 군과 더불어 넷이서 소주를 들며 그 문제에 관한 의견을 나누기도 하였다. 다들 나의 복귀를 환영한다는 말이었고 이사장도 크게 기뻐하더라고 했다. 권순찬 이사장이 김충렬 원장 및 조옥환 부이사장과 더불어 합의한 결과라면서 당시 나에게 제시했던 조건은 일단 종전의 상임연구위원 자격으로 복귀하되 연구원의 연구 사업을 실질적으로 주도하는 역할을 맡아달라는 것이었다. 그 전에 이미 김 국장을 통해 그이들이 나를 조만간 부원장으로 임명할 계획임을 들었으나, 권 이사장을 면담한 다음날 나는 김 국장에게 전화하여 그 제의를 수락할 생각이 없으므로 특정 개인을 위해 부원장의 직책을 신설할 필요는 없다는 의사를 표명한 바 있었다. 금년 1월부터는 상임연구위원의 수당도 종전의 월 10만 원에서 월 20만 원으로 늘어나게 되며, 내가 탈퇴해 있는 사이에 설석규·신병주·한명기·박병련 등 네 명의 상임연구위원이 추가되었다.

8 (화) 맑음

오늘 받아 본 예문서원의 인터넷 잡지에 예문동양사상연구원총서로서 '한국의 사상가 10人' 시리즈의 하나로 내가 편저한 남명 조식 편이 근간 될 예정임을 소개하고 있었다.

새한철학회로부터도 1월 11일에 대구에서 2002학년도 임원회의를 개최한다는 통지가 있었다. 이사 중 한 사람인 나는 신임 회장인 본교 철학과의 배석원 교수에게 전화하여 참석할 수 없음을 전하고, 그 대신 지정된 계좌에다 종신회비 20만 원을 송금하였다.

9 (수) 맑음

지난 학기에 도가철학의 부교재로 채택했었던 『周易參同契闡幽』(서울, 驪江出版社, 1990 재판)의 내용을 다시 한 번 검토해 보았다. 청대 초기의 도사 朱元育이 주석한 이 책을 한국어로 번역한 사람은 李允熙 씨이다. 나는 이 책의 역자후기나 해제 등을 보고서 그를 다만 도가에 흥미가 깊어 그런 수련을 하고 있는 사람 정도로만 짐작하고 있었는데, 지난달에 KBS의 남명·퇴계 탄신 500주년을 기념하는 'TV, 책을 말한다' 프로를 보고서 비로소 그가 오랫동안 사단법인 퇴계학연구원의 사무국장으로 있다가 현재는 그 연구부장으로 있는 사람임을 알았다. 서울법대 출신인 그와는 몇 년 전 중국 咸陽市에서 있었던 韓中국제학술대회에서 만나 만찬회장에서 테이블을 같이 한 적도 있었다.

그 외에도 작년 8월 8일 中國 西安의 交通大學에서 열렸던 國際南冥學研究會 주최 『曹南冥誕辰500周年紀念國際學術研討會論文提要』에 실린 논문들을 검토한 후 거기에 수록된 논문들을 「南冥學關係旣刊文獻目錄」에 추가하였고, 작년 12월 23·24일에 있었던 남명학연구원 2001년도 연구위원 세미나에서 발표된 논문들도 훑어보았다.

어제에 이어 인터넷을 통해 남명학관 2층의 한적도서관인 文泉閣의 신설된 홈페이지로 들어가 그 관련 사이트들까지 탐색해 보았다.

10 (목) 흐림

남명학연구원 2001년도 연구위원 세미나에서 소개된 각 분야의 기존 연구사 가운데서 나의 「남명학관계기간문헌목록」에 아직 수록되지 않은 논문들을 찾아내어 보완 입력했고, 학내 전산망을 통해 문천각 홈페이지 및 기타 인터넷 사이트들을 탐색해 보는 일을 계속했다.

남명학관의 준공과 더불어 문천각으로 이전된 자료들이 본교 중앙도서관 5층의 한적실에 소장되어 있었을 때에는, 나는 도서관 직원의 안내를 받아 평소에는 잠겨 있는 한적실의 문을 열고 들어가서 필요한 자료들을 찾아 얼마든지 대출해 올 수가 있었다. 그러나 문천각의 '이용안내'에 의하면 고서 영인본은 대출 및 부분복사가 가능하고, 고서 선장본과 고문서는 대출 및 복사가 불가능하고 열람만 가능하다고 한다. 현재까지 본교 남명학연구소를 장악하고 있는 한문학과에서는 남명학관 및 한적 자료들을 마치 자기네 학과의 물건처럼 취급하고 있는 것이다.

12 (토) 맑음
가상강좌의 漢代 부분 입력을 다시 시작하였다.

14 (월) 흐리고 밤에 비
가상강좌 한대 부분의 입력을 대충 마쳤다.

15 (화) 비
가상강좌 한대 부분 파일에 대해 수정 보완을 가하여 200자 원고지 50매 남짓 되는 분량에 이르렀다.

16 (수) 종일 비
서울대 동양철학연구회의 문석윤 총무로부터 이메일이 왔는데, 회원인 이병익 군이 노력하여 홈페이지 등록이 되었다고 하며, 소식지 2호는 두 차례 독촉했음에도 불구하고 회원들의 참여가 저조하다고 한다. 도메인으로 들어가 내용을 둘러보았는데, 아직 자리만 잡아 놓은 상태이고 아무런 내용이 없으나 관련 사이트에 서울대철학과 홈페이지가 연결되어 있으므로, 거기에 들어가서 그것 및 관련 사이트들을 탐색해 보았다. 근자에는 매일 인터넷을 통해 여러 사이트들을 둘러보느라고 적지 않은 시간을 소비하고 있다.

도메인 등록하는데 서버 사용료 24,000원(1년), 도메인 이용료 19,800원(1년), 포워딩 비용 11,000원(영구) 등 총 53,800원의 비용이 들었는데, 지금 동철연 잔고가 남아 있는지는 잘 모르겠으나 총무에게 30,000원이 동철연 기금으로 있으며, 조남호 군이 2월 중 겨울모임을 가지기 위해 준비 중이라고 한다. 모임의 공적 비용은 회비 등 자체 기금으로 충당함이 원칙이겠으나 우리 모임의 경우는 동문회원들의 참여가 적어 그것도 여의치 않을 것이므로, 일단 관련되는 사람들과 상의해 보되 별 방법이 없으면 내가 부담할 터이니 부족액과 통장번호를 알려달라고 회답했다.

밤에 H 교수의 자택으로 전화를 걸어 나의 행동에 잘못된 점이 없었음을 설명하고, 내가 그보다 세 살 연상이고 다정하게 지내던 옛 정을 생각해서라도 앞으로는 반말 등의 무례한 언사를 쓰지 말도록 요구했다. 그는 사실상 한 살 정도의 차이밖에 안된다고 하면서 모든 허물을 나에게 미루었다.

17 (목) 흐리다가 오후에 개임

어제 구입한 『중국대백과전서』의 CD를 검토하며 그것을 참고해 가면서 한대 부분의 수정 보완을 가하였다.

18 (금) 맑음

한대 사상 파일에 대한 수정 보완 작업을 계속하였다.

엊그제 H 교수가 나와 김윤수 씨의 논쟁 가운데서 내가 김윤수 씨를 중학 졸업의 학력 소지자라거나 남명학연구소를 한문학과 부설연구소라고 언급한 점을 두고서 학문과 관계없는 인신공격이라는 식으로 비난

것에 취미가 없는 지라 주로 술 마시는 자리에 어울렸다. 그 자리에서 불문과의 김석근 교수 등으로부터 차기 학장 선거에 출마할 것을 염두에 두라는 말을 여러 번 들었고, 국문과의 최용수 교수로부터는 내가 다른 교수들로부터 비난을 듣고 있다는 말도 들었다. 아마도 나를 비난하는 말은 남명학연구소의 주도권 문제로 말미암아 나와 대립해 있는 한문학과 교수 측으로부터 나온 말인 듯했다.

2 (토) 맑음

미화로부터는 내가 설날 선물로 보낸 사과 한 박스를 잘 받았다는 인사 전화가 어제 걸려 왔었다고 하며, 조옥환 사장으로부터도 상례에 따라 사과 한 박스가 보내져 왔다.

4 (월) 맑음

가상강좌의 청대 부분을 퇴고하고, 인조반정 전후 한국 유학사상 당쟁의 동향에 대한 입력을 시작하였다.

5 (화) 맑음

가상강좌 제11강 청대 부분의 입력을 계속하였고, 「南冥遺跡三洞辨證」의 지리산 유람 횟수 부분과 관련된 『남명집』「遊頭流錄」의 기록을 다시 한 번 검토해 보았다.

집에 돌아와 TV를 시청하고 있던 중에 서울문리대 선배인 중문과의 姜信雄 교수로부터 전화를 받고서 우리 집 부근의 금호아파트 옆에 있는 돼지갈비 전문점으로 갔다. 신임학장으로 선출된 독문과의 최종만, 전체 교수회의 차기 사무국장으로 내정된 불문과의 김석근 교수가 동석해 있었고, 얼마 후 통영에서 김석근 교수와 더불어 굴 공장을 동업하고 있다는 사람도 와서 같이 어울렸다.

그들이 나를 부른 이유는 내일 오후에 본교 인문학연구소의 차기 소장 선거가 있으므로, 나를 추천하겠다는 의사를 전하기 위해서였다. 현재 독문과의 이영석 교수와 사학과의 이원근 교수가 그 자리에 뜻을 두고서 경합을 벌이고 있는 모양인데, 그들은 제3자인 나를 밀겠다는 것이었다. 최종만 교수는 지난번 선거운동 당시에 나에게 차기 인문대학 교수회장을 맡을 의사를 타진한 바 있었고, 지난 주말의 교수세미나에서 김석근 교수는 차기 학장 선거를 염두에 두라는 말을 하고 있었으므로, 인문학연구소장은 차기 학장 선거를 위한 포석이 아닌가 짐작되었다. 그러나 나는 그들에게 이미 표명했던 바와 같이 연구소장도 교수회장도 학장도 할 생각이 없고 정년퇴직 때까지 평교수로서 지내겠다는 의사를 다시 한 번 분명히 했다. 그러나 답례 차 그 자리의 비용 72,000원은 내가 부담하였고, 2차의 노래방 모임에는 참석하지 않고서 10시 무렵에 혼자서 먼저 돌아왔다.

　6 (수) 맑음
　오전 11시부터 봉곡동에 있는 사단법인 남명학연구원 사무국에서 2002년도 제1차 상임연구위원회가 있었으므로, 나는 작년 이맘때 사임한지 1년 만에 처음으로 참석하였다. 내가 사임할 당시의 연구원은 이사장 권순찬, 부이사장 조옥환, 원장 김충렬에다 상임연구위원은 조회환·한상규·오이환·권인호·정우락·김경수·사재명의 7명이었는데, 그 사이 김경수 사무국장은 상임연구위원 명단에서 빠지고 그 대신 설석규·박병련·한명기·신병주 네 명이 추가되어 모두 10명으로 되어 있었다. 남명집 국역안 및 중국어역안, 국제남명학회 부회장인 중국 섬서사범대학 철학과 劉學智 교수의 연구계획서 「曺南冥與張載心性論之比較硏究」 등에 대한 검토가 있었다.
　나는 이 자리에서 『남명집』 중 문집·학기유편·부록 및 별집 앞부분들을 망라한 가칭 『國譯 南冥全書』의 편찬간행을 위한 책임자로 지명되었고, 중국어 번역안 및 연구계획서에 대해서도 적극적으로 의견을 개진하였다. 지난번 이사장으로부터 앞으로 연구원의 모든 연구업무는 사실상 나를 중심으로 추진해 나가기로 원장과 이사장·부이사장 등 3인이 합의했다는 조건에서 당분간 상임연구위원의 자격으로 복귀해 달라는 제의를 받고 일단 사절했다가 그 후 다시 수락하는 형태로 오늘 첫 회의에 참석하게 되었으므로, 앞으로 연구원의 업무에서 내가 적극적으로 의견을 개진해 나갈 수 있을 것이다.

사무국에서 회의 안건들을 대충 수습한 후, 장소를 신안동의 갑을가든 2층으로 옮겨 점심을 들면서 국역안과 연구계획서의 문제에 대해 좀 더 논의하여 『남명전서』 간행사업을 추진하기로 결론을 내렸다. 이 안은 조옥환 사장으로부터 나온 것이라고 한다.

갑을가든에서 조 사장으로부터 덕산 곶감 한 상자씩을 선물로 받은 후 헤어졌다. 나는 차를 집에다 갖다 둔 후 작년에 본교 남명학연구소 주최 국제학술회의가 있었던 날 밤에 김 국장 등과 함께 한 번 들른 적이 있었던 신안동의 2층 술집으로 가서 조니 워커와 맥주 등을 들며 남아 있는 상임연구위원들과 김 국장 및 뒤늦게 온 박라권 군, 송준식 교수 등과 어울려 대화를 나누다가, 2차로 그 부근의 횟집에 가서는 내가 한 턱 썼으며, 정우락 교수가 청하는 형식으로 3차의 생맥주 집에 들렀다가 밤 두 시 무렵에 귀가하였다. 술자리에서도 『남명전서』 편찬 문제에 대한 대화가 이어져, 대충 다섯 명으로서 내가 위원장이 된 실무위원회를 구성하였다. 2차 자리에서는 내가 김충렬 교수를 대신하여 원장이 되도록 추진해 보자는 말이 있었지만, 나는 현재의 임원진을 그대로 유지한 채 앞으로는 연구원의 모든 중요 업무를 상임연구위원회의 의결을 거쳐 결정하도록 하면 된다는 의견을 말했다.

7 (목) 맑음

어제 2차 자리에서 김 국장으로부터 받아온 2001년 8월 호남유림일동의 명의로 된 통문 '전국 향교전교 및 성균관 임원에게 아룁니다'를 읽어 보았다. 최창규 현 성균관장을 성토하는 내용인데, 그 중 부관장인 현 덕천서원 외임 河有楫 씨의 선임에 대해서는 "전국 각 서원, 문중을 돌며 나라를 망친 소진 장의의 흉내를 내면서 궤변이나 토하고 식객 노릇이나 하는 하 모씨 등만 선임하고"라고 언급되어 있었다.

영산대학교 교양학부의 정우락 교수 홈페이지로 들어가 그가 어제 밤에 당부한 중국 元代의 林隱 程復心 저술에 대해 조사해 본 바를 알려주었고, 아울러 사재명 군과 더불어『국역 남명전서』간행을 위한 원본 텍스트의 정립 과정에서부터 깊이 관여해 줄 것을 당부하였다. 정 교수의 홈페이지 중 '논문 및 저서' 항목에 열거된 내용을 출력하여「남명학관계기간문헌목록」에 포함되지 않은 것들은 그것을 참조하여 보충하였다.

오후 두 시 무렵에 인문학부 학생 대표 네 명이 춘계답사를 위한 자문을 구하기 위해 연구실로 찾아왔다. 당초에는 경기지방으로 갈 예정이었으나, 경비 관계로 산청·안동 지방으로 변경했다고 한다. 1/10만 도로교통지도를 꺼내어 답사해 볼 만한 장소들을 지적해 주었고, 斷俗寺와 관련하여서는 그들이 돌아간 뒤「남명학관계기간문헌목록」으로부터 송희준 씨의 논문 두 편을 찾아보고서 이메일로 그들 중 한 명인 손정미 양에게 소개해 주었다.

8 (금) 맑음

영산대의 정우락 교수, 명지대의 문석윤 교수와 더불어 이메일을 주고받았고, 김경수 국장과 여러 차례에 걸쳐 통화하며 남명학연구원의 당면 과제들에 대해 내 의견을 말하였다. 중국 西安의 국제남명학연구소 측과『남명집』번역이나 연구비 관계 협상을 위한 참고 자료로서 삼성증권 투자 가이드『Fn Honors Club』통권 31호(2002년 2월 1일 발행)에 실린 중국의 경제 현실에 관한 소개 글 '중국의 두 가지 얼굴'을 연구원에 팩스로 보내기도 하였다.

점심 때 산책을 마치고 돌아오는 도중에 남명학관의 한적 자료실인 文泉閣에 들러 한문학과 박사과정에 재학 중인 사서 이정희 군과 한동안 대화를 나누었다. 근자에 내 연구실 근처에 있는 H 교수의 연구실에서 전혀 인기척이 없더니 벌써 상당히 전의 어느 일요일에 남명학관 3층의 장원철 교수에게 배정되었던 방으로 이사하였으며, 역사교육과의 김준형 교수도 마침내 그리로 이사해 들어갔다고 한다. 이로써 인문학관 4층의 내 연구실 부근에 있었던 한문학과의 이상필·최석기·H 교수는 모두 남명학관 내의 대형 연구실로 옮겨, 앞으로 나오는 서로 얼굴을 마주치는 기회가 드물게 되었다. 그러나 그들의 연구실은 아직 그대로 인문학관 4층에 남아 있다.

9 (토) 맑음

영산대 교양학부의 정우락 교수로부터 남명의 오언절구 '題德山溪亭柱' 轉·結句의 해석 문제 등에 관한 이메일이 왔고, 사재명 박사로부터 『국역 남명전서』의 목차 試案이, 그리고 명지대의 문석윤 교수로부터는 2월 19~20 양일간 태안반도에서 있게 될 서울대 동양철학연구회의 겨울 모임에 대한 정식 안내문이 도착하였으므로, 사 박사와 문 교수에게 회답하였다.

지난번 남명학연구원 상임연구위원회에서 朴丙鍊 교수가 자신의 지도학생으로서 석사학위논문상에 추천한 한국정신문화연구원 한국학대학원 정치학전공 金聖文 군의 석사학위논문 「조선중기 사림정치와 士의 카리스마—퇴계와 남명의 정치적 논쟁을 중심으로—」(2001.11.30)를 위원들이 사전에 검토해 봄도 없이 김충렬 원장의 말에 따라 논문상을 주기로 정한 바 있었다. 그러나 이런 식의 요식행위가 거듭되어서는 안 되겠다는 판단하에 다음날 내가 김 국장에게 전화 연락하여 시상 결정을 보류하고, 일단 상임연구위원 전원에게 그 논문의 복사물을 보내어 검토하게 한 후 다음 모임에서 결정하도록 말한 바 있었다. 오늘 그 논문을 대충 읽어보았다.

14 (목) 맑음

중국 河南省 開封에 있는 대학의 교수인 중국인 여성 孫玉杰 씨로부터 지난 화요일 오전에 설날을 축하하는 이메일이 도착해 있었다. 자신의 저서 『明代哲學』이 이미 출판되었으니 언젠가 보내주겠다고 하면서 중국 하남성 濮陽市와 산동성 鄒城市에서 열린 학술회의에 나와 함께 참가했었던 劉明鍾·趙駿河 교수의 이메일 주소를 물어왔으므로, 영문으로 회신을 보냈다.

지난 주말에 사재명 군이 이메일에 첨부하여 보내 온『南冥全書』의 목록을 검토하여 내 의견을 붉은 글씨로 표시하는 작업을 시작했다.

15 (금) 맑음

『國譯 南冥全書』의 목차를 검토하여 내 의견을 적어 넣는 작업을 계속해서 퇴근 무렵까지 대충 마쳤다. 이정합집본을 기본 텍스트로 하되 인조반정 이후에 變改된 부분은 모두 임술본 이전의 형태로 복원시키고, 『남명집』과『학기유편』,『산해사우연원록』을 각각 원래의 형태대로 분리시켜 하나로 묶는다는 구상이다.

16 (토) 맑음

김경수 국장에게 말하여 남명학연구원의 원장을 비롯한 상임연구위원들의 이메일 주소를 받은 다음 그들 및『國譯 南冥全書』실무위원들을 각각 그룹으로 이메일 주소록에 등록해 두었다가, 사재명 군이 보내온 목차에다 내 의견을 적어 넣는 작업을 마친 다음 실무위원 전원에게 그것을 첨부해 보내어 의견을 구했다.

서울대학교 동양철학연구회의 총무 문석윤 교수로부터 다음 주 19~20 양일간에 걸쳐 태안반도의 인하대 수련원에서 열릴 겨울 모임 안내문이 이메일로 보내져왔고, 동시에 나에게도 어떻게 올라올지 물어왔다. 내 차를 운전하여 지난번 보령의 烏棲山에 등산 갔을 때 경유했던 코스로 가겠다는 뜻을 말했다. 내가 사의를 표명한 회장 자리의 후임으로는 서울시립대학의 정영근 교수가 맡아주기로 했다고 한다.

중국 陝西省 西安市 太白路에 있는 西北大學 中文系의 교수인 李浩 교수로부터 설날을 앞두고서 2월 6일 자로 보낸 연하장이 우송되어져 왔다. 그는 귀국 후 곧 그 대학의 文學院長, 즉 우리 식으로 말하자면 인문대학

벗어나 있지만, 구부러진 통나무를 그대로 쓴 기둥들이 특이하고, 단아
한 맞배지붕의 대웅전 한 채는 보물로 지정되어 있다.

　그 다음으로는 국보로 지정된 서산마애삼존불을 보러 갔는데, 지난번
에 본교 인문학부 답사를 따라 이 일대로 한 번 와 본 적이 있었던 나의
건의에 따라 거기서 골짜기를 따라 조금 더 들어간 지점에 위치한 보원
사지에 먼저 들렀다. 이곳에는 石槽·당간지주·오층석탑·법인국사보승
탑·법인국사보승탑비 등 다섯 점의 유물이 남아 있는데, 이 다섯 개가
모두 각각 보물로 지정되어 있는 특이한 곳이다. 이 계곡 사이로 난 길은
백제 시대에 태안반도에서 당과의 해상로로 연결되는 교통의 요지였다
고 한다. 보원사지를 둘러본 후 마애삼존불상이 새겨진 암벽에도 또 한
번 들렀다가, 唐津으로 향하는 도중에 길가의 음식점에 들러 해물수제비
로 늦은 점심을 들었다.

　당진에서는 龜峰 宋翼弼의 묘소를 찾기 위해 이리저리 물으며 시행착
오를 겪기도 하다가, 마침내 마을회관 안의 경로당에 있는 어느 노인의
안내를 받아서 골짜기 속 김해김씨 집안의 묘소 안쪽에 감추어진 듯 위
치해 있는 구봉의 묘소를 찾아내었다. 구봉은 栗谷·牛溪 등 서인의 명유
들과 교분이 있었고 沙溪 金長生의 스승에 해당한다. 그 아버지인 송사련
때까지 천인의 신분으로서 주인을 역모로 무고하여 한국 당쟁사에서 이
름 높은 安塘 집안 사건으로 말미암아 노비의 신분을 탈피하였으나, 다
시 그 원래의 주인 집 사람으로부터 고발을 당해 還賤되어 이리저리 숨
어 다니다가 66세의 나이로 만년에 숨어살던 면천에서 타계하여 그 문
인들에 의해 근처의 이곳에 묻히게 된 것이라 한다. 그 무덤 아래에는
屛溪 尹鳳九에 의해 지어졌다는 재실도 위치해 있었다.

　당진 읍내로 돌아와 서울로 향하는 회원들과 작별하였고, 거기에 남은
인천 사는 이봉규 교수와 강중기 씨 및 나는 조금 걸어서 시외버스 터미
널로 향하였다. 그 둘은 오후 5시 20분 버스로 인천을 향해 먼저 떠나고,
나는 5시 40분 버스를 타고서 합덕·신례원·아산 및 경부고속도로를 거
쳐 밤 8시 10분 무렵에 대전의 동부시외버스터미널에 도착하였다.

21 (목) 흐리고 정오 무렵부터 부슬비

20~21 양일간 덕산 대포리의 내원사 아래쪽 관광농원에서 인문학부 철학전공 환영 모임이 있어 철학과 교수들과 대학원 박사과정 신입생, 그리고 학부 4학년의 철학전공 진입생을 합쳐 열댓 명 정도의 사람들이 모였다. 나는 간밤에 늦게 도착하여 가지 못했는지라 거기에 참가했던 박사과정 합격자 구자익 군이 오후에 내 연구실로 인사차 들렀다. 내가 학술진흥재단의 선도연구자지원 과제 연구보조원으로 등록하여 매달 40만 원씩의 수당을 주고 있는 이수진 양은 금년도의 철학과 조교로 임용되어 이번 주부터 학과 행정사무를 전담하고 있는데, 그녀는 이제 한 달에 백만 원이 넘는 월급을 받게 된지라 내 연구비로 주는 돈은 다음 달부터 구자익 군에게 주도록 지시했다. 구자익 군은 내 연구과제와 아무런 상관이 없지만, 그가 고향인 밀양에서 열고 있었던 학원을 청산하고서 홀어머니를 혼자 두고 진주로 와서 아르바이트를 하며 대학원 박사과정의 공부를 시작할 작정이므로, 조금이라도 그에게 도움을 주고 싶어 그렇게 조처한 것이다.

22 (금) 맑고 포근함

며칠 전 예문서원으로부터 '한국의 사상가 10인' 시리즈 가운데 일차분 세 권(원효·의천·지눌)이 부쳐져 왔는데, 오늘 이 출판사의 주인인 오정혜 여사로부터 이메일이 도착하여 이차로 퇴계·남명·율곡 부분에 대한 작업이 곧 착수됨을 알렸다. "퇴계와 남명, 율곡의 해제를 '한국 성리학 연구의 동향과 전망'이라는 제목으로 『오늘의 동양사상』 6호에 먼저 싣기 위해 선생님의 글을 70매 안팎의 분량으로 다듬었습니다. 내용을 검토해 보시고 고쳐야 될 부분이 있으면 지적해 주시기 바랍니다"고 요청해 왔다. 퇴근 시간까지 두 차례 검토하여 내 의견을 본문 속에 붉은색으로 [ ] 속에 표시하여 첨부파일로서 보내고, 아울러 "귀사에서 출판하기로 합의한 졸저 『동아시아의 철학사상』 파일은 일단 만들어졌으나, 좀 더 수정 보완을 가한 후 보내드리겠습니다"라고 적어서 회답하였다.

23 (토) 맑음

아침에『국역 남명전서』편집실무위원들에게로 이메일을 보내 이 책을 문집, 학기유편, 師友錄을 포함한 부록의 순서로 세 책 한 질로서 구성하는 것이 좋겠다는 구상과 조만간에 위촉될 번역 및 원문의 표점 입력 등을 위한 원고료 혹은 보수의 원칙과 편집 실무를 맡아보는 우리들의 보수 문제에 대한 구체적인 의견을 구했다. 이번 역시 아무도 회신을 보내오지 않았다.

3월부터 정식 조교가 되는 이수진 양을 대신하여 박사과정에 입학하는 구자익 군을 나의 학술진흥재단 연구보조원으로 변경하는 신청서를 교내의 연구지원실로 제출하였다.

점심시간에 교직원식당에서 사재명 군을 우연히 만나, 식후에 전자도서실 안에 있는 그가 사용하는 공간으로 가 보았다. 그가 근자에 구입한 디지털카메라로 덕산 일대의 남명 유적지들을 촬영해 둔 것이 있었는데, 그 중 山天齋 입구의 관리사 앞에 세워진 H 교수가 번역하고 본교 한문학과의 강사 尹孝鎭 씨가 글씨를 써서 새긴 비석의 앞뒷면 사진을 내 이메일 주소로 전송해 받았다. 아울러 지난 2월 6일의 상임연구위원회 모임 이후 술집에서의 연장회의에서 있었던 말들을 정리해 둔 회의록을 한 부 복사해 받고, 김경수 국장이 사무국장의 직을 사임하겠다는 이유에 대한 설명을 들었다.

25 (월) 맑음

『국역 남명전서』편집실무위원 중 한 사람인 한국정신문화연구원의 박병련 씨가 지난주 토요일 오전에 내가 실무위원들에게 보낸 이메일에 대한 회신을 보내왔다.

26 (화) 맑음

『국역 남명전서』편집에 관한 일로 영산대 정우락 교수와 두 차례 이메일을 주고받고서 그 내용을 편집실무위원들에게도 동시에 발송하였고, 사재명 박사로부터도 정우락 교수가 그에게 보낸 이메일을 전달해 받았다. 정 교수의 의견은 번역의 텍스트는 인조반정 이전의 판본으로 하자는 것이었고, 나는 문집으로서의 체제가 가장 잘 갖추어진 이정합집본을 토대로 하여 인조반정 이전의 세 판본을 대조해 가장 남명의 원형을 잘 보존하는 방식으로 복원한다는 의견이었다. 전서는 문집과『學記類編』그리고『山海師友淵源錄』의 일부를 포함한 부록의 세 책 한 질로서 구성하되, 번역 및 원문의 표점 입력을 문집은 문학,『학기유편』은 철학, 부록은 사학 전공자에게 맡긴다는 데 대해 정 교수와 의견의 일치를 보았다. 보수는 대체로 민족문화추진회의 번역료에 준한다는 데 대해서도 동감이었다.

27 (수) 흐림

「지리산과 남명학관」의 입력을 다시 시작하였다.

오후에 ≪경남일보≫ 문화부 기자이자 본교 한문학과 강사인 강동욱 군이 내 연구실로 방문해 왔으므로 함께 원두커피를 마시며 대화를 나누었다. 강 군은 본교 국어국문학과를 졸업하고서 한문학과 대학원에 진학하여 그 학과로서는 처음으로 석사·박사 학위를 수여받았으며, ≪경남일보≫의 문화 관계 기사를 거의 전담하고 있다고 해도 과언이 아닌 사람이다. 그는 김경수 국장과도 친우로서 김 국장의 처삼촌인 최인찬 翁이 맡아 있는 二以齋에서 함께 한문 공부를 한 사이인데, 사단법인 남명학연구원과 본교 남명학연구소에 관련되는 기사를 쓸 때는 언제나 연구소를 앞세우는 등 꽤 편파적인 입장을 보여 연구원 측이나 나로서는 다소 불쾌한 감정을 지녀온 바이다. 나는 그가 본교 한문학과에 전임의 자리를 얻기 위해 H 교수 등에게 잘 보이려고 노력하고 있기 때문으로 이해하고 있었는데, 그가 오늘 하는 말로는 그런 생각이 전혀 없다는 것이었다. 단목골 하씨 문중에 한국정신문화연구원의『고문서집성』단목 하씨 편에도 수록되어 있지 않은 고문서들이 아직도 상당수 남아 있으니 적당한 기회에 자기와 함께 가서 한 번 조사해 보자고 하므로 그렇게 하기로 동의했다.

오후 세 시 반쯤에 서울대 철학과 후배인 조남호 군이 이메일을 보내
와 지난번 서동연 모임에서 언급된 바 있었던 「학기유편」의 번역을 서울
대 『주자어류』 연구팀이 맡기로 회의에서 정했다고 하면서 원고료 등의
문제에 대한 의견을 피력하고 있었다. 나는 원래 「학기유편」의 번역을
같은 서울대 철학과 후배인 張源穆 박사에게 맡기려는 생각을 가지고
있었으나, 조 박사는 자기가 관여해 있는 『주자어류』 연구 팀에 맡겨주
면 좋겠다는 의사를 말하므로 오히려 그쪽이 바람직할 지도 모른다는
생각을 가지게 되었다. 3월 말에 열릴 예정인 남명학연구원의 제2차 상
임연구위원회의에서 구체적인 문제에 대한 윤곽이 잡히겠지만, 대체로
내 의견대로 결정될 가능성이 많으므로 그렇게 알고서 지금부터 작업의
준비를 시작해 보아도 무방할 것 같다는 회답을 보냈다.

28 (목) 맑음
어제 받은 조남호 박사의 이메일을 『국역 남명전서』 편집실무위원들
에게 전송하였고, 종일 작업하여 「지리산과 남명학관」을 탈고한 다음,
『남명원보』에 싣기 위해 퇴근 무렵 김경수 국장에게 이메일 첨부파일로
서 전송하였다. 200자 원고지 46매 정도에 달하는 분량이 되었다.

3월

1 (금) 맑음
「지리산과 남명학관」을 수정 보완하여 200자 원고지 50매 정도의 분
량으로 만들었다.

2 (토) 흐림
엊그제 강동욱 기자가 내 연구실을 방문해 왔을 때 대화하던 중 그가

권유한 바대로 「지리산과 남명학관」을 학내의 주간 신문인 ≪경상대학보≫에 기고할까 하는 마음이 있어 다년간 학보사의 편집 간사를 맡아 보아 온 철학교육과 석사과정의 金英仙 양과 통화를 해 보고자 했으나, 김 양과 친한 사이인 신임 조교 이수진 양의 말로는 김 양이 근자에 학보사 간사의 직책을 후임자에게 넘겨주고서 영국 유학을 떠났다는 것이었다. 그래서 역시 처음 생각했던 대로 『南冥院報』에다 싣기로 작정하고서 어제 수정 보완한 원고에 다시 한 번 퇴고를 가한 다음 김 국장에게 이메일로 보냈다. 나중에 김 국장이 읽어보고서 전화로 알려준 바에 의하면, 그 내용 중에 한두 가지 사실과 맞지 않는 부분이 있다고 하므로, 그 부분을 수정하여 원고지 51매 정도의 분량으로 다듬은 다음 오후 2시 14분에 다시 한 번 전송하였다.

「지리산과 남명학관」을 보내고 난 후부터 중국 西北大學 文學院長인 李浩 교수의 연하장에 대한 답장을 썼다. 근년에는 내·외국인을 막론하고서 대개의 편지는 武本民子 여사로부터 선물로 받은 일본의 星野富弘 씨가 그린 詩畵集 그림엽서에다 즉석으로 몇 자 글을 적어 보내는 것이 보통이다. 그러나 李浩 교수가 꽤 예를 갖추어 글을 보내왔고, 게다가 나를 그 대학 漢學硏究中心의 연구교수로 초빙하는 내용인지라, 서투른 중국어로 즉흥적으로 적는 것이 창피스러울 뿐 아니라 실례가 될 듯하여, 컴퓨터로 입력하여 수정해 가면서 격식을 갖춘 편지를 만들어 보았다.

4 (월) 맑음

금년도 1학기의 첫 수업이 시작되었다. 1·2·3교시는 일반대학원의 송명이학연구인데, 이번 학기에는 김경수·구자익 군만이 수강하며, 周敦頤의 「通書」와 張載의 「正蒙」을 다루기로 하였다.

『동아시아의 철학사상』 제1강 「동아시아적 사유구조」 부분의 강의록을 몇 차례 되풀이하여 읽으며, 네 개의 節로 나누는 작업을 마쳤다. 전임 철학과장인 朴善子 교수가 내 연구실로 전화를 걸어와 5월 중에 본교에서 개최될 예정인 大同哲學會 학술대회에서 내가 본교 대표로서 논문을 것이다. 그러므로 나는 이 달 말에 있을 예정인 금년도 제2차 상임연구위원회의 석상에서 다시 한 번 김 국장의 보수 문제를 거론하여 현재 액수의 배로 증액시켜 줄 것을 요청하되, 만약 그것이 관철되지 않으면 그와 함께 연구원을 물러날 생각이다.

21 (목) 40년 만에 최악의 黃砂

내가 동철연의 회장으로 있던 2년 동안 총무를 지낸 명지대 철학과의 문석윤 교수가 이메일을 보내왔다. 내년에 안식년을 받을 예정이므로, '일한문화기금'이라는 것을 신청하여 일본 京都大學에 갔다 오고 싶다면서, 그 대학 교수의 추천장을 받는데 도움을 줄 수 없겠느냐는 것이었다. 최근에 개설된 내 홈페이지 주소를 소식지 2호에다 추가해 줄 것을 당부하고, 아울러 京都대학 중국철학사연구실의 홈페이지 주소를 알려주며 그 주임인 池田秀三 교수와 나와의 관계를 설명하고서, "나의 소개가 도움이 될지 의문입니다만, 문 교수가 부탁한다면 사양하기도 어렵겠습니다"라고 말해 두었다.

22 (금) 엄청난 황사

불교 부분의 보완을 계속하여 제1절 '수·당의 종파불교' 부분은 일단 마쳤다.

23 (토) 맑음

예문동양사상연구원에서 발행하는 『오늘의 동양사상』 제6호(2002년 봄·여름) 두 권이 우송되어져 왔으므로 한 번 훑어보았다. 그 안의 '동향과 전망' 부분에 나의 글 「남명 사상은 어떻게 연구되어 왔는가」가 실려 있었다.

점심 때 교직원식당에서 사재명 군을 우연히 만나, 전자도서실 안에 있는 그의 공간으로 가서 『국역 남명전서』의 제3차 수정목록과 그 목록에 따라 그가 관계 자료를 복사해 정리해 놓은 것들을 검토하였다. 오후에 그가 다시 좀 더 수정한 목록을 이메일로 전송해 왔으므로, 그것을 검토하여 세 번째로 내 의견을 적어 넣는 작업을 시작하였다. 번거로움을 피하기 위해 관계 자료는 따로 복사하지 않고서 이 목록에다 편집 의견을 적어 넣어 이미 출판되어 있는『南冥集四種』과 함께 번역자들에게 보내고, 원칙적으로 그 책에 실려 있는 것을 따르되 수록되어 있지 않은 작품들은 따로 복사하여 별도로 첨부하기로 방침을 바꾸었다.

25 (월) 맑음

대학원 수업에서『正蒙』太和篇을 읽은 다음, 함께 학교 부근의 곰탕집으로 가서 오늘도 내가 점심을 사면서 함께 김경수 군의 급료 문제에 대한 대화를 나누었다. 나는 이번 일요일에 있을 예정인 남명학연구원 제2차 상임연구위원회의에서 김 국장의 월급을 현재의 140만 원에서 두 배 혹은 백만 원 정도 인상의 구체적인 액수를 제시하고서 그것이 받아들여지지 않을 경우에는 나 자신 상임연구위원의 직을 사임할 생각을 하고 있었다. 그러나 김 국장과 대화하는 도중에 그와 같은 요구는 직원 급료 문제와 관련한 조옥환 사장의 평소 방침에 비해서는 너무나도 동떨어진 것이어서 받아들여질 가망성이 거의 없고, 또한 고용조건과 관련한 문제는 원칙적으로 조 사장과 김 국장 사이의 문제여서 내가 그렇게 깊이까지 관여할 성질의 문제도 아니라는 판단을 하게 되었다.

오후에는『국역 남명전서』의 목차를 수정하면서 번역 텍스트 만드는 작업을 계속하였다.

예문동양사상연구원으로부터『오늘의 동양사상』제7호(2002년 가을·겨울)의 기획을 위한 편집회의가 3월 30일(토) 예문서원에서 열린다는 연락과 함께 사임의 의사 표시가 없는 제1기 편집위원들은 그대로 제2기 편집위원으로 다시 위촉하겠다는 통지가 있었다. 나는 이에 대한 답신에서 본교 인문학부의 답사여행과 중복되어 편집회의에 참석할 수 없다는 뜻과 아울러,『동아시아의 철학사상』원고의 수정 보완 작업은 현재 절반 정도까지 진척되어 있으므로, 이번 학기 중에는 이럭저럭 마이유가 없는 요구인 것이다. 회의가 끝난 후 원장과 권순찬 이사장, 조옥환 부이사장은 그 문제로 다시 모임을 가지는 모양이었다.

우리 상임연구위원 일부는 장소를 판문동의 김 국장이 자주 가는 술집으로 옮겨서『남명전서』간행을 위한 소위원회 회의를 가져 번역진 구성과 구체적인 보수 문제에 대한 안을 마련하였다. 그리고서 남은 사람들은 맥주를 마시며 김 국장 문제나 내가 본교의 남명학연구소를 주도하는 한문학과 교수들을 비판한 글「지리산과 남명학관」등에 관한 대화를 나누었다. 지난번 제1차 회의 때처럼 그 근처의 횟집으로 가서 이번에도 내가 2차를 샀고, 3차로는 지하실에 있는 노래방으로 갔지만, 나는 노래에 취미가 없는 데다 다른 사람들이 노래를 부르고 있는 동안 과음으로 졸고 있었기 때문에, 자정 무렵 먼저 택시에 태워서 집으로 보내주었다.

4월

1 (월) 맑음

점심 때 안상국 교수와 더불어 모처럼 팔각정이 있는 석류공원까지 산책을 나갔다가 연암공대 입구를 거쳐 남부임업시험장의 약초 묘포장이 있는 골짜기를 경유하여 연구실로 돌아왔다. 대화 도중에 한문학과 교수들의 남명학 연구 분야에 대한 질문이 있었으므로, 학교로 돌아온 후 내 글「지리산과 남명학관」이 실린『남명원보』제25호를 안 교수에게 한 부 주어 읽어보라고 했다.

남명학연구원의 상임연구위원 및 새한철학회의 이사 위촉장을 전해받았다.

사재명 박사가 어제 소위원회의 회의 내용을 정리한 '『국역 남명전서』 번역 및 출판비 산정·집행 기준(안)'을 마련하여 소위원회 위원 전부에게 이메일로 보내왔으므로, 약간의 수정의견을 첨부한 회신을 보냈고,

동철연의 조남호 박사로부터도 제2차 상임연구위원회의의 결과를 묻는 이메일이 왔으므로, 그 내용을 상세히 설명해 주었다.

조 박사의 메일에 "남명원보에 실린 글은 잘 보았습니다. 공개적인 글인데, 그쪽의 반응은 어떻습니까?"라고 물어왔기에, "H 교수가 지난 주 목요일에 김경수 국장과 나에게로 전화를 걸어 명예훼손죄로 고소하겠다고 위협한 바 있으나, 없는 사실을 꾸며서 말한 것이 아니고 감추어진 진실을 만천하에 드러내었을 따름이니, 명예훼손죄가 성립할 수 있겠는가?"라고 반문하였다.

2 (화) 맑으나 황사 현상

어제 사재명 박사가 『국역 남명전서』의 예산안을 정리하여 이메일로 보내왔기에 거기에 대한 의견을 적어 보냈었는데, 오늘 아침 정우락 교수가 또 사 박사에게 의견을 적어 보냈으므로 그것에 대한 검토 의견을 소위원회 위원 전원과 김 국장에게 보냈다. 그 이후 사 박사가 두 차례 수정안을 만들어 보낸 데 대해서도 검토 의견을 적어 보내면서, 오후 2시 55분의 마지막 메일에서는 김 국장에게 조옥환 사장과의 면담 일정을 잡아 연락해 달라고 했다.

작년도 조교였던 강소영 양에게 금년 3월부터 나의 한국학술진흥재단 2001년도 선도연구자지원 연구보조원 수당 입금 통장을 돌려주도록 하고, 실제로 나의 연구를 도와줄 일은 없겠으나 금년도 조교로 임명된 이수정 양을 대신하여 가끔씩 내 연구실에 들러 청소를 해 달라고 말해 두었다. 당시 강 양은 기꺼이 그렇게 하겠노라고 대답했지만, 한 달이 지나도록 한 번도 연구실 청소를 해 준 적은 없었다. 오늘 이수진 양에게 물어보니, 강 양은 본교 학보사의 조교를 하고 있던 김영선 양과 더불어 류왕표 교수의 과목 하나만을 수강하면 교육대학원 철학교육전공 석사 과정 졸업에 소요되는 학점을 다 채우게 되어 있는데, 김영선 양이 조교를 그만두고서 영국으로 유학을 떠나면서 류 교수의 수업을 듣지 않고도 리포트 제출로 학점을 취득하도록 양해를 얻었으므로, 강 양도 같은 조건을 적용받아 결국 학교에 나올 필요가 없어졌고, 얼마 전에 나도 그녀를 위한 종합시험 시험문제를 출제한 바 있었지만 어머니의 병환으로 말미암아 이번 학기에는 종합시험을 치르지 않게 되었다는 것이었다. 그녀는 또한 이 달 중에 결혼하여 남편이 근무하고 있는 서울로 가게 된다는 말을 본인으로부터 들은 바도 있었다. 나로서는 지도학생도 아닌 그녀에게 마지막 학기의 장학금 조로 매달 40만 원씩의 돈을 그냥 주기로 마음먹은 터인데, 공부도 하지 않고 나에게 전혀 도움을 주지도 않는 학생에게 공돈을 줄 일은 없다고 판단되므로, 그녀에게 돌려준 통장을 도로 회수하도록 이수진 양에게 지시했다.

3 (수) 맑음
지난 일요일 남명학연구원의 상임연구위원회의에서 추가로 배부 받은 회의 자료의 내용을 검토해 보았고, 『남명학연구논총』 제10집에 게재하기 위해 「南冥學關係旣刊文獻目錄 2002」의 서문을 새로 작성하였다.
김경수 국장으로부터 아무런 연락이 없기에 오늘 오후에 연구원으로 전화해 보았더니, 사무원인 박수정 양이 전화를 받아 김 국장은 어제 차와 휴대폰 등을 모두 반납하고서 출근하지 않고 있는 상태라는 것이었다. 박 양을 통해 조옥환 사장과 연락하여 일단 다음 주 수요일(10일) 정오에 연구원 사무실에서 권순찬 이사장 및 조옥환 부이사장을 면담하여 『국역 남명전서』의 간행을 위한 예산안을 가지고서 협의하기로 했다. 그리고 사재명 박사에게 이메일을 보내, 지난 일요일의 회의에서 사 박사가 새로 정리하여 배부한 목록 파일의 부록 부분 끝에다 鉛活字로 간행된 『南冥先生請廊疏軸』의 목록을 추가한 것을 이메일로 보내 줄 것을 당부하고, 아울러 도와 줄 사람이 필요하다면 내가 한국학술진흥재단의 연구보조원 수당을 매달 40만 원씩 지급하고 있는 구자익 군을 활용하도록 말해 두었다.

4 (목) 맑음

　남명학연구원의 상임연구위원인 명지대학 사학과 한명기 교수가 출연하는 EBS '역사 탐구―과거와의 대화' 시리즈 광해군 편을 시청하였다.

　사재명 군이 어제의 내 메일에 대한 회신을 보내어 『南冥先生請廌疏軸』 등을 『국역 남명전서』의 어디에 위치시킬 것인지에 대해 물어왔으므로, 그것에 대한 회신을 실무위원 전원에게로 보냄과 아울러 예산안 중 간행 조사비 항목에서 실무위원 가운데 편집 작업을 주로 담당하는 나와 사 박사는 각각 100만 원씩, 나머지 세 사람은 각각 50만 원씩으로 하여 2차로 나누어 지급하기로 하고, 교열료와 『청무소축』 부분이 포함된 전체 예산의 시안을 새로 마련해 보도록 말했다. 그런데 사 박사가 퇴근 무렵에 수정하여 보내온 예산안은 내가 원래 의도했던 것과는 크게 동떨어진 것으로서, 출판비를 제외한 예산 자체가 1억 원 이상으로 늘어나 있었다.

　지난 일요일의 회의 때 사 박사가 수정하여 배부한 『국역 남명전서』의 목록을 사 박사가 내 의견에 따라 준비해 온 『남명전서』의 텍스트 및 본교 남명학연구소가 번역하여 펴낸 수정판 『남명집』 중의 김윤수 씨가 마련한 교감기와 대조해 가며 검토하는 작업에 착수하였다. 텍스트는 목록에 제시된 내 견해에 따라 각각의 원전에서 복사해 온 자료들을 짜깁기해서 맞춘 것인데, 그것은 나무랄 데 없이 잘 되어 있었다.

5 (금) 맑음

　〈격변기의 지도자, 광해군〉을 두 차례 더 시청하였다. EBS '역사 탐구―과거와의 대화' 시리즈의 제작에는 남명학연구원의 상임연구위원인 규장각 학예연구사 신병주 박사가 고문으로 되어 있는데, 다음 주에는 역시 연구원의 상임연구위원인 영산대학교 정우락 교수가 작가 고은정 씨와 더불어 남명에 대해 대담하게 된다.

6 (토) 비

정우락 교수가 현재 남명의 것으로 알려진 초서 간찰들을 脫草해서 『국역 남명전서』에 싣자는 의견을 제시해 왔기에 그에 대한 회신을 보내면서 목록에 대한 나의 수정 의견을 제시하였고, 아울러 예산안의 수정 문제에 대한 견해도 제시하여 총액 7천만 원에서 1억 사이의 수준에서 책정된 지난 일요일 회의 때의 결정 사항을 가지고서 다음 주 수요일 이사장과 부의사장을 면담하여 그 이외에 추가될 수 있는 부분들에 대한 의견을 물어보겠다는 뜻을 말했다. 퇴근 무렵에는 사재명 박사가 지난 일요일의 제2차 상임연구위원회의 때 목록에 따라 복사해서 내게 전해준 『남명전서』의 텍스트 및 엊그제 보내 온 제5차 수정 목록에 대한 나의 견해를 첨부하여 실무위원들에게 또 한 차례 이메일을 보냈다.

밤에 본교 사범대의 과학교육과에 근무하는 金奉坤 교수로부터 전화를 받았다. 그의 장인인 영남대 사학과의 李樹健 교수가 현재 진주의 자기 집에 와서 머물고 있으며, 나와의 통화를 원한다는 것이었다. 이수건 교수와 통화해 보니, 얼마 전에 김경수 국장으로부터 사천에 있는 龜巖 李楨의 후손들이 구암을 기념하는 연구소인가 연구원인가 하는 것을 창립하고자 한다는 소식을 전해들은 적이 있었거니와, 이 교수는 그 모임에 주제발표를 위촉받아 진주에 온 듯하며, 구암과 관련한 자료들에 관한 정보를 입수할 수 있을까 하여 내게 전화를 걸어온 모양이었다. 내일 오전 10시에 경남문화예술회관 앞의 전통찻집에서 만나기로 약속했다.

7 (일) 맑음

오전 10시 무렵까지 걸어서 문화예술회관 앞의 2년 전쯤에 새로 생긴 전통찻집으로 가서 영남대학교 명예교수인 이수건 박사와 그의 둘째 사위인 본교 화학교육전공 김봉곤 교수를 만났다. 간밤의 통화를 통해 李龜巖 관계 자료에 관한 정보는 이미 말했기 때문에 학문 일반에 관한 대화를 나누며 두 시간 정도를 보내다가, 진주 세무서 부근의 식당까지 함께 걸어와 내가 갈치조림으로 점심을 사고서 거기서 또 한동안 대화를 나누다가 헤어졌다. 이수건 박사는 금년 8월 무렵에 개최될 이구암을 기념하는 사천문화원 주최의 학술대회에서 논문을 발표해 주도록 위촉받아 그 집필을 위한 예비답사 차 진주를 방문했다고 한다. 그는 국사학계에서 저명한 학자인데, 진주에 온 김에 일부러 나를 만나고자 하는 것은 평소 나의 논문을 읽고서 상당히 높게 평가해 준 때문인 듯했다.

8 (월) 심한 황사 현상

일본의 노벨상 수상자 10명 중 학술 부문의 6명을 배출한 京都大學의 학문적 풍토에 대해 소개한 〈노벨상의 발상—두뇌+의지+풍토〉를 시청하였다.

가상강좌 제6강 隋唐佛敎 부분의 보완 작업을 다시 시작했다. 오전의 대학원 수업 중에 김경수 군으로부터 들은 바에 의하면, 김 군이 지난주에 연구원 사무국장의 직을 사직한 이후 그 후임으로서는 본교 중문과를 졸업한 후 교육대학원 한문교육전공에서 H 교수의 지도로 1991년에 「德溪 吳健 漢詩硏究」라는 논문으로 교육학 석사학위를 받고, 한동안 진주문화원에 근무하고 있었던 梁基錫 군이 내정되어 있다고 한다.

어제 이수건 교수로부터 안동 烏川 출신의 金坽이 쓴 『溪巖日錄』이라는 일기에 大北정권 시기 月川 趙穆과 來庵 鄭仁弘의 관계에 관한 상세한 기록이 있다는 말을 들었으므로, 오늘 인터넷을 통해 국사편찬위원회로부터 1997년에 한국사사료총서 40, 상·하 두 권으로서 간행된 그 책을 찾아 「남명학관계기간문헌목록」에다 추가하였다. 이 책은 본교 도서관에는 소장되어 있지 않았다.

명지대학 문석윤 교수로부터 이메일이 왔다. 내년에 안식년을 얻어 일본으로 가는 문제와 관련하여, 京都대학에는 성리학이나 한국학 쪽 전공자가 없다고 하므로 東京대학 쪽으로 알아보겠다는 것이었다. 이에 대해 京都대학 쪽의 사정을 좀 더 보충하여 설명하는 회신을 보냈다.

지난 주말에 정우락 교수가 말한 초서 서간은 일단 『남명전서』의 문집 부분 목록 補遺에다 제목을 올리고서 텍스트에는 초서인 채로 수록하을 돌려 자신이 소장할 책을 필사한 일을 비판한 것을 두고서 하는 말일 터이다. 月川 趙穆과 來庵 鄭仁弘과의 관계를 말한 대목이 있다고 하였지만, 그것은 월천의 도산서원 배향 문제와 관련한 것인데, 월천의 배향 문제와 관련한 기록들이 보이기는 하지만 대북 세력과의 관련을 언급한 내용은 아직 눈에 띄지 않았다. 당시는 광해군 4년 1·2월 무렵의 일로서 아직 대북정권이 성립되기 전이었고, 내암이 晦退辨斥으로 말미암아 궁지에 몰린 직후라 그의 세력이 안동 지방의 유림 사회까지 영향을 미칠 정도는 아니었을 성 싶다.

저녁 무렵 사재명 군으로부터 내 휴대폰으로 전화가 걸려와 갑작스런 사임의 이유를 물으므로, 김경수 국장의 해임과 관련된 것임을 설명해 주었다.

12 (금) 오후 한때 흙비

『계암일록』을 계속 읽어 광해군 10년(1618년) 무렵에까지 이르렀다. 이 책은 선조에서 인조 연간에 걸쳐 생존했던 安東 禮安縣 烏川 사람인 光山金氏 溪巖 金坽(1577, 선조10년~1641, 인조 19년)의 『日錄』을 후대에 7, 8명이 일정 부분씩 분담하여 다시금 謄寫해 8책으로 만들어 둔 것과 일제 때 그것을 脫草해 15책으로 만들어 현재 국사편찬위원회에 보관되어 있는 것을 대조·교열하여 양장본 2책으로 편찬한 것이다. 김령은 세칭 '烏川七君子' 중 한 사람인 퇴계 문인 金富倫의 아들이다.

도산서원의 趙月川 배향 문제는 원래 안동 유림 중 월천 문인들을 중심으로 하여 추진된 것으로서 大北과는 무관한 것이었는데, 그 당부를 둘러싼 분쟁이 상당한 기간 동안 지속되고 그러한 과정에서 광해군 5년 12월 23일 조에서 비로소 배향을 추진하던 중심인물 중 한 사람인 李𣲖이 가야산으로 來庵을 방문하고, 이후 그들은 대북 세력과 결탁하여 경상좌도에서 남명의 문묘종사운동도 적극적으로 추진하고 있는 사실을 확인할 수가 있었다.

남명학연구원의 상임연구위원 중 한 사람인 설석규 박사로부터 이메일이 와 있기에 그에게 사임의 이유를 설명하는 이메일을 회신으로 보냈고, 아울러 그 내용을 복사하여 원장을 비롯한 상임연구위원 전원에게도 보냈다.

13 (토) 맑음

『계암일록』을 읽으며 카드화하는 작업을 계속하여 상권을 다 마쳤다. 상권은 필사본『日錄』의 1~4책까지로서 선조 36년(1603) 7월 1일부터 인조 5년(1627) 2월 16일까지이고, 하권은 5~8책까지로 인조 5년 2월 17일부터 인조 19년(1641) 3월 12일까지이다. 인목대비에 대한 폐모 논의가 일어난 것은 광해군 및 선조의 先妃 무덤인 裕陵에 대한 咀呪 사건이 발각되었기 때문이며, 결국 이 사건으로 말미암아 광해군 10년 2월 2일에 大妃의 호칭 대신 西宮으로 칭하라는 전교를 내림으로서 이 문제는 일단락되었으나, 그로부터 얼마 후에는 '大妃殿'이라는 호칭이 다시 회복되었음을 알았다. 인조 2년 4월 이후 李貴 등의 주장에 의해 선조의 아들인 仁城君에 대한 처벌이 주장되기 시작하여 결국 그를 죽이기까지에 이르게 된 전말도 좀 더 자세히 알게 되었다.

점심 때 교직원식당에서 사재명 군을 우연히 만나 함께 식사를 든 후 학교 뒷산을 산책하였다. 임업시험장 연습림을 거쳐 기숙사 쪽으로 내려온 후 조립식 건물로 된 철로변의 식당에 들러 맥주 두 병을 함께 마셨고, 내 연구실로 와서 그가 나의 안에 따라 복사 편집해 둔『국역 남명전서』텍스트 및 그 텍스트에 수록되지 못한 자료들을 전해 주어서 가져가 복사한 후 돌려 달라고 했다. 이로써 나는 편집 작업을 완료한 후 이 일로부터 완전히 손을 떼게 되었다. 사 군의 말에 의하면, 어제 서울대 교수회관 대강당에서 열린 남명학회 주최의 2002년 춘계학술강연회에 연구원의 후임 사무국장으로 예정된 梁基錫 군이 박수정 양과 함께 참가하였다고 한다.

병주 씨가 주로 대담을 맡았고, 같은 상임연구위원인 영산대학교의 정우락 교수, 남명학회장인 서울대학교 철학과의 이남영 교수도 출연하고 있다.

또 한 사람의 상임연구위원인 한국외국어대학 중국어학과의 조회환 교수로부터 이메일을 받았다. "본인은 항상 오 교수 같은 분이 상임연구위원으로 계셔야 되고 나아가 적당한 시기가 되면 오 교수가 원장을 계승해야 된다고 생각하고 있고 또 다년간 연구와 업무수련을 쌓은 김 국장이 계속 사무국장을 맡아야 된다고 생각했던 사람입니다. 갑자기 사임소식을 듣고 당혹감을 금치 못하면서 '남명학 연구'라는 대의를 위하여 자질구레한(?) 잡음에 개의치 말고 큰 용기를 내어 번의해 주시기를 바랍니다"라고 말하며, 제2차 상임연구위원회의를 마친 직후 원장·이사장·부이사장이 김 국장의 사의를 수리할 것을 결정하던 당시 자기도 연구원 사무실에 있긴 하였으나 그 회의에 참석하지는 않았음을 설명하는 내용이었다.

이에 대해 나는 다음과 같은 회신을 보냈다.

서신 감사하오며, 그 날의 상황에 대해서는 잘 알겠습니다.

지난 1월에 연구원으로 다시 돌아가기로 마음먹은 것도 이제 와서 보면 경솔한 결정이었는데, 하물며 또 번복할 수가 있겠습니까? 제가 돌아가서 할 수 있는 일이 없을 뿐 아니라, 남명학에 대한 이렇다 할 식견이나 비전도 없으면서 실질보다는 외형을 중시하는 사람들의 부하가 되어 머리를 숙일 생각은 더구나 없습니다.

따뜻한 말씀 감사하오며, 연구원의 발전을 위해 계속 노력해 주시기 바랍니다.

『계암일록』 상권을 계속 읽어 인조 3년(1625) 10월조에까지 이르렀다.

19 (금) 맑음

'역사 탐구' 남명 편을 두 차례 더 시청하였다.

『계암일록』을 두 번째로 읽으며 카드화하는 작업을 마쳤다.

20 (토) 맑으나 밤 한때 비

아침 출근 전에 영남대학교 명예교수 이수건 씨로부터 집으로 전화가 걸려왔다. 내가 지난번에 연구원의 박수정 양에게 전화하여 이 교수께 부쳐드리도록 말해 둔 바 있는『남명학파연구』상·하권 한 질과『南冥集 四種』, 그리고『남명원보』최근호가 도착하였다면서 그것에 대한 인사의 말을 하였고, 아울러 이 박사가 발굴한 자료인 퇴계 문인 琴蘭秀의 일기 『惺齋日錄』과『계암일록』중 김령의 친필본 부분 복사물을 답례 조로 보내주겠다고 하였다.

오후에는 사 박사가 지난주 토요일에 빌려간『국역 남명전서』편집 관계 자료들과 함께 이달 12일 오후 3시에 서울대학교 교수회관 대강당 에서 개최된 남명학회의 2002년도 춘계학술강연회 발표 자료인 劉明鍾 교수의「남명사상과 퇴계·율곡」및 그날 배부된 남명학회의 기관지『南 冥學報』창간호를 가져다주었으므로 그 내용을 훑어보았다.

22 (월) 다소 무더운 초여름 날씨에 밤에는 비

대학원 수업 중에 조교로부터 오전 11시부터 인문대학 2층 소회의실 에서 있는 박충생 총장의 인문대학 순시에 참석해 달라는 인문학부장 배석원 교수의 전갈을 받고서 세 시간 수업을 한 시간 정도 단축한 후, 작년에 제출했으나 결실을 보지 못했던 한국철학 분야의 증원요청서를 두 부 복사해 가지고서 회의장으로 갔다.

회의를 마친 후 참석했던 인문대학 보직교수들과 더불어 남명학관 2 층의 淸香閣으로 가서 함께 점심을 들고 돌아온 후 오후 내내 연구실 소파에 드러누워 지난 토요일에 대충 훑어본 권오봉 교수의『퇴계선생 일대기』를 다시 읽기 시작하였고, 역시 지난 토요일에 검토한 바 있는

『남명학보』 창간호에 서울대 철학과 후배인 嚴然錫 군이 발표한 논문 가운데서 나의『남명학파연구』상권에 실린「남명과 육왕학—지와 행의 문제를 중심으로—」를 언급하고 있었으므로, 그 논문 전체도 다시 한 번 읽어보았다.

23 (화) 비 온 후 흐림

권오봉 씨의 책을 비롯하여 안동 여행에서 얻어온 학과 도서들을 두 번째로 거듭하여 읽었다. 권오봉 씨는 예전에 진주에다 퇴계학회 경남지부를 설립할 무렵 나와도 두어 번 만나서 인사를 나눈 적이 있었는데, 일본의 筑波(츠쿠바)대학에서 문학박사학위를 받아서 그런지 고증이 치밀하기는 하지만, 퇴계를 聖人에 가까운 완전무결한 인격으로 우러러 崇仰할 뿐 학문적 비판정신이 결여되어 있다는 점에 있어서 조선 시대의 남인 학자들과 조금도 다를 바 없다는 생각이 든다. 우리나라의 전통 학문이 문중과 결부되어 지나치게 그 연구대상이 되는 인물을 우상화한다는 점을 나는 평소 못마땅하게 생각해 왔으며, 작년 이래 남명학연구원과의 관계를 끊게 된 데에는 그런 점 역시 작용하지 않았다고 할 수 없다.

진주보훈지청장으로부터 전화를 받았는데, 금년 7·8월 무렵에 열릴 예정인 독립운동에 관한 학술발표회와 관련하여 나에게 儒林團의 파리 長書운동에 관한 주제를 발표해 달라는 것이었다. 교육학과의 정찬기오 교수로부터 추천을 받았다는 것이었지만, 나에게 지금 그런 논문을 쓸 만한 시간적 여유가 없을 뿐 아니라, 그 시기에 미국에 다녀올 계획이 있다는 이유를 들어 사절하였다.

임기 중 작고한 정병련 전임회장의 뒤를 이어 지난 2월에 한국동양철학회의 신임회장으로 선출된 동국대학교 철학과의 宋在雲 교수로부터 2002년 3월부터 2004년 2월까지 임기의 이사 위촉장이 도착하였다. 나는 그 전에는 이 학회의 편집위원으로 되어 있었는데, 어차피 서울에서 이루어지는 실무 모임에는 전혀 참석하지 않으므로 모두 명목상의 직책일 따름이다.

24 (수) 맑음

퇴계 관계 서적들을 세 번째로 훑어보았다.

李樹健 교수가 지난번에 통화할 때 말한 바대로 자신의 새 논문 「조선시대 身分史 관련 자료의 비판—姓貫·家系·人物관련 僞造資料와 僞書를 중심으로—」(『古文書硏究』 14, 韓國古文書學會, 1998)과 함께 溪巖 金坽의 친필 일기 중 丁未年(1607, 宣祖 40) 부분과 퇴계 문인 琴蘭秀의 『惺齋日記』 중 남명 관계 부분을 복사하여 우송해 왔다. 전자에는 "1998년 金坽의 宗孫宅 破紙 중에서 찾아낸 것이며 국편 탈초본과 대조해 본 결과 寒岡에 대한 비판적인 기사는 모두 삭제된 것임. 原本 그대로 복사한 것이며 亂草로 된 부분과 먹으로 말소된 것이 많음"이라는 쪽지와 더불어 군데군데의 欄外에 김 교수의 메모가 적혀 있는 아홉 장의 복사물이며, 후자에는 "그 후손이 재정리한 것으로 사료됨" 등의 메모와 아울러 여섯 장의 남명 관계 부분을 복사해 보내주었다.

25 (목) 맑음

이수건 교수가 우송해 준 자료들을 대충 한 번 검토해 보았다. 『계암일록』은 정미년 潤6월 25일, 8월 11일, 9월 13일, 11월 6일 條인데, 그 내용은 모두 한강 정구가 안동부사로 부임해 와서 자행한 廢政을 비판한 내용이었다. 이 교수의 견해와 같이 김령의 친필임이 틀림없을 것으로 판단되었으나, 초서로 되어 있어 판독하기 어려운 데다가 먹으로 지우거나 덮어쓴 내용이 많아 아쉬웠다. 『성재일기』는 庚申年(1560, 명종 15) 11월 첫 장 및 그 다음해인 辛酉年 정월과 4월의 남명 방문에 관계된 부분이었는데, 경신년 조의 첫머리에 "三嘉乃南溟所居地也"라는 기록이 있어 내가 일찍이 「남명과 육왕학」의 注20에서 이수건 교수가 『성재일기』에 보이는 '雷龍堂舍'를 삼가 뇌룡정으로 간주한 것에 대해 의문을 제기하면서 성재 금란수가 남명을 방문한 장소는 덕산의 뇌룡사일 가능성이 있다고 주장한 것을 반증하는 듯한 감이 있었다. 그러나 성재가 실제로 남명을 방문한 것은 신유년 4월 18일이었는데, 남명이 삼가로부

터 덕산으로 거처를 옮긴 것은 환갑에 해당하는 신유년이었으므로 경신
년의 기록을 가지고서 삼가로 단정할 수는 없는 것이다.

26 (금) 맑음

오늘 경북대학교 퇴계연구소로부터 그 기관지인『한국의 철학』제30
호(2001.12.31)가 우송되어져 왔는데, 그 중에 단국대의 黃浿江 교수가
쓴「溪巖 金坽의 삶과 文學」이라는 논문이 실려 있어 대충 훑어보았다.
놀랍게도 이 논문은『계암일록』을 전혀 참조하지 않고서 민족문화추진
회의 한국문집총간 제84책 중에 수록된『계암집』에 의거하여 쓴 것이었
다. 황패강 교수는 내가 젊은 시절부터 그 이름을 들은 바 있었으므로
제법 수준 높은 학자인 줄로 짐작하고 있었는데, 계암의 행장을 쓴 小山
李光庭을 同名異人의 엉뚱한 사람으로 설명하는 등 실망스러운 구석이
많았다.

27 (토) 맑음

가상강좌「동아시아 문화의 전형으로서의 수당 문화」편의 수정 보완
작업을 하여 그 첫 회분을 강의노트에 올렸다. 오후 네 시부터 두 시간에
걸쳐 22동 101강의실에서 가상강좌의 중간시험을 실시하였다.

시험 감독을 하면서『계암집』을 읽으며 카드화하였다. 이 문집은 계암
死後 131년째인 1772년에 도산서원에서 목판으로 간행한 초간본이다.
계암이 "寒岡 鄭선생을 좇아 학문을 논했다"든가 광해 조와 인조 조에
절의를 지킨 일이 크게 강조되어 있으며, 이는 필사과정에서 이미 상당
히 윤색된『계암일록』의 내용과도 모순되는 점이 적지 않은데, 어제 훑
어본 황패강 씨의 논문에서는 이러한 문제에 대한 문헌비판의 관점이
전혀 보이지 않았던 것이다.

30 (화) 비

수·당 시대의 동북아시아, 특히 일본의 사상사에 관한 가상강좌 강의

록의 보완 작업을 계속하였다. 서울의 예문서원으로부터 전화가 걸려왔는데, 내가 편집한 한국10대사상가 시리즈의 『남명』편은 이제부터 본격적인 출판 작업을 시작하며, 앞으로 3개월 쯤 후면 책이 나올 수 있을 것이라고 했다. 『학기유편』에 관한 이상필 교수의 파일은 아직 입수되어 있지 않다고 하여 의외였다.

5월

1 (수) 맑음

가상강좌 강의노트의 수정 보완작업을 계속하여 「동아시아 문화의 전형으로서의 수·당 문화」 제2절 '동북아시아의 고대 문화'를 탈고하여 강의록에 올렸다.

퇴근 무렵에 이메일로 들어온 5월 1일자 인문대 공지사항을 읽어 보았는데, 그 첫 항목에 "5월 1일 인문대학 인사위원회가 개최되어…철학과의 경우 한국철학을 충원 요구하였으나 교수정원배정원칙에 의거 이를 받아들이지 않기로 의결함. 추후 교수충원배정원칙의 개정 필요성이 제기되었음."이라고 되어 있었다. 학과장인 배석원 교수에게 전화하여 알아보았더니, 이번 인사위원회는 금년 가을 학기의 공채 대상을 결정하기 위한 것이었는데, 대학 본부의 공문에 교수충원배정원칙의 범위 내에서 추천하라는 조건이 있었고 철학과는 그 조건에 미달하므로 학장·부학장과 학과장으로 구성된 인사위원들이 이구동성으로 배 교수의 충원 요구를 기각하였다는 것이었다. 나로서는 교육부에서 국립대학에 대해 예년의 10배 이상에 해당하는 충원을 허가하기로 한 금년과 내년 2년 동안에 한국철학 분야의 전임 한 명을 충원한다는 데 대해 적지 않은 기대를 걸고 있었으나, 그것은 거의 물거품으로 돌아간 모양이다.

아내는 현재 본교 의과대학 간호학과의 학과장을 맡고 있는데, 곧 정년 퇴임하게 되는 그 학과 박옥희 교수의 후임 인선을 대학본부 당국이 역시 충원배정원칙을 근거로 하여 인정하지 않는다고 하므로, 아내 자신을 위시한 간호학과 교수들이 조를 나누어 본부 인사위원인 각 단과대학 학장들을 일일이 찾아다니며 간호학과의 사정을 설명하여 협조를 구하는 로비를 벌이고 있다. 나는 그와 같은 정치·외교 활동에는 소질도 능력도 없으며, 매달의 한국학술진흥재단 연구비 중에서 연구보조원 수당 80만 원을 내 연구에 전혀 관계하고 있지 않은 김경수·구자익 군에게 각각 장학금 조로 40만 원씩 지급하고 있고, 김 국장의 해임과 더불어 사단법인 남명학연구원의 상임연구위원 직도 다시 스스로 사임하여 매달의 수당 20만 원도 포기하였다. 남자의 자존심을 지키기 위한 대가로 매달 저절로 굴러들어오는 돈 도합 100만 원을 마다하고 있는 터이니 남에게 더 이상 머리를 숙이면서 설명하거나 부탁하고 싶지 않은 것이다.

2 (목) 맑음

지난 4월 29일 오후 여섯 시부터 한 시간에 걸쳐 위성으로 생방송된 〈인도·마음의 대지〉에로라 석굴사원 편 제1부를 본 다음, 같은 날 재방영된 〈노벨상의 발상—두뇌·의지·풍토—〉를 두 차례 더 시청하였다. 후자는 일본인 학자가 수상한 자연과학 분야 노벨상 일곱 개 가운데서 여섯 명을 배출한 京都大學의 학문적 여건에 대해 소개한 것이므로 비디오 테이프의 팁을 떼어 지우지 않고서 보존해 두기로 했다.

이수건 교수가 보내 준 김령의 친필 일기 정미(1607, 선조 40)년 분과 국사편찬위원회의 탈초본을 다시 대조해서 읽어 가며 카드화하는 작업을 시작하였다. 오늘은 윤6월 25일 조와 8월 11일 조를 여러 번 거듭하여 읽었는데, 국편 탈초본은 대체로 친필본을 발췌하여 수록한 것이었다. 그 중에 안동부사로 부임한 寒岡 鄭逑가 師道로써 자임하여 자기에게 아첨하는 자를 총애하고 늦게 찾아오는 선비를 박대하며, 사사로이 소장할 책을 필사하기 위하여 유생들과 서얼 및 관청의 서리들을 100명 이상 불러 모아 필사작업을 시키는가 하면 다른 고을에까지 그 작업을 분담시키고, 또한 『주역』 간행을 위한 인원까지 합해 모두 200명 정도의 사람들을 불러 모아 그들에게 상시로 숙식을 제공하기 때문에 하루에 2~3石의 곡식이 소요되어 관청의 재정이 파탄의 지경에 봉착하였고, 사람을 대우하는 태도에 있어서 개인적 주관에 따른 차별이 지나쳐 공정성이 결여되었으며, 『주역』의 교정에 오자 하나가 생겼다 하여 40·50대의 유생에게 매로 종아리를 때리는 등의 弊政을 비판한 내용들이 모두 삭제되어 있었다.

3 (금) 비
〈인간 日本史〉 '中大兄皇子와 中臣謙足'편 및 梅原猛·中村元 등이 출연하는 〈인간 불타의 생애—고대 인도 마음의 여행—〉을 두 차례 더 시청하였다.

오늘 시청한 내용을 참조하여 며칠 전에 입력한 일본의 大化改新 및 나라(奈良) 시대 부분을 다시금 수정하였고, 김령의 『일록』 정미년 분에 대한 검토와 카드화 작업을 마쳤으며, 이어서 김령의 『계암집』 부록을 읽으며 카드화 하는 작업을 계속하였다.

밤 아홉 시 무렵에 중국 西北大學의 李浩 교수 자택으로 전화하여 손병욱 교수를 위한 그 대학 철학과의 초청장이 왜 아직도 도착하지 않는지를 물어보았다. 철학과장이 출장 중이고, 5월 1일부터 7일까지가 노동절 연휴에 해당하기 때문이라고 하면서 초청장 발송은 문제가 없다고 했다. 나는 文學院長인 그가 우리의 인문대학이나 臺灣大學의 文學院처럼 문학·사학·철학을 포괄하는 단과대학의 학장인 줄로 알았으나, 그 대학의 文學院은 중문·예술·방송영화의 세 전공 영역을 포괄하고 있을 따름이라고 한다.

4 (토) 맑음
오전 중 가상강좌 「송대 이학의 성립」 중 제1절 '새로운 유학의 대두' 부분을 가필하여 강의노트로 올렸다.

오후에는 『계암집』의 카드화 작업을 마치고서, 지난번에 이수건 교수가 복사물과 함께 보내 준 그 자신의 논문 별쇄본을 읽어보았다. 남명이 그 아버지의 묘비문에서 언급한 창녕조씨의 선대 가계와 남명 외가인 이 씨의 가계가 모두 조작된 것이며, 이 두 성씨는 모두 고려 말기에 鄕吏 계층에서 士族으로 성장한 것이라고 주장하고 있었다. 남명의 외가는 원래 삼가의 土姓인데, 후에 명문인 인천이씨로 上代의 계보를 위조한 것이라고 되어 있었다. 창녕조씨의 경우는 梅溪譜에 선대가 향리였다는 기록이 있고, 이 씨의 경우는 『世宗實錄地理志』에 삼가의 토성으로 보이는 데 근거한 것인 듯하다. 이 교수는 우리나라 토성 연구의 독보적 존재이지만 지금까지의 경우로 보면 근거가 불충분하거나 그릇된 주장을 하는 경우도 없지 않았다.

6 (월) 흐리고 부슬비

오전의 대학원 수업에서 김경수 남명학연구원 전임 사무국장이 김충렬 원장과 권순찬 이사장에게 보냈다고 하는 질의서를 받아와 읽어보았다. 둘 다 대동소이한 내용으로서 5월 3일자로 되어 있으며, 여덟 가지 항목의 질문을 하고 이에 대한 서면 회답을 요구하고 있다.

중국 河南省 鄭州市의 河南行政學院 교수로 있는 孫玉杰 씨가 선편으로 보내 온 『中國明代哲學』(鄭州, 河南人民出版社, 2002)을 훑어보았다. 이 책은 독신여성인 孫 씨를 포함한 네 명이 공동집필 한 것으로서 총 1,886쪽에 달하는 방대한 분량인데, 3월 22일 자로 쓴 짤막한 편지를 동봉해 있었다. 그 편지에 의하면 지난번에 내가 중국어로 써 보낸 이메일은 글자가 모두 깨어져 전혀 읽을 수 없었다고 하므로, 영어로 고맙다는 내용의 인사장을 썼다. 손 여사는 이미 여러 해 전에 中國 河南省 濮陽市에서 열린 宋學과 東方文明 관계 국제학술회의에서 처음 만났고, 그 이후 山東省 鄒城市에서 열린 孟子學會 관계 학술회의에서도 만났던 듯하다.

저녁 무렵 부산대학교 철학과의 최우원 교수로부터 전화를 받았다. 5월 중에 본교에서 개최될 대동철학회에서 발표될 내 글 「동아시아적 사유구조」의 파일을 보내달라고 하므로 이메일로 보내고자 했으나, 웬일인지 퇴근 무렵까지 발송이 되지 않았다. 이 글은『동아시아의 철학사상』緖論으로서 집필한 것이며 200자 원고지 108매 정도 되는 분량인데, 이번 학회 모임에서 20분 정도로 요약하여 발표한 다음 그 全文이 6월 중에 간행될『大同哲學』지에 실릴 예정이다.

7 (화) 비
이수건 교수가 보내 준 논문「조선 시대 身分史 관련 자료의 비판—姓貫·家系·人物관련 僞造資料와 僞書를 중심으로—」(『古文書研究』14, 한국고문서학회, 1998)를 다시 읽으며 카드화하였고, 이어서 역시 이 교수가 함께 보내 준 퇴계 문인 琴蘭秀의『惺齋日記』중 남명 방문 관계 기록을 다시 읽으며 카드화하였다. 이로써 이 교수가 보내 온 자료에 대한 정리는 모두 마친 셈이다.
빗속을 혼자서 걸으며 학교 뒷산을 산책하였고, 가상강좌「송대 이학의 성립」부분의 보완 작업을 다시 시작하였다.

8 (수) 흐림
「송대 이학의 성립」제2절 '송학의 東傳' 부분의 입력을 마치고서 가상강좌에 올렸다.

9 (목) 흐림
「고려 불교와 가마쿠라 불교」의 보완 작업을 계속하였다.

10 (금) 흐리고 낮 한때 부슬비
「고려 불교와 가마쿠라 불교」제1절 羅末麗初에서 고려 시대까지 사상의 전개 부분 입력을 마쳤다.

11 (토) 맑음
「고려 불교와 가마쿠라 불교」제2절 일본 중세 사상사 부분의 입력을 시작하였다.

13 (월) 맑음

오전 중 대학원 수업에서 김경수 군으로부터 들은 바에 의하면, 지난 11~12 양일간에 걸쳐 산청군 삼장면 대포리에 있는 한벌농원에서 개최된 2002년도 사단법인 남명학연구원의 연구위원 세미나에는 평소의 절반 정도에 해당하는 열댓 명의 사람들이 참가하였다고 한다. 또한 권순찬 이사장은 폐암이 심각한 상태라고 하며, 김충렬 원장이 김 국장의 질의서에 대해 조목별로 회답한 장문의 글도 보았다.

오후에는 「고려불교와 가마쿠라 불교」 중 일본사 부분의 입력 작업을 계속하였다.

14 (화) 흐리고 저녁부터 부슬비

'일본 중세의 사상계' 부분 입력을 완료했다.

大同哲學會 간사인 부산대학교의 안현수 씨로부터 전화가 걸려와, 이달 25일에 경상대학교에서 개최될 이 학회의 학술대회에서 발표될 내 논문을 아직 받지 못했다고 하므로, 지난 5월 6일에 이미 그 대학 철학과의 최우원 교수 편으로 보냈다는 것을 알리고서, 다시 한 차례 안 씨의 이메일 주소로 그것을 발송했다. 저녁 무렵 인문학부장인 배석원 교수가 내 연구실로 와서 방금 팩스로 받았다는 대동철학회 학술대회의 일정표를 보여주었다. 13시 30분부터 14시까지 내가 첫 순서로 「동아시아적 사유구조」라는 주제의 발표를 하고서 부산대 윤리교육과의 조남욱 교수가 논평을 하며, 그 다음에는 서울대 철학과 동문인 한림대 양일모 씨가 「J. S. MILL과 근대중국」이라는 주제의 발표를 하고서 역시 우리 동문인 한신대의 나성 씨가 논평을 하는 것으로 되어 있었다.

퇴근 무렵 영어교육과의 송무 교수로부터 전화가 걸려와 술을 한잔 사겠다고 하므로, 일단 집으로 돌아와 차를 갖다 둔 뒤 약속장소인 신안성당 앞으로 갔다. 비가 내리는 거리에서 반시간 정도나 늦게 나온 영문과의 박창현 교수를 기다려 셋이서 그 근처에서 술을 마시고, '하늘연못'이라는 이름의 카페에 들어가 대화를 나누다가 돌아왔다. 시인이기도 한 송무 교수는 근자에 '고전이란 무엇인가'라는 주제의 학술대회에서 서양의 正經(캐논)에 대한 소주제를 맡아 논문을 쓰느라고 동양사상사에 있어서 經에 관한 주제의 참고문헌이 있는지를 내게 물어왔으므로, 「동아시아의 철학사상」 중 그와 관련된 주제의 파일 세 개를 이메일로 보내준 적이 있었는데, 그에 대한 답례로 오늘 술을 사겠다고 한 것이다.

15 (수) 비

대동철학회 간사인 안현수 씨로부터 이메일이 왔는데, 내가 8월 6일자로 최우원 교수에게 보낸 발표문은 읽어지지 않으므로 다시 보내달라는 내용이었다. 어제 전화를 받고서 즉시 새로 보냈지만, 그것은 이메일 주소의 스펠링이 잘못되어 되돌아와 있었다. 이미 보낸 파일이 읽히지 않는 것은 내가 흔글2002로 작성하여 보냈으나 저 쪽 컴퓨터에는 구 버전인 흔글97이 설치되어 있기 때문이라 판단되므로, 97버전으로 저장하여 새로 보내면서 논평자인 조남욱 교수에게 이 글이 논문이 아니라 가상강좌 강의노트의 서론 부분임에 대해 설명해 달라는 당부의 말을 적어두었다.

서울대 철학과 후배인 조남호 군으로부터도 지난번에 내가 부탁했던 바에 따라 『학기유편』 번역 담당자 명단 및 그 이메일 주소가 첨부된 이메일이 왔으므로, 내가 상임연구위원 직을 사임함에 따라 『국역 남명전서』의 간행 작업에서도 손을 떼게 된 사정을 설명하여 회신했다.

어제 탈고한 '일본 중세의 사상계' 부분을 다시 한 번 읽어본 뒤 가상강좌에 올렸고, 이 달 하순에 있을 대동철학회에서의 발표에 대비하여 「동아시아적 사유구조」 파일을 새로 한 번 읽어보며 퇴고하는 작업을 시작했다.

오후 세 시 반부터 학과 회의가 있었다. 2000년도 학과 평가 신청과 관련한 것인데, 회의자료로서 배석원 학과장이 작성하여 배부한 철학과

평가자료 중 2000년도에 철학과 교수 7명의 연구부문 업적 중 논문 및 저서는 총 8건인데 그 중 5건은 나의 업적이었고, 또한 그 중의 단행본 4종 중 3종은 나의 것이었다.

식당에서 우연히 사재명 군을 만났는데, 그가 얼마 후 연구실로 찾아와서 지난 주말에 있었던 남명학연구원 연구위원 세미나의 정황을 설명해 주었다.

16 (목) 비

다음 주말에 있을 대동철학회의 발표 준비를 위해 네 편의 발표논문 중 첫 순서인 나의 「동아시아적 사유구조」를 다시 한 번 읽어보며 약간 수정 보완을 가하여 111매 정도로 만들었다. 그런 다음 그것을 부산대학교의 안현수 간사에게 이메일로 다시 보내어 "이 논문을 새로 논평자에게 보내주시고, 아울러 인쇄할 때도 이번 것을 사용해 주십시오."라고 당부했다. 그러고 난 다음, A4용지 12쪽의 분량에 달하는 그 글 중에서 주어진 발표시간에 맞추어 읽을 부분을 체크하기 위해 일단 출력해 두었다. 잇달아서 가상강좌 제12주 「원·명대 유학의 동향과 동아시아 사상계의 재편」 부분 강의 노트를 수정 보완하는 작업에 착수했다.

퇴근 무렵에 김경수 군으로부터 전화가 걸려와 내가 혹시 자기 집으로 전화를 걸었느냐고 하므로, 그렇지는 않지만 이왕 전화해 주었으니 모처럼 만나서 술이나 한 잔 하자고 권유하여, 오후 일곱 시 무렵에 판문동의 중국집 '만리장성' 앞에서 만났다. 그 근처의 '싸다돼지마을'이라는 음식점에서 돼지불고기와 소주를 들면서 대화를 나누다가, 다시 그 부근의 '생방송'이라는 술집에 들러 2차를 하면서 자정 무렵까지 생맥주를 마셨다.

김 군이 남명학연구원의 사무국장 직을 사임한 이후 김충렬 원장과 권순찬 이사장에게로 질의서를 보내어 물의를 일으킨 데다, 며칠 전 사재명 군으로부터는 그 이후 퇴직금 문제로 이사장을 상대로 소송을 제기하겠다고 한다는 말을 들었으므로, 사임 이후의 뒷모습이 추하게 되지 않도록 처신하기를 당부하였다. 김 국장은 퇴직금은 7년 반을 근무한 자신의 당연한 권리이며 소송을 하더라도 충분히 이길 수 있다는 것이었지만, 내 말을 듣고서는 한 번 내용증명을 발송한 뒤 반응이 없으면 자기로서도 깨끗이 포기하겠으며, 사임한 데 대해서는 아무런 미련도 없다는 뜻을 분명히 했다. 김 국장도 나를 자기 생애의 유일한 스승이라 말하고 있다.

17 (금) 부슬비
어제 출력해 둔 「동아시아적 사유구조」를 다시 한 번 처음부터 끝까지 읽어가며 다음 주 토요일의 대동철학회 학술대회에서 읽을 부분을 붉은색 사인펜으로 표시하는 작업을 한 차례 마쳤다.

18 (토) 흐리고 부슬비
원·명대 유학 부분 제1절의 보완작업을 마치고서 가상강좌에 올렸다. 강사 임형석 씨의 이메일 주소로 다음 주 토요일에 대동철학회에서 발표될 내 글 「동아시아적 사유구조」의 파일을 첨부해 보내고서, "고칠 점이 있으면 기탄없이 알려주십시오"라고 당부했다.

오후 3시 26분에 조남호 군으로부터 『학기유편』 번역작업과 관련한 이메일이 왔다. 회의를 하여 내가 "사정 때문에 그만두게 되어, 번역도 알 수 없다고 하였"더니, 다들 생활난을 겪고 있어서 번역에 크게 기대하는 분위기였으므로, 번역작업을 계속할 수는 없는지, 계속한다면 누가 그것을 주관하는지, 나와 관련 없이 연구원 쪽에 직접 접촉해도 되는 것인지를 묻고 있었다. 이에 대해 나는 "〈물 건너갔다〉는 것은 지금으로서는 추진하지 않는다는 뜻이 아닌가? 그러므로 그 일이 영영 끝난 것인지, 혹은 언젠가 다시 시작될 것인지 나로서는 알 수 없다는 것이며, 지금으로서는 아무도 아는 사람이 없을 것이네. 하물며 누가 중심이 되어 그 작업을 추진하게 될지를 누가 알겠는가?"고 되묻고, 현 사무국장에게 "물어봄은 조 박사의 뜻에 달려 있으나, 그도 책임 있게 대답해 줄 처지는 아닌 것 같네. 김경수 전 국장의 자택 전화번호는 055-747-2182이니, 누구보다도 연구원의 사정에 밝으며, 현 사무국장 양기석 씨와는 15년 친구 사이인 김 군에게 상의해 볼 수도 있을 것이네"라고 대답했다.

20 (월) 맑음

가상강좌 원·명대 부분 가운데서 조선 시대 전기 유학사상의 보완 작업을 시작했다.

오후에 미국의 두리에게 7월 24일부터 8월 15일까지에 걸치는 우리 가족의 미국 여행 일정을 알리기 위해 이메일을 작성하고 있는 도중에 두리로부터 내 휴대폰으로 전화가 걸려왔다. 아버지가 음식물을 공급하는 튜브를 통해 감염되었는지 폐렴 증세가 있어 어제 열이 화씨 100도 정도까지 올라 병원에 입원하셨는데, 치료를 받은 후 이제 다소 진정되었는지라 주치의의 견해로는 아직 위독하신 상태로는 보지 않는다고 하지만 일단 알린다는 것이었다. 주말에 대동철학회의 발표도 있어 지금 미국에 들어가야 할지 어떨지 망설이고 있는 터인데, 밤 두 시 무렵에 작은누나로부터 다시 전화가 걸려와 아버지가 위독하신 상태라는 것이었다. 어머니와 누나가 함께 병원에 와 있으며, 두리는 집에서 전화를 받지 않고 있으나 조금 후에 병원으로 올 것이라고 했다. 아버지께 수화기를 전해 주므로 여름 방학 중 가족과 함께 미국에 들어갈 예정임을 말씀드렸으나, 아버지는 전혀 소리를 내지 못하시므로 내 말을 알아들었는지 어떤지도 알 수 없었다.

21 (화) 맑음

출근하는 길로 업무 시작 시간이 채 못 된 오전 8시 50분경에 구내 여행사에다 전화하여 가장 빨리 갈 수 있는 미국행 비행기 편을 알아본 다음, 22일 12시 10분에 인천국제공항을 출발하여 14시 30분에 나리타에 도착한 다음, 16시 50분에 출발하여 22일 14시 20분에 시카고 오헤어 공항에 도착하는 UA(유나이티드 에어라인)882편과, 27일 12시 15분에 시카고를 출발하여 28일 15시에 나리타에 도착한 다음 17시 20분에 거기를 출발하여 28일 19시 45분에 인천에 도착하는 UA881편의 좌석 세 개를 예약하였다.

토요일에 있을 대동철학회 제9차 학술대회에는 조교를 통해 김경수 군에게 부탁하여, 당일 나를 대신해서 내가 발표문에다 붉은색 사인펜으로 표시해 둔 부분을 읽어달라고 당부했다. 조교를 통해 본교에다 휴가를 신청하고, 나의 출국 기간 중에 든 수업들은 휴강한다는 사실을 철학과 게시판에 공고하도록 했으며, 가상강좌의 이번 주 2교시 이후 수업에는 우선 지난 학기의 강의노트를 그대로 올려 둔 다음, 귀국한 이후에 다시 수정 보완된 노트를 올리겠다는 공고를 해 두었다.

29 (수) 맑음

한 주일 만에 다시 연구실로 나갔다. 지난주 토요일에 본교에서 개최된 대동철학회 제9차 학술대회 대회보『인간 공동체를 위한 사유문화』및 내 논문「동아시아적 사유구조」에 대한 부산대 조남욱 교수의 논평문을 입수하여 읽어보았다. 오후에 철학과 강사 임형석 씨가 연구실로 방문해 왔으므로, 아버지의 병세와 내 발표문에 관한 대화를 나누었다.

임 씨와의 대화 도중에 남명학연구원의 양기석 사무국장으로부터 전화가 걸려와, 이번 주 중에 있을 상임연구위원회의에 참석해 달라고 요청하였으나 사절하였다. 그는 내가 서면으로 사임서를 제출하지 않았으므로 원장도 내가 아직 정식으로 사임하지 않은 것으로 생각하고 있더라고 말하였으나, 내가 이미 이사장·부이사장에게는 구두로, 그리고 원장을 포함한 상임연구위원 전원에게는 이메일로 사임의 의사를 밝혔고, 그 전번에 사임했을 때도 사임서를 따로 제출하지는 않았다는 점을 설명했다. 지난번 상임연구위원회의에서 내가『남명학연구논총』다음호에 개재 의사를 밝혔었던「남명학관계기간문헌목록 2002」는 요청에 따라 이메일로 부쳤다.

30 (목) 맑음

한국교육학술정보원에서 제공하는 학술연구정보서비스(RISS4U) 등을 이용하여 어제 이메일로 보낸 「남명학관계기간문헌목록 2002」를 수정 보완하였다.

31 (금) 맑음

오전 중 남명학관 남명홀에서 개최된 '南冥과 동시대 大儒들'이라는 대주제의 경상대학교 남명학연구소 2002년도 제1차 학술대회에 참석하였고, 점심 식사 이후의 일정에는 참가하지 않았다. 초대장에 의하면 본교 남명학연구소는 "남명학관의 준공을 계기로 보다 더 남명학에 대한 연구의 내실을 기하고자 1년에 한 번 발행하던 『남명학연구』를 연 2회 발행으로 늘렸을 뿐만 아니라, 전국 규모의 학술발표대회를 상반기, 하반기 2회 치르기로 하"여, 오늘 그 첫 번째 대회가 개최된 것이다. 오전 오후에 걸쳐 각각 세 명씩 모두 여섯 명이 논문을 발표하는데, 그 중 본교에서는 한문학과의 장원철·최석기 교수가 발표에 참여하였고, 토론자에 사재명 박사와 손병욱 교수가 들어 있는 것을 제외하고서는 소장 및 사회자·토론자도 본교 측은 한문학과 일색으로 되어 있다.

이에 앞서, 내가 미국에서 돌아온 다음날인 29일 아침에 늘 하던 대로 출근 직후 커피 한 잔을 타서 마시고 ≪경남일보≫를 읽기 위해 인문대학 교수휴게실에 들러보니, 내가 기증하여 그곳의 개가식 서가에 비치되어 있던 나의 저서 『남명학파연구』 및 『경남정신의 뿌리—남명 조식 선생』이 사라지고, 내가 편집한 『南冥集四種』은 표제 부분이 서가의 안쪽으로 향하고 낱장 쪽이 밖으로 나와 책의 제목을 알 수 없도록 뒤집힌 채 꽂혀 있었다. 없어진 책들은 누가 읽어보기 위해 잠시 가져간 것으로 생각해 볼 수도 있으나, 며칠이 지난 지금까지도 돌아오지 않고 있는 것으로 미루어 아니꼽게 생각한 누군가에 의해 치워진 것으로 보는 쪽이 타당할 듯하다.

개회식에서 H 소장이 이러한 행사가 이루어질 수 있게 된 데는 경상남도의 지원에 힘입은 바 컸음을 인사말 가운데서 언급한 데 이어, 예정된 순서에는 없었던 경상남도 문화관광국장 유혜숙 씨가 뒤이어 단상에 올라 인사말을 하는 가운데 경상남도 공무원 교육과정에 남명에 관한 교과를 편성하고, 사회단체와 민방위 18만 명을 대상으로 하여서도 남명에 관한 교육을 실시할 것임을 밝혔다.

오전의 주제발표에 첫 순서로 나선, 한문학과 이상필 교수의 박사학위 논문 지도교수인 고려대 李東歡 교수는 그 발표논문 「16세기 사림에서의 출처관 문제—조남명과 이회재의 관계를 중심으로—」 가운데서, 남명이 "30세 경 『性理大全』을 통해 元 나라 許衡의 말에 접했다"고 언급하면서 남명 학문의 전변 시기가 25세가 아니라고 하는 이상필 교수의 설이 타당함을 힘주어 설명하였다. 두 번째 순서인 서울대 琴章泰 교수의 논문에 대한 토론에 나선 이상필 교수 자신은 두 가지 질문 가운데서 첫 번째로 그 문제를 거론하면서, "제가 남명 학문의 轉變의 시기를 31세 때라고 했다 하여, 어떤 사람은 『남명원보』에서 제가 알 수 없는 학설을 주장한다며 어이없어 하셨습니다. 금 교수도 25세 설을 그대로 인용하셨는데, 참으로 25세 설이 타당하다고 생각하여 쓰셨습니까?"라고 물었다. 그 '어떤 사람'에 대해서는 구두로 "이 자리에도 나와 있는 오이환 교수"라고 설명했다.

오후에는 연구실에서 이상필 교수의 논거에 대해 관계 문헌을 조사하며 따져 보았다. 이 씨의 논거는 오직 『남명집』에 실린 「書李圭菴所贈大學冊衣下」 가운데 여러 차례 과거에 응시하며 지내온 지로부터 '年已三十餘矣'라고 언급한 한 구절에 있음을 확인하였다. 이상필 교수의 주장 가운데는 몇 가지 사실 문제에 대한 착오와 왜곡이 있었는데, 그의 이번 주장은 1998년에 제출된 자신의 학위논문 가운데서 주석 102번의 것을 그대로 옮겨온 것임도 확인하였다.

세 번째 발표자인 水原대학교 東皐學硏究所長 李鍾建 교수의 논문 가운데서도 남명의 師承 문제와 관련한 흥미로운 내용을 발견하였다. 이종건 교수의 발표가 끝난 후 토론에서 나는 손을 들어 남명이 東皐 李浚慶과 더불어 독서했다는 楡山은 그가 적은 바와 같이 "상주 안동 합천 근처의 어느 장소"라기보다는 「대동여지도」나 진주 부근의 지방지에 보이는 지리산 熊石峰의 古名일지도 모른다는 견해를 표명했는데, 연구실로 돌아와 『山淸縣邑誌』 山川 條를 들춰 확인해 보니, 남명이 만년에 제자들과 왕래하던 智谷寺의 主脈인 웅석봉은 '楡山'으로 표기되어 있었다.

오늘의 발표논문집 등을 참조하여 며칠 전에 이메일로 남명학연구원에 보낸 「남명학관계기간문헌목록 2002」를 다시 수정 보완하여 새로 발송하였고, 아울러 "원고 마감 시기를 알려주시면 그 때까지 더 보완된 내용을 보내드릴 수도 있겠습니다"라고 언급해 두었다.

6월

3 (월) 맑음

서울대 철학과 후배인 서울의 조남호 군에게 이메일을 보내어, 6월 8일 정오에 남명학연구원의 '2002년도 제3차 상임연구위원회'가 개최된다고 하는데, "나는 그 회의에 참가할 의사가 없으나, 이번 회의에서 일단 중단된 [남명전서] 번역 사업의 추진 문제가 다시 거론될 모양이므로, 연구원에다 조 박사가 직접 그 문제를 타진해 보아도 무방할 것으로 생각되네"라고 일러두었다.

5 (수) 맑음

이메일에 들어와 있는 예문서원의 전자 월간지를 통하여 예문동양사상연구원의 홈페이지 『오늘의 동양사상』 게시판 란에 조사연이라는 사람이 남명 조식에 관한 글을 시리즈로 올리고 있음을 알고서 한 번 훑어 보았다.

7 (금) 맑음

가상강좌 원·명대 부분의 보완작업을 다시 시작하여 일단 마쳤다.
중국 西北大學의 李浩 교수로부터 그 대학 應用社會科學系 主任 명의로
된 손병욱 교수 및 그 가족의 초청장이 내게로 부쳐져 왔으며, 나는 남명
학연구원으로 다시 보완된 「南冥學關係旣刊文獻目錄 2002」의 파일을 송
부하였다.

8 (토) 맑음

가상강좌 강의노트의 원·명대 부분과 송대 부분의 일본 관계 내용에
대한 수정 보완작업을 계속하였다.

10 (월) 비

점심 때 교직원식당에서 우연히 사재명 군을 만나, 지난 토요일에 있
었던 남명학연구원의 상임연구위원회에서 논의된 내용에 대해 좀 얻어
들었다. 『국역 남명전서』는 사무국에서 실무를 맡아 대체로 지난번 내가
만들어 둔 스케줄에 따라서 번역 작업을 추진하기로 했으며, 사 군은
경남문화연구원의 국학진흥사업 관계 학술진흥재단 연구비 신청에 참
여하고 있으므로, 남명학관 안에 방을 하나 얻었다고 한다.
가상강좌 원·명대 부분 제2절의 강의록을 퇴고하여 강좌에 올렸다.

15 (토) 오전 한때 비 온 후 개임

『동아시아의 철학사상』 청대 부분 퇴고를 마쳤다.

17 (월) 흐림

산책을 마치고서 돌아오는 중에 남명학관 2층의 文泉閣으로 들어가
『古文書集成五十七—晉州 雲門 晉陽河氏篇』(한국정신문화연구원, 2001년
12월 27일 발행)을 빌려와 오후 내내 그것을 읽으며 카드화하였다. 金鶴
洙 씨가 해제로서 쓴 「晉州 雲門 晉陽河氏家의 家系와 사회경제적 기반」에

의하면 운문이란 진주시 金谷面 雲門里라고 하나, 금곡면에는 운문리가 없고 지도상으로는 금곡면 검암리 운문동으로 되어 있는데, 이 일대의 조선 시대 지명은 金冬於里였으며 그 屬坊에 儉嚴 및 雲水(혹은 雲門村) 등이 있었다. 한국정신문화연구원 국학자료실에서 이곳의 고문서를 조사하게 된 것은 1997년 2월로서, 종손 河炫廓 씨의 이종처남이자 이웃 고성 출신인 정문연의 許昌武 교수가 하현곽 씨의 회갑연에 참석 차 운문 종가를 방문하였다가 그 존재를 알게 된 것이 계기가 되었으며, 그 후 H 교수를 위시하여 정문연의 전문위원인 安承俊·김학수 씨가 중심이 되어 조사를 하였고, 현재는 자료의 원본 역시 종손의 요청으로 정문연에 위탁 관리된 상태에 있다고 한다.

이 가문은 진양하씨의 세 파 중에서 河拱辰 계열로서 시조 이후의 계보는 전해오지 않고, 조선 초기의 河安麟 代를 전후하여 이 일대를 世居의 기반으로 확보하였으므로, 그를 中祖 또는 1世로 삼고 있는데, 현재의 종손 하현곽 씨는 그로부터 22世에 해당한다. 그 4세인 河潤은 사림파의 인물로서 문과에 급제하여 출사하다가 戊午士禍에 화를 입었으므로 鼎岡書院에 享祀되었고, 7세인 河春年은 남명의 친우인 李霖의 딸과 혼인하여 8세인 河天瑞를 낳았으며, 龜巖 李楨의 손자인 李鯤變을 사위로 맞았다. 하천서는 『남명집』에 여러 차례 보이는 인물로서 남명의 둘째자형인 李公亮의 딸과 결혼하였으므로 남명의 생질서에 해당하며, 新庵 李俊民과는 처남매부 사이인 것이다.

하천서는 아들 河景灝(初名 慶南)와 더불어 임진왜란이 일어나자 의병 활동에 적극 가담하였고, 경호 이후로는 武班이 되었는데, 경호의 아들인 10세 震龍 대에는 송시열에게 발탁되어 北伐의 실질적인 추진자로 되었으므로, 이러한 인연으로 그의 후손은 이후 노론으로서 활동하게 되었던 것이다. 하진룡은 凌虛 朴敏의 사위였다.

18 (화) 맑음
학교로 가던 길에 마음을 바꾸어 먼저 금곡면 검암리 운문 마을을 찾아가 진양하씨의 종손인 하현곽 씨를 만났다. 그는 1935년생으로서 올해로 보통 나이 68세인데, 65년에서 82년 무렵까지 삼십 년 정도 부산의 연지에서 살다가 고향으로 돌아왔으며, 세 자식이 있지만 현재는 혼자서 농사를 짓고 있는 모양이었다. 그가 집 안의 궤짝 속에 보관해 온 500년 정도에 걸친 문중의 고문서는 모두 4,000여 점인데 그 중 간찰이 1,000여 점이며, 그것들은 현재 모두 한국정신문화연구원 장서각에 위탁 보관되어 있다. 한적도 좀 있었지만 부산에 살던 시절에 모두 없어져 버렸다고 한다. 허창무 교수가 이 고문서들을 서울로 가져간 것은 그가 환갑 되던 해였으니 이미 8년 전의 일이며, 안승준·김학수 씨는 직접 방문해 온 적이 없었다고 하니 그들은 정문연에 이관된 문헌을 가지고서 조사 작업을 한 모양이었다.

연구실에서는 어제 읽었던 『고문서집성』을 하루 종일 다시 한 번 검토하였다.

19 (수) 맑음

가상강좌 『동아시아의 철학사상』 마지막 장인 서양의 충격 부분에 대한 보완 작업을 마치고서 퇴고를 가하였다.

20 (목) 맑음

종일 작업하여 제14주 「서양의 충격과 그 사상적 대응」의 퇴고를 마치고서, 이번에는 제1·2주 「동아시아적 사유구조」를 얼마 전에 마친 데이어 제3부 「공자와 선진 유가」에 대한 퇴고도 마쳤고, 제4주 「춘추전국시대의 사상」 부분도 거의 다 마쳐간다. 이로써 원고를 출판사로 넘기기 전에 마지막으로 처음부터 다시 한 번 퇴고하는 작업을 진행한 것이다.

21 (금) 맑음

계속 작업하여 제5주 진·한의 신비사상 부분에 대한 퇴고와 수정 보완을 진행하였다.

새한철학회 회장인 배석원 교수로부터 금년 가을 본교에서 개최될 제15회 한국철학자대회에의 발표 신청을 6월 말까지로서 마감할 예정이므로 참여를 희망하는 회원은 서둘러 신청하도록 권유해 달라는 이메일이 이사 중 한 사람인 나에게도 발송되어져 왔다. "현재 준비 중인 『동아시아의 철학사상』 출판 작업은 마무리 단계에 접어들었으므로, 지난번에 말씀하신 바와 같이 9월 말까지 학진 선도연구자지원 과제인 「『남명집』 중간본의 성립」을 탈고하여 이번 철학자대회에서 발표할 수 있도록 노력해 보겠습니다"라는 답신을 보냈다.

24 (월) 비

『동아시아의 철학사상』 제5주 秦·漢 사상 부분의 퇴고를 마치고서, 제6주 魏·晉남북조, 제8주 불교의 전래, 제9주 隋·唐 부분까지 나아갔다.

25 (화) 흐림

가상강좌 제9주 「동아시아 문화의 전형으로서의 수당문화」 및 제10주 「송대 이학의 성립」을 마치고서 제11주 「고려불교와 가마쿠라 불교」에 들어갔다.

26 (수) 맑음

제11주 「고려 불교와 가마쿠라 불교」의 퇴고를 마치고서, 제12주 「원·명대 유학의 동향과 동아시아 사상계의 재편」, 제13주 「청대의 학술과 사상」을 거쳐, 맨 마지막인 제14주 「서양의 충격과 그 사상적 대응」에 들어갔다.

27 (목) 맑음

가상강좌 『동아시아의 철학사상』 퇴고 작업을 마치고서, 마지막으로 '끝머리에'라는 제목의 저자 후기를 작성하기 시작했다.

본교 남명학연구소의 기관지 『남명학연구』에 실린 문집 해제들도 「남명학관계기간문헌목록」의 논설 부분에 포함시켰다.

28 (금) 맑음

≪경남일보≫와 ≪국제신문≫에 연재된 남명학 관계 기사들을 「남명
학관계기간문헌목록」에다 포함시킨 다음, 이메일 첨부파일로서 남명학
연구원으로 보내어『남명학연구논총』제10집을 인쇄에 부칠 때 이번 것
을 반영해 주도록 요청했다.『동아시아의 철학사상』저자후기에 해당하
는 '끝머리에'를 탈고했다.

29 (토) 흐림

『동아시아의 철학사상』원고를 모두 탈고하여 서울의 예문서원 주인
인 오정혜 씨 및 그 남편인 계명대 철학과의 홍원식 교수, 그리고 예문
동양사상연구원의 실무 책임자인 박원재 씨에게 이메일 첨부파일로 보
냈다.

『南冥院報』에 실린 글들 중에서도 연구자들에게 참고할 만한 가치가
있는 것들을 골라 「남명학관계기간문헌목록」의 논설 항목에다 추가하
는 작업을 마쳤다. 오전 중 남명학연구원의 신임사무국장인 양기석 씨로
부터 전화를 받았다. 어제 내가 새 파일을 보내주었으나,『남명학연구논
총』제10집은 이 달 15일 경에 이미 출간되었으므로, 지난번 상임연구위
원회의 이전까지 보내 준 「旣刊文獻目錄」으로 실었다는 것이었다.

7월

2 (화) 비

예문서원으로부터 전화를 받았는데, 지난 토요일에 내가 보낸 파일들
은 받았으나 자기네는 흔글2002를 사용하고 있지 않아 실현할 수가 없
으므로, 그것을 박원재 씨가 흔글97 파일로 전환하여 보내주기로 했다

고 한다. 홍원식 교수는 중국 여행 중이라 아직 내가 보낸 파일을 검토해 볼 수가 없으며, 한국10대사상가 시리즈 중의 『남명』편은 금년 9월쯤에 출판될 전망이라고 한다.

『동아시아의 철학사상』 파일의 수정 및 출판에 관한 작업을 일단 마쳤으므로, 그 다음으로는 지난번 교내 남명학연구소의 학술발표회 때 이상필 교수와 그의 박사학위논문 지도교수인 고려대 한문학과의 이동환 교수가 함께 나의 글 「지리산과 남명학관」 중의 이상필 교수 부분에 대해 반론한 것을 다시 반박하는 내용을 중심으로 본교 한문학과 교수들의 남명 전기와 관련한 글들을 논박하는 글을 또 한 편 써 볼까 라고도 생각했다. 그러나 이러한 논쟁이 서로 간의 감정을 상하게 할 뿐 무익한 일이라고 생각하여 일단 그만두기로 했다.

그 대신 오늘부터 한국학술진흥재단의 2001년도 선도연구자 지원 과제인 「『남명집』 중간본의 성립」에 관한 작업을 시작하여 연구기간 만료 시점인 9월 30일까지 마치기로 일단 목표를 정하고서 독서카드 정리 작업을 시작했다. 지금까지 만들어 놓은 남명학 관계의 독서카드들을 하나하나 전부 검토하여 이 주제와 유관한 것을 골라낸 다음, 다시 그것들을 대충 연대순에 따라 배열하는 작업을 시작했다.

3 (수) 흐리고 오후에 개임
독서 카드를 시기 순으로 배열하는 작업을 일단 마쳤다.

4 (목) 맑았다가 저녁 무렵 부슬비
『順菴集』 권13, 雜著에 수록된 「橡軒隨筆 下」 가운데서 '退南二先生年譜' 부분을 카드화하고, 아울러 그것과 관련된 『周易』 夬卦·姤卦 부분도 카드화하였다.

「『남명집』 중간본의 성립」을 작성하기에 앞서, 우선 김윤수 씨의 논문 「『남명집』의 冊板과 印本의 계통」(『남명학연구』 2, 1992) 및 「正祖 親製 賜祭文碑와 『南冥合集』 正賜文本」(소 7, 1997) 중의 관련 부분을 다시 한 번 읽어보았고, 내 논문의 제1절이 될 '이정합집본 시기의 덕천서원'과 관련된 카드를 순서에 따라 다시 분류하였다.

5 (금) 부슬비 내리다가 오후부터 폭우

김윤수 씨의 논문 「『葛庵集』의 庚午板變과 『南冥合集』의 葛銘 添削本」을 다시 한 번 읽기 시작했다.

6 (토) 흐리고 오전에 강한 바람

제15회 한국철학자대회 안내문과 새한철학회의 기관지 『철학논총』 투고규정을 참조하여 한국학술진흥재단의 2001년도 선도연구자 지원 논문인 「『南冥集』 重刊本의 성립」을 작성하기 시작하여, 오후 여섯 시 퇴근 무렵까지 200자 원고지 3.8매의 분량까지 나아갔다.

남명학연구원의 새 사무원 아가씨로부터 『남명학연구논총』 제10집에 실린 「남명학관계기간문헌목록 2002」의 연구비 200만 원이 내 은행구좌로 입금되었다는 전화 연락을 받았다. 본교 철학과 출신의 내 제자인 박수정 양은 김경수 사무국장과 내가 사임한 지 얼마 후에 사임하였고, 이제 연구원의 사무국장과 사무원은 모두 나와 관계없는 사람들로써 채워졌다.

밤에 음악교육과의 신윤식 교수로부터 전화를 받았다. 그는 모레 출국하여 1년 간 예정으로 이탈리아 남부의 포차라는 도시에 교환교수로 가게 된다고 하여 작별 인사차 전화한 것이었다. 바리톤인 신 교수의 아들도 현재 이탈리아에서 성악 공부를 하고 있다. 신 교수의 소개로 몇 달전에 나와 더불어 하동군 청암면의 五臺寺址를 방문한 적이 있었던 이탈리아 대사관의 푸지오니 씨는 싱가포르로 발령받아 한 달 쯤 후에 한국을 떠나게 되었다고 들었다.

8 (월) 부슬비

남명학관의 文泉閣으로부터 安分堂 權逵와 남명 문인 權文任의 후손인

權重道(1680~1722)의 『退庵先生文集』을 빌려와 『남명집』이정합집초간본의 간행과 관련한 자료들을 카드화하고, 아울러 문집 전체를 훑어보았다. 남명학연구원으로부터 나의 「남명학관계기간문헌목록 2002」가 수록된 『남명학연구논총』 제10집(6월 30일 발행)과 『남명원보』 제26호(2002년 6월)가 각각 한 부씩 부쳐져 왔다. 김경수 군이 사무국장으로 있을 때는 매번 논총의 원본과 별쇄본을 여러 부 보내주었는데, 사람이 바뀌고 나니 이처럼 달라졌다.

서울의 퇴계학연구원에서 발행하는 『博約會消息』 제2호(2002년 6월 25일)도 우송되어져 왔다. 발행인은 이 연구원의 이사장인 李龍兌 씨로 되어 있으며, 차기(제26차) 총회의 개최지가 진주로 결정되었다는 기사 속에 "그동안 진주를 비롯한 서부경남은 일부 뜻있는 인사들을 중심으로 개별적인 박약회 활동을 해 왔다. 그러던 것을 연내 支會創立을 목표로 H 경상대학교 한문학과 교수 등을 중심으로 6월중에 지회창립을 위한 임시총회를 구성할 예정이다. 진주지회는 잠정적인 회원 구성으로 볼 때…서부경남 거의 대부분을 망라하고 있으며, 회장으로는 前 산청문화원장을 역임한 鄭泰守 신생의원 원장이 내정되어 있다"고 보인다. 또한 본교 한문학과 황의열 교수가 연재하는 '故事 이야기' 칼럼의 제1회분도 수록되어 있다.

9 (화) 흐림

본교 역사교육과 金俊亨 교수의 서울대학교 국사학과 문학박사학위논문 「조선 후기 丹城지역의 사회변화와 士族層의 대응」 제3장 제1절 '정치·학문적 입지 강화를 위한 노력'을 읽었고, 점심때는 문천각에서 김 교수의 논문에 언급된 李佑贇(1792~1831)의 『月浦集』과 權相纘(1857~1929)의 『于石遺稿』를 빌려와 그 내용을 읽으며 카드화하였다.

퇴근 이후 혼자서 저녁 식사를 차려먹고는 7시 30분부터 경상남도 문화예술회관에서 공연되는 이윤택 작·연출, 연희단 거리패의 「시골선비 조남명」을 관람하였다. 이 작품은 남명의 생애 중 丹城疏 사건을 중심으로 상당히 허구를 가미하여 뮤지컬 형식으로 엮은 것인데, 2001년도 서울공연예술제 대상 등 작년도 한국 연극 관계의 주요 상들을 거의 휩쓴 것이다. 진주 공연은 이번이 세 번째라고 하는데, 작년 남명제 때 산청 덕산중학교 운동장의 가설무대에서 초연될 당시에도 볼 기회가 있었으나 그 무렵에는 500주년 기념행사를 위해 만들어진 작품 정도로 생각하여 별로 볼 생각이 없었고, 이번에는 경상남도 측의 지원에 의해 무료 순회공연을 하고 있는 모양이다. 이번 공연을 추진한 장본인인 도청의 문화예술과장 유혜숙 씨도 공연장에 나와 있어, 나와 잠시 인사를 나누었다.

10 (수) 낮에는 맑았다가 밤에 비

『于石遺稿』의 카드화 작업을 마치고서, 『남명학연구논총』 제10집에 실린 분야별 기존 연구사 정리 및 향후 연구주제에 관한 논문들을 작년 12월 23일에 있었던 남명학연구원 연구위원 세미나에서 발표되었을 당시의 원고와 비교하여 그 중 새로 추가된 논문들을 찾아내어 「남명학관계기간문헌목록」에다 추가하는 작업을 하였다.

「『남명집』 중간본의 성립」 수정 및 입력 작업을 계속했다.

11 (목) 흐림

오늘 아침 출근 시에 책가방에다 신문지 등을 넣어 내려가서 1층 경비실 옆 우편물 박스 앞의 수거함에 버렸다가, 학교에 도착하여 이틀 동안 작업한 『우석유고』의 독서 카드도 실수로 함께 버린 것을 알고서 도로 집으로 돌아와 종이 수거함을 뒤져서 찾아내어 학교로 가져갔다.

「『남명집』 중간본의 성립」 입력 작업을 계속하여 약 11매 정도의 분량까지 나아갔다. 남명학연구원으로부터 집으로 최근에 발간된 『남명학연구논총』 제10집 두 권과 거기에 실린 내 글 「남명학관계기간문헌목록 2002」의 별쇄본 20부가 부쳐져 왔다. 후자는 전체가 369쪽인 이 책의 285쪽에서 365쪽까지에 걸쳐 80쪽의 분량을 차지하고 있다. 이로써 나는 금년 들어 세 편째의 연구실적물을 발표한 셈이다.

12 (금) 맑음

종일 李萬敷(1664~1732)의 『息山集』을 읽으며 덕천서원과 관련되는 내용을 카드화하였다.

13 (토) 부슬비

『식산집』의 카드화를 마쳤고, 오후에는 연구실 소파에 드러누워 낮잠을 한 숨 잔 다음, 여전히 드러누운 채 金聖鐸(1684~1747)의 『霽山集』과 그 아들인 金樂行의 『九思堂集』을 읽었고, 나중에는 책상 앞에 앉아서 『제산집』의 카드화 작업을 하였다.

14 (일) 흐리고 때때로 부슬비

취침 중에 남명학연구원의 이사 중 한 사람인 정현택 씨로부터 전화를 받았다. 내암 정인홍 후손인 합천의 정기철 씨가 내암 관계 건축 사업을 위해 이미 경상남도 측으로부터 15~16억 원의 도비 지원을 받기로 예산이 책정되어 있는데, 최근에 해인사 성보박물관의 준공식에 참석한 김석규 도지사에게 직접 탄원하여 내암의 유적인 孚飮亭을 서원 형식을 갖추어 확충할 것에 대한 긍정적 검토의 언질을 받고서, 다시 관련 유지들 10명의 이름으로 도청에다 그러한 취지의 의견서 같은 것을 올리는 모양이다. 그 10명 중에다 내 이름을 넣는 데 대해 동의를 구하는 것이었다. 평소 정기철 씨와는 잘 알고 지내는 터이며 지난번 교내 남명학연구소의 행사 때 그 사업 계획에 대한 설명도 들은 적이 있었으므로 나는 모르겠다고 할 수가 없어 알겠노라고 대답해 두었다.

15 (월) 맑으나 무더워

「『남명집』 중간본의 성립」 입력 작업을 다시 시작하여 15매 정도의 분량까지 나아갔다.

16 (화) 맑음

출근하여 이메일을 열어보니 대동철학회의 간사인 안현수 씨로부터 메일이 와 있었다. 『大同哲學』 17집에 실리게 될 편집된 내 논문과 더불어 15집에 실린 다른 사람의 논문 샘플을 첨부하였으며, 내 논문 「동아시아적 사유구조」에 대한 한글 요약문과 외국어 요약문을 작성하여 22일까지 보내달라는 내용이었다. 편집된 논문이라는 것은 본교에서 개최된 학술대회 당시의 대회보에 실렸던 것 그대로로서, 지난 6월 12일 오후에 내가 수정하여 보낸 파일은 반영되어 있지 않았으므로, 수정된 파일을 다시 첨부하여 인쇄할 때는 그것으로 해 달라는 내용의 회신을 보냈다. 조교에게 연락해 학과도서로서 비치된 『대동철학』 최신호인 제15집을 한 권 가져오게 하여, 그것을 참조한 후 퇴근 무렵까지 한글 및 일본어 요약문을 작성하였고, 主要語도 골라서 다시 한 차례 안현수 씨에게로 보냈다.

18 (목) 흐림

「『남명집』 중간본의 성립」 제1절 '이정합집본 시기의 덕천서원' 입력 작업을 마쳤다. 200자 원고지로 약 22매 정도의 분량에 이르렀다.

점심 때 안상국 교수가 교수회장에게 잘 보여야 한다면서 인문대 교수회장인 불문과의 김남향 교수와 함께 밖으로 식사하러 나가자는 것이었다. 이번에도 나더러 점심을 사라는 모양이었지만, 어제 누나 내외와 더불어 외출할 때 현금과 늘 사용하는 농협 신용카드를 그 때 입었던 바지에 넣어둔 채로 옷을 바꿔 입고 학교에 왔기 때문에 현금이 없다면서, LG 카드는 하나 있으므로 신용카드로 결제할 수 있는 곳이라면 가도 된다고 했더니, 결국 예하리의 보신탕집인 蓮花식당으로 가게 되었다. 셋이서 수육과 탕으로 점심을 들고서 그 옆의 연꽃이 지금 한창인 연못 주위를 산책하며 한 바퀴 둘러보았다. 연못 가 정자 부근에 예전에는 없었던 고려시대의 康州鎭營遺墟碑가 세워져 있었다. 康州는 晉州의 古名이므로, 그렇다면 고려 시대에는 강주의 중심지가 현재의 禮下里였다는 의미가 되는 듯한데, 그런 말은 일찍이 듣지 못했고, 남강으로부터 제법 멀리 떨어진 이곳이 당시의 邑治였다는 것도 믿기 어려운 일이다.

19 (금) 오전 중 비 온 후 저녁 무렵 개임

김윤수 씨의 논문들을 다시 한 번 정독해 가며 그의 주장을 논박하는 부분들을 보완하였다. 원고지 25매 정도의 분량에 이르렀다.

20 (토) 맑음

논문 제1절 부분의 카드를 다시 한 번 검토 정리하여 정조·순조 연간의 남명을 현창하는 여러 사업들에 중심적 역할을 수행한 德巖 曺龍玩에 관한 내용을 추가하기 시작하여 27매 정도의 분량에까지 이르렀다.

22 (월) 흐림

대동철학회 간사인 안현수 씨로부터『대동철학』지에 실리게 될 내 논문의 수정 편집된 파일과 함께 외국어 요약본에다 외국어 제목과 지은 이를 기입해 달라는 요청이 있었으므로, 그것을 추가로 입력하여 반송하였다.

또한『남명학연구』제13집(경상대학교 남명학연구소, 2002.6)과『한국사상과 문화』제15집(한국사상문화학회, 2002.3)이 배부되어져 왔으므로 그 내용을 훑어보았다. 이번 호에 의하면 한문학과의 H 소장 외에 윤호진 교수가 남명학연구소의 기획연구부장, 최석기 교수가 총무부장, 장원철 교수가 연수부장, 이상필 교수가 출판자료부장, 국어교육과의 안동준 교수가 출판부장으로 되어 있으며, 편집위원에는 고려대 한문학과의 이동환, 성균관대 한문학과의 송재소 교수 등이 들어가 있다.

『한국사상과 문화』에는 이 학회 설립자이자 현임 회장인 한국체육대학교 金益洙 교수의 정년기념논문집 원고청탁서가 들어 있었는데, 나에게는「조식의 철학사상」이라는 주제의 논문 제목을 지정해 놓았다. 이것 및 동봉한 명함에 의하면 김익수 교수는 현재 율곡사상연구원 부원장(원장 직무대리)에다 "1998년에 私財로 韓國思想文化學會[한국사상문화연구원 원장]를 창립하여 벌써 15집을 발행"하였으며, 韓國易經學會(회장) 및 韓國靑少年文化學會(회장)도 창립한 것으로 되어 있다. 또한 "본 한국사상문화학회에서는 한국유학계의 연구업적을 토대로 하여 제목은 '한국유학사상사연구'(가칭)라 하고 그동안 여러 학자님들이 이미 발표한 한국유학사상사연구에 관련된 글들을 중심으로 인물로 본『한국유학사상사』를 기획하는 것이 저희 본 학회에서 간행하는 기본 취지이니 교수님들께서 이미 발표한 논문 또는 새로 집필하여 주신 논문을 이번에 기획한 학술논문집인『한국유학사상연구』에 싣고자 합니다"라고 되어 있다. 문장의 어법도 맞지 않고 간행할 논총의 제목이 '한국유학사상사연구'인지, 『한국유학사상사』인지, 또는 『한국유학사상연구』인지 도무지 갈피를 잡을 수 없다. 아무튼 기왕에 발표한 것도 좋다고 하며, 나는 이 학회의 부회장 겸 경남지회장을 겸하여 있는 터이므로, 『남명학파연구』 제1부에 실린 남명의 생애와 사상의 대강 부분을 정리하여 보내기로 마음먹었다. 그러나 〈원고집필요령〉에 "본문은 한글을 전용하고, 한자는 괄호 안에 병기한다. 단, 각주는 한국학의 특성을 감안하여 예외로 한다"고 되어 있으므로, 한자로 된 단어에다 한글을 표시하고, 본문 중의 인용된 원문을 각주로 보내는 데 약간 시간이 걸려 종일 그 작업을 하였다.

23 (화) 흐림

「조식의 철학사상」 작성을 마치고서 한 차례 퇴고하였다. 도중에 주석의 스타일이 통일되지 않은 부분이 있어 그것을 수정하려고 하다가 파일의 시스템이 다운되어 버려 조교를 통해 인문대학 컴퓨터실의 학생을 불러오기도 하였다. 결국 다운된 상태는 스스로 이럭저럭 해결할 수가 있었고, 주석의 스타일은 하나하나 수작업으로 전부 수정할 수밖에 없었다.

24 (수) 맑음

「조식의 철학사상」을 탈고하여 오전 10시 46분에 한국사상문화학회에 이메일 첨부파일로 보내면서 출판일정에 대해 알려달라고 했더니, 오후 2시 48분에 이 학회 편집이사인 국립한국전통문화학교 문화재관리학과의 崔英成 씨로부터 회답이 왔다. "김익수 교수님의 정년기념논총 봉정식은 아무래도 10월이나 되어야 가능할 것 같습니다. 현재 대표적인 유학자 50명은 선정하여, 사실상 '한국유학사'로 꾸미고자 하는데, 워낙 방대한 일이다 보니 날짜가 지연되고 있습니다"라고 되어 있었다.

25 (목) 맑고 무더움

오후 2시 26분에 『한국사상과 문화』 편집실의 이형성 씨로부터 내 원고를 잘 받았다는 내용의 이메일이 왔다. 어제 보냈던 그 파일을 오늘 다시 한 번 읽고서 퇴고를 가하여 오후 4시 40분에 최영성·이형성 씨 등에게로 새로 보냈다. 최영성 씨에게 "최 교수께서는 나의 논지에 부분적으로 동의하지 않는 점도 계신 것으로 압니다. 남명 사상에 관한 부분은 1988년에 나온 「남명학자료총간해제서론」에 처음으로 실린 것인데, 세월이 제법 지났지만 나로서는 아직도 기본적으로 그러한 견해를 유지하고 있습니다"라고 적었다. 그것을 발송한 이후로는 「『남명집』 중간본의 성립」 중 기왕에 작성해 둔 부분을 새로 읽으며 퇴고를 가했다.

점심 때 박창현 교수와 더불어 禮下里 연화식당으로 가서 개고기 수육과 보신탕으로 내가 점심을 샀다. 식사를 마친 후 둘이서 그 뒤편의 연못으로 다시 연꽃 구경을 하러 가서, 박 교수가 식당에다 두고 온 담배 찾으러 간 사이에 나는 또 한 번 그 연못가에 세워져 있는 '高麗朝康州鎭營遺址' 비석을 살펴보았다. 그 앞면에는 故 隱樵 鄭命壽 씨가 題字를 썼고, 뒷면에 한글로 설명문을 적었는데, 내용은 주로 『新增東國輿地勝覽』에 수록된 河崙의 「矗石城門記」를 간추려 놓은 것이었다.

연구실로 돌아와 『新增東國輿地勝覽』 卷30 晉州牧의 城郭 條 '矗石城'에 주석으로 보이는 하륜 「城門記」의 내용을 검토해 보았다. 거기에는 "予於

吾鄕之城有感焉. 予昔總角之日, 游學于此, 每見城壍之遺基, 不知其歲月, 問之耆舊, 亦莫徵…海寇之鼠竊者, 雖或間發, 康州吉岸之伐, 亦足以摧挫, 而合浦之鎭, 分兵相救…來寇之登陸者, 歲益深, 在丁巳之秋, 廷議重備邊, 遣使諸道, 分理州縣之城, 鄕人卽舊基, 築以土, 不能經久, 隨復頹圮, 奉使者豈得辭其責. 己未秋, 今知密直裵公來鎭康州, 私牒牧官, 俾復修之, 遣參佐, 督其役, 易土以石, 功未半而寇陷, 賴江城郡之山城, 一鄕人有所依據, 得以却寇鋒. 然城狹而高, 不能以容衆, 又去州理遠, 倉卒勢不能及, 及寇旣退, 牧使金公, 因民情而出令, 曰, 州之城, 今可以畢修矣, 聞者咸願爲之役…不日而畢…公諱仲光."이라고 되어 있었다.

이에 의하면, 고려 말에 왜구가 더러 노략질을 하는 적이 있었으나, 康州의 吉岸에서 물리친 바 있고, 合浦鎭 즉 지금의 마산에서도 군대를 파견해 와 도운 바 있었는데, 그 후 왜구의 침략이 더욱 심각해 내륙 깊은 곳까지에 이르자 丁巳年 즉 禑王 3년(1377)에 조정의 시책에 따라 예로부터 있던 성터 자리에다 토성을 수축하였으나 얼마 못가 다시 허물어져 버렸고, 己未年 즉 우왕 5년(1379) 가을에 裵克廉이 康州鎭에 부임하여 진주목사에게 요청하여 土城을 石城으로 고쳐 수축케 하는 도중에 왜구가 쳐들어와 이를 함락해버렸으므로, 江城郡 즉 지금의 丹城에 있는 산성으로 들어가 피난하였다. 그러나 성이 좁고 높은 곳에 위치한 데다 또한 州治에서 멀어 유사시에 대비하기에는 불편하므로, 왜구가 물러간 후에 진주목사 金仲光이 현재의 자리에다 甃石城을 쌓았다는 것이다. 이는 지금의 진주성이 예부터 있던 성터의 자리에다 몇 차례의 수축 과정을 거쳐 마침내 완성되기까지에 이른 경위를 설명한 것으로서, 강주진성의 위치와 관련하여서는 이렇다 할 단서를 얻기는 어려우나, 지금의 예하리 주변 지역에 우리가 더러 가는 吉原식당이 있는데, 그 명칭이 吉岸과 무슨 관계가 있을지도 모르겠다는 생각이 들기도 한다. 그러나 '岸'이라는 글자는 역시 바닷가를 의미하는 것으로 보아야 할 것 같다.

그래서 퇴근 후 집에 있는 진주와 관련된 서적들을 좀 들추어 보았는데, 『晉州의 文化遺産』(진주문화원, 1998)에 보이는 '고려조 강주진영 유지'에 의하면, 그(연못의) 소재지는 '진주시 정촌면 예하리 911-11 강

주'이고, 면적은 35,321㎡(10,681평)이라 되어 있으며, 설명문에 "고려
조 강주진영 유지는 지금의 강주마을 연 밭(蓮田)이다. 『진양지』 권지1
南面 世谷里 조에는 '康州'와 '營基'라는 지명이 있고, 권지4 고적 편 영기
조에는 '康州池 위에 옛 군영의 터가 있으니 세상에 전해 오기를 고려
때에 절도사가 이곳에 와서 진을 쳤다'고 하였다." 운운의 내용이 보였
다. 그렇다면 이 연못을 강주진영 자리로 보는 것은 『진양지』의 기록과
현재 강주라고 구전되어 오는 지명을 결합하여 추측한 것이라고 볼 수
있겠다.

晋陽郡에서 1983년에 발행한 『내 고장의 傳統』에는 "1375년(禑王 2年)
11월 진주에 왜구가 침입하니 裵克廉을 晋州都元帥로 삼았으며, 우왕 5년
9월에도 왜구가 침입하여 진주를 비롯하여 泗川, 山陰(山清), 咸陽 등지를
노략질했으며 특히 5월에는 왜구가 기병 7백, 보병 2천여 명으로 진주를
쳐 수많은 양민을 학살하고 약탈해 갔다."는 기록이 보이고, 晋州市에서
1983년에 발행한 『내 고장의 傳統』에는 "진주에 왜구가 수차에 걸쳐 침
입하였는데, 1379년(禑王 5년)에는 왜적이 騎兵 7백과 步兵 2백 명으로
들이닥쳐 진주성이 소실되는 비운을 겪었"다는 내용이 보인다.

26 (금) 비

『晉陽誌』 속의 진주성과 관련한 기록들을 찾아보았다. 권1 各里 條 南面
世谷里의 屬坊 중에 康州와 營基가 있고, 권4 古蹟 條에 "營基. 康州池上,
有古營基, 世傳高麗時節度使來陣于此, 不知某年還廢也."라는 기록이 있음을
확인하였다. 그러나 이것만으로는 여기가 한때 군대가 와서 진을 쳤던
장소로 구전되어 온다는 정도이고, 성이 있었다는 것은 입증되기 어렵다
는 생각이 들었다. 같은 古蹟 조에 왜구의 침입과 관련하여 禑王 "二年,
倭寇河東, 晋州都巡問使裵克廉, 與兵馬使兪益煥來攻, 斬十九級, 進擊于泗川, 斬
二級."이라는 기록이 보이고, 또한 "麗末, 倭以大船百二十艘來寇, 慶尙道沿
海州郡大震. 合浦元帥柳曼殊, 急告鄭地(時爲海道元帥), 日夜督行, 或自櫂船, 卒
益盡力, 到蟾津, 徵募合浦士卒…遂大破之"云云의 기록이 보였다. 배극렴이

우왕 2년 당시 진주도순문사로 파견되어 왜구를 토벌했던 것으로 보아, 그가 康州鎭에 부임했다는 것은 곧 진주에 부임했다는 의미인 듯하다.

27 (토) 맑으나 무더위

종일 논문 작업을 하여 36매 정도의 분량까지 나아갔다. 오늘은 주로 樊巖 蔡濟恭이 정조 연간에 덕천서원의 원장을 맡게 된 경위에 대한 내용을 입력하였다.

점심 때 교직원식당에서 우연히 사재명 군을 만나 함께 식사를 든 다음 학생회관 1층의 스낵으로 내려가서 얼음과자를 들었고, 대화를 나누면서 뒷산의 산책 코스를 함께 걸었다. 남명학연구원의 소식은 이런 기회를 통해 그로부터 가끔씩 듣는데, 폐암으로 말미암아 서울에 올라가 통원치료를 하고 있는 권순찬 이사장의 건강 상태는 그런대로 괜찮은 편이며, 새 사무국장 양기석 씨는 매우 소극적으로 업무를 처리하고 있어 김경수 군의 때와는 연구원 운영에 天壤之差가 있다고 한다. 『國譯 南冥全書』의 간행 계획도 아직 전혀 착수되고 있지 않으며, 박수정 양의 후임으로 들어온 본교 행정학과 출신의 사무원 아가씨는 어쩌면 벌써 한문교육과 출신의 사람으로 바뀌었는지도 모른다고 했다. 지난번 상임 연구위원회의 때 정우락 교수가 김경수 전임 국장의 퇴직금 문제를 거론하자 조옥환 부이사장은 지방선거가 끝난 이후 쯤 처리할 뜻을 비친 바 있었는데, 아직도 퇴직금을 지불하지 않은 모양이다.

29 (월) 맑음

논문 작업을 계속하여 蔡濟恭 부분의 보충 및 정조 연간에 재개된 남명에 대한 문묘종사운동 부분을 입력하였다.

30 (화) 맑으나 무더위

논문작업을 계속하여 인조반정 이후 정조 시기부터 재개된 남명을 위한 문묘종사 운동 부분의 입력을 계속하였다. 제1절의 분량이 이미 200

자 원고지 40매에 접어들었으므로, 전체 논문의 밸런스가 염려스럽지 않을 수 없다.

31 (수) 맑으나 무더위

논문 작업을 계속하여 제1절을 일단 마쳤는데, 약 44매의 분량이었다.

8월

1 (목) 맑으나 무더위

논문 제1절과 관련되는 독서카드들을 다시 한 번 면밀히 검토하면서, 빠진 부분을 보충하고 수정을 가하여 원고용지 약 45매의 분량에 이르렀다.

2 (금) 맑으나 무더위

논문 제1절의 수정 보완 작업을 마치고서 그 끝부분의 葛庵 李玄逸이 지은 日新堂 李天慶 묘갈명과 관련한 내용은 제2절의 첫머리로 옮겼다.

3 (토) 찜통더위

오전 중 연구실에서 어제 인터넷을 통해 한국교육학술정보원이 제공하는 학술연구정보서비스에 접속하여 검색해 둔 花潭 徐敬德 관계 문헌들을 가지고서 다음 학기 '한국유학특강'(학부 4학년)의 강의계획서 입력을 마친 데 이어, 가상강좌인 '동아시아의 철학사상' 두 강좌 및 일반 대학원 중국철학연구의 강의계획서 입력을 모두 마쳤다. 대학원에서는 다음 학기에 지난번에 도중까지 읽다가 학기가 끝나서 중지된 상태로 되어 있는 陳澔의 『禮記集說』 및 『儀禮』 鄭玄 注를 계속 읽을 예정이다.

7 (수) 심한 비바람

종일 논문 작업을 계속하였다.

8 (목) 폭우, 효秋

오전 중 논문 작업을 계속하였고, 점심때는 폭우로 말미암아 뒷산의 산책은 포기하고서 구내서점에 들어가 책 구경을 하였다. 현재 국사편찬위원장으로 재직하고 있는 李成茂 씨의 저서 『조선시대당쟁사 1·2』(서울, 동방미디어, 2000) 한 질을 사 와서 오후 내내 읽어, 제1권의 광해조·인조 조 부분과 서론 제1절 '당쟁을 어떻게 볼 것인가' 부분을 거의 다 마쳤다.

9 (금) 부슬비

『조선시대당쟁사』 제1권의 「서론」 제2절 '조선시대 정치사의 흐름과 당쟁' 및 선조·효종·현종 조 부분을 다 읽고서, 제2권 숙종 조 부분으로 들어갔으며, 부록의 참고문헌 가운데서 남명학과 유관한 것들을 골라내어 「南冥學關係既刊文獻目錄」에다 추가하였다.

10 (토) 비

KBS '역사 스페셜' 〈조선 최대의 음모, 광해군은 왜 쫓겨났나?〉편을 시청하였다.

밤에 합천에 거주하는 來庵 鄭仁弘의 후손 정기철 씨로부터 전화를 받았다. 오늘 밤 여덟 시부터 한 시간 동안 KBS '역사 스페셜'에서 光海君에 대한 프로가 방영됨을 알려주기 위한 것이었다. 그 프로에는 정기철 씨를 포함하여 남명학연구원의 상임연구위원인 申炳周·韓明基·權仁浩 씨 등이 출연하고 있었다.

11 (일) 대체로 부슬비

어제 시청했던 광해군에 관한 '역사 스페셜'을 두 차례 더 시청하였다.

12 (월) 종일 비

오전 중『조선시대당쟁사 2』를 마저 읽은 다음, 다시 논문 작업에 착수하였다.

13 (화) 흐리고 오전 중 부슬비

『德川書院任案』과『德川書院誌』新·舊本에 실린「院任錄」을 대조하여, 영조 말년에 원임록을 도난당하고서 새로 작성하기 시작한 이후로부터 철종 말년에 이르기까지 덕천서원 역대 원장들의 목록을 작성하고서 그들 중 樊巖 蔡濟恭과 관련된 인물들에 관한 내용을 논문에다 추가하였다. 오후에 남명학연구원의 양기석 사무국장으로부터 전화가 걸려와, 이번 주 16일부터 17일까지 이틀간에 걸쳐 본교 남명학연구소 강당에서 개최될 연구원의 금년도 학술회의에서 중국 西安의 陝西師範大學 哲學系 교수인 劉學智 씨의 논문「南冥與張載心性論之比較硏究」에 대한 논평을 맡아달라는 요청이 있었으므로 이를 수락하였다. 얼마 후 이메일로 이 논문이 부쳐져 왔는데, MS 워드로 작성한 논문으로서 그것을 출력하는 과정에 프린터의 고장이 생겨 버렸으므로, 연구원의 출판 업무를 맡아 있는 대명인쇄의 박라권 군이 출력한 논문 한 부를 연구실로 갖다 주었다.

14 (수) 비

제26회 남명선비문화축제(舊 南冥祭)의 일환으로 16~17 양일간에 걸쳐 본교 남명학관 남명홀에서 개최될 사단법인 남명학연구원 주최 학술대회에서 나는 16일 오후의 토론을 맡게 되었으므로, 어제 받은 劉學智 교수의 논문을 한 차례 읽은 후 다시 한 번 읽기 시작했다. 내일이 광복절 휴일이고 모레 오후에 바로 발표가 있는데도 불구하고 논문이 너무 늦게 입수되어 아직 충분히 검토하지 못했을 뿐만 아니라 토론문을 작성해 보내야 하는 것인지 그냥 구두로 하면 되는 것인지, 그리고 그 분량이나 사용언어는 어떻게 해야 하는지 등에 대해 아무것도 들은 바가 없으므로, 저녁 무렵 연구원으로 전화하여 물어보았다. 양 국장은 출타 중이고 사무원 아가씨가 전화를 받았는데, 사무국장이 관장하는 바여서 자기로서도 아는 바가 없다고 하는 것이었다. 얼마 후 국장이 돌아오면 전화로 연락하게 해 주겠다더니 퇴근 무렵까지 연락이 없으므로 다시 한 번 전화해 보았다. 퇴근 후 우리 집으로 그 아가씨가 전화해 와 학술회의의 자료를 가지고서 책자로 만들 예정이므로 다른 사람들의 토론문은 이미 거의 다 도착해 있는데, 대체로 A4용지 1장에서 3장 정도의 분량이라고 하며, 내 것은 당일 출력해서 가져오면 자기네가 처리하겠다고 했고, 당일의 토론에는 통역이 따를 것이므로 내 토론문은 한글로 작성하면 된다는 것이었다.

劉學智 교수의 논문에 대한 토론을 내게 위촉할 예정이라 함은 이미 오래 전에 사재명 군으로부터 들은 바 있었으나, 어찌하여 다른 사람들의 토론문이 이미 도착한 지금에 와서야 내게 위촉이 왔는지 알지 못하겠다. 그리고 휴일을 지나고서 모레부터 학술회의가 개최될 예정임에도 불구하고 본교 구내에는 그것을 공지하는 현수막 하나도 내걸려 있지 않으므로, 그런 행사가 있음을 아는 사람이 없고, 학술대회 스케줄이 포함된 선비문화축제 안내 팸플릿과 『南冥院報』제27호(2002년 8월)도 오늘 퇴근한 이후에야 비로소 내게 입수되었다.

점심 때 금년 12월 중에 있을 총장 선거의 출마자로 거론되고 있는 자연대학 생화학과의 趙武濟 교수가 나를 청하여 둘이 함께 신안동에 있는 복어집으로 가서 점심을 들고서 학교로 돌아왔다. 조 교수는 네 명의 출마 예상자 가운데서 가장 유력한 후보로 예상되는 사람이다. 원래부터 선거운동을 위한 이와 같은 향응은 금지되어 있고, 얼마 전에 본교 교수회의에서 그러한 내용이 포함된 총장선거규정을 새로 정하여 이미 공시하였음에도 불구하고, 학교 행정을 책임지겠다고 나서는 후보자들이 그러한 규정을 공공연히 위반하며 선거운동을 벌이고 있으나 아무도 이를 규제하는 사람이 없는 것이다. 지난주에 조 교수로부터 식사 제의를 받고 난 후, 본교 남명학연구소 및 남명학관을 한문학과가 독점하고 있는 문제에 대한 내 견해를 글로써 피력한 『남명학파연구』상권의 해당 부분 복사물과 내 글「지리산과 남명학관」이 실린『남명원보』한 부를 남명학연구소의 서류봉투에다 넣어두었었는데, 갖고 갈까 말까 망설이다가 결국 가져가서 식사를 마치고 학교로 돌아오는 길에 조 교수에게 한 번 읽어보라고 말하고서 그의 차 뒷좌석에 놓아두었다.

중국 산동성의 煙臺師範大學에 1년간 가 있었던 중문과의 權浩鐘 교수가 어제 귀국하여 오늘 오전 내 연구실에 인사차 들렀다. 그도「지리산과 남명학관」을 읽어보았다고 하면서, 남명의「題德山溪亭柱」詩의 해석 문제에 대한 자기의 견해를 말하였다.

15 (목) 오전에 부슬비 내린 후 흐림

劉學智 교수의 논문을 두 번째로 마저 읽고서 저녁 무렵부터「劉學智 敎授〈南冥與張載心性論之比較硏究〉에 對한 討論」을 작성하기 시작했다. 통역이 따른다고는 하나 동양철학의 전공자가 아닌 통역자가 어느 정도 정확하게 나의 의사를 중국인인 劉 교수에게 전달할 수 있을지 모르므로, 한자로 적을 수 있는 단어는 모두 한자로 표기해 주기로 작정했다.

16 (금) 흐리고 때때로 부슬비

평소처럼 새벽 네 시 무렵에 기상하여 劉學智 교수의 논문에 대한 토론 문의 작성을 계속하였다. 출근하여 한 차례 더 읽어본 후 A4용지 두 장 반 정도 되는 분량의 파일을 이메일을 통해 남명학연구원과 연구원의 출판 업무를 맡아 있는 대명인쇄로 송부하였고, 부치고 난 다음 다시 한 번 읽고서 일부 내용을 수정하여 또 한 차례 보내었다. 점심시간이 되어서야 모든 작업을 마칠 수가 있었다.

점심 때 박창현·안상국·황소부 등 영문과의 세 교수와 함께 학교 부근 꽃동네(花開里)에 있는 곰탕집으로 가 점심을 들고서 돌아왔다. 식사하러 갈 때까지는 학교 안 어디에도 오늘 오후부터 본교 남명학관에서 개최되는 사단법인 남명학연구원 주최 남명선생 탄신 501주년 기념 국제학술회의에 대한 게시물이 없었는데, 식사를 마치고 돌아오니 비로소 남명학관 바깥벽에 현수막이 가로로 하나 걸려 있었다.

연구실에서 잠시 쉰 후 오후 두 시부터 남명학관 남명홀에서 개최되는 학술회의에 참가하였다. 학술회의는 오늘 오후부터 내일 오전까지 이틀간에 걸쳐 개최되는데, 오늘 발표는 김충렬 남명학연구원장의 「〈神明舍圖·銘〉의 새로운 考釋」, 劉學智 교수의 「조남명과 장재 심성론의 비교 연구」, 대진대 권인호 교수의 「남명의 記·跋에 나타난 시대정신과 정치철학」, 동양대 전재강 교수의 「남명·퇴계와의 對比的 관점에서 본 寒岡心學」의 순서로 각 30분씩 진행되었고, 발표를 마친 후에는 동국대 철학과 교수이자 현재 한국동양철학회장을 맡아 있는 송재운 교수가 좌장이 되어 토론 및 질의의 순서가 진행되었다. 토론자로는 각각 발표 순서에 따라 성균관대의 안병주 명예교수, 나, 경산대 박홍식 교수(不參 代讀), 聖潔大 강의교수 강구율 박사의 순서로 진행되었다. 중국어 통역은 上海에서 7년 정도 유학하고 돌아와 현재 본교 중문과의 강사를 하고 있는 조미정 씨가 맡았으나, 본인의 전공이 아닌 철학적인 내용을 통역하기가 어려울 것이라 생각하여 내가 토론의 요지를 다시 중국어로 간단히 정리하여 설명해주었다.

예정보다 한 시간 정도 늦은 저녁 7시 무렵에야 모든 순서를 마치고서, 하대동에 있는 장수숯불갈비라는 음식점으로 가서 돼지불고기와 소주 및 저녁 식사를 들면서 대화를 나누었다. 나는 劉學智 교수와 마주 앉아 중국어로 대화를 나누었고, 맞은 편 옆에는 劉 교수와 더불어 국제남명학회 부회장직을 맡아 있기도 한 부산 釜慶대학교의 高康玉 교수가 앉았으며, 내 오른쪽에는 문화인류학자인 仁濟대학교 姜信杓 교수가 앉았다.

저녁 식사를 마친 후 타고 갔던 부산교통의 버스로 봉곡동의 남명학연구원 근처에 있는 그들의 숙소로 정해진 호텔 앞까지 함께 갔다가 나는 본교 사학과의 김상환 교수와 더불어 택시를 타고서 집으로 돌아왔다.

17 (토) 모처럼 개입

오전 중 연구실에서 어제 劉學智 교수에게 전해 주겠다고 말한 바 있는 學記圖 관계 자료들을 복사해 준비하였고, 한국중국학회에서 영구회원을 모집한다는 안내문이 왔으므로, 지정된 조흥은행 구좌로 모처럼 텔레뱅킹을 이용해 종신회비 30만 원을 입금하고서 회장인 서울대 동양사학과 朴漢濟 교수의 연구실로 전화하여 그 사실을 통지하였다.

철학전공 조교에게 말하여 한문학과 사무실로 가서 금년 후기에 나온 그 학과의 남명학 관계 석사학위논문 세 편을 좀 빌려오라고 했더니, 覺齋 河沆에 관한 논문 한 편만 보관되어 있다면서 가져왔다. 그 내용을 검토하며 그 세 편의 논문에 관한 「남명학관계기간문헌목록」 가운데 이미 입력되어져 있는 내용을 다소 보완하였다. 이 논문의 참고문헌 목록에 열거된 자료들은 본교 한문학과의 교수나 학생이 집필한 것, 혹은 한문학과가 장악하고 있는 남명학연구소의 기관지에 실린 것 일색이었다. 그 학과 교수들의 의식구조를 학생들도 이미 알고 있는지라, 학생 시절부터 이처럼 스승의 눈치를 살펴가며 당파심을 익히고 있는 것이다.

오전 11시 무렵에 다시 남명학관으로 가서 오늘 발표되는 다섯 편의 논문 중 영산대 정우락 교수가 쓴 「남명의 사물 인식방법과 詩정신의 行方」 뒷부분 및 한국정신문화연구원 박병련 교수의 「'光海君 復立謀議' 사건으로 본 江中지역 남명학파」의 발표 및 남명학연구소장인 H 교수의 주재에 의한 토론 및 질의를 방청한 후, 이번 학술회의의 발표토론자들과 함께 남명학관 2층 淸香閣에서 점심을 들었다. 식사가 끝난 후 김충렬 원장, 조옥환 부이사장을 비롯한 상임연구위원들은 3층으로 가서 회의를 한다면서 나보고도 가자고 거듭 권하였으나, 나는 이미 상임연구위원을 사임하였기에 참석하지 않는다는 의사를 관철하였다. 그 대신 劉學智·高康玉 교수와 더불어 남명학관의 여기저기를 둘러보고, 3층에 있는 한문학과 이상필 교수의 방으로 따라 들어가서 녹차를 대접받기도 하였다. 그 사람은 학술회의를 마친 후 덕산으로 가서 선비문화축제를 참관하는 모양이었지만, 나는 인문대 앞에서 그들과 작별하여 내 연구실로 올라가 평소처럼 오후 6시까지 있으면서 어제 만든 토론문 일부를 수정하기도 하였다.

19 (월) 맑음
대동철학회 간사로부터 회원 가입에 감사한다는 이메일을 왔으므로, 지정된 학회 구좌로 종신회비 20만 원을 입금하였다.

20 (화) 맑음
지난주의 학술회의에서 발표된 논문 및 최석기 교수를 통하여 입수한 한문학과의 금년도 후기의 남명학 관계 석사학위 논문들을 검토하며 「남명학관계기간문헌목록」의 내용을 추가하였다. 그리고는 上田正昭 교수의 글을 다시 한 번 읽고서 거기에 나타난 한반도와 일본과의 고대사에 관한 내용을 가상강좌의 제1강 「동아시아적 사유구조」에다 보완하였다.

퇴근 후 평거동의 진주전문대학 부속유치원 앞으로 가서 김경수 군과 만나 모처럼 함께 술을 마시며 대화를 나누었다. 사재명 군과 박라권 군도 동석하였다. 진주기장곰장어라는 식당을 비롯하여 정글, 꿈나무 등 그 근처의 술집들을 돌아다니며 3차까지 하였는데, 그들은 다 수입이 신통찮은 사람들인지라 오늘의 술값은 내가 다 지불하였다. 그 술자리에서 들은 바에 의하면, 현재의 남명학연구원 사무국장인 양기석 씨는 최근의 상임연구위원회의 석상에서 내 글 「남명학관계기간문헌목록 2002」를 지난번의 『남명학파연구』에 실린 것과 일일이 대조하여 체크해 가지고서 지난번 것과 별로 달라진 것이 많지 않으니 실을 필요가 없지 않느냐고 말했다고 하며, 한상규 씨는 내가 이미 상임연구위원의 직을 사임한다는 의사를 표명했음에도 불구하고 지금까지 그것을 수리하지 않고 있는 데 대해 이의를 제기했었다고 한다.

21 (수) 맑고 제법 서늘함

『동아시아의 철학사상』 제1강 「동아시아적 사유구조」에 대해 보완한
내용을 다시 한 번 퇴고하여 200자 원고지 118매 정도의 글로써 완성하
였다.

그리고 한문학과 최석기 교수로부터 빌린 금년도의 교육대학원 한문
교육과 후기졸업 석사학위논문인 裵佑淳 군의 「茅溪文緯硏究」, 姜聖斗 군
의 「寒沙 姜大遂 硏究」를 훑어보며, 후자 가운데서 來庵 鄭仁弘이 1612년
의 金直哉獄事에 연루된 내용을 카드화하였다. 이 두 편의 논문은 모두
李相弼 교수가 지도한 것인데, 배 군의 '참고문헌'에 열거된 것들은 지난
번 河 군의 覺齋에 관한 논문과 비슷한 정도이고, 강 군의 것에는 사단법
인 남명학연구원의 기관지인 『남명학연구논총』에 실린 논문들도 여러
편 열거되어 있고, 나의 저서 『남명학파연구』도 보인다. 나의 책은 본문
중에서 딱 한 군데 인용되었는데, 참고문헌 목록에서는 그것이 단행본이
아닌 한 편의 논문으로 분류되어져 있었으며, 그러므로 당연히 상·하권
의 구분도 되어 있지 않다. 강 군은 내 연구실 복도 건너편의 인문대
대학원생 공간에서 이 논문을 작성하고 있었고, 내 연구실에도 더러 찾
아와 문의를 하거나 자료를 빌려가기도 하였는데, 정가 3만 원인 이 책
을 한 질 사서 참고해 보라고 말한 바 있었으나 끝내 사지는 않았다고
한다. 그러나 그의 논문 내용 가운데서는 내 책을 참고한 흔적이 여기저
기에서 눈에 띄었다.

퇴근 무렵에 지난주의 『국제학술회의 논문자료집』 안에 실린 한국정
신문화연구원 박병련 교수의 논문 「'광해군 復立모의' 사건으로 본 江中
지역 남명학파」를 읽기 시작했다.

예문서원의 주인인 계명대학교 철학과 홍원식 교수가 방학 중 중국에
갔다는 소식을 들은 바 있었는데, 지금쯤 돌아와 있지 않을까 싶어 대구
의 연구실로 전화해 보았다. 부재중이므로 『동아시아의 철학사상』 파일
을 검토해 보았는지 묻고서, 그 출판 계획에 대한 의견을 듣고 싶다는
메모를 음성녹음으로 남겨두었다. 저녁 무렵에 홍 교수가 내 연구실로

전화를 걸어왔는데, 원·명대까지의 파일만 받았으므로, 자기로서는 아직 미완성인 줄로 알고 있었다고 하며, 철학적인 내용을 좀 더 보강했으면 좋겠다든가, 제목에 왕조의 이름이 나오기도 하고 사상 내용과 관련된 것이 나오기도 하여 통일성이 없어 보이니, 어느 한쪽으로 통일했으면 좋겠다는 주문을 달기도 하였다. 그러나 나로서는 이미 완성하여 퇴고까지 마친 원고인데다, 지금은 한국학술진흥재단의 선도연구자 과제 수행에 몰두해 있으니, 다시 그 원고를 수정할 시간적 여유가 없겠다고 대답했다. 그런 다음 홍 교수가 받지 못했다고 하는 청대 이후의 파일도 당시에 함께 첨부하여 발송했음을 보낸 편지 목록을 통해 확인했으나, 그것들을 흔글97로 전환하여 다시 한 차례 지난번처럼 예문서원·홍 교수·박원재 씨에게 서신에다 첨부하는 형태로 발송하였고, 아울러 이 며칠 간 일본 관계의 내용을 보충한 제1강의 파일도 함께 보냈다.

22 (목) 맑음

어제 예문서원 등으로 다시 한 차례 발송했던 파일들을 전부 새로 읽으며 부분적인 수정을 가하였다. 홍 교수가 불만으로 여긴 것은 역시 철학적인 사변에 관한 내용이 적다는 것이었으나, 그것은 피차의 학문관의 차이라고 할까 동양철학이 무엇이냐에 대한 견해의 차이에서 나온 것이다. 홍 교수의 견해가 한국 철학계의 대체적인 경향을 반영한 것이라고 한다면, 나의 경우는 세계 동양학계의 경향을 고려하여 상당 부분 나 자신의 독창을 가한 것이라고 할 수 있다. 그 글들을 새로 읽어보아도 역시 나로서는 이렇게 쓸 수밖에 없는 것이며, 그 자체로서는 별로 수정할 데가 없는 것이었다. 그러나 어제의 홍 교수 말투로 미루어보아 이미 언약한 바 있는 이 책의 출판을 맡아주지 않을 가능성도 있는 것으로 판단되었다.

아침에 남명학연구원으로 전화하여 양기석 사무국장과 통화하였다. 내가 이미 사임의 의사를 분명하게 표명했음에도 불구하고 지금까지도 내 이름을 상임연구위원 명단에 올려두고서 매달 20만 원씩의 수당을 내 통장으로 입금해 오고 있는 점을 들어, 다시 한 번 그런 일을 그만두어 달라는 요구를 하였다. 양 국장의 대답은 전과 마찬가지로서, 결국 내가 서면으로 정식 사임서를 제출하지 않았기 때문에 구두로 한 말에 근거하여 사임을 수리할 수는 없다는 것이었다. 그러나 나 자신은 고용되어 있는 사람이 아니므로, 이미 원장을 비롯한 상임연구위원 전원에게 이메일로 사임의 의사를 전하였고, 이사장과 부이사장을 만난 자리에서도 구두로 분명하게 의사를 표명한 것으로써 충분하다고 생각하는 것이며, 이미 지난 1년간 구두의 의사표명으로 사임했던 전례도 있는데, 새삼스레 서명 날인한 사임서를 요구하는 것은 나를 길들이려고 하는 처사가 분명하다.

내가 지난 1년간의 사임을 철회하여 연구원으로 다시 돌아갔던 것은 원장·이사장·부이사장의 간곡한 요청이 있었고, 특히 권순찬 이사장이 그 후 또 한 차례 단독으로 나를 면담하여 원장 및 부이사장과 합의한 바라고 하면서 연구원의 실질적인 운영을 나에게 맡기겠으며 나에 대한 처우는 조만간에 새로 조정하여 결정하겠다고 말한 내용을 그로부터 상당한 시일이 지난 후에 이르러 결국 수락하기로 결심했던 것인데, 돌아간 지 얼마 되지도 않아 나의 손발과 같은 김경수 국장을 자르고서 한문학과의 조교 출신이며 H 교수를 우상처럼 숭배하는 양 씨를 그 후임으로 끌어들였으니, 이런 사람과 더불어 무슨 일을 할 수 있겠는가?

23 (금) 맑음
『남명선생 탄신501주년 기념 국제학술회의 논문자료집』에 실린 논문들을 훑어보았고, 특히 박병련 교수의 논문 「'광해군 복립 모의' 사건으로 본 강중지역 남명학파」는 다 읽고서 필요한 부분을 카드화 하였다.

26 (월) 흐림
인터넷을 통해 한길사로 접속하였다가, H 교수가 작년에 이 출판사의 '위대한 한국인' 총서에서 남명 評傳인 『절망의 시대 선비는 무엇을 하는

가―실천의 사상가 남명 조식과의 만남―』을 펴낸 데 이어, 같은 시리즈에서 『조식』이라는 책을 다시 출판할 예정임을 알았다.

28 (수) 맑음
대동철학회로부터 종신회비영수증과 더불어 내 논문 「동아시아적 사유구조」가 실린 『大同哲學』 제17집(2002.6) 다섯 부와 별쇄본 21부를 우송해 왔다.

9월

1 (일) 快晴
어제 오전 11시 30분부터 남명학연구원 사무국에서 상임연구위원회가 개최된다는 통지를 받은 바 있었으나 나는 참석하지 않았는데, 어제의 ≪경남일보≫에서 사단법인 남명학연구원과 진주교육대학교 간에 교류협력 약정서가 체결되었다는 보도를 보았고, 오늘 자 ≪경남일보≫에서는 진주교육대학교 진주문화교육연구원에서 남명학교육총서 1권으로서 『조식의 생애와 사상』을 발간했으며, 연내에 남명학교육총서를 3권까지 낼 계획으로 있다는 보도를 보았다.

2 (월) 맑음
오전 9시 첫 교시부터 일반대학원의 중국철학연구 2학기 첫 수업을 실시하였다. 김경수·구자익 군이 수강하는데, 陳澔의 『禮記集說』를 텍스트로 하여 「雜記上篇」부터 읽어나가며, 시간이 남으면 『儀禮』 鄭玄 注도 읽기로 하였다.
남명학연구원으로부터 상임연구위원 주소록이 이메일로 왔는데, 내 이름이 김충렬 원장의 다음에 위치해 있었다.

3 (화) 맑음

가상강좌 '동아시아의 철학사상' 주별 강의계획서 및 주별 강의노트의 입력 작업을 마쳤다.

4 (수) 맑음

EBS '역사탐구' 〈격변기의 지도자 광해군〉 편을 시청하였다.

5 (목) 흐림

아침에 연구실에서 UCLA의 대학원 박사과정에서 던컨 교수의 지도를 받고 있는 이정일 씨로부터 안부 전화를 받았다. 그는 작년에 산청의 삼성연수원에서 개최된 남명 탄신 500주년 기념 국제학술회의에서 참석치 못한 틸먼 교수의 논문을 대독하였고, 밤에 술자리에서도 함께 어울린 바 있었던 젊은이다.

11 (수) 맑음

이번 주의 ≪경상대신문≫에 의하면, 본교는 한국학술진흥재단 '2002년도 기초학문육성 지원사업'에서 인문사회분야 6과제 등 총 22억7천8백3십만 원을 지원받게 되었는데, 그 중에는 한문학과 윤호진 교수를 대표로 하는 남명학연구소의 『大東韻府群玉』1억9천2백5십만 원과 국문과 최용수 교수를 대표로 하는 인문학연구소의 「아시아 지역 무속의례에서 연희된 춤 조사 연구—한국, 중국, 일본, 인도를 중심으로—」8억2천4백5십만 원, 사범대 사회교육과 지리전공의 김덕현 교수를 필두로 하는「경상도 읍치의 역사적 경관 조사 연구」2억6천3백5십만 원, 사범대 국어교육과 조규태 교수를 필두로 하는「한국 교육의 지역화에 관한 연구」6억 원 등이 포함되어 있다. 이에 비해 기초과학연구지원 등은 대체로 2~3천만 원 대 이하의 규모여서, 종래의 이공계와 인문사회계 연구비 규모가 역전된 느낌이 없지 않다.

16 (월) 부슬비

다시 논문 작업을 시작하여 「『남명집』이정본의 성립」 입력을 계속하였다.

대동철학회 간사인 안현수 씨가 내게로 전화를 걸어와, 부산아시안게임을 기념하여 10월 5일(토요일) 부산시청 12층의 국제회의실에서 개최될 예정인 국제학술회의에서 일본 神戶대학의 岩本 교수가 발표할 논문「아시아 공동체를 위한 문화정책—벨기에와의 비교—」에 대한 토론과 아울러 그 논문의 번역까지 맡아달라는 요청이 있었다. 그러나 내가 번역까지 맡을 시간적 여유가 없다고 하여 가능한 한 다른 사람을 물색해 보도록 말해 두었다. 이 국제학술회의에서는 태국 교수 한 사람과 대진대 이상운 교수, 한국해양대 김대만 교수도 각각 논문을 발표할 예정이라고 한다.

17 (화) 맑음

논문 작업을 계속하였다.

아침 출근 전에 『山海師友淵源錄』을 편찬한 无悶堂 朴絪의 후손으로서 남명학연구원 이사로 있다는 박완 씨로부터 전화를 받았는데, 나의 저서 『남명학파연구』를 몇 질 구입하고 싶다는 용건이었다. 합천군 용주면 손목리의 무민당이 만년에 거주한 碧寒亭을 지키고 있었던 박태옥 노인은 3년 쯤 전에 작고하였다고 한다.

18 (수) 맑음

논문 작업을 계속하여 원고지 59매 정도의 분량까지 나아갔다.

대동철학회의 간사로부터 전화가 걸려와 일본 학자의 논문 번역은 다른 사람에게 부탁하기로 하였으니 그 토론만 맡아 달라고 하므로 수락하였다. 이 학술회의는 10월 4·5일 이틀간에 걸쳐 꽤 성대하게 거행되는 모양인데, 나는 그 중 10월 5일(토)의 이틀째 토론 중 하나를 맡게 된 것이다.

19 (목) 맑음

논문 작업을 계속하여 원고지 61매 정도의 분량까지 나아갔다. 제2절은 일단 마친 셈이다.

23 (월) 맑음

논문 제2절의 퇴고 작업을 하였다.

모레 오후 세 시부터 남명학관에서 개최되는 본교 인문학연구소의 풍수 문제에 관한 제3차 쟁점학술토론회에 내가 토론자의 한 사람으로서 참가하기로 되어 있는데, 오늘 퇴근 무렵이 되도록 토론 대상이 될 발표 논문을 전해 받지 못했을 뿐만 아니라 그에 관한 아무런 연락도 없었다. 발표자 측의 사정으로 이미 한 차례 연기된 바 있었던 이 모임이 이번에는 과연 예정대로 진행될 것인지 알 수가 없어 인문학연구소로 전화를 걸어 소장인 독문과의 이영석 교수에게 연락해 달라고 전해 줄 것을 당부해 두었다. 퇴근 시간이 다 되어 이영석 교수가 프로그램이 인쇄된 안내장과 두 개의 발표논문을 출력한 것을 가지고서 내 연구실로 방문해 왔다.

24 (화) 맑음

오전에는 내일 있을 쟁점학술토론회에 대비하여 어제 전해 받은 경산대학교 풍수지리학과 成東桓 교수의 발표문 「우리시대의 풍수, 현황과 전망」, 명당건축연구소 소장이자 영남대 환경대학원에 겸임교수로서 출강하고 있는 박시익 씨의 발표문 「풍수 발복, 가능한 일이다」를 두 번씩 읽어보았다. 박 씨는 1987년 고려대학교에서 「풍수지리설 발생배경에 관한 분석연구」라는 논문으로 박사학위를 받았고, 성 씨는 1999년 대구 카톨릭대에서 「나말여초 선종계열 사찰의 입지연구: 九山禪門의 풍수적 해석」이라는 논문으로 박사학위를 받은 사람이었다.

대동철학회 간사로부터 또 전화를 받았는데, 나더러 10월 5일 대신 10월 4일(금요일) 오후 4시부터 6시 30분까지에 걸쳐 부산시청 국제회의실에서 진행될 부산 아시안게임 기념 국제학술회의 제2부의 종합토론을 맡아줄 수 없겠느냐는 것이었다. 이 학술회의는 4일 오후 2시에서 4시까지 제1부, 그리고 5일 오전 10시부터 오후 1시까지의 제3부로 나누어 진행되는데, 제2부에서는 경남대 철학과 崔裕鎭 교수의 사회로 일본 一橋大學 우카이 사토시 교수가 「How To Encount Beyond The Death」, 대전대 임균택 교수가 「인류 어문·역사·철학사상 어떻게 되었나?」, 北京大學 팽봉 교수가 「Foundation or Anti-foundation」, 광주대 이희재 교수가 「동아시아 사회에 있어서 유교적 예의 의미」라는 주제의 논문을 각각 발표하고 난 후, 인하대 이창대 교수의 사회로 종합토론이 있게 될 모양이었다. 지정토론이 아니므로 네 개의 발표논문에 대해 두루 질의토론을 할 모양인데, 나로서는 이미 토론자로서 참가할 것을 수락한 바 있었으므로, 주최 측에서 배정하는 대로 따르겠다는 의사를 말했다.

논문 제2절의 퇴고 작업을 계속하여 원고지 61매 정도의 분량에 이르렀다.

25 (수) 맑음

출근해 보니 대동철학회 간사인 안현수 씨로부터 이메일이 와 있었다. 이전에 말한 대로 역시 10월 5일 토요일의 토론을 맡아주었으면 좋겠다고 하면서, 제3부의 발표문인 대진대 이상훈 교수의 「The Korea Wave and the East Asian Cultural Community」, 한국해양대학교 동아시아학과 金泰萬 교수의 「지역에서 세계 읽기—동아시아 연대와 그 가능성—」, 일본인 교수의 「아시아 공동체를 위한 문화정책—벨기에와의 비교—」 가운데서 한국 교수들의 논문 두 부를 첨부해 보내고, 일본 교수의 것은 읽혀지지 않아서 우편으로 원고를 발송했다는 것이었다. 이상훈 씨의 글은 뒷부분에 한글로 된 것이 붙어 있었으나 대부분 깨어져 일부분 밖에 남아 있지 않으므로 완전한 것을 보내주고, 아울러 전체 프로그램과 일본 논문도 함께 첨부해 달라고 요청하였다. 오전 중 이상훈·김태만 교수의 발표문을 출력하여 한 차례씩 읽어보았고, 오후에는 내 논문 「『남명집』 중간본의 성립」 제2절 '중간 작업의 발단'에 뒤이어 제3절 '중간의 再起와 復庵 曺垣淳'의 입력에 착수하였다.

오후 세 시부터 저녁 여섯 시 무렵까지 남명학관 101강의실에서 열린 인문학연구소 제3차 쟁점학술토론회에 지정토론자로서 참여하였다. 제1주제 발표자인 성동환 교수는 부산대 철학과와 서울대 지리학과 석사과정을 마친 사람인데, 지금 전국에서 유일하게 있는 경산대 역사지리학부 풍수지리학과의 단 한 명뿐인 전임 교수이며, 제2주제의 박시익 씨는 한양공대 건축과를 졸업하고서 고려대에서 대학원 과정을 이수하였으며 국내에서는 처음으로 풍수지리를 주제로 박사학위를 취득한 사람이라고 한다. 그러나 성 씨는 풍수 發福을 믿지 않는데 비해 박 씨는 그것을 강력하게 주장하는 타입으로 두 사람의 입장 차이가 컸다. 나는 주로 박 씨 주장의 비합리성을 비판하는 쪽으로 발언했다.

26 (목) 맑음
논문 제3절의 입력을 계속하여 65매 정도의 분량에까지 이르렀다.

27 (금) 맑음
아침 출근 전인 일곱 시 반 무렵에 미국의 경자 누나로부터 국제전화가 걸려왔는데, 아버지가 혼수상태에 빠져 위독하시니 급히 들어오라는 내용이었다. 누나와 통화하는 도중에 두리로부터 경자 누나에게로 전화가 걸려와 아버지가 운명하셨음을 전하였다. 시카고 시간으로는 저녁 다섯 시 반 무렵이었다. 부산 큰누나에게로 전화하여 그 사실을 알리고, 막내인 미화에게는 누나가 전하라고 하였다.

출근하여 보니 안현수 씨로부터 이메일과 함께 또 한 차례 이상훈 교수의 원고가 부쳐져 와 있는데, 그 원고는 역시 지난번에 두 차례 받은 것과 똑같은 내용이었다. 그래서 영어로 된 그 원고 중의 스펠링상에 문제가 있는 부분이나 끄트머리에 붙어 있는 한글 부분의 내용이 중복된 곳을 붉은색으로 체크하여 첨부하였고, 아버지의 사망으로 말미암아 급히 미국에 다녀오게 된 사정을 말하고서 혹시 지금이라도 토론자를 다른 사람으로 교체할 수는 없을지 물어보았다. 조교에게 전화 연락하여 지난 25일에 대동철학회 측이 빠른 등기로 발송했다는 일본 神戶大學 불문학 교수인 岩本和子 씨의 발표문 「아시아 공동체의 예술문화정책을 위하여 —벨기에의 무대예술정책을 예로 하여—」가 이미 학과에 도착해 있음을 확인하고서, 그 우편물을 전해 받아 한 차례 읽어보았다.

10월

3 (목) 맑으나 저녁 한때 천둥과 폭우

집에서 미국에 가 있었던 한 주일 동안에 도착해 있는 내 이메일을 열어보았더니, 대동철학회의 안현수 간사가 이번 주 토요일 부산시청에서 있을 국제학술회의의 토론자를 교체해 줄 수 없겠느냐는 나의 메일에 대해 지금으로서는 어렵겠다는 대답을 해 왔으므로, 알겠다는 회신을 보냈다.

5 (토) 흐렸다가 개임

부산 아시안게임을 기념하여 열리는 대동철학회 주최 2002국제철학대회에 참가하기 위해 오전 7시 30분 무렵에 집을 나섰다. 시외버스를 타고서 부산의 사상터미널에 도착한 다음, 전철로 바꿔 타 가야 쯤까지 갔을 때 간사인 안현수 씨로부터 내 휴대폰으로 내가 올 수 있는지를 확인하는 전화가 걸려왔다. 전철에서 내려 학술대회 장소인 연제구 연산동의 새 부산시청 청사로 걸어 들어가는 도중에 본교 철학과를 졸업한 하상협 양을 만나 함께 갔다. 오늘 프로그램이 시작하기로 예정된 시각인 오전 10시보다 조금 전에 부산시청 12층의 국제회의실 로비에 도착하였다.

회의가 시작되기 전에 로비에서 소개를 받아 오늘의 발표자 중 한 사람인 神戸大學 國際文化學部 助教授 岩本和子 씨 및 어제의 발표자였던 一橋大學大學院 言語社會研究科 教授 鵜飼哲 씨와 더불어 일본어로 대화를 나누었고, 주최 측으로부터 일본어 질의 토론에 대한 통역도 위촉받았다. 岩本 여사는 大坂외국어대학 불어과와 神戸대학을 나와서 프랑스에 유학했다가 귀국한 이후 모교에 근무하면서 이미 죽은 나의 친우 小林淸市 군이 살던 西宮市에 거주하고 있으며, 鵜飼 씨는 京都大學 불문과를 나와 내가 귀국하던 1982년 무렵에 유럽으로 유학하여 문학 및 철학을 연구하였으며, 京大 재학시절에는 熊野寮에 거주하고 있었고, 내가 거주하던 室町寮의 케냐인 유학생 무앙기 군과도 아는 사이였다. 무앙기 군은 내가 대학 2학년 무렵 함석헌 선생의 퀘이커 모임과 일본 퀘이커 東京月會가 중심이 되어 한·일 공동으로 가진 충남 논산 나환자촌에서의 국제 워크캠프에서 처음으로 사귀게 되었는데, 지금은 일본인 여성과 결혼하여 四國에서 대학교수로 지내고 있다고 한다.

오늘의 순서는 부산대 주광순 교수의 사회로 대진대 철학과 이상훈 교수가 영어로 "한류와 동아시아 문화 공동체(The Korea Wave and the East Asian Cultural Community)"를 발표한 후, 岩本 여사가 일본어로 「아시아 공동체의 예술문화정책을 위하여—벨기에의 무대예술정책을 예로 삼아—」, 한국해양대 동아시아학과의 김태만 교수가 「지역에서 세계 읽기—동아시아 연대와 그 가능성—」, 끝으로 태국 방콕에 있는 출라롱콘 대학을 이틀 전에 퇴직하고서 현재는 치앙마이에 거주하고 있다는 마크 탐타이 씨가 유창한 영어로 "Forming cultures, then letting go: Humanity's survival dance"를 발표하였다.

발표가 끝난 후 경성대 전영갑 교수의 사회로 한 시간 정도 토론이 있었는데, 토론자로는 경남대 김재현 교수와 신라대 정상모 교수, 그리고 내가 참여하였다. 폐회 후 영도 다리 부근의 옛 청사로부터 작년에 옮겨왔다는 새 시청 건물 26층의 식당에서 점심 식사가 있었다.

국제학술회의를 모두 마치고서 돌아올 때 서울대 철학과 후배로서 같은 시기에 대학생활을 보낸 바 있는 이상훈·김재현 교수가 해운대에서 전시 중인 아시아 각국의 문화관을 둘러보러 가자고 권유하였으나, 대동철학회의 세 공동회장 중 한 명인 본교 철학과 박선자 교수 및 제자 하상협 양과 더불어 택시를 타고서 터미널로 가게 되었으므로 그냥 바로 진주로 돌아왔다.

7 (월) 맑음

11월 1~2 양일간에 걸쳐 본교 남명학관 큰 홀에서 개최될 예정인 제15회 한국철학자대회에서 발표할 원고인 「『남명집』 중간본의 성립」을 이 학회 회장인 본교 배석원 교수 및 본교 철학과 사무실에다 이메일로 전송하였다. 아직 미완성인 채로인데, 2주 전 아버지의 喪事로 말미암아 미국으로 건너갈 때로부터 조금도 더 나아가지 못하였다.

도미한 이후 조교로부터 전달받은 부의금 봉투를 정리하고 그 전에 들어온 것의 일부를 보태어 290만 원을 구내 농협 출장소에다 입금하였는데, 그 이후 다시 42만 원이 더 전달되어 들어왔다. 그러나 한문학과 교수들은 단 한 명도 부의금을 보내지 아니하였으니, 그들이 얼마나 나를 적대시하고 있는지 짐작할 수 있다. 이것은 오로지 내가 남명을 연구해 온 까닭이다.

저녁 무렵 본교 인문학연구소장인 독문과 이영석 교수로부터 전화가 걸려왔다. 오는 11월 15일에 있을 예정인 이 연구소의 『花郞世紀』 문제를 다루는 학술발표회에서 나더러 토론을 맡아달라는 것이었다. 본교 국문과 최용수 교수의 사회로 이 문헌의 진실성에 대한 찬반의 주장을 대표하는 연구자로서 서강대 이종욱 교수와 부산외대의 권덕영 교수가 각각 발표를 맡고, 또한 각각 찬반의 입장에 선 토론자로서 나와 부경대의 이근우 교수를 위촉할 예정이라고 한다. 나는 풍수지리 문제를 주제로 한 이 연구소의 바로 앞 번 발표회에서도 토론을 맡은 바 있었으므로, 다른 적임자가 없는지 좀 더 물색해 보라는 단서 아래 일단 토론자가 될 것을 수락하였다.

8 (화) 맑고 서늘함

서울의 예문동양사상연구원으로부터 『오늘의 동양사상』 제7호(2002 가을·겨울)와 함께 나를 『오늘의 동양사상』 제2기 편집위원(2002년 3월 1일~2006년 2월 28일)으로 위촉한다는 위촉장, 그리고 이번 주 토요일 인 12일 오후 1시에 예문서원 및 그 부근의 개성집이라는 음식점에서 열릴 편집위원회에 참석해 달라는 공문이 왔다. 보내 온 잡지를 절반 남짓 읽었다.

11 (금) 맑음

가상강좌의 고조선 관계 내용을 수정 보완하는 작업을 마쳤다.

새한철학회의 홈페이지에 접속하여 11월 1일(금)과 2일(토) 이틀간에 걸쳐 본교 인문대학과 남명학관에서 개최되는 제15회 한국철학자대회 의 일정을 알아보았다. 나는 둘째 날 분과학회 발표 때 남명학관 203호 남명관에서 열리는 남명학 분과에서 마지막인 순서인 다섯 번째로 학술 진흥재단 선도연구자지원 과제인 「『남명집』 이정본의 성립」을 주제로 발표하게 되는데, 아직 미완성이라 논평자는 따로 붙이지 않았다.

12 (토) 맑음

오전 8시 고속버스를 타고서 서울로 향하였다. 며칠 전 예문동양사상 연구원에서 발행하는 잡지 『오늘의 동양사상』 제2기 편집위원 위촉장을 받았는데, 오늘 오후 1시부터 있는 그 첫 편집회의에 참석하는 길에 이 미 예문서원으로 완성된 원고를 보내 둔 『동아시아의 철학사상』 출판 건에 대해 홍원식 씨를 직접 만나 상의해 보기 위함이었다. 네 시간 후인 정오 무렵에 서울의 강남고속터미널에 도착하여 지하철로 갈아타고서 신설동 역에 하차하여, 예전에 한 번 와 본 안암천변의 길을 따라 대광고 등학교 옆 동대문구 용두2동 764-1 松峴빌딩 302호에 있는 예문서원 사 무실에 도착하였다. 내가 제일 먼저 도착하였는데, 홍원식 교수는 내가 올라온 뜻을 짐작해서인지 스스로 출판 건에 대한 말을 꺼내어 10대사상가 시리즈 『남명』편은 올해 12월쯤에 책이 나올 예정이며, 『동아시아의 철학사상』도 올해 중에 출판 작업에 착수할 뜻을 비쳤다.

얼마 후 편집위원들이 좀 모이기를 기다려 근처의 개성집이라는 음식점으로 자리를 옮겨 제2기 상견례를 겸한 편집회의를 가졌다. 오늘 모임에는 편집주간인 계명대학교 홍원식 교수를 비롯하여 호서대 김교빈, 고려대 민족문화연구원 연구교수인 김문용, 대전의 대덕단지 내에 있는 한국과학기술정보연구원 정보시스템부 부장인 김현, 근자에 안동 예안에 있는 한국국학진흥원의 연구원으로 취직한 박원재, 고려대학교 등에 출강하며 예문동양사상연구원의 인도·불교철학연구실장을 맡아 있는 이덕진 등 여러 박사들과 동국대 선학과 교수인 종호 스님, 그리고 나까지 합해 여덟 명이 참석하였다. 차기인 『오늘의 동양사상』 제8호와 제9호의 특집 계획 등에 대한 협의를 중심으로 오후 네 시 반 무렵에 회의를 마친 후, 나는 홍원식 교수의 차에 동승하여 어제 오늘 이틀간에 걸쳐 '유교, 오늘과 내일'이라는 大주제를 가지고 성균관대학교에서 열리고 있는 2002 동아시아 유교문화국제학술회의에 참석하였다.

15 (화) 맑음

白雲精舍에서 발견하여 복사 제본해 둔 『見聞雜錄』 두 책 중 첫 책에 대한 검토를 마치고서, 그 내용을 가지고 「『남명집』 중간본의 성립」 제3절 덕천서원 등의 훼철 부분을 한 단락 입력하였다.

16 (수) 맑음

上田正昭 著 『歸化人』(東京, 中央公論社, 1965 초판, 1975 18판, 中公新書 70) 등을 참조하여 가상강좌 제1강 「동아시아적 사유구조」 중 일본식 중화사상에 관한 부분을 수정 보완하였다.

17 (목) 맑음

어제 입력해 둔 내용에 대해 다시 조금 수정을 가하였고, 「『남명집』

중간본의 성립」제3절 중 남명 관계 세 서원의 훼철 부분도 수정 보완하였다.

18 (금) 흐리고 저녁부터 비

오전 10시부터 남명학관 남명홀에서 『學記類編』의 번역 출판을 기념하는 본교 남명학연구소의 2002년 제2차 국제학술회의가 있었다. 나는 학과사무실을 통해 보내져 온 경상대학교남명학연구소 역주『사람의 길 배움의 길—學記類編』(서울, 한길사, 2002년 10월 17일)을 훑어보았다. 이 책은 1995년 2월에 성균관대학교 유학대학 이기동 교수를 책임자로 하여 임옥균·박응렬·황현찬.송봉구·이명심 씨로 구성된 번역 팀에게 번역과 원문의 출전 찾는 작업을 의뢰했었던 것인데, 그 작업이 너무 지지부진하여 1997년 연말에 연구소에서 1차 원고를 넘겨받아 본교 한문학과의 이상필·최석기·황의열·H 교수가 다시 가필하여 올해 8월에 탈고해서 오늘의 출판에 이르게 된 것이다.

평소 점심 식사하러 가는 시각에 남명홀로 가서 본교 한문학과 李相弼 교수와 臺灣 佛光人文學院 歷史學硏究所 李紀祥 교수의 발표를 들은 뒤, 발표논문집을 한 부 받아서 오후 시간에 그 내용을 검토한 후「남명학관계 기간문헌목록」에다 그 책 및 논문들에 관한 정보를 추가하였다. 오후 네 시 무렵에 다시 남명홀로 가서 성균관대학교 宋載邵 교수가 좌장이 되어 진행하는 종합토론에 참석하였다. 오늘 외국인 교수로는 李紀祥 씨 외에 중국 武漢大學 중문과의 熊禮匯 씨와 일본 早稻田大學의 片岡龍 씨가 참가하여 논문을 발표하였다. 본교에서는 한문학과 崔錫起 교수가 사회를 보고, 이상필 교수가 발표, H 소장이 개회사 및 토론, 張源哲 교수가 토론을 맡는 등 한문학과 일색이었으며, 그 외에는 사학과의 姜吉仲 교수가 종합 토론 때 중국어 통역을 맡았을 따름이었다.

19 (토) 흐리고 대체로 부슬비

논문 작업을 계속하여 제3절의 남명 관계 세 書院의 毁撤과 관련한 주석을 보충하였다.

21 (월) 맑음

논문의 주석 부분을 좀 더 보완해 두었다.

11월 1(금)~2(토)일 이틀 동안에 걸쳐 본교에서 거행될 제15회 한국철학자대회의 프로그램이 인쇄되어져 주관을 맡은 새한철학회의 회장인 배석원 교수가 내 연구실로 와서 한 부 전해 주었다. 나는 둘째 날 남명학관 203호 남명홀에서 오전 아홉 시부터 12시 30분까지에 걸쳐 진행될 남명학 분과학회에서 마지막인 다섯 번째로「『남명집』중간본의 성립」을 발표하는 것으로 인쇄되어져 있었다.

서울의 예문서원 직원인 조영미 씨가 연구실로 전화를 걸어와 10대사상가 시리즈 남명 편의 내가 쓴 해제 원고 교정쇄를 보내겠다면서 주소를 알려달라는 것이었다. 지난번 상경했을 때 홍원식 교수로부터 들은 바에 의하면 금년 12월 무렵에 이 책이 출판될 것이라고 한다.

22 (화) 맑으나 쌀쌀함

가상강좌의 강의 노트 중 秦·漢 부분을 다시 읽으며 퇴고한 다음, 서론격인 「동아시아적 사유구조」부분에 대한 퇴고도 진행하였다.

23 (수) 맑으나 쌀쌀함

「동아시아적 사유구조」의 수정 보완 작업을 마쳤다.

24 (목) 오전 중 흐리다가 오후에 개임

어제 예문서원으로부터 '한국의 대표사상가 10인' 총서에 포함될 내가 편집한『남명』편의 해제인 「남명 사상은 어떻게 연구되어 왔는가」의 교정지가 부쳐져 왔으므로, 오늘부터 교정 작업에 들어갔다. 엊그제 전화를 준 조영미 씨가 내게 보내는 메모를 첨부해 둔 것으로 보아 그녀가 사전에 교정을 본 모양인데, 문장마다 손을 대지 않은 것이 거의 없고,

그 결과 뉘앙스가 달라진 것은 말할 것도 없으며 오히려 의미가 통하지 않게 된 부분조차 없지 않았다. 이 글은 내가 이미 열 차례 정도 퇴고를 가한 것이라 나로서는 더 이상 손댈 데가 거의 없을 것으로 생각하는데 다가, 교수의 글을 일개 출판사 직원이 아무런 사전 양해를 구하는 법도 없이 이처럼 제멋대로 난도질을 한다는 것이 불쾌하기 짝이 없어 마침내 예문서원으로 전화를 걸어 홍원식 교수의 부인인 오정혜 여사와 이 문제에 관해 통화하였다.

오 여사의 설명으로는 내 글의 원래 뜻을 손상하지 않는 범위 내에서 문장을 '부드럽게' 하는 데 목적을 둔 것이니 "양해해 주시기 바란다"는 것이었다. 기분 같으면 내 글에 한 자도 손대지 말 것을 요구하며 그렇지 않으면 출판을 취소하겠다고 말하고 싶었으나, 이 책의 출판이 이미 1년 넘게 지연되어 오다가 이제야 겨우 성사될 국면을 맞게 되었는데 그동안의 작업을 모두 무로 돌아가게 한다는 것이 아쉬울 뿐 아니라, 국내 유일의 동양철학 전문 출판사인 예문서원 및 내가 편집위원으로서 참가해 있는 예문동양사상연구원과의 인간관계를 그르치게 되고, 애써 성사시켜 둔 다음 출판 예정물인 『동아시아의 철학사상』 간행에도 영향을 미치게 될 것인지라 그렇게 말하지는 못했다. 오 여사가 말하기를, 이렇게 고쳐 주는 것을 "대단히 고맙다"고 감사해 하는 사람도 있고, 불쾌하다면서 출판을 포기하겠다는 사람도 있다는 것이다. 문장을 고치는 취지는 결국 동양철학 전공자가 아닌 일반인이 읽어서도 이해하는 데 무리가 없는 책을 만들어 가능한 한 판매부수를 늘여보겠다는 것일 터이다. 대중에 영합하기 위해 감히 이런 발상을 하는 것 자체가 국내 출판업계의 수준을 말해주는 것이라고 하겠다.

25 (금) 맑음

아침에 예문서원 직원인 조영미 씨로부터 전화가 걸려왔다. 어제 내가 오정혜 여사와 통화한 결과 오 여사가 전화해 보라고 지시한 듯하였다. 조 양 자신은 지금까지 내 경우처럼 문제를 제기하는 경우를 한 번도 경험해 본 적이 없다면서 나의 의사를 잘 알았으니 예전에 내가 보내준 원고대로 편집하여 싣겠다고 말했다. 나도 아직 이처럼 다른 사람이 내 원고를 크게 수정한 경우를 경험한 적이 없다고 대답하고서, 일단 교정지를 마저 검토하여 내 의견을 적어 넣은 후, 애초에 보냈던 파일에도 다시 스스로 수정을 가하여 다음 주까지 양쪽을 다 보내주겠노라고 말했다. 그리하여 교정지에 수정 의견을 적어 넣는 일을 마치고서, 그것을 참조하며 파일에다 직접 수정하는 작업을 계속하였다.

점심 때 김병택 교수와 더불어 개양의 죽림 일대까지 한 바퀴 돌아 산책하였는데, 김 교수에게 이 말을 하였더니 그의 의견은 자신이 수정한 파일만을 보내고 교정지는 보내지 말라는 것이었다.

26 (토) 아침에 비 온 후 개임

교정지에다 붉은색 사인펜으로 적어 넣은 내용을 참조해 가며 「남명 사상은 어떻게 연구되어 왔는가」의 파일을 수정 보완하는 작업을 계속하여 어두워진 후에야 마쳤다.

28 (월) 흐리고 쌀쌀함

지난 주말에 일단 교정 작업을 마친 「남명 사상은 어떻게 연구되어 왔는가」의 파일 중 고려대 명예교수 윤사순 씨의 나에 대한 비판에 대해 반론하는 내용의 주석 15번에 대해 다시 한 번 수정을 가하고 있는 도중에 예문서원의 조영미 씨로부터 전화가 걸려왔다. 손병욱 교수가 중국으로 가고 없어 그의 논문 부분에 대해 교정을 볼 사람이 없으므로 내게로 교정쇄를 보내도 될지 묻는 내용이었으나, 원래의 원고에 대해 임의로 가필하지 않는다는 전제에서 출판사 측이 교정을 보도록 말했다. 교정을 마친 내 원고는 점심 식사하러 나가기 직전에 예문서원 측으로 전송했다.

오후에 다시 읽어보니 오전 중 전송한 원고의 중국인 이름표기 등에 다소 수정이 필요한 곳도 있었으므로, 새로 조금 손을 가하여 오후 다섯 시 무렵에 예문서원으로 다시 발송하면서, 점심 때 보낸 파일은 삭제해 달라고 적어 두었다. "조영미 씨께서 아주 꼼꼼하게 교정을 보아 주셔서 감사하며, 그 내용의 상당 부분은 오늘 보내드리는 파일 속에 반영되어 있습니다. 그러나 본인이 아닌 제3자가 가필을 하면 아무래도 원래의 글 뜻과 뉘앙스의 차이가 생기게 되며, 그 문제는 결국 집필자의 책임으로 돌아가게 되는 것입니다. 그러므로 나로서는 한자나 문장부호, 맞춤법 등 편집의 통일성을 위한 최소한의 부분을 제외하고서는 원저자의 문장에 대해 가능한 한 수정을 가하지 않는 것이 바람직하다고 봅니다." 라는 말도 덧붙여 두었다. 오전 중 조영미 씨의 말로는 한국 10대 사상가 시리즈 『남명』편에 실릴 내 논문 두 편의 교정쇄도 보내겠다는 것이었으나, 퇴근 무렵까지 받지 못했다.

29 (화) 맑음

이번 주말(11월 1~2일)에 본교에서 열릴 제15회 한국철학자대회보 『보편윤리와 전통문화』두 책이 출판되어 조교가 갖다 주었으므로, 오후 시간에는 그 책 제1권에 실린 내 논문 「『남명집』 중간본의 성립」을 읽으면서 그 중 11월 2일의 발표 때 읽을 부분을 체크해 두었다. 오후 내내 그 책 중의 남명학 및 동양철학 부분의 논문들을 읽었다.

30 (수) 맑음

오전 9시 7분과 9시 31분에 예문서원으로부터 이메일이 두 개 와 있는 것을 확인하였다. 첫 번째 것은 "교수님이 원하지 않는 부분도 십분 고려하여 최소한의 교정만 보아 교정지를 보내드렸습니다. 그래도 눈에 띄는 곳이 보여서 몇 곳 밑줄을 쳐서 보내드렸는데, 감히 교수님 원고에 밑줄을 쳐서 불쾌하게 생각하실 듯합니다. 한번 확인이나 해 주십시오. 「남명의 유도사상 비교연구」 4쪽의 번역은 아는 것이 없는 제가 생각하기에도 오역인 듯 싶습니다. 저라면 아래와 같이 교정을 하였겠으나, 감히 어떻게 고칠 수가 없어서 밑줄만 쳐서 보내드렸습니다. 말도 안 되는 교정이라고 생각하신다면 버리시면 되겠습니다." 운운이라 하였다. 그 밑줄 친 부분은 퇴계가 제자인 錦溪 黃俊良에게 보낸 답서 가운데 "惟不欲 阿私所好, 而溢爲稱譽, 故有下帷之評, 未醇之論"으로서, 나의 논문에 "다만 개인적으로 좋아한다고 하여 지나치게 칭찬하고 싶지는 않으니, 그러므로 은밀한 가운데 평하여 삼가지 않고 논한 바가 있었던 것이네"라고 되어 있는 것을 "다만, 좋아하는 바에(내가 좋다고 해서) 아부하거나 사사로이 해서 넘치게 칭찬하는 것은 내가 바라는 바가 아니기 때문에 '들어앉아 글만 읽는 이[하유]'라는 평도 하였고 '아주 순정하지는 않은 이[미순]'라는 평도 하였던 것이네"라고 고쳐야 한다는 것이었다.

두 번째 메일은 "해제 파일을 지금에야 확인했습니다. 다음에 또 수정하실 내용이 있으시면 파일을 보내달라고 하셔서 그곳에 수정을 해 주시기 바랍니다. 저야 괜찮지만 그러면…편집을 다시 반복해서 하게 됨으로써 작업 시간만 늘어지고, 책이 빠른 시일 내에 나올 수 없을 것 같습니다. 교수님 원고 두 편은 우편으로 보내드렸습니다. 원하시면, 그 두 편의 파일을 보내드리겠습니다"라고 되어 있었다.

두 글의 끝부분이 다 '예문서원 드림'으로 되어 있고, 그 이메일 주소는 홍원식 교수의 부인인 오정혜 여사의 것이므로, 나는 오 여사의 글로 판단하고서 오후 4시 23분에 다음과 같은 답장을 보냈다.

번역 문제에 대한 오 여사의 의견을 검토해 보았는데, '阿私所好' 부분은 '私' 자를 오 여사께서 동사로 보신 점이 다르나 의미상에 별 차이가 없으며, '下帷' '未醇' 부분은 아주 다릅니다. 그러나 고견을 검토하고 난 이후로도 나는 기왕의 해석을 수정할 필요를 느끼지 않습니다. 하나의 구체적인 예를 제시해 주셨습니다만, 이 해석 문제에 대해서도 궁극적으로 책임을 져야 할 쪽은 출판사가 아니고 집필자인 것입니다. 그러므로 나는 출판사 측이 집필자의 동의 없이 글 뜻을 바꾸는 것은 문제가 없지 않다고 봅니다. 사실 두 번째 메일에서 지적해 주신 바와 같은 문제가 있습니다. 그 점도 교정을 보신 파일들을 이메일로도 보내 주시면 작업상의 중복과 시간적 손실을 줄일 수 있을 듯합니다.

내가 회신을 전송한 직후에 예문서원의 조영미 씨로부터 전화가 걸려왔다. 내가 본 오전의 메일은 알고 보니 조 양(?)이 보낸 것이었으며, 번역 문제는 자기가 이미 辭典에서 여러 용례를 찾아보았는데 그 부분들은 나의 오역이 틀림없고, 오역에 대한 책임은 출판사 측에도 있으므로 고치지 않을 수 없으며, 교정 파일은 보내줄 수 없으니 오늘·내일 중에 내게 도착할 우편물로 보낸 교정지에다 수정해서 보내달라는 것이었다. 말은 부드러웠지만 그 오만무례한 태도에 다시 한 번 놀라지 않을 수 없었다.

조교에게 전화로 물어보니 예문서원의 우편물은 오늘 오후에 이미 도착해 있었다. 내 논문 「남명의 유도사상 비교연구」 중에 밑줄 친 부분은 '曹植'을 모두 '曺植'으로 바꾸겠다는 것과, 이메일에서 문제 삼은 퇴계의 서신 부분, 그리고 深齋 曺兢燮의 「書退溪集答黃仲擧金敬夫二書後」 중 "一則以文字標榜之間, 有老氏書中語也"를 내가 "하나는 문자로써 표방하는 사이에 『老子』書 가운데의 말이 있고"라고 번역한 부분이었다. 또 한 편인 「남명과 육왕학—知와 行의 문제를 중심으로—」에는 전혀 밑줄 친 부분이 없었다. 위의 두 부분도 전혀 문제될 것이 없는 내용을 가지고서 긁어 부스럼을 일으키는 것일 따름이었다.

31 (목) 맑으나 저녁 무렵 빗방울

어제 예문서원으로부터 우송되어져 온 내 논문 두 편의 교정 작업을 진행하여 「남명의 유·도 사상 비교연구」는 한 차례 마쳤고 「남명과 육왕학」은 절반 정도까지 나아갔다. 조영미 씨에 대한 생각들 때문에 간밤에는 거의 한잠도 이루지 못했다. 조 씨와 홍원식 교수에게 함께 보내는 이메일을 써서 이 문제를 한 번 따져볼까 하는 생각이 들었지만, 역시 문제를 확대시키기보다는 교정만 해 보내서 간행 작업을 빨리 마무리 짓는 편이 낫겠다는 판단이 섰다.

11월

1 (금) 맑음

오전 중 교정 작업을 마치고서, 지난번에 받아 둔 해제 논문 「남명학
은 어떻게 연구되어 왔는가」의 교정쇄와 함께 교정쇄 세 편이 든 봉투를
구내 우체국으로 가져가서 예문서원에 등기로 발송하였다. 조영미 씨가
교정쇄 앞 장들에 붙여 둔 쪽지에 대해서는 그 쪽지에다 물어 온 내용들
에 대한 회답을 붉은색 사인펜으로 적어두었다.

그 일을 마치고 난 다음, 오전 10시부터 남명학관 102호실에서 진행되
고 있는 제15회 한국철학자대회 동양철학 자유발표에 참석하였다. 경산
대 조수동 교수의 사회로 본교 철학전공의 시간강사인 임형석 씨의 논문
「청대 주자학에 대한 唐鑑의 인식」 발표가 끝나고서 대전대 교수이자
한국동서철학회장인 송인창 교수가 「신채호 철학사상의 유학적 조명」
발표를 진행하고 있는 중이었고, 이어서 대구가톨릭대 성교진 교수가
「한국철학사상 제3의 논변: 우율왕복문답서연구」를 발표하였다. 세 사
람의 발표가 끝난 후 경산대 김용섭, 안동대 안영석, 영남대 하창환 씨에
의한 토론과 답변들이 있었고, 내가 임형석 씨에 대해 질문을 해 보기도
하였으며, 예정된 시각인 12시 30분 무렵까지 오전 순서를 모두 마쳤다.

남명학관 2층의 淸香閣에서 점심 식사가 있었는데, 나는 임형석 강사
및 그의 부산대 철학과 대선배인 부산 동의대 철학과 朴文鉉 교수와 더불
어 앉았다. 박문현 교수는 그가 東京大學에 외래교수로 가 있었을 무렵
일본중국학회 모임에서 나와 인사를 나눈 적이 있었다고 말했지만 나는
기억이 잘 나지 않았다.

오후 두 시부터는 남명홀에서 개회식 및 기조발표 1·2부의 순서가 진
행되었다. 주관을 맡은 본교에서는 약 250명 정도의 참석자를 예상하고
서 음식과 숙소를 준비하였다고 하는데, 오늘의 참석자는 150명 정도의
수준을 넘지 않을 듯하였다. 조옥환 사장이 개회식에 참석해 있어 같이
앉게 되었으므로 이번 모임에 어느 정도의 경비를 지원하였느냐고 물어

보았더니 2,000만 원을 부담했다는 대답이었다. 거기에다 한국학술진흥재단으로부터 1,000만 원을 지원받았고, 참석한 회원들도 참가비를 내므로, 그것만 해도 행사 비용이 부족하지는 않을 듯하였다.

개회식에서는 계명대 안세권 교수의 사회로 새한철학회장인 본교의 배석원 교수가 대회사를 하고, 유네스코한국위원회 김여수 사무총장이 격려사를 하였다. '보편윤리와 전통문화'를 대주제로 하는 기조발표에서는 제1부 '보편윤리와 종교문화'에서 본교 류왕표 교수의 사회로 김충렬 남명학연구원장이 「유교문화와 유교윤리」, 목정배 서울불교대학원대학교 총장이 「불교의 보편윤리」, 김영한 숭실대 기독교학 대학원장이 「보편윤리와 기독교문화」, 김영경 서강대 BK연구교수가 「이슬람 인권사상과 카이로인권선언」을 발표하였고, 제2부 '보편윤리와 현대문화'에서는 본교 이성환 교수의 사회로 서울대 황경식 교수가 「문화다원주의와 보편윤리의 양립가능성」, 포항공대 소흥렬 교수가 「보편윤리의 문화적 조건」을 발표하였다.

오후 5시 50분 무렵까지 기조발표를 모두 마치고서 6시 30분부터 학생회관 건물 4층의 교직원식당에서 환영만찬이 있었다.

2 (토) 맑음

출근 후 연구실에서 오늘인 한국철학자대회 둘째 날에 발표할 나의 논문 「『남명집』 중간본의 성립」을 다시 한 번 읽어보았고, 그런 다음 남명학관 203호 남명홀에서 열리는 제1발표회장 남명학 분과에 들어갔다. 첫째 날 오전에는 남명학관 세미나실에서 다섯 개의 분과 발표가 있었고, 오늘 오전에는 남명학관 및 인문학관 2층에서 아홉 개의 분과 발표가 있는데, 남명학 분과도 그 중 하나인 것이다. 진주교대 박기용 교수의 사회로 강남대 임헌규 교수의 「남명 성리학의 특성」과 영산대 김상래 씨의 논평이 끝나고, 영산대 성호준 교수의 「남명 철학의 도교적 기반에 대한 이해」 발표가 끝나갈 무렵이었다.

이어서 성심외대 정성식 씨의 논평이 있었고, 본교 박사과정에 재학 중인 내 제자 김경수 군의 「남명의 인물평을 통해 본 출처관의 기저」와 그에 대한 국학진흥원 수석연구원이자 남명학연구원 상임연구위원인 설석규 씨의 토론, 영산대 도민재 씨의 「한강 정구의 학문과 예학사상」 및 한국전통문화학교 최영성 교수의 논평이 있었다. 오전 9시부터 시작된 둘째 날 오전 발표가 12시 30분에 모두 끝나기로 되어 있는 시각에 마지막인 나의 차례가 되었으므로, 단상에 올라가서 발표를 대신하여 내가 이 논문을 집필하게 된 경위와 내 논문의 성격에 대해 5분 남짓 간단히 설명하고는 관심 있는 사람은 인쇄된 글을 읽어보라고 말하고서 끝냈다. 첫날 오후의 기조발표자에게만 30만 원씩의 보수가 지급되었고, 다른 여러 분과의 발표에 대해서는 보수가 없었다고 하는데, 특별히 남명학 분과에 대해서는 발표자 20만 원, 토론자 10만 원씩의 보수가 지급되었다.

교직원식당에서 점심 식사를 든 다음, 오후 2시부터 남명홀에서 다산기념 철학강좌로서 캐나다 맥길대학교의 철학 및 정치학 교수인 찰스 테일러 교수 초청강연이 있었다. 테일러 교수의 오늘 강연 제목은 「다원주의와 현대종교」라는 것이었는데, 이것은 금년 10월 29일부터 11월 2일까지 '세속화와 현대문명'이라는 주제하에 서울 및 지방에서 네 차례에 걸쳐 이어지는 다산기념강좌의 마지막 강연이었다. 헤겔의 주석가로서 널리 알려져 있는 테일러 교수는 옥스퍼드대학교에서 박사학위를 취득하고 그 대학에 석좌교수로 초빙되어 강의하기도 하였으며, 캐나다의 국회의원 선거에 여러 번 출마하여 낙선한 경력도 있는 사람이다. 자유주의적 공동체주의자로서 현대 도덕철학 및 정치철학에 가장 큰 영향력을 행사하고 있는 사상가 중 한 사람이라고 한다. 다산기념 철학강좌 운영위원장인 서강대 길희성 교수의 사회와 미국 뉴욕주립대학교 버펄로校에서 박사학위를 취득하고서 3년 전에 귀국하여 서강대 미국학연구소의 책임연구원으로서 BK21 사업에 참여해 있는 김선욱 씨가 통역을 맡았다. 1시간 반 정도 강연을 한 후, 이어서 오후 5시 무렵까지 질의 및 응답이 진행되었다.

대체로 강연장에 앉아 있다가 때때로 남명홀 로비로 나와 쉬면서 접수를 맡은 본교 학생들에게 등록한 회원의 숫자를 물어보았는데, 어제 생각했던 바와는 달리 근년에 없었던 정도로 대성황을 이루어 모두들 만족해 있다는 것이었다. 어제의 참석자가 250명 정도, 오늘 참석자가 200명 정도로서 등록한 사람의 총수는 300명을 넘을 것이라고 한다.

본교 철학과가 생긴 이래로 최대의 행사인 제15회 한국철학자대회를 성공리에 마친 후, 나는 다산기념 철학 강좌를 맡은 맥길, 길희성 교수와 김선욱 박사를 내 차로 사천공항까지 전송하고서 귀가하였다.

4 (월) 맑음
모처럼 논문 작업에 다시 착수하여 「『남명집』 중간본의 성립」 제3절 각주의 덕천서원 賜祭文碑 철거시기에 관한 부분을 보완하였다.

5 (화) 맑음
논문 작업을 계속하였다.

6 (수) 맑음
논문 작업을 계속하여 71쪽 정도의 분량까지 나아갔다. 오늘은 復庵 曺垣淳과 后山 許愈의 「神明舍圖銘」에 관한 연구 부분을 입력하였다.

7 (목) 때때로 부슬비
지난번 교직원 식당에서 잃어버렸던 내 우산을 찾아서 혼자 뒷산을 산책하고 돌아와 논문 작업을 계속하였다. 오늘도 「신명사도」에 관한 부분의 보완을 계속하였다.

8 (금) 맑음
논문 작업을 계속하여 76매 정도의 분량까지 나아갔다. 오늘 작업한 것은 복암의 『남명집』에 대한 견해 부분이었다.

9 (토) 맑음

논문 작업을 계속하였는데, 2시 남짓에 갑자기 전기가 나가버려 작업을 중단할 수밖에 없었다. 『예기집설』의 마지막 편인 「喪服四制」를 끝으로 마침내 이 책을 독파하고서, 평소보다 이른 오후 3시 무렵에 일찍 집으로 돌아왔다. 서재에서 彭林 譯註 『儀禮全譯』(貴陽, 貴州人民出版社, 1997, 中國歷代名著全譯叢書)의 「喪服」 편을 다 읽었다.

彭林 교수는 H 교수와 관계가 깊은 사람이므로 남명학 관계로 나도 진주에서 몇 차례 만난 적이 있다. 나와 동갑인 1949년생으로서 江蘇省 無錫市에서 태어나 1984년에 北京師範大學 역사학과에 진학하였고, 1989년에 그 대학에서 박사학위를 취득한 이후로 그 대학 國學硏究所 교수로 있다가 지금은 淸華大學으로 옮겨 있다. 先秦史와 古代禮學이 주된 연구 분야이며, 『周禮注疏』의 點校本을 내기도 하였다.

11 (월) 맑음

오전 중 「昏義」 편을 끝으로 일반대학원의 『禮記集說』 강독 수업을 모두 끝냈고, 다음 주부터는 四部叢刊本 『儀禮』 鄭玄 注로 들어가 「士虞禮」 편을 읽기로 했다.

오후 2시부터 남명홀에서 열린 博約會 慶南支會의 趙淳박사초청강연회에 참석해 보았다. '현대사회와 전통문화'라는 주제였다. 박약회 경남지회와 본교 남명학연구소가 공동으로 주최하고, 박약회 본부와 본교 한문학과가 후원하는 형식으로 된 모임인데, 근자에 박약회 경남지회가 결성된 후 처음으로 갖는 대외적인 행사인 셈이다. 박약회는 1987년 陶山書院 博約齋에서 退溪를 私淑하는 후학들의 學契로서 시작되었다. 그 뒤 모임이 거듭되면서 會勢가 급격히 신장되어 현재는 전국에 21개 지부를 두고 2002년 4월 현재 회원 수 3,881명을 보유하고 있으며, 그 목적도 퇴계의 學行을 연구하는 일에서 더 나아가 유교적 가치실현을 위한 사회운동단체를 지향하고 있다. 현재 이 단체의 회장은 삼보컴퓨터 회장인 李龍兌 씨인데, H 교수가 도산서원의 外任을 맡은 까닭으로 지난번 본교에서

李 회장 초청 강연을 가진데 이어, 이번에는 도산서원 前 원장인 저명한 경제학자 조순 박사를 초청하게 된 것이다.

박약회 경남지회의 현재 회장은 산청군 단성면 성내리에서 신생의원을 경영하고 있고 산청문화원장이기도 한 鄭泰洙 씨이며, H 교수가 부회장의 한 사람으로서 참여해 있다. 나머지 한문학과 교수 전원이 이사로 되어 있을 뿐만 아니라, 한문학과 출신으로서 현재 남명학관 文泉閣의 司書로 있는 李政喜 군이 사무국장으로 되어 있다. 현재 총 아홉 명인 정회원 중에도 본교 한문학과 출신자들이 여러 명 들어 있으므로, 사실상 H 교수를 중심으로 이루어진 단체라고 하겠다.

퇴근 시각까지 논문 작업을 계속하였다.

12 (화) 맑음

논문 작업을 계속하여 200자 원고지 81매 정도의 분량까지 나아갔다. 雷龍亭 중건과 더불어 중간 작업이 시작되기 전 단계까지의 부분을 일단 마친 셈이다.

인문학부 건물 여기저기에 이번 주 금요일 오후 2시부터 남명학관 101세미나실에서 필사본『화랑세기』의 진위 문제에 관한 인문학연구소의 쟁점토론회가 열림이 공고되어 있었다. 나도 그 토론자 가운데 한 사람이므로 인터넷을 통해 한국학술진흥재단의 학술연구자 조회 및 재직 대학의 홈페이지 등을 통해 그날의 발표자인 서강대학교 인문계열 사학과 李鍾旭 교수(1946년생)와 부산외국어대학교 인문사회대학 역사학과 權悳永 조교수(1959년생) 및 나와 더불어 토론을 맡을 부경대학교 인문사회과학대학 사학과 李根雨 부교수(1960년생)의 인적·학위·경력 사항 및 논문·저역서 실적 등에 대해 알아보았다.

13 (수) 맑음

저녁 무렵 인문학연구소장인 독문과 이영석 교수로부터 권덕영 교수의 발표문을 이메일로 내게 보냈다는 전화 연락을 받고서 그것을 다운로드 하여 한 번 읽어보았다. 「필사본 『화랑세기』의 사료적 한계」라는 제목의 200자 원고지 90매 정도 되는 분량인데, 그가 2년 전에 발표한 「필사본 『화랑세기』 진위논쟁 10년」에다 다소 가필한 것인 듯하였다. 오늘 인문학연구소로부터 금년도 마지막인 제5차 쟁점학술토론회 '필사본 『화랑세기』의 사료적 가치와 한계'의 초대장이 도착하였고, 어제 날짜로 발행된 ≪경상대신문≫ 제695호의 2면에도 이에 관한 기사가 실렸다.

14 (목) 맑음

학부 강의인 한국유학특강은 『화담집』의 「溫泉辨」을 끝으로 권2 雜著 부분을 마치고서, 다음 주부터 학기 말까지는 권3 附錄의 朴民獻 撰 「神道碑銘幷序」 이하를 읽기로 했다.

오전 중 이영석 소장으로부터 이종욱 교수의 발표문 「『화랑세기』의 발견」이 이메일로 부쳐져 왔으므로 그것을 한 차례 읽은 다음, 어제 받았던 권덕영 교수의 발표문과 더불어 다시 한 차례씩 읽어보았다. 이종욱 씨의 글은 2001년 8월 2일에 작성한 것으로서 KBS N세대 특강에서 강의한 것인 모양이었다. 나의 토론 준비와 관련하여 가상강의 노트인 「동아시아적 사유구조」 가운데서 『화랑세기』의 내용을 언급한 부분을 두 번 읽고서 출력하였고, 권덕영 씨의 발표 내용과 관련하여 『朝鮮金石總覽』 상·하권에 수록된 삼국시대 및 통일신라시대의 금석문 자료들에 대해서도 미리 조사해 두었다.

15 (금) 맑으나 쌀쌀함

오후 두 시부터 남명학관에서 인문학연구소의 제5차 쟁점학술토론회가 있어 토론자로서 참가하였다. 소장인 이영석 교수가 옆쪽 입구에서 기다리고 있다가 나를 맞아 2층의 청향각으로 데리고 가서 이미 거기에 모여 사범대학 사회교육과 역사전공의 김준형·김해영 교수와 대화를 나누고 있는 오늘의 발표자 이종욱·권덕영 교수 및 토론자인 이근우 교수에게 인사를 시켜주었으므로, 함께 10분 정도 대화를 나누었다. 예상했던 것보다 참석자가 많았기 때문에 101호 세미나실로 정했던 장소를 남명홀로 변경하여야 했다. 제1부는 이영석 소장의 사회로 이종욱·권덕영 교수가 각각 차례로 단상에 올라가 『화랑세기』의 문헌적 진실성 문제에 대해 서로 정반대 입장의 발표를 하고, 2부로는 나와 이근우 교수를 포함한 네 명이 모두 단상으로 올라가 본교 국문학과 최용수 교수의 사회로 토론을 벌였다. 나는 이종욱 교수와 같은 테이블에 앉아 사회자 건너편 테이블에 앉은 권덕영 교수의 발표 내용에 대해 구체적인 근거들을 들어 꽤 신랄한 반대 토론을 전개하였다.

발표와 토론을 모두 마치고 난 후 나는 이종욱·권덕영 교수 등이 탄 내 차를 운전하여 퇴근해서 우리 아파트 입구의 수박횟집으로 갔고, 뒤이어 도착한 본교의 다른 교수들과 더불어 생선회를 안주로 소주를 들면서 대화를 나누고 매운탕으로 저녁 식사도 들었다. 거기서도 나는 이종욱 교수와 나란히 앉아 건너편에 앉은 권덕영 교수 등과 더불어 오늘의 주제와 관련하여 꽤 많은 대화를 나누었다.

1차를 마친 후 이종욱 교수는 택시로 사천공항을 향해 떠났고, 나머지 사람들은 그 부근의 맥주집 백두대간으로 가서 생맥주를 마셨으며, 권덕영·이근우 교수가 부산으로 떠난 후에는 다시 댓 명 정도가 그 근처의 다른 맥주 집으로 가서 밤늦게까지 흑맥주를 마시며 대화를 나누었다. 오늘 모임 주제의 안을 낸 본교 사회학과 지승종 교수는 그 자리에서 평소 치밀하고 실증적인 논문을 써 온 내가 국사학계 대부분의 전공자들이 위서로 간주하고 있는 『화랑세기』에 대해 그토록 적극적인 긍정의 의견을 표명한 데 대해 나 답지 않다면서 우려했다.

16 (토) 맑음
어제 이종욱 교수와 더불어 술자리에 앉아서 대화를 나누던 중에 이 교수가 예전에 근무했던 영남대학교 국사학과의 李樹健 교수가 내게 보내 준 논문 가운데 『화랑세기』를 위서로 단정한 내용이 들어있었다고 말했더니 이 교수가 그것을 꼭 읽어보고 싶어 했고, 아울러 나의 지도로 최재성 군이 『화랑세기』를 주된 자료로 하여 쓴 석사학위논문이 있는데 한 부 보내드리라고 말할까 했더니 그렇게 해달라고 했다. 그래서 출근 전에 이수근 교수가 1998년 12월에 한국고문서학회의 『古文書硏究』 제 14집에 발표한 논문 「조선시대 身分史 관련 자료의 비판─姓貫·家系·人物관련 僞造資料와 僞書를 중심으로─」를 찾다가 예전에 내가 처음 『화랑세기』를 읽을 무렵 손병욱 교수로부터 받은 權悳永 씨 및 서울대 盧泰敦 씨의 논문 복사본이 눈에 띄었으므로, 그것들을 학교로 가져가서 다시 한 번 읽어보기 시작하였다. 권 씨의 논문은 필사본 『花郎世紀』의 발췌본이 처음 부산에서 발견된 직후인 1989년에 『歷史學報』 제123호에 발표한 「筆寫本 『花郎世紀』의 史料的 檢討」로서, 기존의 사료인 『三國史記』 『三國遺事』 및 금석문 자료들과 대비해 가며 치밀하게 논증한 좋은 논문이었는데, 그 결론에 있어서는 새로 발견된 필사본이 金大問이 집필한 원형은 아니나 그렇다고 해서 위서라고 단정하기도 어렵다는 취지의 비교적 온건한 논지였다.

조교에게 이수건 교수의 논문을 주어 한 부 복사 제본하게 했고, 또한 최재성 군의 휴대폰에 전화하여 그의 석사논문을 철학전공 사무실에 맡겨둔 이수건 교수의 논문과 함께 이종욱 교수에게 함께 우송하도록 말해 두었다.

집에서 권덕영 씨의 논문을 마저 읽은 후, 이어서 노태돈 교수가 1995년에 『歷史學報』 제147호에 발표한 「筆寫本 『花郎世紀』의 史料的 價値」를 읽기 시작하여 절반쯤까지 나아갔다. 이로써 이 문헌의 사료적 가치를 부정하는 측 대표적 인물들의 주장을 모두 검토한 셈이다.

18 (월) 맑으나 다소 쌀쌀함

서울대학교 국사학과 盧泰敦 교수의 논문 「필사본 화랑세기의 사료적 가치」를 마저 읽었고, 내 논문 「『남명집』 중간본의 성립」 제3절 俛宇 郭鍾錫이 后山 許愈에게 『學記類編』의 重刊을 위한 교정을 위촉하는 대목을 입력하였다.

19 (화) 맑음

권1의 詩를 끝으로 『화담집』 전체를 다 읽고서 처음부터 목차를 다시 한 번 검토하였다. 오후에는 논문 작업을 계속하여 제3절의 雷龍亭 중건과 관련한 부분을 입력하였다.

20 (수) 맑음

논문 작업을 계속하여 뇌룡정에서 첫 번째 중간본 작업이 시작되었다가 당쟁으로 말미암아 무산되는 대목까지 나아갔다.

21 (목) 맑음

논문 중 어제 작성한 뇌용정에서의 첫 중간본 작업 이후 부분을 제4절 '중간 작업의 추이'로 분리하여 총 91매 정도의 분량까지 나아갔다.

25 (월) 맑음

수업시간에 김경수 군이 지난 23일에 진주교육대학교 대강당에서 개최된 '남명학파의 교육사상과 학교교육적 적용'이라는 주제하의 학술대회 자료집을 전해 주었으므로, 그 내용을 훑어보고서 「남명학관계기간문헌목록」에다 그것을 보완하였다.

26 (화) 맑음

예문서원으로부터 내가 편저한 『한국의 사상가 10人—남명 조식』(예문동양사상연구원총서 5)의 최종 교정쇄가 보내져 왔다. 책으로 출판할 수 있는 형태로 편집된 것인데, 이것에 의하면 이 책의 초판1쇄는 금년 12월 20일 간행으로 되어 있고, 판권은 예문동양사상연구원에 있으며, 펴낸 곳은 서울시 동대문구 용두2동 764-1 송현빌딩 302호실의 예문서원, 펴낸이는 오정혜, 편집은 조영미·김병훈·명지연으로 되어 있다. 아침 출근 직후부터 퇴근 시간까지 종일 교정을 보았으나 마치지 못했다. 해제 부분은 다 읽었는데, 나의 논문 두 편은 아직 읽지 못하고 빨간색으로 표시하여 확인을 요청해 온 부분들만 검토하여 별도의 파일에다 의견을 적어 넣었다.

27 (수) 맑음

『한국의 사상가 10인―남명 조식』의 교정 작업을 계속하여, 「남명의 유·도 사상 비교 연구」 부분을 마치고서 「남명과 육왕학―지와 행의 문제를 중심으로―」에 들어갔다.

28 (목) 맑음

서경덕의 神道碑文을 끝으로 학부의 한국유학특강 수업을 종강하였다.

어제에 이어 「남명과 육왕학」의 교정 작업을 계속하여 거의 다 마쳐 간다. 예문서원의 조영미 씨로부터 교정 작업의 진척 상황을 묻는 전화가 걸려왔다.

1층의 배석원 교수가 새한철학회의 차기 회장에게로 인수인계하기 위해 남은 책들의 짐을 꾸리고 있었다. 다음 달 보름까지 「『남명집』 중간본의 성립」을 탈고하여 내년 1월 중에 간행될 새한철학회의 기관지 『철학논총』에다 싣기에는 무리이겠다고 했더니 12월 말까지 탈고해도 실을 수 있도록 말해보겠노라고 했다. 겨울방학에 들어가면 그 작업에만 전념할 수가 있을 터이므로, 앞으로 한 달 정도면 탈고할 수 있을 것 같다는 생각이 든다.

29 (금) 맑음

『한국의 사상가 10人―남명 조식』의 교정을 마치고서 이메일로 예문서원에 발송했다.

오후 2시부터 학과사무실 書庫에서 2002학년도 1학기의 교과목 담당 편성을 위한 철학과 교수회의가 열렸다. 내년도의 학과장을 맡을 순서인 류왕표 교수가 무슨 일 때문인지 자기 차례를 좀 바꾸었으면 하므로 그 다음 순서인 내가 1년간 학과장을 맡기로 결정되었다.

회의를 마치고 난 후 남명학관 남명홀로 가서 오후 2시부터 그 장소에서 열리고 있는 경상대학교 남명학연구소와 충남대학교 유학연구소의 공동학술대회 '江右지역과 湖西지역의 학맥과 서원교육'에 참석해 보았다. 진주교대 金洛眞 교수와 금년부터 4년제 종합대학으로 승격되어 진주국제대학교로 이름이 바뀐 前 진주전문대학 宋準湜 교수의 논문 발표 및 성균관대 한문학과 宋載邵 교수가 좌장을 맡아 진행된 종합토론을 방청하였고, 충남대학교 철학과에서 온 南明鎭·黃義東 교수와 인사를 나누었다.

30 (토) 흐림

어제의 학술대회 발표논문집을 읽으면서, 거기에 실린 H 교수의 「인조반정 이후 남명학파와 沙溪학파의 변화」중 광해군 당시 李恒福이 金瑬에게 反正을 지시하는 내용을 다룬 『大東野乘』제8책 所收 『續雜錄』권2의 부분을 카드화하였다. 어제 남명홀에서 남명학연구원의 새 사무국장인 梁基錫 씨로부터 지난주 수요일(11월 20일) 서울대학교 교수회관 대강당에서 열렸던 남명학회 제2차 국제학술대회에서 그가 趙南浩 군으로부터 받아온 손영식·조남호 공저 『남명 조식의 철학사상연구』(서울대학교출판부, 2002.10.30. 초판 1쇄)를 전해 받았었는데 그것도 읽어보았다. 점심 때 교직원식당에서 사재명 군을 만나 그로부터 남명학회 국제학술대회의 발표논문집인 『남명학과 한국성리학』을 한 부 얻어 그 내용을 훑어보기도 하였다.

조남호 군은 上記 공저의 '서문'에서 이렇게 적었다.

내가 남명학을 접하게 된 계기는 15년 전쯤, 서울대 동양철학 모임에서 경상대 오이환 교수를 만나면서부터이다…남명학은 오이환 교수에 의해서 발굴되었다고 해도 과언이 아니다. 오 교수는 직접 경상우도 지역을 답사하면서 많은 자료들을 찾아내었다. 그 이전에도 몇 분의 논문이 있었지만, 별로 학계의 반향을 불러일으키지 못하였다. 오 교수의 작업과 남명학연구원의 힘으로 비로소 남명학은 일반 사람들에게까지 알려지게 된 것이다.

12월

2 (월) 맑음

인문학부장 배석원 교수가 내 연구실에 들렀는데, 인문학부 철학전
공의 차기 조교로는 현재의 이수진 양을 계속 임용하는 편이 차기 학과
장으로 예정된 내가 일하기에도 편하지 않겠느냐고 하므로 나도 동의
하였다.

사범대 사회교육과 역사전공의 박종현 교수가 내 연구실로 전화를 걸
어와, 남명학연구원 이사장인 권순찬 씨를 만나러 간다면서 남명학연구
원 및 권 씨가 사는 아파트의 위치를 물었다. 오늘 박 교수로부터 들은
바에 의하면, 권순찬 이사장은 서울사대 사회생활과 역사전공의 2회 졸
업생으로서 박 교수의 대선배라고 한다.

5 (목) 맑음

작년엔가 내 연구실을 방문해 온 적이 있었던 중국 武漢大學 철학과
의 陳望衡 교수가 중심이 되어 2003년 5월 12일부터 14일까지 武漢大學
및 武漢工大(Wuhan University of Technology)에서 '美와 현대적 생활 방
식(Beauty and the way of modern life)'이라는 주제의 국제학술회의를
개최하게 되는 모양인데, 나에게도 이메일로 영문으로 된 초청장을 보
내왔다.

오후 1시 30분부터 남명학관 110세미나실에서 '조선시대 경남서부지
역의 새로운 가문의 정착'이라는 대주제하에 본교 경남문화연구센터의
학술대회가 열렸는데, 종합토론이 시작될 예정인 오후 4시 무렵부터 참
석해 보았다. 종합토론에만 참석하고서 발표자료집을 한 부 얻어 돌아올
예정이었으나, 발표자와 토론자 외에는 참석자가 거의 없어 분위기가
썰렁하였다. 결국 회장인 역사교육전공 김준형 교수의 발표에서부터 종
합토론이 끝날 때까지 자리를 지켰고, 천전시장 뒤편의 거제횟집에서
있었던 회식 모임에까지 동참하게 되었다.

6 (금) 흐림

예문서원으로부터 해제와 두 편의 내 논문, 그리고 「남명연구논저목록」의 교정 파일이 이메일로 왔고, 편집 담당자인 조영미 씨로부터 전화도 받았다. 퇴근 무렵까지 목록과 집필자 소개 등에 대한 교정을 일단 마쳤다.

7 (토) 비

한국의 사상가 10人 남명 편의 교정 파일을 편지와 함께 이메일로 예문서원에 보냈고, 중국 武漢大學 측에도 국제학술회의에 참석하지 못한다는 뜻의 영문 회신을 보냈다.

경남문화연구센터의 2002년 정기학술대회 발표논문집인 『조선시대 경남서부지역의 새로운 가문의 정착』을 검토해 보았고, 남명학연구소의 경상대·충남대 공동 학술대회 발표논문집 중 H·金洛眞 교수의 발표 논문 가운데서 필요한 부분들을 새로 읽고서 카드화 하였으며, 『남명학연구』 제11집에 실린 한국정신문화연구원 權五榮 씨의 논문 「19세기 江右學者들의 학문동향」을 읽기 시작하였다.

9 (월) 맑으나 쌀쌀함

권오영 씨의 논문을 다 읽었고, 한문학과 李相弼 교수의 박사학위 논문 「남명학파의 형성과 전개」 가운데서 19세기 강우학파의 동향에 관한 부분들도 읽었으며, 내 논문 「『남명집』 중간본의 성립」 주석에다 이러한 연구들에 관한 언급을 추가하였다. 권 씨의 논문을 통해 『고종실록』 20년 12월 8일 조에 경상도 생원 張祐遠 등의 남명 陞廡疏에 관한 기사가 있다는 사실을 알고서 내 논문 중의 그 부분에 관한 주석도 보완하였다.

12 (목) 맑음

오후에 예문서원의 사장인 오정혜 여사로부터 연구실로 전화가 걸려왔다. 『한국의 사상가 10인—남명 조식』은 교정 작업을 마치고서 인쇄소로 넘겼는데, 내년 1월쯤 출판될 전망이라고 한다. 그것에 뒤이어 나의 가상강좌 강의노트인『동아시아의 철학사상』출판 작업에 착수하려고 하는데, 직원들이 지난번 경험에 비추어 내 글에 손대기를 매우 어려워한다는 것이었다. 나로서는 가능한 한 출판사 측의 방침을 수용하려고 하나 편집을 맡은 직원이 임의로 저자의 글을 고치는 것은 학문적 관점에서 바람직하지 않다고 보는 입장을 설명했다. 그러나 오 여사의 말뜻은 결국 출판사 측의 작업 내용을 전면적으로 수용해 주지 않는다면 출판 작업에 들어가기 어렵겠다는 것으로 해석되었으므로, 그렇게 하겠다는 의사를 표시하는 수밖에 없었다. 그동안의 출판을 위한 노력을 無로 되돌리기 어려워 부득이 그렇게 대답하였으나, 무지한 자들에게 힘으로 눌렸다는 불쾌한 느낌을 금할 수 없었다.

최재성 군이 중국 西北大學에 가 있는 손병욱 교수의 이메일 주소를 알려왔고, 또한 남명학연구원에서 내일 있을 상임연구위원회 회의 자료를 이메일로 보내왔다. 손 교수에게 그의 글이 포함된『한국의 사상가 10인—남명 조식』의 출판 관계 소식을 전하면서 내년 7월 27~28일의 이틀간 西安交通大學과 度暇村에서 열릴 예정인 국제남명학연구회 주최 조남명·장횡거 국제학술회의 무렵에 우리 가족이 西安에 가게 될지도 모르겠다고 말해 두었다. 오후 네 시 무렵『동아시아의 철학사상』파일들을 이메일을 통해 예문서원으로 보내면서 손병욱 교수의 이메일 주소와 전화번호도 알려주었다.

16 (월) 비 오고 흐림

종일 논문 작업에 몰두하여 200자 원고지 95매 정도의 분량까지 나아갔다. 주석에서 관계 문헌의 한문을 標點하여 일일이 제시하다보니 주석의 분량이 너무 많아지고 또한 원고 전체의 분량도 늘어나는지라, 필사본이 아니고 이미 간행된 한적들의 원문은 대부분 삭제하여 버렸다. 논문의 용지 형식과 스타일도 기고하게 될 새한철학회 기관지『철학논총』의 기준에 맞추어 새로 조정하였다.

17 (화) 맑음

내가 번역하여 을유문화사에서 출판한 狩野直喜 저『중국철학사』는 1986년에 초판 1쇄가 나온 이래로 해마다 새로 찍어 10쇄 이상 나아간 것으로 기억되는데, 근년에는 웬일인지 새로 찍자는 연락이 전혀 없다. 그래서 퇴근 무렵 을유문화사로 전화하여 권오상 편집부장에게 그 이유를 물어보았더니, 근자에 수요가 줄어서 그러할 뿐 다른 이유는 없다는 것이었다. 그 책을 출판할 당시에 나와 만나서 합의하고 계약을 맺은 바 있었던 朴一俊 상무는 다른 회사로 옮겨갔고, 崔鍾漢 편집부장은 이미 작고한지 오래되었다고 한다.

한국중국학회의 孫叡徹 회장으로부터 나를 2002년 9월 1일부터 2004년 8월 31일까지 이 학회의 운영위원으로 위촉한다는 임원위촉장이 왔다. 나는 일본중국학회의 회원이므로 따로 국내의 중국학회에는 가입을 하지 않았다가, 금년인가 작년에 비로소 종신회비를 송금한 바 있었다. 한양대학교 중문과의 손예철 교수와 이 학회의 前 회장인 한양대학교 철학과의 金炳采 교수는 臺灣大學 유학 시절에 같은 文學院의 한국유학생으로서 이른바 '오이환사건'으로 말미암아 나와 악연이 있었던 사람들이다.

18 (수) 맑음

예문서원으로부터 지난번 내가 이메일 첨부 파일로 보낸『동아시아의 철학사상』파일 13개 중 끄트머리의 세 파일이 도착하지 않았다는 연락이 왔으므로, 그 파일들을 다시 발송하였다.

20 (금) 맑음

전임 새한철학회장인 배석원 교수가 내 연구실로 들렀기에 현재 집필 중인 논문은 1월에 간행될『철학논총』이 아니라 이번 겨울방학 중에 천천히 탈고하여 그 다음 호에 싣겠다는 뜻을 밝혔다. 신임 회장은 대구가톨릭대학교 철학과 교수인데, 새한철학회가 영남철학회라는 명칭으로 되어 있었을 때 나와 함께 부회장을 맡았던 사람으로서 나를 잘 안다고 하더라는 것이었다. 배 교수는 제15회 전국철학자대회 관계로 조옥환 사장을 만난 적이 있었던 모양인데, 남명학연구원이 설립한 평생교육원 관계의 일을 돕기로 했다고 한다.

23 (월) 맑음

다음 학기의 강의에 대비하여 한국교육학술정보원(KERIS) 및 본교 홈페이지에 들어가 대학원에서 다룰 예정인 鄭齊斗의 『霞谷集』과 학부에서 다룰 『周禮』의 번역본 및 관계 문헌들을 조사해 출력해 두었다. 池載熙·李俊寧이 譯解한 『주례: 제국 건설의 행정 직제와 직무 지침서』(서울, 자유문고, 2002, 동양학총서47, 604쪽)가 출판되어 있었으므로 구내서점을 통해 한 권 주문해 두었다.

지난 14일에 있었던 2002년 제4차 남명학연구원 상임연구위원회의 결과가 이메일로 보내져 왔다. 내가 중심이 되어 추진하던 『南冥全書』 건은 백지로 돌아가고, 그 대신 박병련·설석규·한명기·신병주·정우락 씨가 번역위원이 되어 내가 발견한 『孤臺日錄』의 번역 작업을 추진하게 되었는데, 번역 저본은 진주박물관에서 간행한 영인본이며, 2004년 말까지 2년에 걸쳐서 추진하는 모양이다. 2003년 7월 27~28 양일간에 걸쳐 西安에서 열릴 예정이라고 하는 국제남명학연구회에서 제안해 온 조남명·장횡거 국제학술회의는 "참고로 한다"고만 되어 있다.

26 (목) 맑으나 쌀쌀함

다시 논문 작업에 착수하여 기왕에 입력해 둔 제4절 부분에다 다소 가필하였다.

서울의 한성문화사 조무웅 씨로부터 지난번에 책을 우송받은 후 전화를 통해 추가 주문해 두었던 中村璋八 編 『緯學硏究論叢—安居香山博士追悼—』(東京, 平河出版社, 1993)가 다시 우송되어 왔으므로 그 내용을 훑어보았다. 이 책은 내가 서울문리대에 재학하던 시절 철학과 종교전공의 선배로서 가깝게 지냈던 현 인하대학교 사학과의 徐永大 교수가 추천하여 영인하게 된 것이라고 한다. 책 속에 京都大學 중국철학사 연구실의 현 주임인 池田秀三 교수 및 같은 연구실의 후배로서 현재 京大 인문과학연구소 교수로 있는 武田時昌 씨의 논문도 실려 있다. 나는 京大에서 석사학위를 받고 난 후 1년간 研修員(Research Fellow)의 자격으로 中哲연구실에 남아 있던 기간 중에 鄭玄의 經學에 미친 緯書의 영향을 다룬「六天說の背景」이라는 논문을 써서 이 연구실의 기관지인『중국사상사연구』제5호에 발표한 바 있었다. 당시로서는 개척적인 연구였기 때문에 池田 교수를 비롯한 연구실의 同學들에게 주목을 받은 바 있었고, 그것이 결국 내가 후에 이 대학에서 문학박사학위를 받을 수 있게 되는 배경이 되었다. 그 논문의 주된 참고문헌으로서는 安居香山·中村璋八 共編『緯書集成』및『重修緯書集成』이 이용되었으며, 후일 日本中國學會의 연례 모임에 참석하여 이 두 사람과 인사를 나눈 바도 있었다. 安居 박사는 그 후 1989년에 68세의 나이로 별세하였는데, 나는 이 책을 통해 그가 淨土宗의 승려로서 僧正의 지위에까지 오른 인물이며, 京都大學 뒤편 百萬邊에 있는 知恩寺와도 깊은 인연이 있었다는 사실을 비로소 알았다.

27 (금) 맑음
논문 작업을 계속하였다.

28(토) 맑음
논문 작업을 계속하여 端磎 金麟燮과 白雲精舍에 관한 부분을 입력하였는데, 200자 원고지 100매의 분량에 이르렀다.

29 (일) 맑음
내 박사학위논문의 심사위원 중 한 사람인 京都大學 동양사학연구실의 夫馬進 교수가 연하장을 보내왔는데, "한 번 晉州에 가보고 싶다고 생각합니다"라는 구절이 있었다.

30 (월) 맑음

논문 작업을 계속하여 고종 시대의 山天齋에 관한 내용을 입력하였다.

남명학연구원의 양기석 사무국장과 통화하여 금년 8월 중순의 선비문화축제 전후로 개최될 예정인 국제학술회의에 夫馬進 교수를 초청할 수 있는지 알아본 후, 夫馬 교수에게 연하장을 써 진주에 한 번 들러달라는 인사말과 더불어 만약 남명학국제학술회의에 참가할 의사가 있으면 논문계획서를 보내달라고 말해 두었다.

2003년

1월

2 (목) 맑음

논문 작업을 계속하여, 제4절의 제목을 일단 '丁酉本의 출현'으로 바꾸었다. 端磎 金麟燮이 정유년(1897, 광무 원년)에 克齋 河憲鎭에게 보낸 편지에서 『남명집』 중간본의 첫 번째 판본이 이 해에 출판된 것으로 추정할 수 있었기 때문에 임시로 정유본이라는 명칭을 사용해 본 것이다.

3 (금) 흐림

논문 작업을 계속하였고, 오후에 본교 남명학연구소의 기관지 『남명학연구』 제14집(2002. 12)이 배부되어 왔으므로, 그 내용을 검토하여 「남명학관계기간문헌목록」에 올렸다. 『남명학연구』 및 사단법인 남명학연구원의 기관지 『남명학연구논총』의 백넘버를 체크하여 이미 목록에 올랐더라도 이 두 잡지에 轉載된 사실이 기록되지 않은 경우에는 새로 모두 기록하였다.

4 (토) 매우 쌀쌀함

종일 논문 작업에 몰두하였으나 제4절의 제목을 '丁酉本과 『南冥編年』'으로 다시 고치고 약간의 내용을 보완한 것 외에는 별로 진척이 없었다. 준비된 독서카드 박스 두 개 중 하나는 거의 다 사용했으므로, 나머지 하나를 꺼내어 새로 정리하는 일을 시작하였다. 이번 겨울 방학 중에 현재 작성하고 있는 논문 「『南冥集』重刊本의 성립」을 마치면, 그 다음으로는 판본 관계의 마지막 논문이 될 「『德川師友淵源錄』의 성립」(가칭)에 착수해야겠다는 생각을 했다.

6 (월) 맑으나 쌀쌀함

남명학연구원으로부터 어제『남명학연구논총』제11집(2002년) 및 『남명원보』제28호(2002년 12월)가 집으로 우송되어져 왔으므로, 그 내용을 훑어보고서 거기에 수록된 문헌들을『남명학관계기간문헌목록』에다 추가하였다. 원보에 의하면, 작년 8월 31일 연구원 강당에서 열린 상임연구위원회에는 "원장과 상임연구위원 10명 전원, 이사장, 부이사장이 참석"하여『孤臺日錄』의 번역 등을 결정하였다는데, 그 자리에 나는 참석하지 않았다. 그러나 논총의 편집위원 11명 명단에는 여전히 내 이름이 들어가 있으니, 원보에서 상임연구위원 10명 전원이라 한 것은 상임연구위원을 겸한 원장을 제외한 숫자인 모양이다. 나는 현재 남명학 관계의 모든 직책으로부터 벗어나 '자유와 고독' 가운데서 오로지 연구에만 종사하고 있는 셈인데, 이것이 내가 가야할 참다운 길이 아닌가 한다. 직책을 맡게 되면 자신이 원치 않는 여러 가지 사업에 끼어들지 않을 수 없는 점이 있으며, 처신에서 뿐만 아니라 연구 자체에서도 어느 정도 타인의 의사로부터 자유롭지 못한 점이 있는 것이다.

오후에 독서카드의 재정리를 마치고서 논문의 입력 작업을 계속하여 108매 정도의 분량까지 나아갔다.

7 (화) 맑음

종일 논문 작업을 하였으나 얼마 나아가지 못하였다.

8 (수) 맑음

종일 논문 작업을 계속하여 111매 정도의 분량에 이르렀다.

일본의 東方學會로부터 회원통신란에 내 소식이 실린 『東方學會報』

No.83(2002년 12월 26일 발행) 한 부와 아울러 2002년도 海外會費 6,500 엔의 청구서가 우송되어 왔다.

9 (목) 맑음

논문 작업을 계속하여, 제4절의 소제목을 '丁酉本과『南冥編年』'이라 했던 것을 '乙未本·丁酉本과『南冥編年』'으로 고쳤다.

10 (금) 흐림

논문 작업을 계속하였다. 진도가 별로 나가지 않는 이유는 이미 만들어 놓은 수많은 독서카드들을 꼼꼼히 읽어가며 입력한 내용을 거듭거듭 수정 보완하기 때문이다.

2002년 2월에 본교 대학원 국어국문학과에 제출한 ≪경남일보≫ 문화부 기자 姜東郁 군의 문학박사 학위논문「深齋 曹兢燮의 學問性向과 文論」을 내 논문에다 注記하고서, 이 논문을「남명학관계기간문헌목록」에다 추가하였다. 강 군의 지도교수는 국문과의 한국민속학 전공 朴性錫 교수이지만, 사실상은 석사과정 이래 계속 H 교수의 지도를 받아왔다. 그래서 참고문헌란에 한문학과 교수들의 저서나 논문은 줄줄이 나열되어 있는 반면 내 글은 단 하나도 언급되어 있지 않다. 이것은 한문학과 학생 및 한문학과와 관계있는 본교의 다른 학과 출신자는 물론이요, 심지어 최근 남명학관에 공간 하나를 배정 받아 경남문화연구원의 선임연구원으로 활동하고 있는 사재명 군의 경우에도 근자에 그러한 경향이 엿보이고 있다.

11 (토) 맑음

남명학관 내의 文泉閣으로 가서 李晚寅의 문집인『龍山集』두 책(한국역대문집총서696~697, 景仁文化社, 1993)을 빌려와서 그 내용을 검토하며 카드화하고 있다. 특히 권5의「答山天齋儒生」을 통해 고종 갑오년 당시의『남명집』중간본 교정 내용을 확인할 수가 있었다.

13 (월) 맑음

논문 작업을 계속하여 114매 정도의 분량까지 나아갔다.

14 (화) 맑음

논문 작업을 계속하여 119매 정도의 분량에 이르렀다.

15 (수) 맑음

논문 작업을 계속하여 121매 정도의 분량까지 나아갔고, 제4절의 제목을 어제 다시 '丁酉本과 『年譜』·『編年』'으로 고쳤다.

16 (목) 맑음

논문 작업은 129매 정도까지 진척하였고, 龍山 李晩寅이 山天齋 刊會에 보낸 答書와 관련된 내용을 다루었다.

17 (금) 흐림

논문 작업을 계속하여 132매 정도의 분량까지 나아갔다.

한국중국학회의 기관지 『中國學報』 第46輯(2002.12) 및 『國際中國學研究』 제5집(2002.12)이 우송되어져 왔다. 한국중국학회의 철학부 운영위원 명단에 내 이름이 들어 있었다.

18 (토) 맑음

종일 논문 작업을 계속하였다.

20 (월) 맑음

'역사 극장' 〈광해일기〉 2부 복수 편을 시청하였다.

21 (화) 맑음

인문학부장 배석원 교수가 24일에 있을 인문학부 편입학 면접시험에

의 참석을 요청하기 위해 내 연구실에 들렀다가 한 시간 정도 대화를 나누었다. 배 교수는 작년에 제15회 한국철학자대회를 본교에서 치렀을 때 그 비용으로서 회원들이 낸 참가비 외에도 한국학술진흥재단으로부터 발표논문집 발간비 명목으로 1,000만 원을 지원받은 데다, 운영비 명목으로 유네스코 한국위원회로부터 500만 원과 사단법인 남명학연구원으로부터 1,500만 원 및 최근 조옥환 사장을 통해 추가로 300만 원을 더 받았었다. 이 정도면 대회를 치르고도 상당한 돈이 남았을 것임에도 불구하고 본교 인문학부와 더불어 그 대회의 공동주최자였던 새한철학회의 총회 때도 그것에 대해 보고하지 않은 채 회장의 임기를 마쳤고, 학과에 대해서도 전혀 내색을 하지 않고 있을 뿐 아니라 오히려 경비가 초과되었다면서 작년 초의 학과 예산 심의에서 대회경비로 승인된 바 있었던 100만 원을 추가로 요청하여 인출해 갔던 것이다. 나는 결산보고 때 대회 경비의 수입과 지출 및 잔액 처리 문제를 분명히 하여 말썽이 생길 여지를 없애는 것이 바람직하다는 의견을 말했다. 배 교수는 이 철학자대회를 계기로 부산교통의 조옥환 사장과 접촉할 계기를 갖게 되었는데, 대회가 끝난 이후 지금에 이르기까지 사단법인 남명학연구원의 부설기구로서 인가된 평생교육원을 자신의 뜻에 따라 운영해 볼 생각을 가지고 그 일을 추진하고 있다.

논문 작업을 계속하여 125매 정도의 분량에 이르렀다.

22 (수) 종일 흐리다가 저녁부터 大雪

논문 작업을 계속하여 141매 정도의 분량까지 나아갔다.

새한철학회로부터 나를 금년 1월 1일에서 12월 31일까지 이 학회의 이사로 계속 위촉한다는 위촉장이 왔다. 본교 배석원 교수의 뒤를 이어 이 학회의 신임 회장에 취임한 대구가톨릭대학 인문학부 철학전공의 조주환 교수는 이 학회의 명칭이 영남철학회였을 때 나와 함께 부회장의 직책을 맡았던 사람이라고 들었다.

23 (목) 맑음

논문 작업을 계속하여 145매 정도까지로써 제4절을 대충 마쳤다. 제4
절의 제목을 '丁酉本과 〈南冥編年〉'으로 도로 고쳤고, 제5절의 제목은 '庚
戌本에 이르는 과정'이라고 붙였다.

24 (금) 맑음

서울의 예문서원으로부터 2002년 12월 20일자로 발간된 한국의 사상
가 10인 시리즈 『남명 조식』(572쪽, 2만3천 원) 3책, 『퇴계 이황』(459쪽,
2만 원) 1책, 『율곡 이이』(596쪽, 2만5천 원) 1책이 부쳐져 왔다. 나는
이 책이 간행된 소식을 어제 ≪경남일보≫를 통하여 처음 접하고서 곧이
어 예문서원의 홈페이지를 통하여서도 확인하였다. ≪경남일보≫의 기
사는 본교 국어국문학과 출신이라고는 하나 사실상은 한문학과 H 교수
의 지도하에서 석사·박사 학위논문을 쓴 강동욱 기자가 쓴 것임에 틀림
없는데, 집필 기자의 이름도 없고 편저자인 나의 이름은 전혀 나타나지
않았다.

이 책 제2부에 본교 한문학과 이상필 교수의 고려대 박사학위논문
가운데서 「신명사도·명」을 다룬 부분을 취한 글이 실려 있다. 편집자인
나는 원래 그 제목을 「남명의 神明舍圖·銘」으로 정했으나, 교정 과정에
서 이상필 교수가 학위논문에서의 이 부분 원래 제목인 「남명 사상의
특징」을 고집한다 하므로, 그렇게 승낙하는 대신 '신명사도·명'이라는
부제를 달도록 말하고, 해제에서 "이 글은 네 개의 항으로써 이루어진
제2장의 '나. 남명사상의 특징' 가운데서 신명사도 및 그 명에 관해 다
룬 처음 두 항만을 취하였으므로, 이 씨의 뜻에 따라 이렇게 제목을 정
하였다"고 설명하였었는데, 출판된 책에서는 제목이 「남명 사상의 특징
—신명사도·명을 중심으로—」라고 되어 있고, 네 개의 항 모두를 실었
을 뿐 아니라, 이 부분에 관한 나의 해제도 "처음 두 항만을 취하였으
며, 이 씨의 뜻에 따라 이 항목의 제목대로 글 제목을 삼았다"고, 내용
이 달라져 있었다.

한국정신문화연구원의 기관지인『정신문화연구』의 편집실 편집간사인 鄭惠瓊 박사로부터 이 잡지의 투고논문 중「남명 성리학의 기본 특성」에 대한 심사 의뢰가 왔으므로, 이를 수락하여 오후에 이메일 첨부 파일로 논문을 받았다.

25 (토) 흐리고 추움

한국학술진흥재단 홈페이지의 연구자정보 시스템에 접속하여 나에 관한 사항 중 저서 항목에다가 어제 입수된 책을 추가하였고, 인적사상 항목에서는 전공을 중국철학사, 세부전공을 '秦漢신비사상'으로 하고, 전공 외 심사가능분야로서는 한국유가철학과 일본사상이라고 입력해 두었던 것을 고쳐, 전공을 한국유가철학, 세부전공을 '남명사상', 전공 외 심사가능분야로는 중국철학사와 일본사상으로 입력해 두었다. 나 자신은 아직도 자신의 주된 전공을 중국철학사로 생각하고 있는 터이지만, 현실적으로 볼 때는 그동안의 연구업적이 주로 남명사상에 관한 것이므로, 남들이 이상하게 여길지도 모른다는 생각이 들어서 당분간 이렇게 해 두기로 했다. 그러나 나는 남명학을 평생의 과제로 생각하고 있지는 않으며, 가까운 장래에 이에 관한 작업을 마치고서 나머지 생애는 진한시대의 신비사상 연구에 바쳐 그 분야에서도 남명학에 관한 연구 이상의 성과를 내 볼 의욕을 아직도 가지고 있다.

오전 중 어제 한국정신문화연구원으로부터 의뢰를 받은 논문에 대한 심사를 마치고서 평가내용의 해당 항목에다 기입한 후 검토의견서를 적어 반송하였다. 보내져 온 논문을 읽다보니 집필자의 인적사항은 삭제되었어도 분명 근자에 얼핏 읽은 기억이 나는 내용인지라 퇴근 후 집에 와서 제15회 한국철학자대회보를 찾아보니 작년 11월 본교 남명학관에서 나와 함께 남명학 분과에 속하여 발표했던 강남대 임헌규 씨의 논문이었다. 그러나 나의 종합평가는 '대폭수정'이었고, 검토의견서에는 "맞춤법과 문장부호 및 인용문에 정확성이 결여되어 있는 부분이 매우 많다"는 점과 주된 논지가 지나친 穿鑿이며, 그러한 논지의 근거로 삼고 있는 「學記圖」에 대한 해석이 주관적일 뿐 아니라, 그 중에도 특히 주된 논거로 되어 있는 '心統性情圖' 중의 上圖는 林隱 程復心의 것임에도 불구하고 이를 남명 자신이 그린 것으로 오해하고 있다는 점을 지적하였다. 발표장에서의 휴식 시간에 내가 심통성정도의 문제에 대해 조언하려 했더니 임 씨는 그것이 林隱의 것인 줄은 이미 알고 있다고 했는데, 그 이후 아무런 수정도 하지 않고 있었다.

어제 받은 『한국의 사상가 10人―남명 조식』의 출판을 알리는 내용의 이메일을 그 책의 공저자 중 한 사람으로서 중국 西安의 西北大學에 가 있는 손병욱 교수에게 보냈다. 그런 다음 그 책의 내용을 찬찬히 검토해 보았다. 남명학연구원 상임연구위원 중의 한 사람이기도 한 대진대학교 철학과의 권인호 교수가 자신의 논문 말미에다 주석을 하나 추가하였는데, "H는…그의 글 제목과 내용이 앞뒤가 맞지 않고 400년간 학문 외적인 사회정치적 동향에 휘둘리며 훼판에 이은 왜곡과 축소의 길을 걸어온 남명학의 실상을 다시 보는 것 같아 안타깝다. 학문과 사상 그 자체의 진리와 목적은 인간 주체가 먼저 올바르게 된 다음에야 사회를 맑게 할 수 있다. 그것이 聖賢의 학문인 것이다"라고 되어 있었다.

27 (월) 흐림

내가 편저한 『남명 조식』편과 함께 탁송되어져 온 한국의 사상가 10인 시리즈 중 『퇴계 이황』및 『율곡 이이』편의 내용을 검토해 보았고, 이어서 퇴근 무렵까지 논문 작업을 계속하였다.

28 (화) 맑음

강동욱 군의 深齋 曺兢燮에 관한 주제의 박사학위 논문과 김윤수 씨의 『남명집』판본사에 관한 논문 가운데 언급된 자료 가운데서 내가 아직 카드화하지 않은 것들을 골라 일일이 원전의 해당 부분을 찾아 읽고서 카드화하였다.

예문서원에서 편집을 담당하고 있는 조영미 씨로부터 보낸 책이 잘 도착했는지를 묻는 전화가 걸려왔다. 차제에 어떻게 하여 이상필 교수의 학위논문 중 神明舍圖·銘 부분만 싣는다고 적은 내 해제의 내용과는 달리 제2장의 '나. 남명사상의 특징' 부분 전체가 실렸는지를 물어보았다. 조씨의 대답에 의하면, 그것은 이상필 교수와 나 사이에서 서로 협의할 문제이며 자기들로서는 보내져 온 글대로 싣지 않을 수 없었다는 것이었다. 그러나 편집자인 나의 의도는 사전에 조영미 씨와 이상필 교수 양자에게 분명히 전달해 둔 바였다. 책 출판에 따른 보수 문제에 대해서는 출판사 측에서 먼저 언급하지 않는 이상 내 쪽에서 말을 꺼내지는 않을 생각이다. 사전에 출판 계약서를 작성하지 않은 이상, 무료봉사로 간주해야 한다는 김병택 교수의 말이 사실에 가까운 듯하다. 그렇다면 내가 편저자로 되어 있는 『한국의 사상가 10人~남명 조식』은 말할 필요도 없고, 저서인 『동아시아의 철학사상』의 경우도 서로 계약서를 주고받은 일은 없었으므로, 출판해 주는 것만도 고맙게 여기고 있어야 할 상황이다. 나는 아직까지 이처럼 저자에게 아무런 권리가 없는 출판을 해 본 적이 없었고, 사실 이는 불합리한 것이다.

29일 (수) 맑으나 강추위
종일 논문 작업을 계속하여 152매 정도의 분량까지 나아갔다.

30 (목) 맑음
학교에서 종일 논문 작업을 하였다.

2월

4 (화) 맑음
다시 연구실에 나가 논문 작업을 계속하였고, 오늘 내게 입수된 『大同哲學』제19집(대동철학회, 2002.12) 및 『철학논총』제31집(새한철학회,

2003)의 내용을 훑어보았다. 『철학논총』의 논문투고 안내에 의하면 "투고분량은 20쪽을 권장하며, 초과 시 1쪽 당 5,000원을 추가 부담한다"고 되어 있는데, 이 학회지의 다음 호에 투고할 예정인 내 논문 「『남명집』 중간본의 성립」은 현재 200자 원고지 158매 정도의 분량으로서 이 학회가 지정한 편집양식으로 20쪽을 꽉 채운 상태이다. 연구비 수혜논문의 경우 게재료가 20만 원인데, 나는 이미 작년 10월경에 게재료 30만 원을 납부해 둔 상태이므로 별 문제는 없지만, 문제는 과다한 분량의 원고를 그대로 실어줄지 염려되는 점이다.

충남대학교 유학연구소장을 맡고 있는 남명진 교수가 금년 가을에 회갑을 맞이하므로 그 기관지인 『儒學硏究』 제14호를 '남명진교수회갑기념호'로 발간하고자 하는데, 나에게도 금년 8월말까지 자유주제의 논문을 보내달라는 내용의 원고청탁서가 왔다. 나는 현재 집필 중인 논문을 마친 후, 본교 한문학과 이상필 교수가 『남명원보』에 발표한 나의 글 「지리산과 남명학관」의 내용을 반론한 글에 다시 응답하는 내용의 글 「남명의 생애에 관한 약간의 문제」(가칭)를 써서 예문동양사상연구원의 기관지인 『오늘의 동양철학』에 기고할 것을 생각해 보고 있는데, 그 글을 이 회갑기념논문집에 보낼까 라고도 생각해 보게 되었다.

5 (수) 맑음

남명학연구원으로부터 며칠 전 이메일로 서울대 철학과 후배인 한림대 태동고전연구소 강사 嚴連錫 씨의 연구계획서 「남명의 철학에서 誠과 敬義의 상관적 의미와 虛 개념」의 심의 요청이 왔었는데, 오늘은 같은 내용의 문건이 등기우편으로 다시 집에 배달되어져 왔다.

7 (금) 맑음

종일 논문 작업을 하여 163매 정도의 분량에 이르렀다.

8 (토) 비

논문 작업은 168매 정도의 분량까지 나아갔다.

10 (월) 흐림

논문 작업을 계속하여 169매 정도의 분량까지 나아갔다. 가능한 한 분량을 줄이기 위해 노력하고 있다.

인문대학장 명의의 2월 7일자 본부 연구지원실로부터 이첩된 '저서 및 역서발간 장려금 지급통보'라는 제목의 공문을 보았다. 국어국문학과의 배대온 교수에게는 수필집 『쌈지론』 외 1권 출판으로 100만 원, 나는 『한국의 사상가 10인—남명 조식—』 출판으로 20만 원, 한문학과의 윤호진 교수에게는 武漢大學出版社에서 『聞一多』를 출판한 데 따른 장려금으로 30만 원을 각각 입금했다는 것이었다. 나의 경우는 9인 공저, 윤호진 교수는 59인 공저라고 되어 있었는데, 오히려 윤 교수 쪽의 액수가 많은 것은 외국에서 간행되었기 때문인 듯했다.

11 (화) 맑음

학교에 가서 '2002학년도 교수 학술활동 경비 지원기준' 공문을 찾아서 검토해 보았더니, 저서발간장려금의 경우 지원대상은 '전공 관련 저서 발간'으로 하되 주저자 1인(신청인)에게만 총저자수가 3인 이내일 경우 50만 원, 4인 이상일 경우 30만 원을 지급하는 것으로 되어 있었다. 이 기준에 비추어 볼 때 국문과 배대온 교수의 경우 단독으로 2종의 저서를 발간하였다고 하여 100만 원을 지급한 모양이지만, 『쌈지론』은 전공서적이 아니고 여기저기에 발표했던 수필들을 모은 것이므로 지원대상이 될 수 없을 듯하며, 한문학과 윤호진 교수의 『聞一多』의 경우 59인 공저의 주저자가 아니므로 역시 지원대상이 아닌데 오히려 30만 원이 지급되었고, 나는 분명 편자인 동시에 주저자인데도 불구하고 지급기준에 미달하는 20만 원이 지급된 셈이다. 주관부서인 본부의 연구지원실로 전화하여 담당자에게 그 이유를 물어보았더니, 내 이름으로 제출한 신청서에 20만 원을 적었기 때문이라면서 철학과 조교에게 연락하여 추가로 10만 원을 더 신청하는 서류를 내라고 하겠다는 것이었다. 그 신청서는 내가 직접 작성한 것이 아니었으므로 조교인 이수진 양에게 전화해 보았더니, 번역서 발간 기준으로 착각하고서 그렇게 적었다는 것이었다.

어제까지 입력해 둔 논문 내용을 퇴고하고 있는 도중에 인문대 교수회장인 불문과의 김남향 교수로부터 전화가 걸려와 나더러 차기 인문대 교수회장을 맡을 생각이 없느냐고 묻는 것이었다. 오늘 오전 11시에 인문학관 1층 세미나실에서 교수회 임원개선을 위한 인문대학 교수회의가 개최될 예정인데, 나는 김남향 교수의 전임자인 박선자 교수가 교수회장을 맡게 될 무렵부터 계속 물망에 오르고 있었으나 그럴 의사가 없다는 말로 사퇴해 왔었다. 이번의 경우도 어제 불문과 김석근 교수가 그런 말을 한 바 있었는데 오늘은 다시 김남향 교수가 의사를 타진해 온 것이다. 이미 여러 번 그런 제의가 있었기에 이번에는 나 자신이 무어라 말하기 어렵다는 말로써 간접적으로 수락의 의사를 비치었다. 그러나 정작 회의가 개최되어서는 정족수 미달로 유회되고 말았다.

12 (수) 맑음
퇴근 무렵까지 논문 작업을 하여 173매 정도의 분량까지 나아갔다.

13 (목) 맑음
논문 작업을 계속하여 174매 정도의 분량까지 나아갔다.

14 (금) 맑음
종일 논문 작업을 계속하여 176.5매의 분량까지 나아갔다.

15 (토) 흐림
종일 논문 작업을 계속하여 180매의 분량에 이르렀다. 엊그제 제4절의 제목을 '丁酉本과 「南冥編年」'에서 다시 '정유본의 성립'으로 바꾸었다.

17 (월) 맑음
오전 중 논문의 퇴고를 하였다.

18 (화) 맑음
퇴근 시각까지 논문의 퇴고 작업을 계속하였다.

19 (수) 맑음
논문 작업은 184매 정도의 분량까지 나아갔다.

20 (목) 맑음
종일 작업한 논문은 185.5매 정도의 분량까지 나아갔다.

21 (금) 흐림
교직원식당에서 점심을 든 후, 경북 永川의 팔공산 동북쪽 자락에 위치한 銀海寺에서 21~22 양일간에 걸쳐 열리는 한국동양철학회의 제40차 동계학술회의에 참가하기 위해 내 차를 몰고서 출발하였다.

나는 개회 예정 시각인 오후 3시보다 늦게 도착하였지만, 회장인 동국대 송재운, 고려대를 정년퇴직한 윤사순, 연세대 이강수, 8순 노인인 前 동국대 정종 교수 등 몇 분 이외에는 아직 별로 도착해 있는 사람이 없었다. 그래서 회원들이 좀 더 모이기를 기다려 오후 4시에 학술발표회를 시작하였다.

모든 행사를 마친 다음, 젊은 층의 사람들과 어울려 차를 타고서 절 입구의 마을로 나와서 밤늦게까지 술을 마셨다. 나는 허름한 술집의 작은 방안에서 이 학회의 수석부회장이며 차기 회장으로 내정되어져 있는 송영배 교수 및 송 교수가 데려온 두 명의 중국인 교수, 강원대 김백현, 계명대 홍원식 교수, 그리고 오늘의 발표자 중 한 사람인 박승현 박사 등과 어울려 중국어로 대화를 나누었다. 北京대학 철학과 부교수이며 철학박사로서 현재 성균관대학교에 와 있는 중국인 彭峰 씨와 함께 서울에서 송 교수의 차를 타고 온 또 한 명의 중국인은 彭 교수의 北京대학 철학과 1년 선배로서 北京師範大學 철학과에 근무하고 있고, 현재 한국 재단의 연구비 지원을 받아 西江대학교에 와 있다는 强昱 교수였다. 두 사람은 다 37~38세의 젊은 나이였다.

그 자리에서 나와 아는 사이로서 나를 중국 河南省 濮陽市에서 개최된 '중국 송학과 동방문명' 국제학술회의에 초청하였고 내 주선으로 남명사 상에 관한 논문을 한 편 쓴 적도 있는 중국사회과학원의 徐遠和 씨가 작년에 폐암으로 사망했다는 소식을 처음으로 들었다. 그리고 이 모임에 와서 계명대 철학과의 임수무 교수로부터 당시 내 논문을 중국어로 번역 하였고, 그 이후 계명대학교 철학과에 유학하여 박사학위를 받은 바 있 는 중국인 周月琴 여사가 현재 북경의 中央語言學院에 근무하고 있다는 소식과 홍원식 교수로부터 그가 운영하는 예문서원에서 나의 책『동아 시아의 철학사상』이 이미 초교를 마친 단계에 있으며, 조만간에 내게로 再校의 교정쇄가 보내질 것이라는 말을 들었다.

22 (토) 비
오후 다섯 시까지 논문 작업을 계속하였는데, 188매 정도의 분량까지 나아갔다.

24 (월) 흐리다가 오후에 개임
논문 작업을 계속하여 191쪽 정도의 분량까지 나아갔다.

인문학연구소장인 독문과의 이영석 교수가 내 연구실로 찾아와 인문 학의 현 상황을 비판적으로 검토하면서 새로운 연구방향을 제시하는 시 리즈 중 '국학(동양학)의 새길 찾아'(假題)라는 부분을 내가 맡아 주도록 요청했지만, 내가 기왕에 그러한 내용이 포함된 글을 몇 차례 발표한 적이 있는데다 자신이 써야 할 다른 과제도 산적해 있는지라 사절하였다.

오늘자 ≪경남일보≫를 통하여 지난 21일에 신안동 갑을가든 3층 홀 에서 개최된 사단법인 남명학연구원의 2003년도 정기총회에서 폐암에

걸린 권순찬 씨를 대신할 새 이사장으로서 권정호 진주교육대학 총장이
선출된 사실을 알았다. 권 씨는 상임연구위원인 大眞대학교 권인호 교수
의 친형인데, 이 달 중에 총장의 임기가 만료된다.

25 (화) 맑고 포근한 봄 날씨
논문은 195매 정도의 분량까지 나아갔다.

26 (수) 흐림
논문은 200매 남짓한 분량에 이르렀는데, 내일 정도면 본문은 일단
탈고할 수 있을 듯하다.

27 (목) 맑음
논문은 209매 정도의 분량까지 나아갔으나 아직 마치지는 못하였다.
본교 국어국문과 출신이지만 사실상 한문학과 H 교수의 지도로 석
사·박사학위를 받은 ≪경남일보≫의 강동욱 기자가 본교 인근의 奈洞面
지명에 대해 '나동면' '내동면'이라는 두 가지 한글 표기 중 내동면이 옳
다고 하여 앞으로의 행정 서류에서는 내동면으로 통일하자는 주장을 하
고 있었다. 그의 근거는 1797년에 간행된 이 마을 출신의 대표적 선비인
凌虛 朴敏의 문집『凌虛集』연보에 '㮈洞'이라고 되어 있으므로 '능금나무
동네'라는 의미로 이런 이름이 붙여졌으리라는 것이었다. 오늘 그의 홈
페이지에 접속하여 '奈'와 '㮈'는 서로 통용하는 글자로서 둘 다 '나' '내'
양쪽으로 발음되며, '㮈'는 나무 이름이 아니고 과일 이름인데, 둥근 열매
의 林檎, 즉 능금과는 同類異種으로서 크고 긴 열매이며 이런 과일은 우리
나라에 흔치 않다는 것, 그리고 문집에서도 이 두 글자를 통용해서 쓰는
경우는 얼마든지 찾아볼 수 있으니 글자의 의미에 집착할 필요는 없다는
의견을 남겨두었다.

28 (금) 맑고 포근함

논문은 215매까지 나아갔으나 오늘도 마치지는 못하였다.

3월

3 (월) 맑음

오늘부터 2003학년도 1학기가 시작되었다. 출근하니 내 연구실 출입 문 위에 벌써 '철학과장' 팻말이 붙어 있었다. 이로써 나는 이 대학에 부임한 이래 세 번째로 학과장의 보직을 맡게 되었다.

인문대 교수회의가 열리기 전에 차기 교수회장으로의 추천을 사퇴하 기 위해 현 교수회장인 김남향 교수 연구실로 몇 차례 전화해 보았으나, 그녀는 가족이 있는 대구의 자택으로 가서 아직 돌아오지 않았는지 부재 중이었다. 어제 아내의 의견으로도 직원들이 교수회와 교수평의회의 해 체를 주장하고 있는 지금과 같은 어지러운 시기에 자신의 연구할 시간을 쪼개어 자기로서는 별로 취미도 소질도 없는 대학 행정상의 일들에 소비 할 뿐만 아니라 직원 측과의 복잡한 시비에 끼어든다는 것은 바람직하지 못하다는 것이었다. 그것은 내 생각과 별로 다르지 않으므로 사전에 교 수회장의 직을 사퇴해 두고자 한 것이지만, 과거에 이미 두어 차례 말이 있었다가 내가 번번이 사퇴했었던 것인데 이번에는 사실상 이미 승낙해 둔 터이니 그냥 맡을까 하는 생각도 있다.

가상강좌 두 클래스의 홈페이지로 들어가 새 학기의 강의노트와 강의 계획서 등을 새로 올렸다. 지난 학기의 수업을 마친 이후 출판 작업을 위해 퇴고 수정한 부분들이 있으므로, 예문서원으로 보낸 최종 원고에서 복사하여 전체 강의록을 새로 올렸다. 그 일을 마친 후 논문 작업을 계속 하여 마침내 탈고하였다. 221매 정도의 분량이었다.

4 (화) 맑음

3월 1일부로 대학원 철학과장 겸보를 명한다는 총장 명의의 인사발령 통지서를 받았고, 김남향 교수와 통화하여 나를 차기 인문대 교수회장으로 추천하지 말아달라는 뜻을 전했다.

1, 2교시에 학부의 중국철학특강 첫 수업에 들어가 강의계획서를 배부하고서 한 시간 남짓 교재가 될 四部叢刊本『周禮』鄭玄註에 대해 설명하였다.

어제 탈고한 논문「『南冥集』重刊本의 성립」을 이와 관련한 선행 연구인 김윤수 씨의 논문「『남명집』의 冊板과 印本의 계통」중 해당 부분과 대비해 가며 다시금 퇴고하는 작업을 하였다.

5 (수) 흐림

논문을 탈고하고서 처음부터 새로 읽으며 다시 한 번 퇴고를 가하기 시작했다.

인터넷으로 예문서원의 홈페이지에 접속해 보았는데, 근간서적란에 나의 책『동아시아의 사상』출판이 예고되어 있었다. 내가 출판사로 보낸 파일의 전체 제목인『동아시아의 철학사상』가운데서 '철학'이란 단어는 삭제된 것이다.

6 (목) 오전 중에 눈 온 후 오후에는 비

논문의 퇴고 작업을 계속하였다.

7 (금) 흐리고 때때로 부슬비

탈고된 논문「『南冥集』重刊本의 성립」에 대한 퇴고를 한 차례 마치고서 한글 요약문을 작성할 준비를 시작했다. 나는 이 과제로 한국학술진흥재단의 2001년도 선도연구자지원 연구비 1,360만원을 받아 2001년 10월 1일부터 2002년 9월 30일까지의 연구기간 동안 연구비 전액을 이미 집행하였다. 협약서에 의하면 "연구결과보고는 연구기간 종료 후 6개월 이내에" 연구책임자 소속기관을 통해 제출하도록 되어 있으므로, 이 달 말까지는 학회지 투고를 증빙할 수 있는 서류를 첨부하여 연구결과물 등 관련 자료를 학술진흥재단으로 제출해야 하며, 연구기간 종료 후 2년 이내에 발표된 학술지 별쇄본 또는 게재논문을 제출하도록 되어 있는 것이다.

8 (토) 흐리고 저녁 무렵 부슬비

「『남명집』 중간본의 성립」 한글 요약문을 작성하였다.

오후 4시부터 두 시간에 걸쳐 일반대학원 한국철학연구와 교육대학원 한국철학세미나의 첫 합반 수업을 실시하였다. 이번 학기에는 『霞谷集』 중의 양명학 관계 기록들을 읽어보기로 하였다.

10 (월) 맑으나 다소 쌀쌀함

「『남명집』 중간본의 성립」 한글 및 일어 요약문을 작성하여 퇴근 무렵에 새한철학회의 편집위원장인 경산대학교 문화학부 조수동 교수 및 배석원 교수의 뒤를 이은 신임회장인 조주환 교수와 업무간사인 하지윤 씨에게로 편지와 함께 보냈다. 하지윤 씨의 경우는 이메일 주소를 잘못 써서 되돌아왔다.

11 (화) 맑음

어제 이메일이 되돌아온 새한철학회 업무간사에게 어제의 것을 복사하여 다시 한 번 발송하였고, 편집위원장인 조수동 교수에게는 전화로 연락하여 이 달 말까지 한국학술진흥재단으로 결과보고서를 보내야 하니 빠른 시일 내에 투고증명서를 보내 줄 것을 구두로 다시 한 번 당부하였다. 내일쯤 발송하겠노라는 대답을 들었다. 그러고 난 다음 학진에 제출할 결과보고서를 작성하기 시작하였다.

12 (수) 맑음

한국학술진흥재단에 보낼 연구결과보고서의 작성을 마친 후, 다음 논문으로 예정하고 있는「남명의 생애에 관한 약간의 문제」집필을 위한 준비 작업으로서 이 논문 집필의 발단이 된 고려대 한문학과 李東歡 교수의 논문「16세기 사림에서의 出處觀의 문제—曺南冥과 李晦齋의 관계를 중심으로—」(『남명과 동시대 大儒學者들』, 경상대학교 남명학연구소 2002년도 제1차 학술대회 발표논문집, 2002.5.31) 및 같은 책에 실린 본교 한문학과 이상필 교수의 금장태 교수 논문에 대한 토론문을 다시 한 번 읽어본 후, 김충렬 교수의 논문「생애를 통해서 본 남명의 爲人」(『大東文化研究』17, 성균관대학교 대동문화연구소, 1982)을 또 한 차례 읽기 시작했다.

13 (목) 맑음

학술진흥재단에 제출할 연구결과보고서를 좀 수정하였으며, 김충렬 교수의 논문「생애를 통해서 본 남명의 위인」에 대한 검토와 카드 정리를 마쳤다.

오후 두 시부터 두 시간에 걸쳐 인문대학 1층 세미나실에서 제91차 인문대학 교수회의가 있었다. 2002학년도 교수회·친목회 결산보고와 임원개선, 2002/2003학년도 인문대학 결산·예산 심의 등을 다루었다. 나는 사전에 현 교수회장인 불문과 김남향 교수에게 차기 교수회장의 직을 수락할 의사가 없다는 뜻을 밝힌 바 있었으나, 이 자리에서 다시 중문과의 강신웅 교수에 의해 회장으로 추천되었으므로 일어서서 신상발언을 통해 사퇴의 의사를 표명하였는데, 결국 수락되지 않았다. 그리하여 내가 인문대학의 차기 교수회장으로, 불문과의 정진주 교수가 부회장으로, 1년간의 모스크바 체재로부터 돌아온 지 얼마 되지 않은 러시아학과의 홍상우 교수가 간사로, 그리고 관례에 따라 현 교수회장인 김남향 교수가 감사로 각각 선출되었다.

이어서 오후 네 시부터 남명학관 1층의 106호 회의실에서 본교 남명학연구소의 제7대 임원진 선출이 있었다. 내가 그 자리에 들어갔을 때는 이미 현 회장인 H 교수의 연임이 결정되어 있었고, 그 외에 평의원, 감사도 현재대로 유임하기로 결정되었다.

14 (금) 흐림

오전 중 한국학술진흥재단에 제출할 연구결과보고서를 마무리하여 출력해 보관용으로 한 부 더 복사해 두었다. 점심 식사 후 안상국·김병택 교수와 더불어 풀코스를 산책하여 만 보 정도 걸은 다음, 연구실에서 새 논문 「남명의 생애에 관한 약간의 문제」 입력을 시작하여 서론 격인 '문제의 발단' 부분을 마쳤다. 이 논문은 금년 8월말까지 원고를 보내 주도록 요청받은 바 있는 충남대학교 유학연구소의 기관지 『儒學硏究』 14호 '남명진교수회갑기념호'에다 기고할 예정이다.

15 (토) 흐림

새 논문의 제2절 '爲己之學으로의 轉回'를 입력하기 시작해 200자 원고지 14매 정도의 분량에 이르렀다. 『유학연구』 제14호 '남명진 교수 회갑기념호'의 간행위원회 간사인 임병학 씨에게 이메일을 보내 논문작성요령을 보내줄 것을 요청했다.

17 (월) 맑음

오전 중 예문서원의 김병훈이라는 직원으로부터 전화를 받았다. 내 책 『동아시아의 사상』 교정쇄를 지난주 금요일에 발송했으니 받아 보거든 내 의견을 전화로 말해 달라는 것이었다. 내가 네 개의 節로 나누었던 緖論 「동아시아적 사유구조」 부분은 출판사 측에서 임의로 다섯 절로 새로 구분하였다고 한다.

새한철학회 측으로부터 게재증명서가 도착하였으므로, 조교에게 시켜 그것을 첨부한 연구결과보고서를 본교 연구지원실로 보냈다. 이번 주 안으로 한국학술진흥재단에 도착할 것이라고 한다.

18 (화) 맑음

조교에게 다시금 연락하여 본부 문서취급소로 가서 예문서원 측이 지난주 금요일에 발송했다는 『동아시아의 사상』 교정쇄를 찾아와 오후 늦은 시각부터 검토하기 시작했다. 교정쇄는 총 197페이지로 되어 있는데, 내가 발문으로 쓴 '끝머리에'는 서문이 되어 '책머리에'로 바뀌었고, 제1강 「동아시아적 사유구조」는 그 제1절의 제목이었던 「동아시아의 개념」으로 바뀌고 4절이 5절로 늘어났으며, 제2강도 2절로 되어 있었던 것이 3절로 늘어났을 뿐 아니라, 문장을 고친 곳이 매우 많으며 문단의 순서가 바뀐 곳 또한 적지 않았다.

지난주에 이메일로 받았던 3월 15일에 있을 사단법인 남명학연구원 상임연구위원회의 회의서류에 의하면 총회에서 정관이 개정되어 상임연구위원 중에서 총무간사 1인을 두는 것으로 되어 있었는데, 오늘 이메일로 도착한 회의 결과에 의하면 "제21조에 부원장과 총무간사를 둔다는 내용을 추가한다."고 되어 있다. 나는 이 연구원의 설립 당초부터 간사였다가 사단법인으로 되면서 신설된 사무국장에게 그 업무를 넘겨주었고, 처음 상임연구위원을 사퇴한 이후 김경수 사무국장으로부터 부원장 제도를 신설하여 나를 그 자리에 위촉하려 한다는 소식을 들은 바 있었다.

19 (수) 맑음

『동아시아의 사상』 교정 작업을 계속하여 제1강까지를 마쳤다. 오후 두 시 무렵에 예문서원의 담당 직원인 김병훈 씨가 다시 전화를 걸어와 그것을 검토해 본 나의 소감을 물었다. 이미 출판사 측에다 일임하겠다고 했으니 이렇게 많이 化粧을 시킨 데 대해 이의는 없고, 나로서는 출판사 측의 수정으로 말미암아 의미상에 오류가 생긴 곳 정도를 손볼 따름이라고 대답했다.

20 (목) 맑음

『동아시아의 사상』교정 작업을 계속하여 제3강「춘추 전국 시대의 사상」부분까지 나아갔다.

일본 동방학회의 기관지『東方學』제105집(2003년 1월),『한국의 철학』으로부터『퇴계학과 한국문화』로 題號가 바뀐 경북대학교 퇴계연구소의 기관지 제31호(2002년 8월)를 훑어보았다. 후자에 실린 경북대 한문학과 姜敏求 교수의 논문「龜巖 李楨과 사천·진주지역의 퇴계학파—이정의 성리학 研鑽과 문학을 중심으로—」를 통해 이정이 明代 초기 薛瑄의『讀書錄』과 胡居仁의『居業錄』및 薛瑄 등 15인이 共編한『理學錄』을 본떠서 스스로 편찬한『皇朝名臣言行錄』을 간행한 사실을 확인하고서 이를 카드화하였다.

21 (금) 맑음

교정 작업을 계속하여 제5강「위진 남북조의 사상적 동향과 동아시아」94쪽까지 나아갔다. 이 책은 말미에 연표를 넣어 총 200페이지로 만들 예정이라고 하는데, 이제 절반 정도의 분량까지 검토한 셈이다.

24 (월) 맑음

교정 작업을 계속하여 제9강「고려 불교와 가마쿠라 불교」부분을 마쳐 총 152쪽까지 나아갔다. 모레부터 사흘간 인문학부 답사에 인솔교수로서 참가하게 되었으므로, 그 이전까지 교정을 마치고서 서울의 예문서원으로 발송할 예정이다.

25 (화) 맑음

『동아시아의 사상』교정 작업을 계속하여 퇴근 시간이 다 되어서 마쳤다. 조교에게 주어 내일 예문서원의 담당자 김병훈 씨에게 등기로 부치도록 했다.

밤에 서울대 철학과 후배인 서울의 조남호 군에게로 전화하여 동문들로 구성된 동양철학연구회에서는 내가 회장의 직을 넘긴 후 어찌하여 아무런 연락이 없고 이번 겨울에는 왜 매년 있던 모임도 가지지 않았는지 묻고, 새 임원인 정영근 회장과 박해당 간사가 이 모임을 지속할 의사가 없다면 모임이 흐지부지 해체되는 것을 방지하기 위해 내가 회장의 직을 다시 맡을 용의도 있음을 말했다. 조 군은 금년 3월 1일부터 단학선원 재단이 천안에다 세운 국제평화대학원대학이라는 곳에 전임으로 취직하였다고 하며, 이번 겨울방학 중에는 송영배 교수 등 서울대 철학과 팀을 따라 처음 중국으로 가서 山東지방과 北京 일대를 여행하고서 돌아왔다 한다.

29 (토) 맑음

새한철학회로부터 조주환 회장 명의로 "심사비 2만원을 보내주시고 게재료는 추후 통지합니다"라는 이메일이 도착하였다. 일반 학술지에 투고한 논문에 대해 게재료 외에 심사비가 따로 있다는 것은 처음 듣는 말일 뿐 아니라 이 학회의 기관지인『철학논총』기고요령에도 그런 내용이 없으므로, 전임 회장인 배석원 교수에게 전화로 문의해 보았다. 자기가 회장을 맡았을 때부터 그런 것이 있었다면서 알아봐 주겠다는 것이었다. 그 후 배 교수가 내 연구실로 와서 전달해 준 바에 의하면, 나의 경우는 이미 연구비를 받은 논문의 게재료에서 10만 원이 초과되는 30만 원을 학회 구좌로 입금한 바 있지만, 기고한 논문의 분량이 일반 논문의 두 배에 해당하므로, 심사료와 분량 초과분을 포함하여 65,000원을 추가로 입금해야 하며, 아울러 영문으로 된 성명과 논문 제목도 이메일로 알려달라고 한다는 것이었다. 인터넷 뱅킹을 통해 즉시 그 금액을 조주환 회장의 구좌로 입금하고서 그러한 사실과 더불어 영문 성명 및 제목을 이메일로 통지하였다. 이번에 기고한 내 논문의 분량은 한글 및 일본어 요약문을 포함하여 30쪽이며 200자 원고지로는 239.5장의 분량이었다.

31 (월) 흐리다가 부슬비

「남명의 생애에 관한 약간의 문제」 작성을 위한 카드 정리를 마쳤다. 오늘 본 금년도 본교의 연구 활성화 보조금 지원 계획 공문에 회갑이나 정년 기념 논문집에 수록된 논문은 연구 실적으로 인정하지 않는다는 내용이 있었으므로, 충남대학교 유학연구소의 기관지 『儒學研究』의 현 회장 회갑기념특집에 실을 예정이었던 이 논문을 본교 남명학연구소의 기관지 『남명학연구』에다 기고할까 하는 생각이 들어 일단 후자의 기고 요령에 따라 스타일을 변경하였다.

4월

1 (화) 맑음

새 논문 「남명의 생애에 관한 약간의 문제」 입력 작업을 계속하여 200 자 원고지 27매 정도의 분량까지 나아갔다.

2 (수) 흐림

충남대학교의 남명진교수회갑기념논총 간행위원회 간사 임병학 씨로 부터 내가 지난번에 보낸 '논문작성요령 요청'이라는 제목의 이메일에 대한 회신이 왔다. "남 교수님의 회갑 논문집을 유학연구 특집호(단행 본)로 만들자는 의견이 있어서 알려 드리지 못했습니다.…교수님의 옥 고를 보내주시면 저희들이 정성껏 편집하여 발간하고자 합니다"라는 내 용이었다.

3 (목) 맑음

지난 3월 25일자로 모레인 4월 5일에 『오늘의 동양사상』 제8호 평가 및 제9호 기획 등을 다룰 편집위원회가 열린다는 이메일을 받은 바 있었 는데, 오늘 예문동양사상연구원으로부터 그 편집회의에 참석할 것인지를 묻는 전화 연락을 받았다. 참석하지는 않겠으나, 제9호의 '論과 爭' 항목에 내 논문 「남명의 생애에 관한 약간의 문제」를 기고한다면 실을 수 있겠는지 이번 편집위원회에서 다루어 달라는 주문을 해 두었다.

이번 호와 지난 제7호의 '논과 쟁'에는 서울대 철학과 후배인 정원재 군의 박사학위논문 「知覺說에 입각한 李珥 철학의 해석」(서울대학교 대학원, 2001)을 둘러싸고서 성균관대학교 한국철학과 출신인 영산대학교 교양학부의 이상익 교수와 정 군 사이에 벌어진 논쟁이 실려 있다. 오늘 오후 3시 9분에 정원재 군이 내게 이메일을 보내 와 작년 11월에 서울대 철학과 이남영 교수가 회장으로 있는 남명학회에서 조식이 쓴 「書景賢錄 後」에 관한 논문을 하나 발표했는데, 아직 완성하지는 못했지만 읽어보고서 틀린 곳을 지적해 달라는 내용이었다. 그 회신 가운데서 나는 "얼마 전 조남호 군에게 전화를 걸어 내가 동철연[동양철학연구회] 회장을 그만 둔 이래로 왜 아무런 연락이나 모임이 없는지를 묻고, 현재의 회장단이 모임을 지속할 의사가 없고 다른 마땅한 사람도 없다면 조 군 등이 예전처럼 실무를 맡아 준다는 전제에서 내가 다시 회장을 맡을 용의도 있다는 말을 한 바 있습니다. 경솔한 발언이었는지 모르지만, 그동안 실낱같이 이어져 오던 모임이 결국 흐지부지 사라져 버리는 것이 아닌가 하는 아쉬움에서였습니다. 나로서는 단순한 친목의 성격일 지라도 동양 철학을 하는 우리 선후배의 모임이 지속되었으면 하는 바람을 가지고 있습니다"라고 언급해 두었다.

4 (금) 부슬비 내린 후 흐림

출근해 보니 정원재 군이 어제 내가 보낸 이메일에 대해 회답한 것이 도착해 있었다. 그것을 읽고 난 후, 종일 어제 정원재 군이 첨부 파일로서 보내 온 논문에 대한 검토를 하여 거기에다 붉은 글자로 내 의견을 적는 작업을 하였다.

7 (월) 흐리다가 저녁부터 비

정원재 군의 논문 「조식이 본 김굉필」의 검토를 마치고서 오후 3시 24분에 이메일 첨부 파일로 송부하였는데, 보낸 지 얼마 되지 않아서 정 군으로부터 내 연구실로 전화가 걸려왔다. 내가 검토한 글 속에서 언급한 나의 새 논문 「『남명집』 중간본의 성립」 파일이 있으니 보내줄까 라고 물었더니, 그렇잖아도 그 때문에 전화했다고 하므로 4시 25분에 새로 그 파일을 첨부하여 보냈다.

8 (화) 흐림

의약품 도매업체인 (주)진주동원약품의 관리부 차장으로 있는 오홍재 씨가 『國譯 竹牖全書』(高靈文化院, 2000) 한 권을 보내왔으므로 그 내용을 훑어보았다. 퇴계·남명 문인인 吳澐의 문집과 그 저서인 『東史纂要』를 번역하여 합편한 것으로서 봉투에는 경북 고령군 쌍림면 송림2동에 사는 종손 吳柱鎬 씨가 내게 보낸 것으로 기록되어 있었다.

9 (수) 맑음

『국역 죽유전서』를 읽으며 죽유의 집안과 퇴계 집안의 관계를 카드화 하였다. 이 책은 1983년 高靈의 문중이 간행한 영인본 『竹牖全書』를 국역 한 것이었다.

10 (목) 맑음

어제 배달된 『南冥院報』 제29호(2003년 3월)를 읽어보았다.

11 (금) 비

서울대 철학문화연구소 소속의 후배 정원재 군이 며칠 전 내가 검토해 준 내용을 가지고서 논문을 수정하여 다시 한 번 더 검토해 달라고 보내왔 다. 종일 그 논문 중 그가 푸른 글씨로 자신의 의견을 적은 부분을 원전과 대조해 가며 내 의견을 녹색 글씨로 적어 넣는 작업을 계속하였다.

12 (토) 흐림

정원재 군의 논문을 검토하여 오전 11시 경에 이메일로 송부한 다음, 『霞谷集』 중의 「學辨」을 거의 다 읽었다.

오후 4시부터 일반대학원과 교육대학원 합동의 수업을 하였고, 수업을 마친 다음 김경수 군의 제의로 일반대학원생 네 명과 더불어 도동으로 가서 김 군의 창원기계공고 한 해 후배가 경영한다고 하는 마산아구찜이라는 식당으로 가서 아귀찜과 동동주·소주로 저녁을 든 다음, 다시 연암도서관 부근에 있는 자연산 횟집으로 가서 2차를 하였다. 횟집 주인은 예전에 산천재에 있는 『남명집』 목판으로 33부의 문집을 새로 찍어 선장본으로 제본해 낸 장본인이라고 한다. 2차를 하고 있는 도중에 서울의 정원재 군으로부터 내 휴대폰으로 전화가 걸려와 내가 최근에 쓴 논문 「『남명집』 중간본의 성립」에 관한 내용을 질문하였다.

14 (월) 맑음

오전 11시 11분에 정원재 군이 두 차례에 걸친 나의 검토를 참고하여 수정한 논문 「조식이 본 김굉필」을 보내왔으므로, 오후에는 그것을 다시 검토하여 이메일로 전송했다. 이 원고는 이번 주 중에 제출하게 된다고 한다.

일본의 東方學會에서 연례적으로 뉴스레터인 『東方學會報』에 실을 회원 동정에 관한 반신용 엽서를 보내왔다. 작년 12월부로 서울의 예문서원을 통해 출판된 나의 편저 『한국의 사상가 10人—남명 조식』과 금년 4월 중에 같은 출판사에서 간행될 예정인 『동아시아의 사상』에 대한 소식을 적어 보냈다.

15 (화) 맑음

다시 논문 작업을 시작하여 「남명의 생애에 관한 약간의 문제」 입력을 계속하였다.

16 (수) 맑음

논문 작업을 계속하였다.

서울의 예문서원으로부터 김병훈이라는 직원이 전화를 걸어와 이 달 중에 출판될 예정인 내 저서『동아시아의 사상』중 '攘夷' 부분에 대해 묻고, 아울러 컬러 스냅 사진 한 장을 스캐너로 베껴서 보내달라고 당부하였다. 나도 작년 무렵 스캐너를 한 대 사 두기는 하였지만 구입한 이후 한 번도 사용해 본 적이 없어 이제는 사용법조차 잊어버렸다.

17 (목) 맑음

수업을 마친 후 수강생 중 한 명인 여학생을 내 연구실로 오게 하여 내가 가진 휴렛패커드 社의 스캐너로 집에서 골라 간 컬러 스냅 사진 한 장을 베껴서『동아시아의 사상』출판에 쓸 수 있도록 예문서원으로 부쳤고, 스캐너 사용법도 새로 배웠다.

「남명의 생애에 관한 약간의 문제」입력을 계속하였다.

밤에 정원재 군으로부터 집으로 전화가 걸려왔다. 며칠 전에 내가 세 번째로 검토하여 보내 준 논문과 관련한 질문이었는데, 그 논문은 서울의 남명학회에서 발행하는『남명학보』제2집에 실릴 것이라고 한다.

18 (금) 흐리고 오후에 소나기

논문 작업을 계속하였다.

19 (토) 흐리고 오후에 비

오전 중 어제 남명학연구원으로부터 우송되어져 온 자료들을 검토한 후 그 가운데서 찾아낸 새로운 논문들은「남명학관계기간문헌목록」에다 추가하였다. 오후에는 논문 작업을 계속하였다.

오늘 오후 1시부터 경남도립 문화예술회관에서 博約會 정기총회 및 학술발표대회가 있고 내일은 덕산의 남명관계 유적 및 함양의 남계서원 답사가 있다. 퇴계 연원의 인사들이 주를 이룬 이 모임은 사실상 H 교수가 중심이 되어 작년에 博約會 경남지회를 창립한 데 이은 행사로서 오늘 국사편찬위원회의 李成茂 위원장, 본교 한문학과의 崔錫起・李相弼 교수가 강연을 행하며, 이상필 교수의 학위논문을 출판한 저서『남명학파의 형성과 전개』도 기념품으로서 배부한다고 한다.

21 (월) 맑음
논문 작업을 계속하여 「남명의 생애에 관한 약간의 문제」 제2절 '爲己之學으로의 轉回'를 마쳤는데, 200자 원고지 약 50매의 분량에 이르렀다.

22 (화) 맑음
논문 작업을 계속하여 어제 입력한 부분을 퇴고 보완하였다.
저녁 무렵 대한예수교장로회 대곡교회의 담임목사인 정병표 씨가 오랜만에 연구실로 찾아와 일반대학원 석사학위논문인 「茶山 上帝天觀 形成 背景 研究」의 목차를 제출하였고, 한동안 지도교수인 나와 대화를 나누고서 돌아갔다. 빠르면 한 달 이내에, 늦어도 서너 달 후에는 학위논문을 제출하겠노라고 했다.

23 (수) 비
논문 작업을 계속하였다.
오전 중 서울의 한국학술진흥재단으로부터 전화가 걸려왔는데, 나를 2003년도 학술연구심사평가위원회 위원으로 위촉하고 싶다는 용건이었다. 이 위원회는 전체 600명 정도로서 구성되며 세부 분야별로 3명씩인데, 나는 한국철학분야의 위원으로 추천되었다고 한다. 심사평가위원은 패널심사위원을 추천하며 패널심사의 좌장이 되기도 하는데, 5월 12일에서 16일 사이에 1차 전체 모임을 가지며 1년에 몇 차례 모임을 가질 것이라고 했다. 나는 사는 곳이 멀어서 서울에 자주 올라갈 수 없다는 이유로 사양하였다.

25 (금) 비

논문 제3절 '師承관계'의 입력을 시작하여 총 60매 정도의 분량까지 나아갔다.

26 (토) 맑음

논문 작업을 계속하여 어제 입력한 내용을 보완하였다.

취침 직후에 배석원 교수로부터 내 휴대폰에 전화가 걸려왔다. 잠시 후 배 교수는 새한철학회 모임에 다녀오는 중이라고 하면서 우리 집에 들러 내 논문 「『南冥集』重刊本의 성립」이 첫머리(3~50쪽)에 실린 그 학회의 기관지 『철학논총』 제32집 제2권 두 부와 별쇄본 21부를 직접 전해 주었다. 배 교수는 한주럭키아파트 같은 동의 바로 아래층에 살고 있다.

28 (월) 맑음

예문서원으로부터 전화 연락을 받았는데, 내 책 『동아시아의 사상』이 출판되었으므로 내일 중에 인쇄소로 가서 찾아와 내게 10부를 부쳐주겠다고 했다. 『오늘의 동양사상』 '논과 쟁' 란에 실을 수 있는지 알아보아 달라고 말해 두었던 나의 논문 「남명의 생애에 관한 약간의 문제」는 다음 호의 편집 방침과 일치하지 않으므로 싣기 어렵겠다는 대답이었다. 얼마 전에 출판된 『한국의 사상가 10人—남명 조식』에 이어 이번 책에 대해서도 출판사 측에서 인세 문제는 전혀 언급하고 있지 않지만, 내 쪽에서 물어보기도 무엇하여 그냥 두어두고 있다.

취침 중에 문득 남명의 서울 집이 위치했던 곳을 확인할 수 있을지도 모른다는 생각이 들어 한밤중에 일어나 남명 부친의 서울 집을 물려받았던 둘째 자형 李公亮의 아들인 新庵 李俊民의 實記가 수록된 『全義李氏家乘』(『慶南文化研究』 제13호, 경상대학교 경남문화연구소, 1991 所收)을 훑어보았지만, 역시 그런 내용은 없었다.

29 (화) 비

논문 작업을 계속하였다. 논문을 입력하는 도중에 남명학관의 文泉閣
으로 가서 1913년에 목활자로 중간된 14권 7책본 李浚慶의 문집인『東皐
遺稿』를 빌려오기도 하였다.

30 (수) 맑음

논문 작업을 계속하여 67매의 분량까지 나아갔다.

예문서원으로부터 나의 책『동아시아의 사상』10부가 부쳐져 왔다.
4월 30일 발행, 연구총서27로서 판권자는 나이며, 책 끄트머리에 연표를
붙일 예정이라고 하더니 아무 것도 붙어 있지 않아 총 197쪽의 분량이었다.

5월

1 (목) 맑음

논문 작업을 계속하였다.

2 (금) 맑음

오늘 오전 10시부터 본교 남명학관 남명홀에서 개최된 본교 남명학연
구소 주최 2003년 제1차 학술대회의 발표논문집『17~8세기 南冥學의 계
승과 발전(Ⅰ)—泰安朴氏 門中을 중심으로—』를 한 부 얻어 와서 거기에
실린 한문학과 李相弼 교수의 논문「태안박씨 문중과 남명학 계승 발전」
을 읽기 시작하였다.

3 (토) 맑음

어제 있었던 남명학연구소의 금년도 제1차 학술대회 발표논문집에 대
한 검토를 마쳤고, 최근에 출판된 나의 저서『동아시아의 사상』을 훑어
보았다.

남명학연구원으로부터 우리 집으로 서울의 남명학회 기관지인『南冥學報』제2호(2003년)가 우송되어져 왔다. 내가 세 차례 검토해 준 丁垣在 군의 논문「曹植이 본 金宏弼」도 실려 있었다.

5 (월) 맑음
출판된『동아시아의 사상』을 마지막인 제12강부터 거꾸로 읽기 시작하여 취침시간까지 제2강을 마쳤다. 그런대로 만족스런 책이었다.

6 (화) 비
출판된『동아시아의 사상』을 한 차례 다 읽은 후 마침 문헌을 조사하러 내 연구실로 찾아온 구자익 군을 시켜 그 책을 일어교육과의 안병곤 교수에게 갖다 드리도록 했다. 이어서 어제 우송된『남명학보』제2집을 훑어보고서 거기에 수록된 논문들을「남명학관계기간문헌목록」에다 추가하였다. 예문서원의 이 달치 인터넷 잡지가 이메일로 왔는데, 최근에 출판된 내 책『동아시아의 사상』에 관한 소개가 있었다. 그 첫머리에 "중국철학을 중심으로 동아시아 삼국의 사상이 정착되고 발전되는 과정을 하나의 흐름 속에서 잡아내고 있는 책으로, 한·중·일 삼국의 사상에 대한 문화론적 접근을 하고 있다. 특히 이 책은 동양 삼국의 사상을 유기적으로 바라보면서 그 속에서 각 나라 사상의 독특성을 잡아내고 있다" 라고 요약하였다.

7 (수) 비
『남명학보』제2호의 내용을 훑어보았다.

9 (금) 맑음
논문「남명의 생애에 관한 몇 가지 문제」의 작업을 재개하여 제3절 '師承關係' 부분을 거의 마쳤다.
점심 때 교직원식당에서 경남문화연구원장인 역사교육과 김준형 교수와 한 자리에 앉았는데, 그 연구원에서 추진하고 있는 고문서 조사 작업의 결과로 河受一의 『松亭歲課』 필사본이 발견되었다는 말을 들었다. 나는 일찍이 「『남명집』 임술본의 훼판」에서 이 필사본에 대해 언급한 바 있었는데, 당시로서는 해방 후 한국전쟁의 와중에서 진주에 살던 종손 집이 미군의 소이탄 공격으로 불탈 때 함께 소실된 것으로 들은 바 있었다.

12 (월) 맑음
논문 작업을 계속하여 200자 원고지 77매 정도의 분량까지 나아갔다. 나는 이 논문의 내용이 주로 본교 남명학연구소의 임원인 이상필·최석기·H 등 본교 한문학과 교수와 김충렬 사단법인 남명학연구원장의 논문을 비판한 것이므로, 우선 『남명학연구』 제15집에 투고하였다가 채택되지 않으면 충남대학교 유학연구소장인 남명진 교수의 회갑기념논문집에 기고할 생각을 가지고 있었다. 오늘 남명학연구소 측이 보내온 안내문에 의하면 제15집의 투고마감일은 5월 15일이라고 하니 그 때까지 탈고한다는 것은 거의 불가능에 가깝다.

13 (화) 맑음
한국동양철학회로부터 이메일이 왔는데, 올해부터 월례발표회는 생략하고 춘계, 추계 및 하계, 동계 학술회의로 전환하며, 금년도 춘계 학술회의는 5월 24일 강릉대학교에서 개최하게 된다는 내용이었다. 나는 지난겨울의 八公山 銀海寺 모임에서 강릉대 김백현 교수로부터 이 모임에 참석하여 건국대 성태용 교수의 논문에 대한 토론을 맡아달라는 말을 들은 바 있었다.

14 (수) 부슬비
논문 작업을 계속하였다.

15 (목) 흐림

논문 작업을 계속하여 79매 정도의 분량까지 나아갔다.

학술진흥재단 기초학문지원1팀으로부터 이번에는 5월부터 심사가 시작될 국학고전연구분야의 신청과제 분류 및 패널 구성과 패널심사 후보자를 추천하기 위한 목적의 국학고전연구위원회 위원 위촉 이메일이 왔고 전화도 받았지만, 지난주와 마찬가지로 서울에 자주 갈 수 없다는 이유로 사절하였다. 이 위원회는 15명 정도의 인원으로 구성된다고 한다.

16 (금) 맑음

「남명의 생애에 관한 약간의 문제」 제3절을 마치고서, 제4절 '허구·설화·사실'의 입력에 들어갔다.

17 (토) 맑음

논문 제4절의 입력을 계속하여 85매 정도의 분량까지 나아갔다.

18 (일) 맑음

아내와 함께 백두대간산악회의 진주의 맥 탐사 종주에 참가하여 합천군 쌍백면·대의면과 의령군 궁유면·가례면·칠곡면의 경계에 위치한 산 능선을 따라 한티재에서 머리재까지 도상거리 15.5km, 실제거리 약 20km를 주파하였다.

오늘의 최고봉인 자굴산(897.1m)에 이르렀는데, 25,000분의 1 지도에는 도굴산으로 표시되어 있었다. 옛 지명 중의 하나인데, 이 산은 여러 가지 비슷한 발음으로 불리다가 20세기에 들어와 山 字 앞의 두 글자에도 각각 山변을 넣어 자굴산으로 통일하게 되었다고 한다. 의령군의 최고봉인 자굴산에는 이번으로 세 번째 와 본 것이 아닌가 싶은데, 첫 번째는 H 교수 및 김경수 군과 함께 남명이 노닐며 시를 남긴 明鏡臺를 찾기 위해 비 오는 날 이 산에 올랐었다. 그 때는 아직 등산 붐이 일기 전인지라 정산 부근은 허리 위까지 올라오는 풀들로 뒤덮여 나아가기가 힘들 정도였다. 당시는 결국 명경대가 어디인지 확인하지 못한 채 하산하고 말았는데, 어제 인터넷 '한국의 산하' 홈페이지의 자굴산 조를 통해 알아본 바에 의하면 "자굴산 산행은 남쪽 내조리에서 시작하여 어느 할머니가 맺힌 한을 풀기 위해 하나하나 잘게 쪼갰다는 너덜지대인 '할미너덜'을 가로지른 뒤 계곡 가운데에 들어서면 연중 마르는 일이 없다는 샘이 나온다. 이 샘 위쪽에 명경대가 있고 이곳에서 길은 두 갈래인데 곧장 오르면 순한 정상 서릉길이지만 경관은 오른쪽의 정상 남릉길이 더 낫다. 급경사의 암봉 사이로 튼튼한 밧줄이 설치된 길을 따라 오르면 천왕봉에서 노고단에 이르는 지리산 능선의 장관을 구경할 수 있다. 여기서 조금 오르면 금지샘터가 나오고 금지샘터 옆의 절벽 사이로 난 길을 오르면 정상 남릉 위다"라고 되어 있다.

자굴산 정상 근처에서 맨발로 걷고 있는 여자를 보고서 나와 또 한 사람의 일행도 등산화와 양말을 벗어 배낭에 넣고는 한동안 맨발로 걸어 보았다. 정상에서 금지샘터를 지나 좀 더 아래로 내려온 지점에 경치 좋은 전망대가 있어 거기의 바위에 올라 宜寧郡 七谷面 內槽里 일대의 계곡을 조망하였다. 내가 발을 디디고 선 곳 일대는 여기저기에 바위 절벽이 널려져 있고, 그 아래에 꽤 넓은 너덜지대가 펼쳐져 있으며 너덜지대 부근에도 작은 샘이 있다고 한다. 우리 일행 중 이 부근의 지리와 故事에 밝은 초등학교 교장 선생이 옆에 서 있다가 우리가 선 곳 일대의 바위기둥이 바로 명경대이며 바위에 그런 글자가 새겨져 있다고 일러 주었는데, 인터넷을 통해 알아본 바와 대조해 보면 과연 그런 듯하였다. 전망대 바로 아래쪽이 내조리로 내려가는 갈림길이었는데, 갈림길 표지판에는 명경대라는 명칭 대신 다른 한글 이름이 씌어져 있었다.

19 (월) 맑음
시간강사인 임형석 씨가 내게서 빌려간 山田宗睦 著, 『昭和の思想史—京都學派の思想』(京都, 人文書院, 1975)을 반환하면서 손수건 두 장 한 세트를 선물로 가져왔다. 그는 본교 철학과의 학부 및 대학원에서 매 학기 전임 한 사람의 시수에 해당하는 세 강좌 정도씩을 맡고, 모교인 부산대학교에서 중국철학사 한 강좌, 부산해양대학교 동아시아학과에서 동아시아 문화 및 사상에 관한 강좌 하나를 맡고 있는 모양이다. 지난번에 조교를 통해 한 부 전해 준 바 있는 내 책『동아시아의 사상』을 다음 학기부터 해양대학교의 강의 교재로 사용할 뜻을 말했다. 지금쯤 이런 종류의 강의를 개설하고 있는 대학은 전국에 제법 있을 터인데 마땅한 교재가 없으므로, 내 책을 차후 배 정도의 분량으로 증보하여 출판해 보면 어떻겠느냐는 의견을 말해 주었다.

모처럼 찾아온 임 선생에게 점심을 대접하기 위해 류왕표·권오민 교수와 더불어 넷이서 내가 운전하는 차로 예하리 연화식당으로 가서 개수육과 보신탕으로 점심을 들고서 학교로 돌아왔다. 오후에는 논문 작업을 계속하다가 점심 때 두어 잔 마신 술기운도 있고 하여 소파에 드러누워 임 선생이 증보판을 내 보라고 권한『동아시아의 사상』을 꺼내 처음부터 다시 한 번 읽어보기 시작했는데, 지금의 내 느낌으로는 별로 증보할 필요가 없을 듯하였다.

20 (화) 맑음
『동아시아의 사상』을 계속 읽어 제3강「춘추전국시대의 사상」까지에 이르렀다.

21 (수) 맑음
『동아시아의 사상』제9강「고려 불교와 가마쿠라 불교」에 이르렀다.

22 (목) 맑음
『동아시아의 사상』제12강까지를 다 읽었고, 마지막 한 절만을 남겨두고 있다.

23 (금) 맑음

『동아시아의 사상』을 다 읽고서, 오전 중 교수회 홈페이지의 발언대란에다 「진보와 대학민주주의」라는 글을 입력하다가 점심시간이 되어 중단하고서, 그동안 입력한 내용을 다른 파일에다 옮겨 둔 후 산책을 마치고 돌아와서 퇴근 무렵까지 계속 입력하였으나 완성하지 못하였다.

24 (토) 흐리고 오후에 부슬비

어제에 이어 「진보와 대학민주주의」의 입력을 계속하여 200자 원고지 18매 정도의 분량까지 나아갔다. 이 글은 전체 교수의 여론이나 대의기구인 대학평의회를 무시하고 개인적 조직인 비상대책위원회를 구성하여 국립대학교수협의회의 방침과도 어긋나는 총장 재선거 및 직원, 학생의 참정권을 보장하는 학칙 개정을 추진하고 있는 김덕현 교수회장을 비롯하여 그 주변의 진보적 교수들을 비판하는 내용으로 되어 있다. 그 비판의 대상이 대부분 학림회 회원들로서 나와 가까운 사람들이며, 이 글이 가져올 파장이 크기 때문에 역시 이 정도에서 중단하고 발표하지는 말아야겠다고 마음을 정했다.

26 (월) 흐리고 때때로 부슬비

교수회 홈페이지의 게시판란에 '가우동'이라는 익명에 의해 대화 형식으로 쓴 현재의 교수회를 비판하는 내용의 글과 그것을 반박하는 '어느 선생'이라는 사람의 글이 올라 있었는데, 가우동이 지적한 문제들은 내가 「진보와 대학민주주의」를 통해 말하려던 것과 공통되는 점이 많았다. '어느 선생'의 글은 문체나 내용으로 미루어 비상대책위원회(비대위) 실행위원인 정진상 교수가 쓴 것임을 짐작할 수 있었다. 그 글을 읽고 나서 다시 이것을 완성해 보고 싶은 충동을 느껴, 퇴근 무렵까지 입력하여 200자 원고지 31매 남짓 되는 분량에까지 이르렀다.

27 (화) 맑음

「진보와 대학민주주의」를 탈고하였는데, 36매 정도의 분량이었다. 이것을 교수회 홈페이지의 발언대 란에 올리고자 했으나 여러 번 시도해봐도 어떻게 해야 글을 올릴 수 있는지 알 수가 없어 일단 포기했다. 퇴근 무렵까지 논문 「남명의 생애에 관한 약간의 문제」 제4절의 입력을 계속했다. 김병택 교수와 더불어 산책하면서 내 글을 교수회 홈페이지에 올리는 문제를 화제로 삼아 대화를 나누었다. 김 교수의 의견으로는 일단 글을 올리면 그것으로 끝나지 않고, 이후 김덕현 교수회장 그룹과 대립하는 측의 추대를 받아 논쟁을 계속할 각오를 해야 한다는 것이었다.

28 (수) 맑고 초여름 더위

오후 세 시부터 본부 4층 소회의실에서 열린 제2차 단과대 교수회장단 및 비대위 연석회의에 참석하였다.

퇴근 시간이 지난 후 장소를 칠암동의 한정식집 수라로 옮겨 회식을 하였고, 그 중 일부는 평거동의 카페 슈만과클라라로 옮겨 자정이 넘은 시각까지 2차 모임을 가졌다. 거기서 우연히 만난 진주교육대학 교수회장 조기제 씨와 그 대학의 최문성 교수 및 진주검찰청에 1년 반 전부터 와 있다는 젊은 검사 등 김영석 사무국장 한 사람만 빼고는 합석한 사람들이 모두 서울대 출신이었다. 이 자리에서 김덕현·백좌흠·정진상 등 교수회 및 비대위의 핵심 멤버들과 나눈 대화를 통해 내가 최근에 탈고한 「진보와 대학민주주의」에서 언급한 내용들이 사실의 정곡을 찌른 것임을 다시 한 번 확인할 수 있었지만, 이들과의 인간관계를 생각할 때 역시 발표하지 말아야 한다는 생각이 들었다.

29 (목) 흐리고 밤부터 비

출근하면서 1층 입구의 우편함을 보니 京都大學 중국철학사 전공의 후배인 宇佐美文理 군으로부터 나에게로 우편물이 하나 와 있었다. 연구실에 도착하여 봉투를 뜯어보니 금년 4월부터 京都大學 文學硏究科 東洋古典

學講座로 배치를 바꾸고 종전에 근무하던 이 대학 인문과학연구소는 1년 간 倂任하게 되었다는 인사 편지와 함께 京都大學 중국철학사연구실에서 발행하는 『中國思想史研究』제25호(2002년 12월 25일 발행)에 실린 자신의 논문 「雜家類小考」의 別刷本이 한 부 동봉되어 있었다. 인터넷을 통해 이 대학 중국철학사연구실의 홈페이지에 접속해 보니 宇佐美 군은 이 연구실의 전임이 되어 금년도에 중국예술이론사연구라는 특수강의와 강독인 『論語集注』, 연습인 『困學紀聞』을 담당하고 있었다. 宇佐美 군의 주소는 내가 유학 당시 마지막 2년간을 살던 곳인 左京區 北白川으로서, 小倉町 50-37로 되어 있었다.

내가 졸업한 이 중국철학사전공은 유학해 있었던 당시에는 文學部(대학원은 文學研究科라고 한다) 철학과에 속해 있었으나, 현재는 문학부 東洋文獻文化學系에 속해 있는데, 池田秀三 씨가 교수로서 주임이고, 宇佐美文理 군이 조교수로서 역시 전임이며, 그 외에 인문과학연구소 소속의 麥谷邦夫 교수 및 역시 나와 함께 공부했던 武田時昌 인문과학연구소 교수가 겸임으로 있고, 그 외에 당시 助手였던 西脇常記 總合人間學部 교수가 계속하여 강의를 담당하고 있으며, 廣島大學의 市來津由彦 교수가 學外 非常勤講師로서 올해의 집중강의를 맡아 있다.

30 (금) 비
「남명의 생애에 관한 약간의 문제」입력 작업을 계속했다. 제2절에 의령의 자굴산 明鏡臺에 관한 각주를 하나 첨가했다.

31 (토) 맑고 서늘함
논문 작업을 계속하여 200자 원고지 91매 남짓한 분량에까지 이르렀다.

6월

2 (월) 맑음

오늘자 ≪경남일보≫의 강동욱 기자가 연재하는 '江右儒脈'란에 河東郡 橫川面 田垈里에 거주한 四無齋 鄭楫에 관한 내용이 실렸다. 그를 포함한 海州鄭氏 일족에 대하여는 내가 근년에 발표한 논문「18세기의 江右學派—宗川書院 院變 문제를 중심으로—」에서 자세히 다룬 적이 있었으므로, 강 기자의 글 내용을 내 논문 말미의 해당 부분과 대조해 가며 검토해 보았다. 해주정씨 일족이 전대리에 거주하게 된 것은 農圃 鄭文孚의 장남으로서 진주에 낙향한 大榮의 묘소가 이곳으로 정해졌기 때문이며 이 마을에 아직도 대영의 위패를 모신 재실이 있음을 알게 되었는데, 楫은 농포의 증손자이며 이 문중에서는 처음으로 西人인 畏齋 李端相의 문하에 입문한 사람이다.

3 (화) 맑음

학부의 중국철학특강을 종강하였고, 오전 중 그 교재인 鄭玄 注『周禮』를 마저 읽었다. 이로써 十三經의 經文을 일단 한 차례씩은 다 읽은 셈이다. 안상국 교수와 더불어 산책을 다녀온 후 오후에는 논문 작업을 계속하였다.

4 (수) 맑음

출근해 보니 연구실의 자동응답전화기에 한국학술진흥재단 직원의 음성녹음이 있었는데, 다년 과제의 중간평가에 참가해 달라는 요청이었다. 금년 들어 번번이 사절의 뜻을 표시했건만 이러한 요청이 이미 네 번째 왔다.

6 (금) 맑음

현충일 휴일이라 하루를 쉬었다.

점심을 든 후 시외버스를 타고서 마산으로 출발하여, 오후 1시 45분쯤에 마산터미널에서 대학원 박사과정 1학년에 재학 중이며 나보다 두 살 아래인 조덕제 씨의 마중을 받아 그가 운전하는 그랜저 승용차로 창원으로 향했다. 九山禪門의 하나인 鳳林寺址를 탐방하기 위해서였다. 먼저 정병산 기슭에 있는 현재의 봉림사까지 차로 올라가서 그곳 기념품 상점에 들러 녹차를 마셨다. 현재의 봉림사는 1947년에 새워졌는데, 작년에 대웅전을 새로 짓고 절을 확장하는 중이었으며, 절로 올라가는 언덕길 가에 불교대학 빌딩도 가지고 있었다.

절에다 차를 세워두고서 양복 상의는 벗고 여름용 흰색 골프 모자를 쓰고서 조 씨의 인도를 받아 숲길을 따라 정병산 등산로를 올라갔다. 정상을 500m 정도 남겨둔 지점에서 약수터 방향의 옆길로 접어들어 약수터에 도착하여 물을 마신 후, 그 바로 아래편에 있는 봉림사지에 도착하였다. 절터는 창원시에서 사적지로 보존하고 있어 비교적 잘 관리되고 있었다. 그 위치는 골프장인 컨트리클럽과 사격장 사이의 산중턱이며, 야트막한 능선으로 둘러싸여 아래쪽을 향해 삼각형을 이룬 것이 절터로서 그럴 듯한 위치임을 한 눈에 알 수 있었다. 여름철이라 풀이 자라서 절의 흔적은 별로 눈에 띄지 않았지만, 조선 시대까지 있었다는 절의 기와조각들을 쌓아놓은 곳이나 大正 8년(1919) 3월에 현재의 경복궁 경내인 총독부박물관으로 그 절에 있던 탑을 옮겨간 후 조선총독부가 그 자리에 세워 둔 비석이 남아 있었다. 이 비석(鳳林寺眞鏡大師寶月凌空塔碑)의 비문은『朝鮮金石總覽』上卷에 실려 있어 예전에 한 번 검토해 본 적이 있었는데, 신라 景明王 8년(924)에 세워진 것으로서, 그 중에 "大師諱審希, 俗姓新金氏, 其先任那王族"이라 하여, 伽倻를 任那로 칭한 대목이 있다.

7 (토) 맑음

오늘 이메일로 보내져 온 인터넷 소식지『예문서원』6월호를 통해 내 책『동아시아의 사상』에 대한 간단한 소개가 5월 11일자 ≪세계일보≫ 및 5월 19일자 ≪한국일보≫에 실린 것을 알았다.

9 (월) 맑음

한국학술진흥재단으로부터 금년 들어 다섯 번째로 심사 참여 요청이 왔다. 오늘은 남자 직원이 전화를 걸어와 2003년도 신진교수연구과제의 심사위원이 되어 줄 것을 청하는 것이었다. 이미 다른 사람들이 내게 그러한 전화를 걸어왔던 사실을 아느냐고 물었더니 모른다고 하므로, 내가 사는 곳이 멀어 서울에 다녀오려면 하루가 꼬박 걸린다는 사실과 학교에서 철학과장 및 인문대학 교수회장의 직책을 맡고 있어 시간적 여유가 없으며, 연구과제의 심사에는 남보다 더 능력이 있다고 할 수 없다는 이유를 설명하여 다시 한 번 사절하였다.

12 (목) 비

『霞谷集』「存言 下」를 마저 읽었고, 『霞谷全集』(서울, 驪江出版社, 1988)의 전체 목차와 다시 한 번 대조하여 후자의 上卷에 수록된 「筵奏」 가운데서 戊申亂 당시 4월 3일에 霞谷이 英祖에 대해 영남 上·下道의 풍습을 비교하여 설명한 대목을 카드화하였다.

17 (화) 맑음

오전 중 다음 학기의 학부 과목 한국유학특강의 교재인 『鹿門集』 부록의 행장을 마저 읽고서 권2의 「答渼湖金公[元行] 戊午秋」와 권4의 「答李伯訥[敏輔] 癸卯春」을 읽었으며, 일반대학원 송명이학연습의 준비를 위해 臺灣 正中書局에서 1953년 초판, 1976년 5판으로 간행된 標點本 『王陽明全書』 제4책 부록의 年譜를 읽었다.

18 (수) 흐리고 오후에 부슬비

한국일본사상사학회의 총무인 엄석인 씨로부터 학회 홈페이지가 개설되었다는 이메일이 왔으므로, 그것에 접속해 본 후, 금년 4월 26일의 이사회에서 내가 문의한 바 있었던 평생회원제도가 마련되었다는 사실을 알고서 즉시 지정된 구좌로 나의 평생회비 30만 원을 입금하였다. 이로써 나는 국내에서 회비를 내는 회원으로 가입해 있는 한국철학회·철학연구회·대한철학회·새한철학회·대동철학회·한국중국학회와 더불어 일곱 개의 학회에 모두 평생회원으로 되었으며, 예문동양철학연구회가 발간하는 잡지인『오늘의 동양사상』에 대해서도 평생구독자로 되어 있다.

24 (화) 맑음

김병택 교수와 더불어 산책을 하면서 금년 들어 예문서원으로부터 출판된 나의 책『한국의 사상가 10인—남명 조식』과『동아시아의 사상』에 대한 인세를 한 푼도 받지 못한 문제에 대한 의견을 나누었다. 이 책들에 대해서는 출판 당시 예문서원 측으로부터 계약조건에 대한 이렇다 할 언급이 없었고 계약서를 작성하지도 않았으므로 내 쪽에서 먼저 말을 꺼내기 무엇하여 그냥 맡겨두고 있었는데, 출판된 지 제법 시일이 지난 지금에 이르기까지 아무런 연락이 없는 것으로 보아 결국 인세는 주지 않고 말 작정인 듯하다. 전공서적의 경우에는 시장성이 없으므로 인세는 고사하고 출판된 책의 상당 부분을 저자가 구입한다는 조건으로 간행하는 경우도 적지 않은 모양이지만, 나로서는 과거에 책을 내면서 인세 혹은 그에 상당하는 보수를 받지 못한 경우는 없었다.

25 (수) 맑음

오후에 이성환 교수가 내 연구실로 찾아와 금년 11월에 열릴 예정인 새한철학회의 추계학술발표회에서 내가 논문을 하나 발표해 달라고 요청하였다. 현재 작성 중인 「남명의 생애에 관한 약간의 문제」를 아직 탈고하지 못했고, 이 논문은 충남대학교 유학연구소의 기관지인『儒學硏究』14호 '남명진교수회갑기념호'에 싣기로 예정되어 있다고 했더니, 거기에 싣더라도 다른 학회의 모임에서 발표하는 것은 무방하지 않겠느냐는 것이었다. 남명진교수회갑기념논총 간행위원장인 황의동 교수에게 전화하여 그것을 양해해 줄 수 있느냐고 물었더니 기꺼이 양해할 뿐만 아니라 다른 학회지에 발표한 것을 다시 실어도 괜찮다는 것이었다. 그래서 새한철학회의 감사로서 학회 측의 위촉을 받아 발표 교섭하러 온 이성환 교수에게 승낙의 의사를 표명하였고, 아울러 한국학술진흥재단의 등재지로 인정되어져 있는 새한철학회의 『철학논총』 다음호에도 이 논문을 실을 수 있을 것이라는 의견을 접수해 두었다.

현재 충남대학교의 학생처장을 맡아 있는 황의동 교수는 나와 더불어 예문서원에서 간행된 '한국의 사상가 10인' 시리즈에 '율곡 이이' 편의 편저자로서 참가한 바 있었는데, 오늘 전화를 건 김에 확인해 보았더니 그도 역시 그 책으로 말미암아 적지 않은 시간과 노력을 소비하였음에도 불구하고 예문서원 측으로부터 아무런 보수를 받지 못했다고 한다.

7월

5 (토) 오전에 비 온 후 흐림

오늘 입수된 『남명학연구』 제15집(2003년 6월)을 검토하여 거기에 실린 글들을 「남명학관계기간문헌목록」에다 추가하였으며, 그 중 울산대 철학과 孫英植 교수의 논문 「조식 철학으로 들어가는 두 개의 통로—좁은 문으로 들어가라—」를 다 읽어보았다. 이는 그가 남명의 철학을 '양명학적 경향'으로 규정한 데 대해 나를 비롯하여 임헌규·권인호·최석기 등이 그러한 주장을 비판한 데 대한 반론이었다.

서울대 철학과 후배인 손 교수의 이번 논문은 5월 15일에 투고된 것이었는데, 그의 주장에 대한 비판이 담긴 나의 논문 「남명과 陸王學」(『남명학연구논총』 제8집, 2000)은 남명의 학문을 육왕학과 관련시키게 된 역사적 배경을 고찰한 것이다. 「남명과 육왕학」을 발표할 당시 그 논문의 말미에서 남명 사상 자체가 지닌 육왕학적 요소의 문제에 대하여는 따로 논문을 집필할 계획임을 밝혀 둔 바 있었다. 나는 원래 「『남명집』 중간본의 성립」에 이어 그 후편에 해당하는 「일제 시기의 江右 儒林」을 작성할 예정이었지만, 마침 다음 학기에 대학원에서 『傳習錄』을 중심으로 王

陽明의 사상을 다룰 예정이기도 하므로, 순서를 바꾸어 「남명과 自得―양명학의 문제와 관련하여―」라는 주제의 논문에 먼저 착수할까 한다.

8 (화) 부슬비 내린 후 오후에 흐림

陽明學大系 중 제3권인 「왕양명(하)」의 카드화를 마친 다음, 양명학대계 제11권 『幕末維新 陽明學者書簡集』(1971)을 훑어보았고, 이어서 양명학대계 제5·6·7권에 해당하는 『陽明門下(上)』(1973) 『양명문하(중)』(1973) 『양명문하(하)』(1974)를 검토하며 필요한 부분을 카드화하였다.

7월 말일까지 다음 학기의 학부 강의계획서를 입력해 달라는 공문을 보고서 바로 입력을 마쳤다. 인문학부 4학년의 전공과목인 한국유학특강에서는 조선 후기의 唯氣論者로서 알려진 鹿門 任聖周의 『녹문집』 가운데서 특히 기철학과 관련된 대표적 작품인 「鹿廬雜識」를 중심으로 윤독하면서 그 사상의 개요를 파악하는 것을 강의 내용으로 삼았다.

9 (수) 오전 중 부슬비 내린 후 개임

우리 집에 있는 金炫 씨의 저서 『임성주의 生意철학―기철학의 한국적 전개와 귀결―』(서울, 한길사, 1995)을 연구실로 가져가 그 서문을 읽어보고서 카드화하였다. 이 책은 김 씨의 1992년도 고려대학교 박사학위논문인 「녹문 임성주의 철학사상」을 출판한 것인데, 그는 조선시대의 성리학 자체가 후기로 갈수록 점점 양명학과 같은 성격을 띠는 방향으로 변화해 갔다는 가설을 세우고서 임성주의 철학을 그러한 변화의 실증적인 예로 지목하고 있었다.

10 (목) 흐리고 때때로 비

남명학연구원으로부터 『南冥院報』 제30호(2003년 6월)와 『南冥學研究論叢』 제12집(2003)이 우송되어져 왔으므로, 그 내용을 검토하여 새로운 자료들은 「남명학관계기간문헌목록」에다 추가하였다.

양명학대계 제10권에 해당하는 『日本の陽明學(下)』(1972)의 해설로서

실린 岡田武彦의 「幕末의 양명학과 주자학」을 읽으며 카드화하는 작업을 마쳤다.

이화여대 이규성 교수로부터 서울대학교 철학과 이남영교수의 회갑 기념논문집 출간을 위한 연락 이메일이 왔다. 이 논문집은 이제 출간을 앞두고 있다고 하는데, 간행추진위원회에서는 기본 출판비를 자체 부담하는 것이 좋겠다고 판단하여 여기에 실릴 논문을 제출한 사람들에게 7월 25일까지 전임 20만 원, 강사 10만 원의 부담금액을 지정된 구좌로 입금해 줄 것을 요청하는 내용이었다. 나는 기고를 요청 받은 적이 없었을 뿐 아니라 이러한 논문집이 간행된다는 사실 자체를 처음으로 접하였으므로, 찬조금을 좀 보낼까 하다가 그만두기로 마음먹었다.

11 (금) 종일 비 오고 낮 한때 개임

퇴근 무렵 남명학관 남명홀에 들러 남명학연구소 주최의 『大東韻府群玉』 국역출간기념 심포지엄의 종합토론에 잠시 참석하였다. 본교 남명학연구소가 한국학술진흥재단의 번역과제 지원에 신청하여 宣祖 시기 退溪 문인인 醴泉 사람 草澗 權文海가 저술한 전20권으로 된 이 사전을 2년 과제로서 번역에 착수하여 그 중 1차년도 분인 10권까지를 권당 한 책씩 총 10책으로 출간한 것을 기념하는 자리였다. 그 번역진은 모두 본교 한문학과의 교수들이었고, 중국 四川大學에 유학 중이라던 김윤수 씨와 본교 한문학과의 대학원 박사과정에 재학 중인 남명학연구원 사무국장 양기석 씨 및 연구원 이사인 조종명 씨의 모습도 보였다. 최근에 발행된 『남명원보』 제30호의 권두에는 한문학과 최석기 교수의 時論이 실려 있었는데, 남명홀 로비에 이 원보가 비치되어져 배포되고 있었다.

15 (화) 맑음

안동에 있는 한국국학진흥원의 김종석이라는 사람이 연구실로 전화를 걸어와 금년 8월 22일부터 23일까지 그곳에서 개최될 예정인 '한국유학사상사 서술의 과제와 의의'라는 대주제의 학술대회에서 첫날 첫 번째 발표자인 철학 분야 이봉규 교수의 토론을 맡아달라고 요청하였으므로 이를 수락하였다. 국학진흥원에서는 10개 분야에 걸쳐 총 12책으로 구성된 연구총서인 『韓國儒學大系』의 간행을 기획하고 있는데, 이 학술대회는 그것을 위한 준비단계인 모양이었다. 발표 한 주 전까지 토론문을 보내달라고 했다.

16 (수) 맑음

『明淸思想史の硏究』에 수록된 山井湧 교수의 논문 「宋明 철학에 있어서 〈性卽理〉와 〈心卽理〉」 「〈心卽理〉 〈知行合一〉 〈致良知〉의 의미」를 읽으며 카드화하였고, 이어서 錢穆 『王守仁』(上海, 商務印書館, 1930 초판; 臺北, 臺灣商務印書館, 1968 臺1版, 1970 臺2版), 劉宗賢 『陸王心學硏究』(濟南, 山東人民出版社, 1997), 謝國楨 『明末淸初的學風』(仲信出版社, 1980), 唐君毅 『中國哲學原論(原性篇)―中國哲學中人性思想之發展―』(九龍, 新亞書院硏究所, 1968 초판, 1974 수정재판)의 내용을 훑어보았다.

이 중 劉宗賢 여사의 책은 1997년 7월에 내가 가족을 데리고서 중국 山東省에 있는 맹자의 고향 鄒城에서 열린 孟子思想學術硏討會에 참가했을 때 저자로부터 받은 것이었다. 劉씨는 1946년 北京에서 출생하여 北京大學 東方語言文學系(현재의 東方學系)를 졸업하였다. 졸업 후 고등학교 語文 교사를 9년 동안 역임하다가 1980년부터 중국철학사 연구에 종사하였으며, 당시는 濟南에 거주하면서 山東사회과학원 유학연구소의 연구원과 山東孔子學會 이사의 직책을 맡고 있었다. 역시 北京大學 출신인 남편 蔡德貴 씨와 더불어 그 모임에 참가해 있었으며, 퇴계학연구원의 초청으로 한국에서 열린 학술회의에도 한 번 참가한 적이 있었다고 했다.

22 (화) 흐리고 때때로 부슬비

영남대 철학과 崔在穆 교수의 저서 『동아시아의 양명학』 제1장 '양명학의 성립까지'와 제2장 '양명학의 성립과 치양지론'을 읽으며 카드화하였고, 『中國明代哲學』 중의 劉宗周 부분을 읽었다.

8월

8 (금) 맑음

시차 관계로 유럽으로 떠날 때는 7시간을 벌었지만, 런던으로부터 귀국할 때는 8시간을 잃어 결국 비행기 속에서 거의 하루를 보낸 셈이 되었다.

한국시간으로 오후 3시 50분경에 인천국제공항에 도착하여 짐을 찾은 후, 공항 리무진으로 갈아타고서 강남고속터미널에 도착하였다. 아내가 오후 7시 발 진주행 표를 예매해 두었으나, 다소 시간적 여유가 있었으므로 6시 30분 발 우등고속으로 바꾸어 밤 10시 25분 무렵에 진주에 도착하였다. '회원통신'란에 나의 소식이 실린 일본『東方學會報』제64호가 도착해 있었다.

9 (토) 맑으나 무더위

서울대학교 동양철학연구회로부터 금년 여름 모임에 대한 안내 이메일이 왔다. 8월 21일부터 22일까지 강원도 원주 근교의 문막에 있는 평안학사에서 열린다고 하는데, 나는 22일 오후에 안동의 한국국학진흥원에서 있을 예정인 학술대회에 약정토론자로서 참가하게 되므로 이번의 동철연 모임에는 참가할 수 없다는 회신을 보냈다. 지난번 내가 이 모임의 회장 임기를 마칠 때 정영근 교수가 부재중에 차기 회장으로 선정되었으나 그 이후 전혀 활동이 없었는데, 그새 다시 임원이 바뀌어 작년부터 박해당 씨가 회장, 이현선 씨가 간사를 맡게 된 모양이다.

10 (일) 대체로 흐리다가 밤에는 비 내리고 무더움

'제3회 南冥선비文化祝祭' 팸플릿과 박기용 저『두류산 양당수를 예듣고 이제 보니』(진주교육대학교 진주문화교육연구원, 2002) 등을 훑어보았다.

11 (월) 흐리고 때때로 부슬비

오늘 자 ≪경남일보≫에 본교 출신 문화특집부 기자인 姜東郁 군이 이 신문에 연재했던 '강동욱 기자의 경남문화탐방—남명의 숨결을 찾아서'라는 기획 시리즈의 기사를 모아 최근에 『남명의 숨결—칼을 찬 선비』(서울, 나남출판사)라는 단행본으로 출판했는데 그 가운데 자굴산 명경대의 탐방기가 있다는 내용을 읽었다. 강 기자에게 이메일을 보내어 그 책을 한 권 주문하였고, 또한 그의 홈페이지에서 그 기사를 확인한 후 그 내용을 내가 작성하다 최근 중단해 놓고 있는 논문 「남명의 생애에 관한 약간의 문제」 각주에다 추가하였다.

12 (화) 맑음

지난 7월 10일에 서울대학교 동양철학연구회 회원인 이화여대 이규성 교수의 명의로 명지대 문석윤 교수가 이메일을 보내와, 서울대 철학과 이남영 교수의 회갑기념논문집이 이제 출간을 앞두고 있다면서 이 논문집에 실릴 논문을 제출한 사람들은 출판비로서 전임 20만 원, 강사 10만 원씩의 분담금을 7월 25일까지 조흥은행 구좌로 송금해 달라는 요청이 있었는데, 나는 그런 논문집이 기획된 사실조차 전혀 모르고 있었으므로 무시해 버린 바 있었다. 그런데 문 씨가 어제 다시 이메일을 보내와 철학과 동문이면서 졸업 후 천지출판사를 운영하고 있는 이종국 사장의 업무연락이라면서 이번 논문집의 발간을 위해 집필한 사람들 각자의 약력을 적어 보내달라는 것이었다. 그래서 나는 그 논문집에 기고한 사실이 없다는 회답을 보냈더니, 간밤에 그것에 대한 회신을 보내와 이종국 사장이 보내 준 필진 명단에는 내 이름이 들어 있다면서 확인해 보라고 했다.

오늘 출근 직후에 그 메일을 읽고서 즉시 이종국 씨의 자택 겸 출판사로 전화를 걸어 문의해 보았다. 이것은 이남영 교수의 회갑기념논문집이라기보다는 4~5년 전에 이 교수로부터 가르침을 받은 동문이 함께 논문집을 내기 위해 발의했었던 것인데 이제야 성사를 보게 된 것이며, 당시

나도 「남명과 陸王學—知와 行의 문제를 중심으로—」라는 논문을 낸 바 있다는 것이었다. 하도 오래 전의 일이라 까마득히 잊고 있었는데 그 말을 듣고 보니 어렴풋이 당시의 기억이 되살아나는지라, 곧 문 교수에 게 나의 약력을 적어 보내고, 아울러 뒤늦게나마 지정된 구좌로 20만 원을 송금하였다. 이종국 씨의 말로는 집필자가 모두 26명이라고 하였 는데, 지난번 송금 요청 때 그룹주소로 이메일을 보내온 강중기·김수중· 김영우·문석윤·방인·성태용·박해당·양일모·신정근·오이환·윤찬원·이 규성·이봉규·이혜경·임익권·정상봉·정영근·조은수·조남호·최유진·정 원재·허남진·허우성·손영식·엄연석의 25인에다 이남영 교수 자신이 보 태어진 숫자가 아닌가 싶다. 내가 동철연의 회장을 하던 당시 총무간사 의 직을 맡았던 문석윤 씨는 신청했던 일한교류기금의 지원이 채택되지 못했으나, 연구년을 이용해 9월 8일 출국하여 자비로 반년 간 일본 東京 大學에서 연수하고 돌아올 것이라고 한다.

충남대학교 유학연구소의 '남명진교수회갑기념논총' 간행위원회 간 사인 임병학 씨에게도 이메일을 보내, 내가 이 논문집에 기고할 예정이 었던 「남명의 생애에 관한 약간의 문제」는 다른 일 때문에 원고 마감인 8월말까지 탈고하기 어려울 듯하므로, 간행위원장인 황의동 교수가 지 난번 나와의 통화에서 이미 발표된 것도 무방하다고 말한 바에 따라 가 장 최근에 발표된 「『남명집』 중간본의 성립」 파일을 첨부해 보냈다.

안동에 소재한 재단법인 한국국학진흥원 교육연구부 수석연구원인 김종석 씨로부터 8월 22일부터 23일까지 그곳에서 개최될 '『한국유학사 상대계』 집필의 과제와 전망'이라는 주제의 토론 위촉 및 토론문 제출 안내의 이메일이 온 데 이어, 오늘은 내가 토론을 맡기로 약정된 22일 첫 번째 주제발표자인 인하대 교수 이봉규 동문의 철학사상 분야 논문 「한국유학연구의 과제와 전망—哲學史 서술과 관련하여—」의 파일을 부 쳐왔으므로, 그것을 검토하기 시작했다. 국학진흥원에서는 한국유학 관 련 중장기 연구마스터플랜을 준비하고서 이를 금년 하반기부터 5~7년 에 걸쳐 추진하는데, 이 계획의 핵심은 고대로부터 현대까지 한국유학의 전반을 철학·종교·교육·문학·사회·경제·정치·법·예술·과학기술의 10개 분야로 나누고 각 분야를 다시 10~20개의 章으로 나누어, 연구자 1인이 1장씩 분담하여 집필토록 할 예정인데, 이번 학술대회는 그것에서 예상되는 문제점을 사전 점검하고 가능한 대안을 논의하기 위한 것이라고 한다. 안내문에는 "이번 학술대회의 토론뿐만 아니라 차후 집필 참여, 집필자 추천 등 여러 면에서 선생님의 깊은 이해와 협조를 부탁드립니다."고 되어 있다.

13 (수) 흐림
이봉규 교수의 논문을 한 차례 읽고서 붉은 글자로 체크해 둔 부분을 중심으로 '이봉규「한국 유학 연구의 과제와 전망」에 대한 토론'이란 제목의 글을 입력하기 시작하여, 제1조 '관학이란 명칭 및 조선 초기의 학통 관계'까지를 마쳤다.

14 (목) 맑음
안동의 한국국학진흥원 학술대회 토론문 작성 시한이 내일인 15일인데, 그 날이 광복절 공휴일이기 때문에 종일 작업하여 퇴근 무렵인 오늘 오후 5시 59분에 발송하였다. 충남대학교 철학과 소속의 남명진교수회갑기념논총 간행 실무담당자인 임병학 씨로부터는 내가 보낸 논문을 잘 받았다는 회답 이메일을 받았다. 일본 名古屋외국어대학에 근무하던 貫井正之 씨가 자신의 논문「남명학파의 임진의병활동—특히 경상우도에 있어서 鄭仁弘 의병을 중심으로—」가 실린『역사학연구』No.778(東京, 역사학연구회, 2003.8)의 별쇄를 한 부 보내왔다. 그 주석 여기저기에 나의『남명학파연구』하권 및『南冥集四種』, 그리고 내가 발견한『孤臺日錄』등이 인용되어 있었다.

15 (금) 쾌청
광복절이라 하루를 집에서 쉬었다.

어제 貫井 씨로부터 부쳐져 온 논문을 다 읽었고, 점심 식사 후 혼자서 망진산 일대를 산책하여 돌아왔다.

16 (토) 흐리고 때때로 부슬비

어제부터 사흘간 연휴이지만, 집에서 작업하려고 플로피디스켓에 복사해 온 파일에 문제가 있어 연구실로 나갔는데, 엊그제 퇴근 무렵에 이메일을 통해 발송한 토론문이 아직도 보내지지 않고 있다가 내가 컴퓨터를 켜 이메일 화면을 여는 순간 비로소 발송되는 것이었다. 그러므로 오늘 학교에 가 보지 않았더라면 월요일인 18일까지도 그것이 보내지지 못할 번했다. 오후에 국학진흥원의 담당자인 김종석 씨로부터 잘 받았다는 이메일이 왔다.

貫井正之 씨에게는 보내 준 논문을 잘 읽었다는 그림엽서를 썼다.

오후에는 한국학술진흥재단의 2003년도 선도연구자 지원사업에 「남명과 自得—양명학과의 관련을 중심으로—」라는 제목의 과제를 온라인으로 신청하는 작업을 시작했다.

18 (월) 비

한국학술진흥재단의 2003년도 선도연구자 지원 온라인 신청을 마쳤다. 이는 3단계로 진행되는 심사 과정 가운데서 제1단계인 신청자격 여부를 따지는 행정요건 심사에 해당하는 것이다. 오늘 오후 신청을 완료하고서 102474라는 접수번호를 받았고, 8월 12일부터 19일까지의 신청 기간이 지나고서 20일 이후에 과제번호를 부여받게 된다. 그런 다음 28일까지 연구계획서 제출 및 파일 탑재가 있게 되고, 선정 예정일은 11월 30일로 되어 있다. 나로서는 단독과제인 이 선도연구자 지원만을 신청하여 1999, 2001년에 선정되었고, 이번이 세 번째 신청인 셈이다.

연구보조원으로서 2001년도 것에 계속하여 내 지도학생들인 박사과정의 김경수·구자익 군을 올리려고 하였는데, 구자익 군의 경우는 엊그제부터 자꾸 에러가 나므로 오늘 학진 측에다 문의하였더니 오후 3시 20분에 전산실의 박창훈 씨로부터 이미 권오민 교수의 보조연구원으로 등록되어 있다는 이메일 회답이 왔다. 그래서 김경수 군 한 사람만을 보조연구원으로 올려 총 1,440만 원의 연구비를 신청하였다. 그 세목은 연구보조원수당 480만 원, 책임연구자인 나의 연구활동비 300만원, 연구회의비 100만 원, 여비 50만 원, 유인물비 등 수용비 50만 원, 공공요금 등 잡비 20만 원, 문헌 및 재료구입비 400만 원, 논문게재료 40만 원으로 되어 있다. 물론 고전 문헌을 주로 다루는 인문학의 학문적 성격 상 연구비가 전혀 없어도 연구를 수행하는 데 지장은 없는 셈이지만, 연구비를 타는 것도 학자적 능력을 입증하는 하나의 실적이며 내가 신청하지 않아도 누군가가 반드시 타 갈 것이므로, 신청하지 않을 이유는 없을 것이다. 역시 학문의 성격상 연구보조원은 사실상 나의 연구를 도와주는 것이 전혀 없으나 지도학생에 대한 장학금 조로 지급하는 것이다.

21 (목) 맑으나 무더위

한국학술진흥재단의 홈페이지에 접속하여 내 과제번호(2003-041-A00140)를 확인한 다음 연구계획서 작성을 완료하고서 그 파일을 학진의 홈페이지에다 온라인으로 탑재하였고, 또한 조교를 통해 모두 여덟 부를 복사하고 관계 문건들을 첨부한 뒤, 본교의 연구지원실로 보내어 제출기한인 8월 26일(화) 이전까지 학진에 도착되게 하도록 조처했다. 그러면 그 이후부터 심사절차가 진행되어 11월 28일에 결과가 발표될 예정이다.

22 (금) 맑음

경북 안동시 도산면 서부리에 소재한 한국국학진흥원에서 오늘과 내일 이틀간에 걸쳐 개최되는 '『한국유학사상대계』 집필의 과제와 전망' 학술대회에 참가하기 위해 오전 10시에 승용차를 몰아 출발하였다. 오후 한 시 반 무렵에 도산서원 조금 못 미친 지점에 위치한 국학원에 도착하였다.

먼저 3층의 연구실로 가서 남명학연구원 상임연구위원이자 국학진흥원 국학자료부의 국학자료팀장으로 있는 설석규 박사를 찾았고, 그 바로 옆에 연구실이 붙어 있는 예문동양사상연구원 편집위원이자 교육연구부의 국학교육팀장인 박원재 박사, 그리고 안동대학교 국학부 동양철학 전공의 안병걸 교수도 동석하여 함께 차를 마시면서 대화를 나누었다. 3층의 연구실들은 안동댐이 정면으로 바라보이는 조망 좋은 곳에 위치해 있고, 크기는 대학 연구실의 두 배 정도로서 본교 남명학연구소 연구실 정도의 규모인데, 이렇듯 시설이 좋고 강의 부담도 없으나 연구 이외의 잡무에 대부분의 시간을 뺏기는 점이 탈이라고 한다. 한국국학진흥원의 산하에는 사무국, 박물관과 나란히 교육연구부와 국학자료부라는 두 개의 연구부가 있고, 그 산하에 각각 두 개씩의 팀이 있는데 위의 두 명은 그 중 하나씩의 팀을 책임지는 수석연구원이며, 국학원은 안동대학교와 서로 긴밀한 유대 협력 관계를 유지하고 있는 모양이었다.

　얼마 후 지하 1층 세미나실 로비의 등록 장소로 가서 토론비 30만 원 중 세액을 공제한 액수 283,500원이 든 봉투와 각종 자료가 든 파일박스 하나를 받았고, 오후 2시부터 제1세미나실에서 진행되는 개회식에 참석하였다. 개회식에서는 국학원 사무국장의 사회로 심우영 원장의 개회사와 경북지사의 환영사(대독), 그리고 안동 지역 국회의원의 축사 등이 있었다. 한국국학진흥원은 1995년 12월에 문화체육부의 재단법인 설립 허가를 받고서 1996년 3월에 개원하였는데, 당시 이의근 경북지사가 초대이사장, 조동걸 국민대 대학원장이 초대원장으로 취임하였으며, 1998년에 정동호 안동시장이 제2대 원장으로 취임하였고, 퇴계 탄신 500주년을 맞은 2001년 8월 1일에 심우영 씨가 제3대 원장으로 취임하여 같은 해 10월 5일에 현재의 본관 건물인 홍익의 집 개원식을 가졌다고 한다. 초대 원장 조동걸 씨는 조지훈·조동일 등 명사들을 배출한 경북 영양군 주실마을 출신으로서 한국 근현대사가 전공인 학자이며, 현 원장인 심우영 씨 역시 이 부근 출신으로서 서울법대를 졸업하고서 경북지사, 내무부·총무처 장관 등을 역임한 관료라고 한다.

개회식에 이어 그 장소에서 윤사순 고려대 명예교수에 의해 「한국유학사상사 서술의 과제와 의의」라는 주제의 기조강연이 있은 다음, 제1세미나실에서는 제1분과 철학·종교·윤리분야, 그 옆의 제2세미나실에서는 제2분과 문학·예술·과학기술분야의 발표와 토론이 진행되었다. 나는 안병걸 교수가 사회를 맡은 제1분과에서 국학원 국학연구팀장인 김종석 박사와 더불어 첫 발표자인 인하대 이봉규 부교수의 「한국 유학 연구의 과제와 전망―哲學史 서술과 관련하여」에 대한 토론을 맡았다.

각 분야의 발표 토론이 끝난 다음 1층 식당에서 원장 주재의 만찬회가 있었으며, 어두워진 다음 국학원의 버스를 타고서 안동시내의 신시가지로 이동하여 나는 윈 호텔 303호실에 윤사순 교수와 같은 방을 배정받았다. 그러나 그곳은 일종의 러브호텔로서 더블베드로 되어 있어 서로가 불편하기 때문에, 주최 측에다 말하여 나는 508호실에 독방을 따로 배정받았다.

방이 정해진 다음 발표자와 토론자 대부분은 호텔 부근에 있는 라이브 음악을 들려주는 술집에 함께 모였고, 내일 제4분과의 사회를 맡을 고려대 철학과의 이승환 교수 내외도 뒤늦게 도착하여 거기로 와서 함께 어울렸다. 음악 소리가 너무 높아 앞 사람의 말소리가 잘 들리지 않으므로, 국학원의 김종석 씨와 안동대 국학부 동양철학전공의 이해영 교수, 그리고 서울대 철학과 후배인 이봉규 교수 및 나는 그 부근의 다른 술집으로 옮겨 맥주를 마시면서 대화를 나누었다. 김종석 씨는 내일의 준비 관계로 먼저 귀가하고, 나머지 세 명은 새벽 네 시 무렵까지 그 자리에 남아 있었다.

23 (토) 맑음
오전 일곱 시 경 기상하여 샤워를 한 후 가방을 챙겨서 1층 프런트로 내려갔더니 윤사순 교수와 어제 제1분과에서 종교분야 주제발표를 한 서강대 김승혜 교수가 먼저 내려와 있었으므로 함께 걸어서 아침 식사 장소로 지정되어져 있는 군복할매아구찜이라는 식당으로 이동하였다.

김승혜 교수는 미국 하버드대학교에서 박사학위를 받은 수녀로서 『원시유교』라는 저서가 있는데, 가톨릭사회에서는 그 지위가 매우 높다고 한다.

식당에서 위의 두 교수 및 국학원의 조동걸 초대 원장, 그리고 심우영 현 원장과 더불어 같은 상에 앉아서 조반을 들었다. 심 원장의 말로는 정부로부터 매년 안정적인 예산 지원을 받기 위해 국학원을 위한 특별법을 제정하여 정식 국가기관으로 만들 예정이라고 하며, 현재 舊 한국정신문화연구원과의 합병 논의도 있는 모양이었다. 국학원은 이처럼 중앙정부나 경상북도 등 지방자치단체로부터 매년 대규모의 예산 지원을 받고 있기 때문에 남명학연구원과는 그 스케일에 있어 비교가 되지 않으며, 안동이라는 인구 십만 정도의 한 지방에 위치한 재단법인이면서도 그 유학적 전통을 내걸고서 정부에 인맥을 통한 연줄을 대어 사실상 이미 국립기관에 준하는 기구로 인정을 받아 국내외적인 사업을 펼치고 있는 것이다.

조반을 든 후, 나는 자신과 마찬가지로 예문동양사상연구원의 편집위원이면서 국학원 국학자료부의 책임연구원으로 있는 박경환 박사의 차에 동승하여 다시 국학원으로 이동하였다. 도착한 후 먼저 세미나실 로비에서 판매하고 있는 일본 서적 복사판들과 영남대학교출판부의 간행도서들을 살펴보니, 어제 이미 한 차례 살펴보고서 그 중 여러 권을 구입하였음에도 불구하고 아직 관심을 끄는 책들이 남아 있었고, 게다가 영남대출판부 쪽에는 어제 보지 못했던 金麟燮의 『端磎日記』가 진열되어 있었으므로 적이 놀랐다. 이 자료는 내가 발굴하여 학계에 소개한 것이면서도 아직 출판을 실현하지 못해 늘 마음의 부담으로 되어 있었던 것인데, 3년 전인 2000년도에 이미 영남대 민족문화연구소 측이 활자로 인쇄하여 출판했음을 비로소 알게 되었기 때문이다. 그 책은 한 권에 11만 원이나 하는 고가였지만 그럼에도 불구하고 구입하였으며, 그 외에도 여러 책들을 골라서 구입하여 내 차 트렁크로 옮겨다 실었다. 이럭저럭 어제 토론 사례비로 받은 돈은 책값으로 다 나간 셈이 되었다.

오늘 제3분과인 경제·정치분야는 제2세미나실에서, 제4분과인 법·사회분야는 제1세미나실에서 발표 토론이 진행되었는데, 나는 로비에서 판매하고 있는 책들을 검토하고 구입하는데 제법 시간을 소비한 후 이승환 교수가 사회를 맡은 제4분과에 들어가 보았다. 도중에 근처의 자리에 앉았던 박원재 씨가 밖으로 나가는 것을 보고서는 뒤따라 로비로 나가서 예문서원 측과 관계가 깊은 그에게 내가 거기서 출판한『한국의 사상가 10인—남명 조식』(2002) 및『동아시아의 사상』(2003)에 대해 아직 아무런 보수나 인세를 받지 못했으며 그것에 관해 출판사 측의 설명도 없었다는 점을 상의하였다. 그는 부당한 일이라고 하면서 같은 고려대 철학과 출신의 후배로서 예문서원 오정혜 사장의 남편인 홍원식 교수에게 연락하여 넌지시 말해보겠노라고 하였다. 오전의 발표토론이 끝난 다음 윤사순 교수의 사회로 종합토론이 있었다. 윤 교수는 어제 제1분과에서 이봉규 씨와 내가 실학이 1930년대 이후의 시각에서 만들어진 '가공물'이라고 한 데 대해 큰 충격을 느꼈다면서, 그러한 시각이 잘못이라는 견해를 말하였다.

　모든 일정이 끝난 다음 1층 식당에서 점심을 들고서, 오후에는 참석했던 유림과 더불어 국학원의 버스 한 대에 동승하여 퇴계와 관계가 깊은 청량산으로 현장 답사를 떠나게 되었다. 출발 전에 국학자료부 부장인 안동대학교 국학부 동양철학전공 이효걸 교수의 안내로 본관 지하실에 있는 장판각과 수장고를 둘러보았다. 장판각에는 지난 1년여 만에 각 문중으로부터 위탁받은 문집 등의 목판 21,000여 장이 보관되어 있는데, 이 중에는 도산서원에서 위탁한『퇴계집』목판을 비롯한 보물급 자료들도 다수 포함되어 있으며, 현재까지 수집된 목판의 수는 해인사 팔만대장경의 사분의 일 정도로서, 이는 서울대 규장각 소장 목판의 수량을 상회하는 양이라고 한다. 국학원에서는 앞으로 유교와 관련된 목판 10만 장을 모아 세계문화유산으로 등록하는 것을 목표로 삼고 있는 모양이었다.

　항온·항습시설과 CCTV 등 첨단보안시설이 갖추어진 수장고에는 전체가 오동나무로 된 격납고와 서가에 수만 점의 고서·고문서 기타 유물이 보관되어 있었다. 도산서원의 東西 光明室에 보관되어 門外不出은 물론 각지에 거주하는 有司들이 여러 개의 열쇠를 나누어 가져 사실상 열람조차 불가능했던 서적과 고문서들도 여기로 모두 옮겨져 있었다. 이것들은 작년 12월에 착공되어 내년 12월에 완공될 예정인 유교문화전시관 및 장판각으로 장차 옮겨질 것이라고 한다. 2006년까지 완공될 예정인 종합유교문화센터는 경북북부지역 유교문화권관광개발사업의 일환으로서 추진되어 현재의 본관 뒤편 언덕에 세워질 모양인데, 지하 1층, 지상 4층의 박물관인 유교문화전시관, 지상 2층 2개 棟의 장판각, 그리고 지상 3층의 생활관으로 구성될 것이라고 한다.

청량산으로 가는 차 안에서 나는 남명학 관계 학술발표회를 통해 서로 안면이 있는 동명정보대의 鄭鎭英 교수와 나란히 앉았다. 영남대 이수건 교수의 제자로서 한국근대사가 전공인 정 씨에게 『단계일기』가 간행된 것을 처음 보았노라고 했더니, 그의 말은 바로 자기가 그 책을 간행한 장본인이라는 것이었으므로 또 한 번 놀랐다.

清涼寺 입구에서 하차하여 시멘트로 포장된 가파른 언덕길을 올라가는 도중에 오늘 제3분과의 경제 분야 주제발표자인 고려대 경제학과의 李憲昶 교수와 계속 대화를 나누었고, 정진영 교수와 더불어 셋이서 청량사를 둘러본 후 그 위의 능선 쪽으로 올라가는 오솔길을 따라 좀 걷다가 버스 있는 곳으로 내려와서는 퇴계의 숙부 松齋公이 짓고 퇴계가 자주 와서 거처하던 오산당 쪽으로 갔던 일행이 하산하기를 기다리는 도중에 어제 제1분과의 교육 분야 주제발표를 맡았던 광주교대 박연호 교수와 더불어 길가에 나란히 걸터앉아 대화를 나누기도 하였다. 돌아오는 버스 속에서는 국학원의 김종석 박사와 더불어 간밤의 술자리에서 서로 토론했었던 '心統性情'의 의미에 관한 대화를 나누었다.

24 (일) 맑음
어제 사 온 『단계일기』의 내용을 훑어보았다.
2000년 1월자로 된 영남대학교 민족문화연구소장 金潤坤 씨의 『단계일기』 간행사에 의하면 "본 자료총서[민족문화연구소 자료총서 제17집]의 내용과 발간 경위 및 소장자 등이 다음의 해제에 자세히 기재되어 있다. 이 해제는 동명정보대학교 정진영 교수가 책력 위에 쓰여진 방대한 일기의 전체를 일일이 正書하고 그 내용을 요약 정리한 것이다. 정서의 과정에서 오기·탈자 등의 우려가 있어 철저한 교정을 위해 정서자인 정진영 교수 외에 본 연구소의 상임연구원인 김호동·조강희·이수환을 비롯한 정동락·박현아 제군의 많은 勞苦가 있었음을 밝혀둔다"고 되어 있다.

정진영 씨의 해제 첫머리에는 "필자가 『端磎日記』를 처음으로 열람한 것은 1983년 무렵이었던 것으로 생각된다. 임술민란으로 석사학위를 준비하면서 1982년부터 경상도 일대를 두루 답사하고 있던 중이었다. 『端磎日記』는 이에 앞서 1981년 12월경부터 부산대 柳鐸一·朴容淑, 또는 경상대 吳二煥교수 등 여러 선학들에 의해 발굴·소개되고 있었다. 필자 또한 이후 수차 소장자인 金東俊 선생님의 호의로 일기의 일부를 복사하기도 하였고, 필요한 부분을 초록하기도 하였다. 그러나 이러한 방법으로는 일기의 전모를 파악할 수 없었다. 그러하던 중 1987년 겨울에 필자가 근무하고 있던 영남대 민족문화연구소에서 자료총서로 발간할 것을 제의하여 소장자로부터 승낙을 얻기에 이르렀다. 이후 단계일기를 초록하는 작업을 시작하였으나 계획대로 진척되지 못하였다. 책력 위에 쓰여진 글들이 생각과는 달리 쉽게 초록되지 않았고, 또한 일기 초록만을 전담할 수 없었던 관계로 계획은 계속 遷延되어 이제 어언 10년을 넘기고 말았다"고 설명하고 있다.

그러나 이 기록은 정확하지 않은 듯하다. 왜냐하면 내가 1990년에 한국동양철학회의 기관지 『동양철학』 창간호에 처음 발표하였고, 그 후 수정된 형태로 『남명학파연구』 상권의 제2부 제2장 151~152쪽에 수록된 「南冥集板本考(2)—滄洲刊本을 중심으로—」의 주석에 의하면, "일기를 비롯한 金端磎 관계 자료의 일부는 부산대의 柳鐸一·朴容淑 교수에 의해 처음 발견되어 1981년 12월 5일자 ≪부산일보≫ 및 同年 12월 8일자

≪조선일보≫에 소개된 바 있으며, 1982년 8월에 일기 및 『단계집』목판이 지방문화재로 지정되었다. 그러나 그 후 이에 대한 연구는 없었는데, 필자가 1984년 9월에 다시 이 자료들에 주목하여, 김단계의 서재인 太虛樓 벽장 속의 諸文獻을 조사한 결과, 김단계와 그의 부친인 海東寄生 金櫶이 진주민란을 비롯한 조선조 말기의 모든 민란들의 도화선이 된 단성민란의 중심인물이라는 것을 확인하였다. 이에 필자는 빌려온 자료 및 자신이 연구한 성과를 제공하고, 경상대 사회과학연구소에 이 자료에 대한 공동연구를 제의하였으며, 上記 金玄操 등의 연구는 그 결과의 일부이다."고 되어 있기 때문이다.

단계 金麟燮이 임술민란에 관계된 사실을 처음 인식한 사람은 바로 나이며 그 이전에는 이 자료의 중요성에 착목한 사람이 없었기 때문에, 정진영 씨가 이 자료를 처음 본 것은 아무리 빨라도 본교 사회과학연구소 기관지에 「端磎金麟燮硏究」가 실린 1985년, 혹은 국사편찬위원회가 소장자로부터 단계일기를 입수하여 1986년 12월 17일자 ≪조선일보≫에 재차 이를 소개하고서 간행을 예고한 시기보다 빠를 수는 없는 것이다. 영남대학교 민족문화연구소가 그 출판을 제의한 것은 국사편찬위원회 측이 나와 상의 없이 출판을 예고하였다가 당시의 국편 위원장에게 보낸 내 항의서신으로 말미암아 출판을 포기하게 된 시기 이후일 것이다.

25 (월) 흐리고 때때로 부슬비

출판된 『端磎日記』의 내용을 내가 복사 제본해 둔 『端磎家曆日記』와 대조해 보았다. 정진영 씨는 해제에서 "현존하는 『端磎日記』는 金麟燮이 20세이던 1827년(순조 27)부터 시작하여 77세로 임종하기 직전인 1903년 7월에 이르기까지 근 57년간의 일기이다. 그러나 이 가운데 몇몇 해는 일기를 缺하고 있다. 그러나 〈年譜〉에 의하면 13세 되는 해부터 自省을 위해 일기를 쓰기 시작하여, 임종 직전까지 하루도 빠짐없이 65년간 계속되었다고 한다. 이로 미루어 볼 때 원래의 일기는 65년간에 걸친 巨帙이었으나, 전하는 과정에서 아마도 몇 해 분의 일기는 亡失하였던 것으로 생각된다."고 하였다. 그러나 내가 『동양철학』 창간호에 발표한 전게 논문의 주석 14번에서 "필자가 확인한 바로는 端磎는 14세인 1840년에서 卒年인 1904[1903]년까지의 일기를 남기고 있는데, 그 중 15세에서 19세까지의 부분만이 缺하고 나머지 59년간의 것은 현존하고 있다"고 밝힌 바와 같이, 정 씨가 缺落되었다고 한 부분 중 「庚子日用箚記」(1840, 金麟燮 14세) 6월 28일부터 11월 15일까지, 「丁未(綱目)日記」(1847, 21세), 「戊申日記」(1848, 22세), 「辛亥日記」(1851, 25세) 정월 1일부터 2월 10일까지의 부분이 나의 복사본에는 있으며, 총 962쪽으로 된 간본에서는 단계 김인섭의 일기 이외에 1840년부터 1966년까지 5대 127년간에 걸쳐 漢文으로 쓰인 그 가족의 여타 일기는 수록하지 않았음을 확인하였다. 또한 원문의 干支를 생략하였고, 표점을 붙인 것은 대부분 원본에 따랐지만 자세하지 않았다.

문석윤 교수로부터 동철연 회원들의 이메일 주소록 및 연락처 목록을 이메일로 받았다. 나는 동철연 회원인 연세대의 이광호 교수에게 이메일을 보내 문석윤 교수가 보내 준 '약력모음'에 보이는 이 교수의 논문 「남명과 퇴계의 학문관 비교」(2002)에 대한 보다 구체적인 서지사항을 알려줄 것을 요청하였다.

27 (수) 비
예문서원 사장인 오정혜 여사로부터 내 연구실로 전화가 걸려왔다. 그동안 여유가 없어 내 책의 출판에 따른 정산을 차일피일 미루어 온 것이 지금에까지 이르고 만 점을 사과하면서 다음 달 중으로 지급하겠다는 뜻을 말하였다.

28 (목) 맑음
본교 한문학과 대학원 출신으로서 ≪경남일보≫ 문화특집부 차장으로 있는 강동욱 군이 자신의 신문 연재물들을 모아 출판한 『남명의 숨결 —칼을 찬 선비』(서울, 나남출판, 2003)를 이메일로 한 부 주문하여 오늘 입수하였으므로, 그 내용을 훑어보고서 내 논문 「남명의 생애에 관한 약간의 문제」 중 明鏡臺 부분의 주석을 일부 보완하였다. 강 군은 남명과 관련한 장소들에 관한 종래의 내 고증을 완전히 무시하고 있다.

29 (금) 개었다가 오후 늦게 부슬비

충남대 철학과에 전임으로 부임한지 얼마 되지 않은 성균관대 유학과 출신의 김세정이라는 사람이 내 연구실로 전화를 걸어왔다. 내가 그 대학 유학연구소장 남명진교수의 회갑기념논문집에 기고한 논문 「『남명집』 중간본의 성립」 편집에 관한 용건이었다. 이 논문집은 원래 그 대학 『儒學硏究』誌의 특집호로 내려고 했다가 별도의 단행본으로 간행하기로 방침을 정했는데, 체제상의 통일을 위해 약간의 수정이 필요하다는 것이었다. 이 논문은 근자에 이미 발표한 적이 있는 것이므로 통일성을 기하기 위해 필요하다면 다른 부분은 적절히 편집해도 무방하다고 말했으나, 제목을 철학성이 있는 다른 것으로 바꾸었으면 좋겠다고 하는 의견에는 동의하지 않았다. 이 책은 금년 10월 25일에 봉정식을 거행할 예정이라고 한다.

31 (일) 흐리고 밤에는 부슬비

안동에서 사 온 책들 가운데서 齋藤哲郎 『中國革命と知識人』 등을 훑어보았다. 『중국혁명과 지식인』을 통하여 내가 臺灣大學 대학원 철학과(철학연구소)에 유학하던 시절 은사였던 嚴靈峰 선생이나 거기서 이른바 '오이환사건'이 발생했을 때 나를 적극적으로 옹호해 준 『中華雜誌』의 주필 胡秋原 씨는 젊은 시절 중국 본토에서 모두 일세를 풍미하던 공산주의 진영의 논객이었음을 알았다. 나는 당시 曾心儀 기자를 따라 밤에 胡秋原 씨를 자택으로 방문한 적이 있었다.

9월

1 (월) 부슬비

오늘부터 2학기가 시작되므로 오전 중 일반대학원의 송명이학연습 첫 수업에 들어갔다. 이 수업에는 이번 학기에 박사과정의 김경수·구자익·조덕제 세 사람이 수강하게 되는데, 강의계획서를 배부하고서 四部叢刊本『王文成公全書』를 텍스트로 하여 王守仁의 語錄인『傳習錄』을 윤독한다는 것을 설명하고서 참고서적들을 소개하였다.

4 (목) 맑음

1·2교시에 학부의 한국유학특강 첫 수업을 실시하였다. 이 수업에서는 鹿門 任聖周의『鹿門集』권19에 수록된「鹿廬雜識」와「散錄」을 윤독할 예정이다.

6 (토) 맑으나 더움

오늘자 ≪경남일보≫를 통하여 남명학연구원의 前 이사장인 권순찬 씨가 향년 79세로 5일 오전 6시 20분 삼성 서울병원에서 별세했다는 소식을 접했다. 권 씨는 김경수 군을 연구원의 사무국장 직에서 물러나게 하고, 나까지도 연구원의 일로부터 손을 뗄 결심을 하게 만든 장본인이다. 권 씨의 병명은 폐암이었다.

8 (월) 맑으나 아직 무더움

연세대학교 철학과의 이광호 교수로부터 내가 지난번에 이메일로 당부했었던 그의 논문「남명과 퇴계의 학문관 비교」(『동방학지』120집, 연세대학교 국학연구소, 2002)에 관한 서지사항과 더불어 그 논문의 파일이 첨부되어져 왔으므로 그 논문을 읽어 보았다.

9 (화) 흐리고 퇴근 무렵 비

韓國實學學會와 韓國思想史學會의 홈페이지에 접속하여 그 내용을 둘러보다가, 한국사상사학회의 종신회비 30만 원을 인터넷뱅킹으로 송금하고서 회원가입신청서를 작성하여 이메일로 발송했다. 나는 우연한 기회에 이 학회의 기관지 창간호에다 「南冥集板本考—來庵刊本을 중심으로—」를 발표한 바 있었는데, 그 이후 회비를 납부한 적이 없었기 회원 자격이 상실된 모양이다. 차제에 내 통장에 예문서원으로부터 『한국의 사상가 10인—남명 조식』의 편집비 100만 원 중 세금을 공제한 액수가 입금되어 있음을 확인하였고, 예문서원의 오정혜 사장으로부터 『동아시아의 철학사상』 500부의 인세는 차후에 입금하겠다는 전화 연락을 받았다.

10 (수) 흐리고 이따금 부슬비

오전 중 「남명의 생애에 관한 약간의 문제」를 다시 읽으면서, 이 논문을 가을 학술대회에서 발표할 예정인 새한철학회의 기관지 『철학논총』 투고 규정에 따라 입력 형식을 수정하고 내용도 다시 퇴고하는 작업을 시작했다.

12 (금) 태풍

오전까지 많은 비가 내렸으나 점심 무렵에는 잠시 그쳤는데, 혼자서 평소의 코스로 산책하고서 돌아온 후, 오후에는 논문 「남명의 생애에 관한 약간의 문제」 입력 작업을 계속하였다. 200자 원고지 100매 정도의 분량이 되었는데, 이쯤해서 대충 마쳐도 될 듯하다.

13 (토) 쾌청

종일 작업하여 논문 「남명의 생애에 관한 약간의 문제」를 탈고하였다. 200자 원고지 110매 정도의 분량이 되었다.

15 (월) 흐림

왕양명의 著述無用論을 담은 『전습록』 상권 11장의 요지를 카드화하였고, 오후에는 지난주에 탈고한 논문 「남명의 생애에 관한 약간의 문제」를 새한철학회의 기관지 『철학논총』 최근호의 투고 규정에 따라 글꼴을 휴먼신명조체로 바꾸고 그 내용을 퇴고하였다.

16 (화) 맑음

오후에는 「남명의 생애에 관한 약간의 문제」에 대한 퇴고를 마치고서, 이를 이미 예정되어져 있는 금년도 가을 발표회에서의 내 발표논문으로 삼아 새한철학회 회장인 대구가톨릭대학교 인문대학 철학과의 조주환 교수에게 이메일로 송부하면서, 그 학회 기관지인 『철학논총』 제32집 제3호에 기고한 것으로 처리해 달라고 했다. 나는 이 학회지의 직전 號인 32집 2호에 「『남명집』 중간본의 성립」을 실은 바 있다.

17 (수) 맑음

새 논문 「남명과 自得—양명학과의 관련을 중심으로—」의 집필을 위한 준비 단계로서 얼마 전에 연세대학교의 이광호 교수로부터 이메일로 받은 남명과 퇴계의 학문관에 관한 논문을 다시 한 번 읽기 시작했다.

23 (화) 맑음

어제 우송되어져 온 『오늘의 동양사상』 제9호(예문동양사상연구원, 2003년 가을·겨울)를 훑어보고, 그 가운데서 홍원식 교수의 논문 「주륙화회론과 퇴계학의 심학화」를 읽으며 카드화하였다.

오늘 서재 책상 서랍 속의 산악회 등산안내문들 가운데서 이미 시기가 지난 것들을 골라내고 있는 도중에 그 속에 섞여 있는 이광호 교수 논문의 독서카드를 찾아내었다.

25 (목) 맑음

충남대 철학과 조교인 이영자 양으로부터 남명진 교수 회갑기념논총에 실릴 내 논문 「『남명집』 중간본의 성립」 교정쇄가 이메일로 부쳐져 왔으므로, 오후에는 그 교정 작업에 착수하였다. 본문의 한자에는 괄호 속에 한글 음을 달아 두었고, 한글 및 외국어로 된 요약문 등이 삭제된 외에는 내용상 별로 달라진 점이 없었다. 2000년에 영남대 민족문화연구소로부터 출판된 『端磎日記』에 관한 내용을 각주에다 추가해 두었다.

27 (토) 맑음

엊그제 오후 6시 23분에 이메일로 나온 '학칙 개정에 대한 사회대 평의회 성명서'에 호응하여, 오늘 오전 10시 55분에 내가 전체 회신의 방식으로 다음과 같은 내용의 글을 발표했다.

　　본교의 현 집행부는 교수평의원회의 의사를 정면으로 무시한 총장선거에 관한 합의안을 전격적으로 도출한 데 이어, 규정이 명시하고 있는 대학평의원회의 심의·의결 과정을 거치지 않고서 대학평의원회의 의결권을 삭제한 새 학칙을 제정하여 공포하였다. 교수총회를 통과한 그 규정은 직원들의 행정처리 거부로 말미암아 공포되지 못하였기 때문에 구속력을 가지지 않는다는 것이 그 명분이다. 제7대 총장선거관리위원장으로 호선된 백좌흠 교수회 부회장은 취임 첫 발언으로서, 이번에 마련된 새 학칙이 공포되지 못하면 자신은 선관위 위원장의 직을 사퇴하겠다는 의사를 표명한 바 있었다. 현재의 전체교수회가 이 새로운 학칙의 제정 과정에 총장 직대 측과 사전에 교감을 가지고서 공동보조를 취하고 있음을 보여주는 대목이라고 하겠다. 이에 본인은 지난 5월에 작성했으나 그동안 발표를 보류해 두었던 글을 첨부하여, 현재의 학내 사태에 대한 교수님들의 보다 깊은 이해를 환기하고자 하는 바이다.

여기에 금년 5월 27일에 탈고한 「진보와 대학민주주의」라는 글의 파일을 첨부하였는데, 그 내용은 김덕현 전체교수회장을 비롯한 현 교수회 집행부 및 조병진 총장직무대행과 그 보직자들의 비민주적인 행태를 폭로하는 내용이다.

29 (월) 맑음
오전 중『전습록』상권의 카드화와 오후에는「『남명집』중간본의 성립」교정 작업을 계속하였다.

30 (화) 맑음
남명진교수회갑기념논총에 실을「『남명집』중간본의 성립」교정 작업을 마치고서 오전 10시 반 무렵에 팩스로 이화출판사에 부쳤으나, 조교가 전화로 출판사 측에다 연락해 본 결과 팩스 상태가 선명치 못하여 인쇄 착오가 생길 수 있으니 이메일로 보내달라고 한다 하므로, 그 내용을 다시 파일로 작성하여 오후 4시 5분에 전송하였다. 『남명학보』창간호에 실린 연세대학교 李光虎 교수의 논문「남명과 퇴계의 상호비판과 응답」을 읽기 시작하였다.

10월

1 (수) 흐림
이광호 교수의 논문「남명과 퇴계의 상호비판과 응답」을 거의 다 읽었다.
밤에 안동대 국학부의 신상현 교수로부터 내 휴대폰으로 전화가 걸려 왔다. 이미 새한철학회 회장에게로 송부한 내 논문「남명의 생애에 관한 약간의 문제」가 가을 학술발표회의 실무를 맡아 있는 그에게 아직 입수되어 있지 않다고 하므로, 내일 그의 이메일 주소로 다시 부쳐주기로 하였다.

2 (목) 맑음

출근 직후에 안동대 신상현 교수에게로 가을 발표회 원고를 새로 부쳤고, 이광호 씨의 논문 「남명과 퇴계의 상호비판과 응답」 카드화를 마친 다음, 지난번에 읽었던 이광호 씨의 후속 논문 「남명과 퇴계의 학문관 비교」를 새로 읽으며 카드화하였다.

6 (월) 맑고 서늘한 가을 날씨

이광호 교수의 논문 「남명과 퇴계의 학문관 비교」 카드화를 마친 다음, 『남명학연구』 제9집(1999)에 실린 고려대 李東歡 교수의 논문 「남명·퇴계 양 학파의 사상 특성에 관한 몇 가지 문제 제기」 및 한국정신문화연구원 丁淳佑 교수의 논문 「남명 공부론에 나타나는 초월과 관여의 두 흐름」을 읽고서 카드화하는 작업도 마쳤다.

7 (화) 맑음

한국정신문화연구원 韓亨祚 교수의 논문 「남명, 칼을 찬 유학자」(『남명 조식, 칼을 찬 유학자』, 수원, 청계, 2001)를 새로 읽어보며 카드화하는 작업을 시작하였다.

8 (수) 맑음

「남명, 칼을 찬 유학자」를 계속하여 읽었다.

9 (목) 맑음

한형조 씨의 논문을 계속하여 읽었다.

11 (토) 맑음

「傳習錄」의 카드화 작업을 계속하였다.

13 (월) 비

韓亨祚 교수의 논문 「남명, 칼을 찬 유학자」의 카드화를 마쳤다.

15 (수) 맑음

　울산대학교 철학과 손영식 교수의 논문 「남명 조식의 주체성 확립 이론과 사림의 정신」을 새로 읽으며 카드화하기 시작하였다. 이 논문은 원래 나의 주선으로 사단법인 남명학연구원의 기관지인 『남명학연구논총』 제4집(1996)과 제7집(1999)에 두 차례에 걸쳐 실렸던 장편인데, 그 이후 손 교수가 같은 서울대 철학과 동문인 조남호 군과 공저로 『남명 조식의 철학사상연구』(서울대학교출판부, 2002년 10월 30일)를 간행할 때 그 전반부에 실렸고, 내가 편집한 『한국의 사상가 10인—남명 조식』(서울, 예문서원, 2002년 12월 20일)에도 전재된 바 있었다. 나는 손 교수가 새로 손질하여 다듬은 『남명 조식의 철학사상연구』에 실린 것을 중심으로 하여, 나머지 문헌들에 실린 것도 참조하여 정독해 나가면서 카드화하고 있다. 내가 이즈음 읽고 있는 논문들은 대부분 한국학술진흥재단에 연구비를 신청해 둔 「남명과 自得—양명학과의 관계를 중심으로—」의 착수를 위한 준비 작업에 관련된 것이다.

16 (목) 맑음

　오전 중 『南冥院報』 제31호(2003년 9월)를 읽어보았다. 그 첫머리에 한국정신문화연구원의 韓亨祚 교수가 쓴 時論 「남명은 주자학자인가, 양명학자인가?」가 실려 있었다. 울산대 손영식 교수와 더불어 남명이 양명학적 사상을 지닌 인물이라고 주장해 온 대표적 논자 중 한 사람인 韓 교수는 이 글에서 최근 손영식 교수가 『남명학연구』 제15집에서 「조식 철학으로 들어가는 두 개의 통로」라는 논문을 발표하여 나를 비롯한 몇 사람들이 남명은 양명학자가 아니라고 주장한 것을 신랄하게 반박한 데 대해, 결론적으로 퇴계나 남명이 "둘 다 공히 주자학적 교양과 훈련을 통해 서로 다른 개성에 이르렀다. 아니, 서로 다른 생래적 기질이 서로 다른 주자학을 했다는 편이 맞지 않겠나 싶다"는 견해를 제시하고 있다. 결국 한 씨는 종전의 자기주장을 철회했을 뿐 아니라 손 교수의 견해를 비판하고서 나의 견해에 동조한 셈이다.

또한 이 원보를 통해 우리 가족이 유럽을 여행하고 있었던 기간 중인 금년 7월 27~28 양일간 중국 西安의 서안교통대학과 翠華山莊에서 남명학연구원과 중국 측의 국제남명학연구회가 공동으로 주최한 국제학술대회가 개최되었고, 한국 측에서는 金忠烈 원장을 비롯하여 韓相奎 상임연구위원, 부경대학 高康玉 교수, 전북대학 黃俊淵 교수, 대구교육대학 張潤洙 교수가 참가한 사실을 알았다. 그 상세한 상황을 보고한 김충렬 교수의 「西安紀行─關學과 南冥學 國際會議 참석 報告를 겸하여─」도 읽어 보았다.

17 (금) 맑음
『남명원보』제31호 중 한형조 씨의 글 「남명은 주자학자인가, 양명학자인가?」를 다시 읽으며 카드화하였다.

18 (토) 맑음
손영식 교수의 논문 「남명 조식의 주체성 확립 이론과 사림의 정신」을 계속하여 읽으며 카드화하였다.

19 (일) 맑음
손영식의 논문 중『남명학연구논총』제4집에 실렸던 제1편 부분까지의 카드화를 마쳤다.

21 (화) 맑음
손영식 교수의 논문 제2부를 읽으며 카드화 하는 작업을 시작하였다.

22 (수) 맑음

손영식 씨의 논문을 계속하여 읽었다.

23 (목) 맑음

손영식 씨 논문의 카드화 작업을 계속하였다.

24 (금) 맑음

산책을 마치고서 연구실로 돌아오는 길에 남명학관 101강의실에서 개최되는 2003년도 경남문화연구원 추계 학술대회에 들러 그 발표논문집 『晉州圈地域 古文獻의 所藏現況』을 한 부 얻어서 오후에는 그 내용을 검토해 보았으며, 다섯 시 무렵에 다시 그곳으로 가서 반시간 정도 종합 토론에 참석하였다. 이 모임은 본교 경남문화연구원 경남문화연구센터가 주관한 것인데, 사범대 역사교육과의 김준형 교수가 그 센터의 장을 맡고 있다.

남명학연구소와 더불어 경남문화연구원으로 통합된 舊 경남문화연구소인 현재의 경남문화연구센터는 이미 2000년에 의령지역 고문헌에 대한 조사를 진행하여 보고서를 낸 적이 있었고, 작년 12월 이래로 한국학술진흥재단의 지원하에 현재의 진주시뿐만 아니라 조선시대 晉州牧 지역의 각 가문에 소장되어 있는 고문헌을 조사하였다. 이번 학술대회는 이 조사에 참여했던 사람들이 발굴된 문헌을 종류별로 나누어 분석 정리한 것을 발표 토론하는 자리이며, 앞으로는 경남 서부 전역에 대한 문헌 조사를 마무리 지은 후 발굴된 전체 자료의 분석 정리 작업을 추진할 예정이라고 한다.

오늘은 오후 1시부터 모임을 시작하여 이상필·김해영·채휘균·원창애·사재명·김준형 등이 文集類, 기타 典籍類, 호적 관련 문서, 官과 관련된 문서, 기타 각 종류의 문헌들에 대한 조사 보고와 분석을 행하였고, 한문학과의 H·윤호진 교수가 토론을 맡았다. 모임이 끝난 후 나더러도 저녁 회식에 동참하라는 권유가 있었지만, 평소 나와 사이가 좋지 못한 한문학과 교수들과 합석하는 것이 서로에게 스트레스가 될 듯하여 사절하고서 귀가하였다.

25 (토) 맑음

충남대학교 철학과 교수이자 이 대학 유학연구소장인 畊隱 南明鎭 교수의 회갑기념논총 봉정식이 오늘 정오에 유성 아드리아호텔 2층 사파이어 홀에서 열리는데, 거기에 내 논문 「『남명집』 중간본의 성립」이 실려 있을 터이므로, 오전 9시 발 우등고속버스로 대전을 향해 출발하였다. 대진고속도로를 경유하여 2시간 후인 11시 무렵 대전 동부터미널에 도착하였고, 아직 시간적 여유가 있으므로 모처럼 시내버스를 타고서 유성으로 향했다. 초청장에는 "축필 및 원고를 보내주신 분들을 모시고" 봉정식을 갖는다고 되어 있으나, 그 외에도 일가친척이나 남 교수와 학문적 인연이 있는 이들이 제법 와 있었다. 내 논문이 실린 논총은 『東洋哲學과 現代社會』(대전, 이화, 2003)라는 제목으로 오늘 날짜로 충남대학교 유학연구소의 유학연구총서4로서 간행되어 있었다.

이 책 외에도 남명진 교수와 그의 지도하에 『正易』을 중심으로 『周易』을 연구하는 제자들이 중심이 되어 『周易과 韓國哲學』(대전, 도서출판 문진, 2003)이라는 책자가 한 권 더 간행되어 있었다. 남 교수는 역학을 전공하는 것으로 되어 있는데, 조선 말기에 金恒이라는 사람이 저술한 『正易』에 대한 연구가 그 근간을 이루는 모양이었다. 남 교수는 한학자인 卉軒 南敎寬의 장남으로서 논산군 두마면(현 계룡시)에 태어나 충남대학교 철학과에 재학하던 젊은 시절부터 그 대학 총장을 지낸 鶴山 李正浩 및 觀中 柳南相 교수의 문하에서 수학하였는데, 그들은 모두 『正易』의 연구가로서 알려져 있는 이들이다. 남 교수의 은사인 유남상, 申東浩 교수 등은 오늘의 회갑축하연에도 참석해 있었다. 충남대학교의 『정역』을 중시하는 이러한 전통은 이 논문집에 뚜렷하게 드러나 있는데, 이 책은 계룡산의 신흥종교와도 깊은 관계가 있는 것으로 알고 있다.

28 (화) 아침에 비 온 후 개임

손영식 논문의 카드화 작업을 계속하여 '관문의 이미지' 제1절까지를
마쳤다.

29 (수) 맑음

손영식 씨의 121페이지에 달하는 장편 논문 「남명 조식의 주체성 확
립 이론과 사림의 정신」 카드화를 마쳤으며, 이어서 최근에 나온 손영식
씨의 나에 대한 반론 「조식 철학으로 들어가는 두 개의 통로—좁은 문으
로 들어가라—」를 마지막으로 읽으며 카드화하기 시작하였다.

30 (목) 맑음

손영식 논문의 카드화를 마쳤다. 이로써 일단 손 교수에 대한 반론을
집필할 준비는 모두 마친 셈이지만, 손 씨의 논문을 통해 금년 중 철학과
후배인 丁垣在 씨의 서울대학교 박사학위논문 「지각설에 입각한 이이
철학의 해석」(2001년)을 둘러싸고서 『오늘의 동양사상』 제8호(봄·여름)
와 제9호(가을·겨울) 및 예문동양사상연구원 홈페이지의 '논과 쟁'을 통
해 전개된 열띤 논쟁도 손 씨의 주장과 무관한 것이 아님을 알았기 때문
에 그 논쟁까지 읽어보기로 마음먹었다.

새한철학회로부터 11월 8~9일 이틀간에 걸쳐 경북 경산시 하양읍에
있는 대구 가톨릭대학교 인문관에서 개최될 이 학회의 가을학술발표회
안내장이 우송되어져 왔다. 8일 오전 11시부터 11시 50분까지 내가 「남
명의 생애에 관한 약간의 문제」를 발표하고, 이에 대해 계명대의 안영석
박사가 논평하는 것으로 인쇄되어져 있었다.

31 (금) 맑음

오전 중 남명학연구원이 보내 온 상임연구위원 조희환 교수의 저서
『산뜻한 아침의 나라 한반도와 국운』 및 『傳習錄』 상권을 계속하여 읽었
고, 오후에는 1995년 10월 21일에 본교에서 개최된 영남철학회 정기학

술발표회 발표논문집 『형이상학과 반형이상학』을 배석원 교수로부터 빌려, 그 가운데서 울산대 손영식 교수의 논문 「중국철학에서 반형이상학의 전통―노자 철학의 경우―」에 대한 카드화를 마쳤다. 이어서 그것에 대한 고려대 이승환 교수의 논평문을 읽기 시작했다. 손 교수의 이 글은 그가 「남명 조식의 주체성 확립 이론과 사림의 정신 (1)」을 발표하기 1년 전에 나온 것인데, 두 논문의 논조에 서로 공통되는 점이 있었다.

11월

3 (월) 맑음

8일에 있을 새한철학회의 가을학술발표회에 대비하여 내가 발표할 논문 「남명의 생애에 관한 약간의 문제」를 출력하여 그 날 읽을 부분을 대충 표시해 두었다. 손영식 씨의 영남철학회 발표논문에 대한 고려대학교 이승환 교수의 토론문까지를 다 읽고 난 후 그 당시 계명대 홍원식 교수가 발표했던 논문과 그것에 대한 내 토론문을 포함시켜 출력하여 제본해 줄 것을 조교에게 당부하였다.

5 (수) 흐림

아침에 권오민 교수와 둘이서 둔철산 중턱 일대를 산책하였는데, 간디학교 양희규 교장 자택의 신축공사 현장에 걸터앉아서 내가 권 교수에게 한국학술진흥재단의 선도연구자 지원에다 나와 마찬가지로 연구과제를 신청해 둔 것이 채택된다면 권 교수의 연구보조원인 구자익 군에게는 어떻게 연구비를 배분할 것인지 물어보았다. 권 교수는 책값 정도를 구자익 군에게 주고서 그 책을 구입한 영수증은 권 교수 자신도 필요하므로 자기에게 달라고 할 예정이라고 하였고, 내가 연구보조원으로 신청서에 올린 학생에게 아무 일도 시키지 않으면서 그냥 돈을 주고 있다는 소문이 인문대학에 이미 퍼져 있으나, 다른 사람들을 불편하게 할 수 있으니 그런 말은 더 이상 입 밖에 내지 않는 것이 좋으리라고 충고하였다.

권 교수의 집을 떠나 외송마을 어귀의 식당에서 해장국백반으로 조식을 든 다음, 임형석·김경수 군은 구자익 군의 타를 타고서 진주 시내로 향하고, 나는 권오민 교수의 차에 동승하여 인문대학으로 돌아왔다.

어제 우송되어져 온 『일본중국학회보』를 마저 훑어보았고, 출력해 둔 나의 새한철학회 발표논문 「남명의 생애에 관한 약간의 문제」를 다시 한 번 읽어보면서 발표장에서 읽을 부분을 점검하였다.

6 (목) 맑음

阿部吉雄 東京大學 명예교수의 글 「朝鮮의 陽明學」(『陽明學大系』 제1권 『陽明學入門』, 東京, 明德出版社, 1971)을 읽으며 카드화하였고, 이어서 『오늘의 동양사상』 제7호(2002년 가을·겨울호, 예문동양사상연구원)에 실린 머리말과 영산대학교 교양학부 이상익 교수의 논문 「율곡 이이는 지각론자인가─정원재 박사의 〈지각설에 입각한 이이 철학의 해석〉에 대한 반론」을 읽으며 카드화하는 작업을 시작하였다.

7 (금) 맑음

오전 11시부터 퇴근 시간까지는 남명학관 남명홀에서 개최된 본교 남명학연구소의 2003년 제2차 학술대회(국제학술대회)에 참석하였다. '17~8세기 동아시아의 학술동향과 남명학의 전개'라는 대주제하에 오전에는 일본 東京에 있는 國際基督敎大學 교양학부 사회교육과 학과장인 小島康敬 교수가 「〈先王同文の治〉─太宰春台と朝鮮通信使」를 발표하고, 미국 하버드대학교에서 일본사상사 전공으로 박사학위를 취득하고서 현재 東京의 소피아대학교에 근무하는 Kate Wallad Nakai라는 여교수가 보내온 「新井白石の儒學思想」이라는 논문의 한국어 번역문을 본교 한문학과의 張源哲 교수가 읽었으며, 明末淸初 四大 思想家의 한 사람으로 지목되기도 하는 唐甄 연구로 박사학위를 취득하고 그의 主著 『潛書』를 완역 출판한 바 있는 성산효도대학원 효도학과의 金德均 교수가 「唐甄의 政治思想에 나타난 17세기 中國儒學」을 발표하였다. 오전의 발표자는 모두 장원철 교수가 교섭하여 데려온 모양이었다.

早稻田大學 출신으로서 일본의 惠泉女學園大學에 근무하는 일본사상사 전공의 澤井啓一 교수는 한국일본사상사학회 모임을 통하여 나와는 구면인데, 다년간 만나지 못했음에도 불구하고 나를 잘 기억하고 있었다. 그가 오늘 첫 발표 논문의 토론자로서 초청된 早稻田大學 출신이며 한국 淑明女子大學校에 외국인교수로 부임해 있는 片岡龍 씨, 그리고 자신의 부인으로서 본교 국문과 대학원에 금년 3월부터 재학 중인 澤井理惠 씨 등 일본인 참가자 전원을 소개해 주었다. 澤井理惠 씨는 국문과의 유재천 교수를 지도교수로 하여 현재 진주시내에다 원룸을 얻어두고서 지내고 있다는 것이었다. 澤井 씨 부부는 현재 韓日交流誌 『STESSA(영어로 'Self' 라는 의미의 이탈리아어)』를 4호까지 발간하고 있어 내게도 세 부를 갖다 주었는데, 이 잡지는 그들 내외가 각각 발행인과 편집인으로 되어 있고, 장원철 교수는 슈퍼바이저라는 직함을 가지고 있었다. 오늘 모임도 그렇지만 본교 남명학연구소의 국제학술회의에는 대체로 일본 早稻田大學과 한국 고려대학교 출신자의 참여가 많은데, 이 모두가 장원철 교수와 澤井啓一 씨의 밀접한 교류로 말미암은 것이며, 澤井 부인의 한국 유학 및 지난번 국제학술대회 때 早稻田大學의 土田健次郎 교수가 참가했던 것 역시 그러한 인연에 의한 것인 모양이었다.

오전 발표 시간에 나는 부산교통의 曺玉煥 사장과 나란히 앉아 있었고, 교직원식당에서 점심도 함께 들었다. 남명학연구원의 사무국장을 퇴임한 지 여러 해가 되는 金敬洙 군에게 왜 아직도 퇴직금을 주지 않는지 넌지시 물었더니 조 사장의 표정이 좀 굳어졌다.

오후에는 본교 한문학과의 崔錫起 교수가 「17-8세기 學術動向과 星湖 李瀷의 經學」, 진주교대 金洛眞 교수가 「17-8세기 嶺南의 學術動向과 朴泰茂의 性理學」, 정신문화연구원 교수로서 사단법인 남명학연구원 상임연구위원인 朴炳鍊 교수가 「南冥學派 盛衰過程의 特性과 士林의 動向」을 발표하였다. 이어서 본교 교수회장인 金德鉉 교수의 사회로 종합토론이 있었는데, 나는 오전 발표에 대한 片岡龍, 澤井啓一, 龍仁大 李東哲 교수의 토론까지를 방청하고서 퇴근 시간에 맞추어 자리를 떠서 귀가하였다.

8 (토) 흐리다가 비

새한철학회의 가을학술발표회가 있는 날이라 아침 7시 40분 발 우등고속버스로 진주를 출발하여 동대구터미널에서 하차한 다음 818번 시내버스로 갈아타고서 경북 경산시 하양읍 금락리에 있는 발표회장인 대구가톨릭대학 인문관에 도착하였다. 동양철학 분과회의 장소인 210호실에 들어서니 첫 번째 발표자의 발표가 이미 중반에 접어들어 있었다. 내가 준비해 간 발표문을 발표자료집에 인쇄된 것과 대조하여 읽을 부분을 새로 표시하고서, 내 논문의 토론자인 안영석 박사의 토론문을 한 번 훑어본 다음 바로 발표에 들어갔다. 나의 발표와 안 박사의 논평 및 내 답변을 끝으로 오전의 동양철학 분과회의가 모두 끝났다. 참석자는 10명 내외에 지나지 않았지만, 내 논문에 대한 반응은 매우 좋았다.

빗속에 사회자인 영남대학교 최재목 교수의 차에 동승하여 교수회관 안에 있는 교직원식당으로 이동하여 점심을 든 다음, 역시 최 교수의 차에 동승하여 귀가 길에 올랐다. 최재목 교수가 근무하는 영남대학교 입구의 버스 정류장에 하차하여, 다시 시내버스로 갈아타고서 동대구터미널로 돌아온 다음, 오후 3시 10분에 출발하는 고속버스를 타고서 진주로 돌아왔다.

10 (월) 부슬비

남명학연구소 학술대회 발표논문집 가운데서 小島康敬 씨의 「先王同文의 治—太宰春台와 조선통신사」 및 이에 대한 片岡龍 씨의 토론을 다 읽고서, 김덕균 씨의 「唐甄의 정치사상에 나타난 17세기 중국유학」을 훑어보았으며, 『남명학연구』 제11집(2001년)에 실린 土田健次郎 교수의 논문 「『學記類編』을 通해서 보는 南冥의 性理學的思惟의 特色」을 새로 읽으며 카드화하기 시작했다.

11 (화) 때때로 부슬비 내린 후 개임

남명학연구소의 지난주 학술대회 발표논문집 중 최석기 씨의 「17~8 세기 학술동향과 星湖 李瀷의 經學」을 다시 읽으며 카드화 하였고, 김낙진·박병련의 논문도 다시 한 번 훑어보았다. 그리고서 土田 논문의 카드화 작업을 마친 다음, 『오늘의 동양사상』 제7호에 실린 이상익의 글 「율곡 이이는 지각론자인가―정원재 박사의 〈지각설에 입각한 이이 철학의 해석〉에 대한 반론」을 계속하여 읽기 시작했다.

12 (수) 부슬비

지난주 토요일 새한철학회 가을학술대회에서 발표한 내 논문 「남명 조식의 생애에 관한 약간의 문제」를 다시 한 번 읽어보았다. 이어서 『오늘의 동양사상』 제7호(2002년 가을·겨울)에 실린 영산대학교 이상익 교수의 「율곡 이이는 지각론자인가―정원재 박사의 〈지각설에 입각한 이이 철학의 해석〉에 대한 반론」의 카드화를 마친 다음, 이에 대한 정원재의 반론인 「이이, 찬찬히 읽기와 체계로써 말하기―이상익 교수의 〈율곡 이이는 지각론자인가〉에 대한 답변」을 훑어보았고, 『오늘의 동양사상』 제8호(2003년 봄·여름)에 실린 이상익의 「율곡 이이는 지각론자인가(Ⅱ) ―정원재에 대한 재반론」과 정원재의 「구절주의와 심판관의 태도」, 그리고 『한국 사상과 문화』 제21집(한국사상문화학회, 2003.9)에 실린 이상익의 논문 「栗谷에 있어서 理와 氣의 相互主宰와 그 의의」도 훑어보았다.

13 (목) 맑음

영남대 인문학부(철학전공)의 崔在穆 교수가 지난 주말에 만났을 때 약속했던 바와 같이 올해 5월에 출판된 그의 王陽明 評傳 『내 마음이 등불이다―왕양명의 삶과 사상』(서울, 이학사, 2003, 나루를 묻다 02)을 우송해 왔으므로 그 내용을 훑어보기 시작하였다.

14 (금) 맑음

최재목 교수가 보내온 책을 읽으며 카드화하는 작업을 일단 마쳤다.

15 (토) 맑음

최재목 씨의 책 『내 마음이 등불이다—왕양명의 삶과 사상』을 처음부터 새로 읽어나가기 시작했다.

25 (화) 맑음

「散錄」을 끝으로 이번 학기의 학부 한국유학특강 과목의 텍스트였던 『鹿門集』권19 雜著를 다 읽었고, 이어서 『내 마음이 등불이다—왕양명의 삶과 사상』도 마저 읽었다.

점심 때 안상국 교수와 더불어 정촌면 화개리의 화동 입구에 위치한 서라벌가든으로 가서 추어탕으로 점심을 들었다. 최근 한문학과의 H 교수도 학장 출마 의사를 밝히고서 본격적인 선거 운동에 착수하는 등 학장 출마 의사를 표명한 사람이 네 명에 달했으며, 선거를 관리하는 교수회의 명의로 당부 내용을 포함한 이메일을 발송했음에도 불구하고 여전히 교황선출방식의 원칙이 지켜지고 있지 못한 점에 대한 대책을 협의하고서, 그 일대의 시골 마을을 드라이브하여 학교로 돌아왔다.

26 (수) 맑음

다음 학기의 일반대학원 수업에 대비하여 내가 소장하고 있는 崔致遠 관계 문헌들을 찾아서 대조 검토해 보았다.

29 (토) 맑음

『傳習錄』상권을 마저 읽고서, 중권 및 그 중 「又答陸原静書」에 대한 錢德洪의 서문과 발문, 「大學古本序」를 다 읽고, 「大學問」중의 三綱領에 대한 설명까지를 읽었다. 이번 학기 일반대학원 박사과정에서의 수업은 상권까지로써 그치고, 중권 이하는 다음 학기의 학부 수업에서 계속할 생각이다.

12월

1 (월) 맑음

『傳習錄』 상권 117조를 끝으로 일반대학원 박사과정의 송명이학연습 수업을 종강하였다.

2 (화) 맑음

내가 며칠 전 구내서점을 통해 주문해 두었던 崔英成의 저서 『崔致遠의 哲學思想』(서울, 아세아문화사, 2002)과 최영성이 번역한 『譯註 崔致遠全集』(서울, 아세아문화사, 1999)이 입수되었으므로 그 내용을 훑어보았다. 후자는 모두 네 책으로 되어 있는데, 오늘 배달된 것은 『四山碑銘』과 『孤雲集』을 각각 번역한 제1·2책뿐이었으며, 『桂苑筆耕集』을 다룬 3·4책은 빠져 있었으므로, 구내 서점에 다시 연락하여 나머지 부분도 구해줄 것을 당부하였다.

평소처럼 교직원식당으로 향하기 위해 인문대 건물 입구를 나서다가 학장 선거 출마 의사를 밝힌 불문과 서연선 교수에게 끌려나와 함께 점심 식사하러 가는 권오민 교수를 우연히 만나, 그들에 동행하여 문산의 수궁어탕집으로 가서 점심을 들고 돌아왔다. 권오민 교수는 나와 마찬가지로 한국학술진흥재단의 2003년도 선도연구자지원에 과제를 신청하였었는데, 오늘 둘 다 선정되지 못했음을 확인하였다. 나는 평소 자신이 연구비를 타서 그 중 상당 부분을 시킬 일이 아무 것도 없는 제자들에게 연구보조원이라는 명목으로 나눠주는 문제에 대해 적지 않은 당혹감을 느껴 온 터이므로, 이런 결과가 시원하기도 하고 한편으로는 섭섭하기도 하다. 권 교수는 근년 들어 몇 차례 지원하여 한 번도 선정되지 못하였으므로 앞으로는 한평생 학진의 연구비를 신청하지 않겠다고 말하고 있었다. 이번에 선정된 남명학연구원 상임연구위원이기도 한 鄭羽洛 영산대학교 교수의 과제「士林派 文人의 類型과 隱求型 士林의 戰爭體驗—南冥學派의 경우를 중심으로—」의 연구개요를 검토해 보았는데, 내 것보다 다섯 배 정도는 길었다.

4 (목) 맑음
오늘 학부 강의 한국유학특강의 「鹿廬雜識」를 끝으로 금년도의 교실 수업을 모두 마쳤다.

6 (토) 아침에 비 온 후 개임
지난 11월 18일자로 새한철학회의 학술이사 신상형 씨가 이메일을 보내와 대구가톨릭대학교에서 열린 가을학술대회 때 발표한 논문이『철학논총』35집에 실리기 위해서는 학회 홈페이지로부터 편집 양식을 다운로드 하여 그 양식에 맞게 논문을 편집·교정 한 후 12월 15일까지 안동대학교의 자기 이메일 주소로 보내달라고 하였으므로, 오늘 중 한글 및 일본어 요약문과 주제 분야 및 주제어 작성을 마쳤다. 편집 양식은 지난번에 내려 받은 것이 있지만, 이미 작성된 논문을 오늘 그 양식으로 불러와 편집해 보았으나 잘 되지 않았다.

8 (월) 맑으나 추움
오전 중 어제 작성해 둔 새한철학회의 기관지『철학논총』제35집에 기고할 논문「남명의 생애에 관한 약간의 문제」의 한글 및 외국어 요약문을 퇴고한 후 본문 및 다운로드 받은 양식과 함께 조교에게 주어 학회의 지정된 양식에 따라 편집하도록 하였다. 퇴고하는 과정에서 흔글 2002를 통해 일본어를 보다 효과적으로 입력할 수 있음을 스스로 터득하였으므로, 예전에 박사학위논문 작성을 위해 東京의 아키하바라 전자상가에서 사 온 워드프로세서는 전혀 사용할 필요가 없게 되었다. 오후 2시 47분에 편집된 논문을 새한철학회의 학술이사인 안동대학교 신상형 교수에게 이메일로 보냈고, 그 직후에 다시 한 번 읽어보다가 일본어 요약문 중에 한 군데 오타가 있는 것을 발견하고서 그 부분을 수정하여 3시 9분에 다시 발송하였다.

한국철학회의 기관지 『철학』 제77집(2003년 겨울) 및 철학연구회의 기관지 『철학연구』 제63집(2003년 겨울)이 우송되어져 왔으므로 그 목차를 훑어보았다. 이제부터 착수할 예정인 논문 「남명과 自得—양명학과의 관련을 중심으로—」는 이 두 학회지 중 하나에다 기고할 생각이다.

12 (금) 맑음

『傳習錄』 中卷을 읽기 시작하여 「答顧東橋書」 134조목까지 나아갔다. 얼마 전까지 중권 이후의 부분은 다음 학기의 학부 수업에서 다룰까 생각하고 있었지만, 「남명과 자득—양명학과의 관련을 중심으로—」를 작성하기에 앞서 관계 문헌을 모두 섭렵해 두는 것이 낫겠다고 판단하여, 겨울방학 중에 『王陽明全集』을 두루 훑어보기로 마음을 바꾼 것이다.

13 (토) 맑음

서울대학교 철학과 조교인 이원석 씨로부터 전화가 걸려와 李楠永 교수의 정년퇴임 기념논총인 『세계와 인간에 대한 동양인의 사유』(도서출판 天池)의 출판기념회가 12월 18일 오후 5시에 서울대학교 호암교수회관 마로니에 룸에서 개최될 예정이라면서 참석 여부를 물었는데, 다음날로 예정된 학장 선거를 비롯한 다른 일정들 때문에 참석이 어렵겠다는 뜻을 전했다. 나를 포함한 이남영 교수의 제자들이 쓴 논문을 모은 이 단행본은 원래 이 교수의 회갑을 축하하는 뜻으로 기획된 것이었는데, 간행이 여러 해 지연되어 오다가 마침내 정년을 기념하는 형태로 된 것이다.

15 (월) 맑음

지난 12일 학장 및 교수회 임원 선거를 위한 인문대학 교수회의 소집을 공고하는 벽보를 게시한 후부터 선거 절차에 대한 협의를 위해 교수회 임원 모임을 가지고자 우선 안상국 교수에게 전화 연락을 했었다. 안 교수는 지난 9일에 아래 위의 이빨을 모두 뽑아내고서 틀니로 갈아 끼우기 위한 수술을 받고서 집에서 요양 중이므로, 그 대리인인 영문과의 석종환 교수 및 부회장인 불문과의 정진주 교수와 협의하라는 것이었다.

선거일로부터 한 달 전인 지난 11월 18일에 내 명의로 인문대 전체교수들에게 이메일을 보내 선거 일정을 공고하였고, 아울러 인문대의 학장 선거 방식은 교황선출식이므로 사전선거운동을 자제해 달라는 당부의 말도 첨부한 바 있었지만, 예년에 비해 비교적 차분한 분위기라고는 할 수 있어도 국문과의 황병순, 불문과의 서연선, 사학과의 이원근 교수에 이어 한문학과의 H 교수까지 뒤늦게 선거전에 뛰어들어 네 사람이 공공연히 출마를 선언하고서 선거운동을 벌이고 있으며, 그 중 이번으로 4수째인 불문과의 서연선 교수는 지지를 당부하는 뜻으로 오늘 내 연구실을 방문해 오기까지 하였다.

19 (금) 맑으나 강추위

오전 11시에 인문대학 교수회 부회장인 정진주 교수의 연구실에서 간사 대행 석종환 씨와 더불어 셋이서 모여 오늘 있을 학장 선거의 진행절차에 관한 최종적인 협의를 가졌다. 잇달아 두 시부터는 예정된 장소를 변경하여 4층 멀티미디어강의실에서 나의 주재로 제93차 인문대학 교수회의가 열려 인문대학의 차기 학장과 교수회 신임 임원진을 선출하였다.

1차 투표에서는 국문과의 황병순 교수가 17표, 인문학부 사학전공의 이원근이 14표, 불문과의 서원선이 11표를 얻어 세 명이 상위 득표자로 결정되고 뒤늦게 이들의 선거운동에 뛰어든 한문학과 H 교수는 10표를 얻어 등수에 들지 못했다. 재적회원 과반수의 득표를 한 사람이 없었으므로, 위의 상위득표자 3명을 상대로 2차 투표에 들어갔는데, 2차 투표에서도 과반수 득표자가 없었으므로 같은 23표를 얻은 황병순·이원근 교수를 대상으로 3차 투표를 실시하여 마침내 34표로서 8표를 더 얻은

황 교수를 차기 학장으로 선출하였다. 잇달아 교수회 임원 선출에 들어
갔는데, 불문과의 김석근·엄홍석 교수가 추천되어 1차 투표에서 재적
과반수의 찬성을 얻은 자가 없었으므로 2차 투표 결과 엄홍석 교수가
당선되었고, 부회장으로는 민속무용학과의 김미숙, 간사로는 중문과의
권호종 교수가 선출되었으며, 전례에 따라 현 교수회장인 나는 차기 감
사를 맡게 되었다.

22 (월) 맑음, 춘조

오전 중 2003학년도 교수연구활성화 보조금 지급 신청서를 작성하여
조교를 통해 제출하게 하였다. 금년도의 내 연구실적으로서는 단행본
『동아시아의 사상』 출판과 논문 「『남명집』 중간본의 성립」이 있으며,
그 밖에 공저로서 충남대 남명진교수 회갑기념논총과 서울대 이남명교
수 정년기념논총에 실은 논문들이 있으나, 카운트 되지 않는 기념논총을
빼고서 앞의 두 가지만 제출하여도 1등급인 150점을 초과하여 220점이
되므로 180만 원의 지원금을 받을 수 있다.

26 (금) 맑음

예문서원으로부터 2003년도 상반기 인세계산표(2003년 1월~6월)가
이메일로 송부되어져 왔다. 4월에서 6월까지의 석 달 동안에 내 책『동
아시아의 사상』 출고부수는 총 299부였는데, 인세율은 10%를 적용하여
500부에 대한 인세 35만 원 중 세금 11,550원을 제한 338,450원을 지급
하였다고 한다.

30 (화) 흐림

남명학연구원으로부터 지난 12월 20일에 있었던 상임연구위원회의의
결과를 알리는 이메일과 그 첨부자료를 받았다. 첨부 파일의 제목은 '남
명학연구원 다시 만들기'로 되어 있다. 종래의 기관지인『남명학연구총
서』를 대신하여, 홈페이지를 통해 공모하여 연구비를 지원한 논문들을

한국학술진흥재단의 등재(후보)학술지에 발표하게 하고서 이것들 및 남명학술상 수상 논문을 모아 매년 6월경에 예문서원 등의 기존 출판사를 통해 단행본으로 간행하며, 『南冥院報』를 대신하여 『남명사상과 현대사회』(가칭)라는 계간지를 발간하여 시중 서점에서 판매토록 한다는 등의 내용이었다. 또한 상임연구위원들로 하여금 학술서적·계간지·홈페이지·학술세미나 등 분야별로 세분하여 각 업무를 분장하게 하되, 총괄 업무는 박병련 씨가 맡는 것으로 되어 있었다.

31 (수) 맑음

한림대 철학과에 조교수로 근무하는 후배 양일모 씨로부터 이메일이 왔다. 은사인 서울대 철학과 이남영 교수의 정년을 기념하여 금년 12월 중에 발간한 단행본 『세계와 인간에 대한 동양인의 사유』의 집필자들이 신년하례식을 겸하여 내년 1월 9일 오후 6시에 서울의 지하철 2호선 방배역 경남아파트 출구에 위치한 준 호프에서 만나 논문집 출판과 배부에 따른 경비와 관련하여 집필자 중 전임에 한하여 20만 원씩을 추가로 추렴하는 문제를 협의한다고 한다. 나를 포함한 전임들은 이미 20만 원씩을, 강사들은 10만 원씩을 분담했었는데, 그것으로 모자라는 모양이다. 추렴하는 금액은 "다소 만족스럽지 못한 점이 있더라도 학창시절의 정리를 감안하"여 1월 5일까지 조흥은행의 이화여대 이규성 교수 계좌로 입금해 달라는 것이었다.

2004년

1월

5 (월) 맑음

내가 일본 유학을 마치고서 영주 귀국할 무렵 이래 계속 회원으로 되어 있는 일본의 東方學會 및 日本中國學會의 소식지인 『東方學會報』 No.85(2003년 12월 25일 발행)와 『日本中國學會便り』 제2호(2003년 12월 20일)가 부쳐져 왔으므로 그 내용을 훑어보았다. 『동방학회보』에는 작년 11월 7일 東京의 일본교육회관에서 개최된 제53회 전국회원총회에서 이 학회의 평의원이기도 한 夫馬進 京都大學大學院文學研究科 교수가 행한 강연 「淸·朝鮮 간에 있어서의 '攔頭' 문제」의 요지가 강연 모습 사진과 함께 게재되어 있었다. 이 학회의 임원 개선 소식에 의하면 내 학위논문의 또 한 사람의 심사위원인 京都大學 중국철학사 전공의 현 주임 池田秀三 교수는 理事, 內山俊彦·夫馬進 교수는 평의원으로 되어 있다. 모두 일본 학계의 중진이라는 의미가 된다.

성균관대학 출신자들이 중심이 된 한국유교학회의 기관지 『儒敎思想研究』 第19輯(2003년 8월)이 부쳐져 왔는데, 이 학회의 현 회장은 중앙대학교 梁承武 교수이고, 내 이름도 학술이사의 명단에 들어 있었다. 이 학회지는 한국학술진흥재단의 등재지에 올라 있는데, 나는 이 학회에 회비를 낸 적이 없으므로 회원으로 되어 있는 줄도 알지 못했다. 그러고 보면 나 역시 한국학술진흥재단에 등재 혹은 등재후보지로 올라 있는 동양철학 분야의 주요 학회 대부분에서 명목상 임원의 직을 맡고 있는 셈이다.

8 (목) 맑음

새한철학회 회장인 대구가톨릭대학교 조수동 교수로부터 내가 투고한 논문 「南冥의 생애에 관한 약간의 문제」 영문 제목명을 가급적 빨리 보내달라는 이메일이 왔는데, 그것을 「『남명집』 중간본의 성립」으로 착각하여 "On Formation of the Revised Edition of Nammyong-jip"으로 해 달라고 회답하였다.

9 (금) 오전에 부슬비

아침에 조수동 교수 및 실무를 맡아 있는 안동대학교 신상형 교수에게로 이메일을 보내, 어제 보낸 영문 제목을 "Some Considerations On The Biography Of Jo Nammyong"으로 정정하였다.

오늘과 내일 이틀간에 걸쳐 한국고문서학회와 본교 경남문화연구원이 공동 주최하는 '고문서를 통해 본 19세기 한국사회'라는 대주제의 학술대회가 열리는데, 퇴근 무렵에 잠시 남명학관에 들러 참석해 보았다. 발표가 끝난 후의 휴식시간에 나와 아는 사이인 한국정신문화연구원의 안승준 전문위원, 동명정보대의 정진영 교수, 한국국학진흥원의 설석규 수석연구원과 잠시 대화를 나누었고, 정진영 교수에게는 그가 간행한 『端磎日記』에 누락된 부분이 있다는 것과 그가 그 자료를 처음 접했던 시기에 대해 해제에서 밝힌 내용에 모순이 있다는 점을 설명하고서, 원한다면 출판에서 누락된 부분을 내가 복사해 보내 줄 수 있다는 의사를 밝혔다.

10 (토) 맑음

아침 일찍 조교를 불러 『端磎家曆日記』 중 鄭震英 씨가 출판한 『단계일기』(영남대학교 민족문화연구소 자료총서 제17집, 2000)에 누락된 단계 김인섭의 14·21·22·25세 때 일기를 원본의 형태대로 양면복사하고, 정씨가 쓴 해제 중의 문제점에 대해 언급한 나의 논문 「『남명집』 중간본의 성립」 주석73 부분과 그것이 실린 『동양철학과 현대사회』(대전, 충남대학교 유학연구소, 2003)의 서지사항 부분을 복사해서 함께 동봉하여 어제 받은 정 씨의 명함에 적힌 주소로 등기 우송하게 했다.

어제 받아온 한국고문서학회 2004년도 학술대회의 발표논문집과 오늘 배부되어져 온 『남명학연구』제16집(경상대학교 남명학연구소, 2003년 12월)을 훑어보고서 거기에 실린 남명학 관계 글들을 「남명학관계기간문헌목록」에다 추가하였다.

12 (월) 흐림

아침에 경남문화연구원과 남명학연구소로 전화하여 지난 금요일의 한국고문서학회 학술대회에서 발표된 이상필 교수의 논문 「진주 지역 문집의 현황과 그 의미」에 언급되어져 있는 새로 발견된 자료인 河受—의 『松亭歲課』 필사본, 정인홍이 남명의 被誣 사실을 변명한 자료 등을 정리한 『辨誣』, 그리고 『남명집』 고판본의 缺本 1책을 철학과 조교를 통해 대출해 온 다음, 그것들 모두를 학교 근처의 복사점에다 맡겨 복사·제본하게 했다.

22 (목) 맑으나 쌀쌀함

설날인데 집에서 종일 해외여행 기간 중의 일기를 정리하여 1월 16일분까지를 마쳤다. 부재중에 우송되어져 있는 『南冥院報』 제32호(2003년 12월)도 읽어보았다.

27 (화) 맑으나 쌀쌀함

한국국학진흥원의 한국유학사상대계 간행위원장 겸 한국유학사상대계 철학사상편 편집위원장인 김종석 씨로부터 이 기구가 6개년에 걸쳐서 연인원 120인 이상의 연구자가 참여하고 총 3만5천4만 매의 원고를 집필하여 해마다 2권씩 총 12권을 단행본으로 간행한다는 계획을 수립하고서, 금년부터 착수하는 철학사상편 상·하(『한국유학사상대계』 II·III)의 집필·간행 작업 중 상권 제8장의 「남명 조식과 남명학파의 사상」

에 대한 원고 집필 위촉장이 왔으므로, 동의서를 작성하여 이메일로 반송하였다. 나에게 위촉된 원고 분량은 250매이고, 사례는 200자 원고지 1매당 1만 원에 자료조사비 1백만 원이 추가되며, 금년 2월중에 필진 1차 워크숍을 실시하여 장절 구성 등 집필계획을 제출하고, 8월에 필진 2차 워크숍을 가져 중간발표를 하며, 10월에 완성원고를 제출하고, 11월에 교열을 거친 다음, 12월에 인쇄에 들어간다는 일정이었다. 이 작업 또한 중요하며 간단치 않은 것이므로, 한국학술진흥재단의 연구과제가 채택되지 않은 것은 오히려 다행이었다고 할 수도 있겠다. 그러므로 학진에 과제로서 신청했었던 「남명과 自得―양명학과의 관련을 중심으로―」의 집필은 당분간 보류하고서 먼저 이 작업에 착수하되, 경우에 따라서는 이 작업으로써 그 논문의 집필을 대신할 수도 있겠다는 생각을 가지게 되었다.

28 (수) 맑음

내가 동남아 지방을 여행하고 있던 중에 누군가가 CD로 수록하여 내 연구실로 보내 준 '乙巳被誣遺蹟―辛卯事蹟附, 壬戌二月四日成―'이라는 표지의 고문서 내용을 검토해 보았다. 이는 내가 부산대학교의 유탁일 교수로부터 그 복사물을 입수하여 「『남명집』 임술본의 훼판」과 「『남명집』 이정본의 성립」을 작성하는데 주된 자료로서 사용한 것 및 한국정신문화연구원에서 2000년에 『古文書集成四十八―晋州 丹牧 晉陽河氏 滄州後孫家篇(Ⅱ)―』로서 간행한 것과 같은 것임을 확인하였다. 다만 내가 이미 입수해 둔 것은 정신문화연구원 간행본 중 272~293쪽까지의 분량이며, 이번에 CD로서 받은 것은 그 359쪽까지의 것이 모두 수록되었는데, 고문서를 영인 혹은 복사하는 과정에서 각각 사소한 미스 혹은 차이가 있는 점을 발견하였다.

또한 오후에 김경수 군이 내 연구실로 찾아와 부여의 國立韓國傳統文化學校 문화재관리학과 교수로 있는 崔英成 박사를 찾아가 만나서 최 박사가 1월 7일자로 내게 전하라고 했다는 그의 저서 『崔致遠의 哲學思想』(서

울, 아세아문화사, 2001) 및 내가 김 군에게 부탁해 두었던『大正新修大藏
經』의 CD 등을 전해 주었다. 김 군이 저녁 식사를 같이 하자고 하므로, 퇴근 후인 오후 6시 20분경에 평거동 들말의 중국집 만리장성으로 가서 대학원 박사과정의 제자인 김경수·박라권·구자익 군 및 본교 박물관의 학예사인 유창환, 남명학연구원 상임연구위원인 사재명 군과 어울려 술과 음식을 들었고, 이어서 그 근처의 다른 집으로 가서 2차를 하였다. 거기서 내가 받은『을사피무유적』CD는 사재명 군이 경남문화연구소의 조교에게 말하여 내게로 전달된 것임을 확인하였다. 이 모임은 유창환·사재명 군이 나를 청하여 동남아 다녀온 이야기를 듣는다는 명목으로 이루어졌지만, 그들보다는 내가 경제적 여유가 있을 터이므로 1차에서는 내가 155,000원을 지불하였고, 2차는 사 군이 산 듯하다.

　새 학기의 학부 및 일반대학원 강의계획서를 입력하였다. 다음 학기에 학부의 중국철학특강에서는 漢代 王充의『論衡』을 텍스트로 삼을 예정이었으나, 지난 학기의 대학원 수업에 다루었던 것으로서 원래는 이번 겨울 방학 중에 마저 읽을 예정이었던 왕양명의『傳習錄』을 아직 거의 손대지 못하고 있으므로, 그 중권부터 계속해서 읽어나가기로 계획을 바꾸었다.

2월

11 (수) 맑음

　오늘 입수된『孔子學』제10호(2003.11)를 통해 1999년 이래로 송재운·김병채 교수가 한국공자학회의 회장으로 있던 기간 중 내가 맡아 왔었던 이 학회의 부회장 겸 편집위원 직책이 서울대 철학과 동문인 건국대 성태용 교수가 회장이 된 이래로 부회장의 직책은 다른 사람에게로 옮겨지고 편집위원으로만 되어 있음을 비로소 알았다. 나는 이 학회의 종신회원이기도 한데, 기관지인『공자학』은 제7호(2000.9)를 받은 이래로 두 호가 배달되지 않았기 때문에 그런 사실을 모르고 있었던 것이다.

12 (목) 맑고 포근함

구내서점을 통해 주문하여 어제 배달된 琴章泰 지음, 『유교개혁사상과
이병헌』(서울, 예문서원, 2003)의 내용을 훑어보았다.

13 (금) 맑음

국학진흥원의 한국유학사상대계 철학사상편의 간사를 맡아 있는 김
종석 씨로부터 어제 퇴근 후에 〈철학사상편 집필진 워크숍 안내〉에 관
한 이메일이 도착해 있었는데, 집필할 주제에 대한 집필계획서를 원고지
2~3매 정도로 작성해 보내달라는 것이었고, 2월 16~17일 이틀간에 걸
쳐 충북 단양읍 상전리의 대명콘도에서 열릴 워크숍의 일정과 콘도 약
도, 그리고 재조정된 철학사상편의 장절 구성이 파일로서 첨부되어 있었
다. 각 장의 제목은 지난 1월 26일에 처음 받은 것과 차이가 없고 다만
그 내용에 관한 세부적인 첨언이 추가되었을 따름이며, 상편 6장의 집필
자가 서울대 후배인 정원재 군에서 장원목 군으로 바뀌지고, 하편 23장
의 집필자로 예정되어 있었던 한국정신문화연구원 권오영 씨의 이름이
빠진 정도였다. 내가 분담한 상편 8장 부분의 제목을 「남명 조식의 사상
과 남명학파의 좌절」이라 붙이고 장절의 세목도 정하여, 상편 7장 퇴계
및 퇴계학파 부분의 집필자이기도 한 김종석 박사에게 회신하였다.

김 씨의 메일을 검토해 보고 있는 도중에 상편 11장 「조선 전기의 주
요 논변과 쟁점」의 집필자로 배정된 진주교대 김낙진 교수로부터 내 휴
대폰으로 전화가 걸려와 워크숍 당일 단양까지 자기 차로 함께 가자는
것이었으므로, 16일 오후 1시에 우리 아파트 7동 앞에서 만나기로 합의
하였다.

오늘자 ≪경남일보≫에 본교 도서관의 도서기증운동에 관한 기사가
있었으므로, 수서과의 담당직원인 柳寅翰 씨와 통화하여 그 구체적 내용
을 알아보았다. 나는 과거에 몇 차례에 걸쳐 적지 않은 분량의 장서를
본교 도서관으로 직접 운반해 가서 기증한 바 있었는데, 당시 도서관
직원들의 태도는 그다지 고마워하는 것 같지 않았었다. 그런데 이번에

도서관장이 바뀐 이후로 도서기증 운동을 적극적으로 펼치고 있는 모양이고, 엊그제인 2월 11일에는 총장실에서 기증자 세 명에 대한 감사패 전달식도 있었는데, 고서를 200권 이상, 혹은 일반 자료를 2,000권 이상 기증하는 사람에게는 기증자의 이름이나 雅號가 붙은 문고를 만들어 관리하며, 그 숫자에 미치지 못하는 경우에는 기증된 책 안에 기증자의 이름을 명기하며, 도서관 직원이 직접 방문해 와 기증도서를 운반해 간다고 한다. 몇 년 전의 겨울방학 중 미국에서 돌아와 서가 몇 개 분량의 장서를 도서관에 기증한 이후로 연구실과 우리 집에 다시금 책이 불어나 또 포화상태에 이르렀으므로, 앞으로도 별로 이용할 가능성이 없는 책은 모아서 계속 본교 도서관에다 기증할 것을 고려하고 있다.

14 (토) 맑음

한림대학교 철학과 조교수인 양일모 씨로부터 이화여대 이규성 교수의 이름으로 '백산 이남영 교수님 회갑 정년 기념논문집에 관한 건'이라는 제목의 이메일이 그 논문집의 집필자 전원에게로 발송되어져 왔다. 이는 내가 얼마 전에 집필자들로부터 추가 염출이 필요한 이유를 물은 데 대한 설명인 셈이다. 최초 예상 발간 비용이 400만 원이었는데 비해 당초 계획보다 게재논문 수의 증가로 분량이 늘어나고 원래는 회갑 기념으로 기획되었던 것이 기한이 5년 정도나 지연되어 정년 기념의 형태가 되었으므로 최종 발간비용이 700만 원으로 되었다는 것이었다. 1차 모금액은 일부 미납자로 인해 예상액보다 적어 300만 원에 그쳤으므로 현재의 부족액이 400만 원인데, 2차 모금액으로서 집필자 중 전임교수 15명만 추가로 20만 원씩을 2월 29일까지 이규성 교수의 조흥은행 구좌로 입금해 주면 나머지 부족액 100만 원 정도는 출판사 측이 부담하기로 했다는 것이었다.

이에 대해 나는 다음과 같은 회신을 보내고서 즉시 약속한 금액을 인터넷뱅킹으로 송금하였다.

알겠습니다. 수고한 출판사 측에다 그런 손해까지 끼친다는 것은 미안한 일이니 여유가 있는 분들이 자발적으로 좀 더 부담하는 것도 바람직할 듯합니다. 그런 뜻에서 저부터 50만 원을 추가로 송금하겠사오니 확인해 주시고, 출판된 책은 아직 받지 못했으니 곧 보내주시기 바랍니다.

16 (월) 맑음

어제에 이어 오전 중 집안의 서가에 있는 책들 가운데서 도서관에 기증할 것을 다시금 골라내어 거실에 쌓아둔 후 도서관 수서과의 유인한 씨에게 전화로 연락하였더니, 직원 네 명과 차 두 대를 보내어 우리 집으로 찾아오게 해서 싣고 갔다. 수백 권 정도 되는 듯한데, 차후 도서관 측에서 정리하여 내게 목록을 전달할 것이라고 한다.

오후 1시에 진주교육대학 윤리교육과의 김낙진 교수가 우리 아파트 7동 부근으로 찾아와 그의 차에 합석하여 함께 단양으로 향했다. 남해·구마·중앙고속도로를 경유하여 단양 톨게이트에서 일반국도로 빠진 후, 오후 4시 40분경에 한국유학사상대계 철학사상편의 집필진 워크숍 장소인 충북 단양군 단양읍 상진리에 위치한 대명콘도에 도착하였다. 이 콘도는 2002년 12월 말에 개관하였으므로 지은 지 1년 2개월 정도밖에 되지 않은 것이다. 그 시설이 크고 고급스러워 이 일대 관광객의 주된 숙박소인 모양인지, 일반국도로 접어들자 말자 계속 그리로 인도하는 표지판이 눈에 띄어 어렵지 않게 찾아갈 수 있었다.

도착한 후 28평형의 1102호실로 방을 배정받았는데, 김낙진 교수와 마찬가지로 고려대학교 철학과 출신으로서 고대 민족문화연구소에 근무하고 있으며, 상권 9장 「율곡 이이와 율곡학파의 사상」 집필자인 김경호 씨와 더불어 셋이서 같은 방을 쓰게 되었다. 방 안 냉장고에 비치된 맥주를 마시며 대화를 나누었는데, 이리로 오는 도중에 김낙진 교수로부터 서울대 철학과 후배인 丁垣在 씨가 정년퇴임한 李楠永 교수의 후임으로 금년 1학기부터 서울대학교 철학과의 전임강사로 부임하였다는 소식을 처음 들었으므로, 그것이 주된 화제로 되었다.

김경호 씨는 이율곡을 주제로 한 자신의 고려대학교 철학박사학위논문 가운데서 2001년도 2월에 제출된 정원재 씨의 서울대 박사학위논문 「知覺說에 입각한 李珥 철학의 해석」의 문제점을 최초로 지적하였고,『오늘의 동양사상』제7호(2002년 가을 겨울)부터 제9호(2003년 가을 겨울)까지 지속된 정원재 씨의 박사학위논문을 둘러싼 논쟁에도 참여한 바 있었다. 나는 일찍부터 정원재 씨의 학위논문이 같은 광주 출신이자 광주일고 선배이기도 한 울산대학교 손영식 교수의 영향을 받은 것이리라고 판단하고 있었는데, 김경호 씨 역시 그렇게 생각하고 있었다. 나중에 같은 서울대 철학과 후배인 문석윤 씨를 만나 정 씨가 이남영 교수의 후임으로 선정된 경위에 대해 물어 보았더니, 기한 내에 서류를 낸 자 가운데서 전임의 직을 가지고 있지 않은 사람 하나를 고른 모양이라는 대답이었다. 서울대 출신 가운데서 전임이 아닌 자라면 그 선정 범위가 매우 좁은 셈이다. 나는 신문이나 한국학술진흥재단의 공고 등에서 서울대 철학과의 공채 소식을 접한 적이 없었는데, 과연 공개 채용이기나 하였던지 의문이 든다.

오후 5시 30분부터 콘도 지하 1층의 한식당 平岡에서 집필진 전체 모임이 있었다. 편집위원장인 안동대학교 사학과의 선사고고학 전공자인 임세권 씨 및 실무 간사인 한국국학진흥원 김종석 박사의 주재로 집필진 자기소개가 있었다. 오늘 참석한 사람에는 이상에서 언급된 사람들 외에 연세대의 도현철(사학), 광주대의 고영진(사학), 안동대의 안병걸(철학), 국민대의 지두환(사학), 명지대의 문석윤(철학), 중앙대의 유권종(철학), 서울대 규장각 학예사인 김문식(사학), 계명대 홍원식(철학) 씨 등과 그 외에 국학진흥원의 설석규·박경환·심상훈 씨 등이 더 있었다.

소개가 끝난 후 간사로부터 일정 및 진행순서에 관한 안내가 있은 다음, 평강식당에서 저녁 식사를 마치고서 11층으로 올라와 상권인 1장부터 11장까지의 집필자는 1101호실에서, 하권인 12장에서 24장까지의 집필자는 1103호실에서 따로 모여 주최 측이 준비한 회의 자료와 각자가 제출한 필자별 집필계획서를 토대로 분과별 토의를 하여 한국유학사상대계 철학사상편의 집필에 따르는 여러 가지 문제점들에 대해 협의하였다. 밤 11시 반쯤이 되어서야 그 토의를 마치고서, 예정대로 10시 무렵에 마친 하권의 집필 팀과 1101호실에서 합석하여 다음날 오전 2시 반 무렵까지 맥주를 마시며 대화를 나누었다.

17 (화) 맑음

오전 7시에 기상하여 콘도 지하의 사우나로 내려가서 목욕을 한 후, 평강식당에서 해장국으로 조식을 들었다. 오전 9시 무렵에 체크아웃하고서 콘도 현관에 집결하여 호텔 버스 한 대로 답사를 떠나게 되었는데, 다들 먼저 돌아가 버려 지두환·김낙진 교수와 나만이 남아서 국학진흥원의 사람들과 더불어 출발하게 되었다.

남한강의 장회나루에서 유람선을 타고는 丹陽八景 중에 포함되는 龜潭峰·玉筍峰을 둘러본 후 충주댐 건설로 말미암아 수몰될 전통건축물들을 옮겨다 놓은 청풍문화재단지에 상륙하여 그 구내를 둘러보았다. 나로서는 이미 세 번째로 구경하는 터이라 별다른 흥미는 없었다. 돌아오는 길에 제천군 금성면 월봉리에 있다 하여 금월봉이라는 명칭이 붙은 새로 생긴 명소를 한 군데 둘러보았다. 이곳은 시멘트의 원료가 되는 황토를 채취하기 위해 땅을 파다가 우연히 흙 속에서 발견하게 된 기암괴석들로써 이루어진 곳이었다. 답사 도중에 종종 서울문리대 73학번 동기인 지두환 교수와 나란히 걸으며 澗松美術館의 최완수 씨를 중심으로 하여 그 역시 중요 멤버 중의 하나로서 속해 있는 이른바 간송학파에 관해 물어보았다.

단양읍으로 돌아와 팔경 중 하나인 島潭三峰을 바라본 후 그 곁 유원지에 있는 강변식당에서 어탕으로 점심을 들고서 대명콘도로 돌아와 오후 2시 무렵에 해산하였다. 김낙진 교수와 더불어 어제 왔던 코스를 따라서 진주로 돌아왔고, 나는 답례의 뜻으로 근자에 발표된 내 논문 두 편의 별쇄본(「『남명집』 중간본의 성립」, 「남명의 생애에 관한 약간의 문제」) 및 후자와 관련되는 내 글 「지리산과 남명학관」이 수록된 『남명원보』를 한 부 김 교수에게 주었다.

18 (수) 맑음

서울대학교 철학과에서 발행하는 『哲學論究』 제29집(2001)·제30집
(2002)·제31집(2003)이 근자에 부쳐져 왔으므로 그 내용을 훑어보았는
데, '논문제출 자격시험 필독서 목록' 동양철학 분야에 내가 번역한 가노
나오키의 『중국철학사』가 지금까지도 포함되어져 있음을 알았다.

한림대의 양일모 씨로부터 지난 월요일에 '감사합니다'라는 제목의
이메일이 와 있었다. 이남영교수 정년기념논문집을 보내달라고 요청한
건과 관련하여 다음과 같이 설명하고 있었다.

집필자들에게 책을 배포하는 문제에 대해서, 제가 아는 한 설명을 드리
겠습니다. 지난 연말[12월 18일] 서울대 철학과 주최로 호암아트홀에서 이
남영 선생님 퇴임행사가 있었습니다. 그 때 출판사 측에서 서울대 철학과
에 논문집 70부를 기증하였고, 그 날 참석자들이 한 권씩 받았습니다. 출판
사가 논문 편집진에게 기부하지 않고, 서울대 철학과에 기부하는 바람에
또 일이 복잡하게 되었습니다.

제가 아직 권한이 없지만, 천지출판사와 몇 가지 상의를 드렸습니다. 퇴
임행사에 참여하지 못한 집필자들에게는 급히 논문집을 우송해 달라고 부
탁했습니다. 어떤 권한도 없는 신분이지만, 출판비를 지불한 집필자들이
논문집을 받는 것이 사리에 맞는 일이라고 생각합니다. 앞으로 집필자들이
몇 권을 받는 것이 공정하게 일을 처리하는 것인지 출판사와 상의하도록
하겠습니다.

19 (목) 맑음

天池출판사의 사장인 서울대 철학과 선배 이종국 씨로부터 이남영 교
수 기념논총인 『세계와 인간에 대한 동양인의 사유』를 전달하고자 하니
주소를 알려달라는 이메일을 받고서 답신을 보냈다.

엊그제 단양에서 후배인 정원재 군이 서울대학교 철학과의 전임강사로서 홈페이지에 올라 있다는 말을 들었으므로, 오늘 서울대 철학과 홈페이지에 접속하여 교수진 란을 훑어보았지만, 그의 이름이 아닌 퇴임한 이남영 교수의 이름이 예전대로 올라 있었다. 『철학논구』 제31집은 '白山 李楠永 교수 정년퇴임기념 특집호'로 꾸며져 있으므로, 그 권두에 이남영 교수의 약력이 소개되어져 있고, 제자이자 서울대 철학과의 동료인 허남진 교수가 「現代新儒學者 이남영 선생님」이라는 글을 싣고 있다.

약력의 '저서, 역서 및 편찬' 란에 12종의 문헌이 올라 있지만, 李 교수의 글 한 편씩이 실린 공저이거나 역서 혹은 편찬물이며, 저서라고 불릴 만한 것은 하나도 없다. '주요논문'은 3페이지에 걸쳐 있는데, 역시 논문이라 불리기 어려운 산만한 글들이 많고, 개중에는 「남명학의 발전방향」처럼 학술회의에서 원고도 없이 기조연설을 하고서는 끝내 글로써 발표하지 못한 것도 포함되어져 있다. 허남진 교수의 소개에 의하면, "어느 해인지 한국철학회 발표회에서도 선생님이 끝까지 논문을 안 주셔서 결국 발표문을 못 만들고 원고를 바로 복사해 돌린 적도 있다. 원성이 빗발쳤음은 두 말할 나위도 없다."고 하고서, 이를 글에 대한 엄격한 자세 때문이라고 변명하였지만, 이런 사례는 비일비재한 것으로서 결국 무능의 소치라고 볼 수밖에 없다. "처음 중국고대철학에서 시작하여 송명성리학, 현대신유학에 이르기까지 중국사상의 전 분야를 포괄하고 있을 뿐 아니라 논문을 보면 도교, 불교까지도 연구한 적이 있음을 알 수 있다. 또 박종홍 선생의 뒤를 이어 한국철학의 정립에도 소홀하실 수 없어… 「단군신화와 한국인의 사유」라는 제목이 암시하듯 한국사상의 시원에서부터 시작하여 화담, 퇴계, 남명, 우암, 호락논쟁 등 한국유학사의 굵직굵직한 주제들을 거의 다 다루었고 심지어는 「삼국유사와 一然」, 「고구려와 불교」, 「한국도교」까지도 연구하신 적이 있다."고 하였듯이, 어떤 분야의 이렇다 할 개척적인 연구는 전무한 것이다.

23 (월) 맑음

서울 서초동에 있는 이종국 씨의 天池출판사로부터 내 논문 「남명과 陸王學—知와 行의 문제를 중심으로—」가 실린 단행본 『세계와 인간에 대한 동양인의 사유』(이남영 외 지음, 2003, 총 739쪽) 두 책이 부쳐져 왔다.

본교 경남문화연구원의 기관지 『경남문화연구』 제24호(2003)가 배부되어져 왔으므로 그 내용을 훑어보았고, 아울러 『남명학연구』 제16집 (2003.12) 및 금년 1월 9일 본교 남명학관에서 개최된 한국고문서학회 2004년도 학술대회 발표논문집 『고문서를 통해 본 19세기 한국사회』의 내용도 다시 한 번 검토해보았다.

24 (화) 맑음

국학진흥원의 한국유학사상대계 철학사상편 편집위원회 간사인 김종석 박사로부터 지난 2월 16~17일의 집필진 워크숍을 정리한 내용인 『'한국유학사상대계』 원고 집필 요강'과 '한국유학사상대계 철학사상편 집필 안내'가 이메일로 보내져 왔다. 이에 따라 3월 2일까지 수정된 집필계획서를 보내달라고 되어 있다.

지난번에 남명학연구소로부터 대출하여 복사 제본해 둔 『辨誣』라는 필사본 책자 가운데서 첫 부분인 「辨誣草略」을 읽어보았는데, 정인홍이 퇴계의 남명 비판에 대해 반론한 편지 글이었다.

26 (목) 맑음

어제 사단법인 남명학연구원의 여자 사무원으로부터 전화를 받았었는데, 이 달 분의 상임연구원 수당을 실수로 두 차례 내 구좌에다 입금하였으니, 그 중 한 달 분을 경남은행의 지정된 구좌로 반송해 주면 고맙겠다는 내용이었다. 나는 김경수 사무국장의 사임이 수리됨과 더불어 상임연구위원의 직을 사임한다는 내용의 이메일을 원장을 비롯한 상임연구위원 전원에게 이메일로 보낸 바 있었는데, 현재의 양기석 사무국장은 정식 사표를 제출하지 않았으므로 내 사의 표명이 공식적이 아니라는 절차상의 이유를 들어, 사의 표명 이후 전혀 회의에 참석하지 않고 있는 내 구좌로 지금까지 매달 수당을 입금해 오고 있는 것이다. 사무원이 요구한 것은 잘못 지급된 한 달 분 수당 20만 원의 반환이었지만, 오늘 아침 인터넷뱅킹을 통해 40만 원 모두를 반송하였다.

엊그제 국학진흥원의 한국유학사상대계 철학사상편 편집위원회 간사인 김종석 박사로부터 '『한국유학사상대계』 원고 집필 요강' 및 '한국유학사상대계 철학사상편 집필 안내' 파일과 더불어 그것에 따라 3월 2일까지 수정된 집필계획서를 제출해 달라는 이메일을 받았었는데, 오늘 오전 중 기왕에 보냈던 것을 수정·보완하여 다시 송부하였다. 3절로 되어 있었던 것을 4절로 늘리고 세부적인 항목도 다소 조정하였다. 내가 집필할 8장의 제목은 종전처럼 「남명 조식의 사상과 남명학파의 좌절」로 하여 두었다.

이어서 본교 인문학연구소로부터 리뷰를 위촉받은 권오민 교수의 논문 「신화와 철학과 종교—인도 문명의 경우」를 읽기 시작하여, 200자 원고지로 약 200매 정도 되는 분량의 것을 거의 다 읽었다.

28 (토) 흐리고 오후에 비
퇴근 무렵까지 작업하여 위촉받은 리뷰 「권오민 교수의 〈신화와 철학과 종교—인도문명의 경우〉를 읽고」를 탈고해서 본교 인문학연구소의 소장인 이영석 교수에게 이메일로 보냈다. 200자 원고지 13매 정도의 분량이었다.

3월

1 (월) 화창한 봄 날씨
지난달에 구내서점을 통해 주문하여 구입한 최완수 외 지음 『우리 문화의 황금기, 진경시대』(서울, 돌베개, 1998 초판 1쇄, 2003 6쇄) 2책 중

제1책 '사상과 문화' 가운데서 최완수의 「머리말」과 「조선 왕조의 문화 절정기, 진경시대」, 지두환의 「경연 과목의 변천과 진경시대의 성리학」을 읽고 카드화하였다.

점심 때 가족과 함께 내가 운전하는 차로 처가 앞까지 가서 장모님을 태우고 넷이서 봉곡동 뒤편의 산골짜기 길을 경유하여 집현면 쪽으로 빠져나온 뒤 합천 가는 길을 따라 미천면 소재지인 안간리의 미천파출소 앞에 있는 부산식육식당으로 가서 쇠고기 등심 5인분과 생고기 4인분, 그리고 된장찌개와 소면을 들었다. 돌아오는 길에 미천면 梧坊里의 오방산에 있는 조선 초의 명신 河崙과 그 부모 및 조부모 3대의 묘소에 들러 재실인 梧坊齋와 卞季良이 찬한 晉陽府院君 河恃源 신도비 및 묘소들을 둘러보았다.

2 (월) 맑으나 찬바람

오전 중 일반대학원 박사과정 학생들을 대상으로 한 한국고중세사상 연구의 첫 수업을 시작하였다. 신라 말 崔致遠의 四山碑銘 및 문집을 통해 그의 생애와 사상을 집중적으로 조명함을 목표로 하는 것이다.

오후에는 집에서 가져 간 『새로 쓴 베트남의 역사』 및 『The Ancient Khmer Empire』 등을 참조하여, 지난 토요일에 작성해 둔 「권오민 교수의 〈신화와 철학과 종교—인도문명의 경우〉를 읽고」 끝부분을 수정 보완하여 인문학연구소장 이영석 교수에게 이메일로 새로 보냈다. 200자 원고지 14매 정도의 분량으로 늘어났다.

오늘로서 내 연구실 출입문 위의 '철학과장' 팻말이 내려졌고, 인문대학 교수회 간사인 안상국 교수와 전화 연락하여 교수회의 새로이 정리된 서류철 및 통장들도 한 주 내로 새 회장단에게 전달하도록 했다.

3 (수) 흐리고 춥다가 오후에 눈

『진경시대』 1권 '사상과 문화' 중 정옥자 교수의 글을 마저 읽고서 한신대 국사학과 劉奉學 교수의 「경화사족의 사상과 진경문화」를 읽으며 카드화하였고, 1권을 다 훑어본 후 2권 '예술과 예술가들'을 훑어보기 시작하였다.

점심 때 김병택 교수와 산책하면서 김 교수로부터 내가 차기 전체교수회장 물망에 올랐다는 소문이 있다는 말을 들었으나, 나는 이미 여러 번 고사의 뜻을 밝힌 바이며 그런 생각이 없노라고 설명하였다.

4 (목) 맑음

오전 중에 학부 과목 중국철학특강의 두 시간 연강 첫 수업을 실시하였다. 지난 학기에 대학원에서 『傳習錄』 상권을 마쳤고, 겨울방학 중 중권의 일부를 읽은 데 이어, 이번 학기에는 역시 四部叢刊本 『王文成公全書』를 텍스트로 하여 중권의 「答歐陽崇一」부터 읽어나가기로 하였다.

『우리 문화의 황금기, 진경시대』의 제2권을 마저 훑어보았고, 이어서 방학 중에 읽다 만 『전습록』 중권의 「又答陸原靜」 및 그것에 대한 錢德洪의 발문을 읽었다. 두 책으로 된 정인재·한정길 역주 『전습록』(화성, 청계, 2001)의 상권 끝부분을 마저 읽은 것이니, 이 문헌 전체의 절반 정도까지 나아간 셈이다. 본교 철학과에서 발행하는 『존재와 사유』 제15집(2004년 2월)을 받아서 그 중 김경수 군이 서강대학교 1997년 박사학위 논문인 윤영해의 『주자의 선불교비판 연구』에 대해 쓴 서평을 읽어보았다. 이는 김 군이 나를 지도교수로 하여 현재 준비하고 있는 박사학위논문의 주제와 거의 같은 것이다.

부산의 동명정보대학 정진영 교수로부터 전화를 받았다. 내가 작년에 보낸 『端磎家曆日記』 중 그가 출판한 『端磎日記』에서 누락된 부분들 및 그의 해제 가운데서 사실과 어긋난 부분들에 관한 나의 언급을 담은 「『남명집』 중간본의 성립」 수정고의 각주 부분 복사물에 대한 인사였다. 그는 겨울방학 중 전혀 학교에 나오지 않았었기 때문에 이제야 그것들을 보았다고 하며, 그가 『단계가력일기』를 본 시기에 관해서는 부산대학교의 유탁일 교수 팀이 처음 발견한 다음이었던 것으로 설명하였다.

5 (금) 흐리고 오후에 비

권오민 교수가 교양강의의 교재로서 저술한 『인도철학과 불교』(서울, 민족사, 2004, 불교입문총서 20)를 두 차례 훑어보았고, 이어서 필사본 『辨誣』를 계속하여 읽어나가며 카드화하였다. 내가 며칠 전에 리뷰를 쓴 권 교수의 「신화와 철학과 종교—인도문명의 경우」는 전자 가운데서 몇 부분을 발췌한 것이었음을 비로소 알았다. 후자는 정인홍이 퇴계 및 그 문도의 남명 비판에 대해 반론한 글들을 모아 둔 것으로서, 매우 귀중한 자료임을 다시금 확인하였다.

6 (토) 오전 중 눈 온 후 개었으나 추움

『辨誣』를 읽으며 카드화 하는 작업을 계속했다. 來庵의 저 유명한 「正脈高風辨」을 지나 내암이 퇴계를 비판했던 辭職箚 사건 당시 덕천서원 원장 茅村 李瀞이 寒岡 鄭逑에게 입장을 물은 편지와 그에 대한 한강의 답서, 그리고 모촌이 葛川 문중의 태도를 비판한 「與安陰鄕校校長書」까지를 읽었다. 실로 흥미진진한 내용이다.

8 (월) 맑음

『辨誣』를 계속 읽어 「咸陽儒學鄭慶雲等疏」까지의 카드화를 마쳤다. 조교를 시켜 남명학연구소로부터 대출하여 본교 부근의 복사점에다 복사 제본을 맡겨둔 필사본 『滄洲集』 및 『生員公實記』 두 책을 찾아온 후 빌려온 책은 반환하였다.

9 (화) 맑음

『辨誣』의 카드화 작업을 계속하여, 광해군 3년 내암 정인홍의 회재와 퇴계를 비판하는 辭職箚로 말미암은 성균관 유생들의 空館 사태 이후 광해군이 승정원에 내린 批答 부분까지 나아갔다. 문묘종사 疏請과 관련한 선조의 晦齋 李彦迪에 대한 비판 내용에 대해서도 보다 자세히 알 수 있었다.

10 (수) 흐림

『辨誣』의 마지막 부분인 「擬上疏」까지 다 읽은 다음, 그 글을 다시 한 번 읽으며 카드화하였다.

오후 3시에 국제어학원 대형 강의실에서 신임 회장단을 선출하기 위한 교수정기총회가 개최되었다. 그에 앞서 점심 때 교직원식당에서 김병택 교수로부터 사범대학 국어교육과의 조규태 교수가 전체교수회장으로, 인문대학 불문과의 정진주 교수가 가좌캠퍼스의 부회장으로 내정되어져 있다는 말을 들었으므로, 나는 총회에 참석하지 않았다. 김병택 교수는 오늘 아침 수원농대의 선배로서 몇 대 전에 전체교수회장을 지낸 바 있고, 차기 총장출마에 뜻을 두고 있는 서원명 교수로부터 전화를 받아 그렇게 정해졌으니 본인은 물론 가능한 한 많은 교수들을 대동하여 지원해 달라는 요청을 받았다고 한다. 서원명 교수를 비롯한 근자의 역대 교수회장이 거의 다 민주교수협의회(민교협)에서 내정한 인물들이었는데, 이번 역시 그런 모양이다.

11 (목) 맑음

『辨誣』 끝부분 「擬上疏」의 카드화를 마치고서, 내암이 선조 39년(1616) 가을에 지은 「正脈高風辨」과 5년 후인 광해군 3년(1511)에 올린 이른바 「晦退辨斥箚」를 다시 정독하였다. 두 글의 내용이 거의 같음을 확인하였다.

12 (금) 맑고 포근함

종일 『변무』를 다시 읽으며 카드화를 보충하는 작업을 계속했다. 『한국유학사상대계』 철학사상편의 상권 제8장 「남명 조식의 사상과 남명학파의 좌절」 목차에 대해 다시 일부 수정을 가했다.

교직원식당을 나온 후 전체교수회장으로 당선된 국어교육과의 조규태 교수와 둘이서 평소처럼 학교 뒷산을 산책하였다. 내가 선거 당일 김병택 교수로부터 전해들은 바와 마찬가지로 가좌 캠퍼스의 부회장에는 불문과 정진주 교수가 당선되었다고 한다. 김병택 교수는 선거 며칠 전에 당시 교수회장이었던 지리교육과의 김덕현 교수를 우연히 만나, 이미 출마 의사를 밝힌 교육학과의 정찬기오 교수에 대해서는 부정적인 인상을 지닌 교수들이 많아 지난번 교수정기총회에서 의사정족수를 채우지 못한 것이니, 보다 그럴듯한 사람을 내세워 총회를 성립시켜야 할 것 아니냐는 의사를 표명한 적이 있었다고 한다. 내가 오늘 조규태 교수로부터 들은 바에 의하면, 그는 선거 전날 밤에 자기를 차기회장으로 추대하기로 결정했다는 전화 통지를 받았다고 하며, 총회에서는 정찬기오 교수와 둘이 추천되어 경선 방식으로 선거가 진행되었다고 한다. 이번 주 수요일 오후 3시에 국제어학원 대형 강의실에서 두 번째로 열린 총회에는 정족수 미달로 유회된 지난주의 첫 번째 총회보다도 오히려 적은 150명의 교수가 참석하였는데, 대학원 수업 중인 자와 인문학연구소 학술회의에 참가 중인 자를 계산에서 제외하는 등의 새로운 원칙을 적용하여 의사정족수가 충족된 것으로 간주하였다고 한다. 부회장으로 당선된 정진주 교수는 내가 인문대학 교수회장으로 재임하던 기간 중 인문대학 부회장이었으며, 당시 김덕현 씨 측이 만든 비상대책위원회 (비대위)의 실행위원이기도 하였다.

14 (일) 맑고 포근한 봄 날씨
아침 8시부터 오후 1시까지 다섯 시간 동안 집에서 계속 『辨誣』를 다시 읽으며 카드화된 내용을 점검 보충하는 작업을 하였다. 어제 오늘에 걸쳐 절반이 넘는 분량인 「右道儒生疏」까지 나아갔다.

15 (월) 맑음
『辨誣』를 두 번째로 계속하여 읽어 「幼學鄭暄獨疏」까지 나아갔다.

16 (화) 맑음
『변무』를 계속 읽어 마지막의 「擬上疏」까지 두 번째로 읽었다.

17 (수) 비

『변무』를 두 번째로 마저 읽었다.

18 (목) 맑음

『변무』 가운데서 茅村 李瀞이 山陰鄕校 교장에게 보낸 서신의 내용을
또다시 읽어 그 내용을 정확히 파악하고,『一齋遺集』 및 『退溪集』과 대조
하여 퇴계가 선조 2년 2월 25일에 왕에게 올린「乞退箚子」 가운데서 남명
을 '高抗'이라 지칭한 내용, 그리고『퇴계연보』 및 『퇴계집』 가운데서 을
사사화 당시 尹任과 鳳城君의 처형 및 이후의 削勳 문제에 관한 퇴계의
처신과 관련된 내용들을 찾아 카드화하기 시작하였다. 이런 문제와 연관
하여 내가 편저한『한국의 사상가 10인―남명 조식』 가운데서 퇴계와
남명의 상대방에 대한 견해를 다룬 부분들을 다시 읽어보았다.

지난 2월 19일에 있었던 정기총회에서 한국동양철학회의 12대 회장으
로 선임된 송영배 교수의 인사말과 12대 임원 명단이 포함된 이메일을
받았다. 거기에 서울대 철학과에 전임으로 부임한 정원재 군이 편집이사
로 되어 있었고, 나는 지난번에 이어 이사의 명단에 포함되어 있었다.

19 (금) 맑음

오전 중『퇴계집』 가운데서 조선조 四賢의 문묘종사 문제와 을사사화
의 공로자 削勳 및 피해자 신원 문제에 대한 퇴계의 입장과 관련된 부분
들을 찾아 읽고서 카드화 하는 작업을 마쳤다.

지난주 토요일에 사재명 군이 구자익 군에게 전한 CD 36장[?]을 구
군이 복사하여 내게로 가져왔다. 이것은 본교 경남문화연구원이 2002년
11월부터 2003년 10월까지 1년 동안 한국학술진흥재단의 지원을 받아
현재의 진주는 물론, 1914년 일제에 의해 행정구역이 개편되기 이전까
지 진주에 소속되었던 지역도 그 대상으로 하여 고문헌을 면밀하게 조사
한 것을 디지털 카메라로 촬영하여 분류 수록해 놓은 것이다. A, B, C의
세 그룹으로 구분되어져 있고 각 CD 안에는 다시 파일별로 세부적인

제목이 붙어 있는데, 그것은 진주권 전역을 동부, 서부, 중부의 세 지역으로 나누어 3개조의 조사 팀을 구성하여 한 팀이 각기 한 지역을 맡아 읍면별, 동리별로 소장처를 직접 방문하여 조사하는 방식으로 수행하였기 때문일 것이다. 그 중 C-13, C-16은 상태가 불량하여 복사하지 못했다고 하므로, 그 빠진 부분도 사군에게 연락하여 복사해 줄 것을 당부했다. 이 작업의 실무를 맡았던 사재명 군이 지난번 만리장성에서의 저녁 회식 때 내게 그 전부를 복사해 줄 뜻을 비쳤으나, 당시에는 별로 흥미를 느끼지 못했다가 그 후 내 쪽에서 사 군에게 전화하여 복사를 당부해 두었던 것이다.

22 (월) 맑음

점심 때 김병택 교수와 더불어 풀코스를 산책하고서 돌아오다가 남명학관의 文泉閣에 들러 朴旨瑞의 『訥庵先生文集』을 빌리고자 했는데, 4책 1질 가운데서 한 권이 빠져 散帙인 그 책은 한문학과의 H 교수가 이미 대출해 갔다는 것이었다. 마침 거기에 와 있던 ≪경남일보≫의 강동욱 기자가 완질을 가지고 있다고 하므로, 그의 차 트렁크에 실려 있는 그 책을 빌려서 학과 사무실로 가져가 조교에게 두 부를 복사 제본하여 한 부는 강 기자에게 전해 주라고 말해 두었다.

오후에는 방금 강동욱 기자에게서 얻어 온 朴綠子 양의 인제대학교 국어국문학과 고전문학전공 석사논문인 「남명 조식의 詩文 연구—〈編年〉을 중심으로—」를 훑어보고서 거기에 보이는 새로운 자료들을 「남명학관계기간문헌목록」에다 추가하였다. 이어서 지난번에 남명학연구소로부터 대출하여 복사 제본해 두었던 필사본 『滄洲集』 2책 1질을 가지고서 기왕에 수집해 둔 목활자본 및 목판본 『창주집』과 대조해 가며 카드화하였다. 이 필사본은 진주시 대곡면 단목리에 살았던 구한말의 학자 澹山 河祐植의 藏書 가운데서 나온 것으로서 先祖의 문집 간행을 위한 교정본임을 확인하였다.

23 (화) 맑음

필사본 『滄洲集』에 대한 검토를 마쳤다. 두 책의 표지에 모두 '崇禎五丙申獲麟'이라는 기록이 있어 이것이 1896년(高宗, 建陽 元年)에 이루어진 것임을 짐작할 수가 있었다. 이 중에서 특히 광해군 시기 寒岡 鄭逑의 남명에 대한 태도 및 『周易參同契』에 관한 기록들을 카드화 하였다.

이어서 역시 근자에 남명학연구소로부터 입수하여 복사 제본해 둔 5책으로 된 필사본 『松亭歲課』를 가지고서 기왕에 수집해 둔 목판본 및 石印本 『松亭集』과 대조하여 읽으며 카드화하기 시작했다. 필사본은 松亭 河受一 자신이 모아둔 연도별 저작인 『송정세과』의 원본을 바탕으로 하여 조카 河璿이 새로 정리하여 둔 것이었다. 그러나 이것은 후세에 『송정집』이라는 제목의 문집으로서 출판하기 위해 여기저기에다 교정을 가한 흔적이 있고, 종손 집에 화재가 나서 책 가장자리에 불 탄 흔적이 있다던 후손의 말과는 달리 그런 흔적이 전혀 눈에 띄지 않으므로, 과연 6.25 사변 당시 미군의 소이탄 투하로 말미암아 진주 망경동의 종손 집에서 소실되었다고 들었던 그 책과 같은 것인지 여부는 아직 판단하지 못했다.

24 (수) 맑음

필사본 『松亭歲課』를 간행된 『松亭集』들과 대조하여 읽으며 카드화 하는 작업을 계속하였다. 그 결과 『송정세과』의 여기저기에 교정 표시를 한 것은 正祖 12년(1788)에 右議政인 樊巖 蔡濟恭의 서문을 받아 목판본을 간행할 당시의 것임이 확인되었으므로, 이것이 원본일 가능성이 있다고 하겠다. 謙齋 河弘度가 송정의 조카인 河璿을 대신하여 지은 「松亭先生河公行狀」을 간본에 실린 것과 대조하여 읽어보니, 그 뒷부분의 퇴계·남명 관계에 대한 민감한 부분을 고의적으로 누락시켰을 뿐만 아니라, 본문 전체에도 상당한 정도의 손질을 가하여 생략하였음을 알 수가 있었다.

25 (목) 흐림

필사본『송정세과』에 대한 검토를 계속하였다. 내가 1993년『남명학연구』제3집에 발표한 논문「『남명집』임술본의 훼판」에서 이 자료에 대해 언급한 부분 및『涵淸軒實紀』, 石印本『송정집』부록에 실린 회봉 河謙鎭의「松亭年譜後識」등에 의해 원본『송정세과』는 4책으로 이루어져 전해 내려오다가 純祖 5년 歲暮에 있었던 화재로 말미암아 책 가장자리에 약간 불길이 닿은 흔적이 있음을 다시 한 번 확인하였으므로, 5책으로 이루어진 현재의 것은 松亭 手澤本이 아니고 조카인 河璿이 孝宗 원년(1650)에 편집한 것이거나 혹은 정조 13년의 간행에 즈음하여 필사된 것이라는 확신을 가지게 되었다.

26 (금) 맑음

『송정세과』전체에 대한 검토를 일단 마쳤다. 이 책의 전반부는 일반 문집의 형태를 갖추어 시문을 각각 體別로 분류하였는데, 뒷부분에서는 송정 수택본의 형태대로 연도별로 분류되어 있어 전체적으로 통일된 체제를 갖추지 못했다. 필사본 제5책에 실린 河璿의「松亭集跋」과 목판본『송정집』부록에 실린 小山 李光庭이 正祖 9년(1785)에 찬한 송정행장의 내용으로 미루어 볼 때, 이 5책으로 된 필사본『송정세과』는 송정의 수택본을 토대로 조카인 하선이 효종 원년에 문집의 형태로 재정리해 둔 것이며, 거기에 적힌 교정 내용은 정조 연간에 후손이 목판본으로 간행하기 위해 이를 안동의 소산에게로 보내어 교정을 받은 것이라는 결론을 내리게 되었다.

27 (토) 흐림

필사본『송정세과』의 전체를 다시 한 번 검토해 보기 시작하였다. 이 문헌의 제5책 말미에는「河謙齋年譜」를 비롯한 謙齋 河弘度의 글들이 인용되어져 있는데,「謙齋年譜」는 河大觀에 의해 1756년 무렵에 완성되어 1759년(英祖 35)에 간행작업이 시작된 것이니, 이로 미루어볼 때 이 책은

河璿이 필사한 것이 아님을 확인할 수 있다. 전체가 5책으로 된 이 책의 제3책 중간 부분부터 일반 문집의 체제에 따른 종류 별 분류에 어긋나는 형태가 나타나기 시작하여, 그 이후는 '乙酉作(1585, 宣祖 18)' '丁酉作(1597, 선조 30)' 등으로 상당한 시간적 간격이 있는 제작 시대별 분류로 되어 있다.

구자익 군이 복사 제본을 맡겼던 朴旨瑞의 『訥庵集』 4책 1질 두 부를 학교 부근 가좌동의 대학사라는 복사점에서 찾아왔으므로, 한 부는 내가 가지고 원본과 더불어 나머지 복사본 한 부는 원본을 빌려준 ≪경남일보≫ 기자 姜東郁 군에게 전하도록 했다. 경남문화연구원이 조사한 舊진주 지방의 고문헌 CD 33장 중 복사 상태가 좋지 않았던 2장도 그것을 빌려주었던 사재명 군에게 연락하여 새로 복사해 가져왔다.

29 (월) 맑으나 밤에 비

오후에는 『송정세과』 필사본을 두 번째로 검토하여 마친 다음, 이 책을 목판본으로 출판한 송정 7대손인 河以泰(1751~1830)의 문집인 『容窩歲課』 1책을 가지고서 국역 출판한 『涵淸軒實紀』(불교출판사, 1987)를 다시 한 번 읽으며 「刊行辭」 「涵淸軒處士公遺事」 「松亭歲課火後韻」 등의 부분을 카드화하였다. 필사본 『송정세과』의 제3책 중간 부분 이후는 작품의 작성 시기나 종류에 있어서 혼란스럽게 순서가 착종되어 있음을 확인하였다.

『함청헌실기』의 카드화를 마친 다음, 하이태의 가까운 친구였던 朴旨瑞의 문집인 『訥庵集』 4책과 예전에 입수하여 복사 제본해 두었던 『訥庵遺事』 1책을 비교검토하며 카드화하기 시작하였다. 전자는 1908년에 木活字로 인쇄된 것이며, 후자는 1970년에 鉛活字로 인쇄된 것이다.

30 (화) 맑음

『눌암집』 권8 부록 부분의 카드화를 마친 다음, 권1부터 차근차근 검토해 가며 카드화하기 시작했다.

31 (수) 맑음

『눌암집』의 카드화를 계속하여 제3책 권5까지 나아갔다.

퇴근 후인 오후 6시 30분부터 신안동의 황서방네가 경영하는 물조은 횟집에서 현사회의 회장인 나와 총무인 농대 임학과 김의경 교수가 전임 회장인 농기계학과의 이승규 교수 및 후임 회장으로 예정되어져 있는 농경제학과의 김병택 교수를 청하여 회식 모임을 가졌다. 현사회의 운영 방향에 대한 의견 교환이 있었는데, 모임에 대한 회원들의 참석률이 저 조하여 회비가 많이 남아 있으므로, 과거처럼 그것을 상품권의 형태로 되돌려주기보다는 종래의 야유회를 발전시켜 금강산이나 중국 혹은 일 본 등 비교적 가까운 지역으로의 해외여행 형태로 써 버리는 것이 좋겠 다는 데 일단 의견을 모았다. 우리 네 명은 모두 서울대·京都대의 동문들 인데, 이승규 교수가 진주 지역 京都大學 동창회의 결성도 한 번 추진해 보는 것이 좋겠다는 의견을 내었다. 본교에 재직하는 일본 박사들의 친 목회인 玄士會의 현 회원은 52명인데, 그 중 절반 정도는 京都대학 출신 이며, 본교 외에 진주산업대학교 등에도 몇 명이 더 있다는 것이었다.

4월

1 (목) 흐리다가 저녁부터 비

朴旨瑞의 『訥庵集』 木활자본 4책에 대한 카드화 작업을 마친 다음, 1970 년에 그의 玄孫에 의해 간행된 鉛활자본 『訥庵遺事』 1책도 다시 한 번 검토하였으며, 그 다음으로 경남문화연구원이 입수한 『남명집』 산질 1책 을 가지고서 갑진본·기유본·임술본과 대조해 가며 검토하였다. 『경남문 화연구』 제24호(2003년)에 발표된 「진주지역 문집의 현황과 그 의미」라 는 글에서 이 문헌을 소개한 한문학과의 이상필 교수는 "이번에 발견된 『남명집』 결본 1책은 병오본[갑진본]에 보관을 댄 것으로 기유본 이전에 나온 것으로 판단된다."고 설명하였고, 이 책의 복사물 첫 장에는 한문으로 "跋前有補板二枚 盖丙午以後本興"라고 적어두기도 하였다. 그러나 이는 터무니없는 착각이며, 면밀히 검토해 본 결과 임술본 권3의 산질임을 확인하였다. 오늘 이 논문을 다시 읽어보다가 河受一의 『松亭歲課』 외에 필사본 『송정실기』 및 『송정일기』가 더 입수되어 있음을 알고서, 퇴근 무렵에 남명학연구소로 전화하여 그 자료들을 대출하고 싶다는 뜻을 전하였다.

2 (금) 맑음

퇴근 시간까지 본교 경남문화연구원이 조사한 구 진주 지역 고문서들의 CD에 대한 검토를 한 차례 마쳤다. A, B, C로 분류된 것이 각각 9, 8, 16매로서 모두 합해 33매였다.

어제 남명학연구소에다 전화하여 열람을 요청해 둔 자료가 입수되었는데, 『송정일기』는 있으나 이상필 교수가 논문에서 언급한 『송정실기』 필사본은 없고 그 대신 『송정연보』 필사본 등 다른 자료 두 개를 보내왔으므로, 그것들과 더불어 내가 이미 구입해 있는 『明南樓全書』에 실린 것 외에 작년에 발간된 『증보 명남루총서』에 이르러 추가된 근자에 발견된 최한기의 저작들도 함께 학교 부근의 점포로 가져가 같이 복사 제본하도록 구자익 군에게 당부했다.

강동욱 군이 泰安朴氏 후손으로부터 빌려온 『눌암집』 4책 1질의 복사본을 내게 빌려 주면서 내가 그것을 복사 제본할 때 자기 것도 한 부씩 더 만들어 철학과 사무실에다 맡겨두면 그 대금을 지불하겠노라고 했으나, 조교에게 대금 3만 원은 받지 말고 그냥 주라고 했더니 오늘 내 연구실로 찾아와 인사를 하고 갔다.

『한국유학사상대계』 제8장에 기고할 「남명 조식의 사상과 남명학파의 좌절」 제2절 제1항의 제목을 '원·명대 도학과 사림파 전통'으로부터 '실천 유학의 전통'으로 고쳤다.

3 (토) 흐림

오전 중 구 진주 지방의 고문서 CD를 다시 한 번 훑어보았고, 오후에는 그 조사 및 연구 성과가 처음으로 발표된 2003년 10월 24일 오후 남명학관 101강의실에서 있었던 2003년도 경남문화연구원 정기학술대회의 발표논문집『晋州卷地域 古文獻의 所藏現況』및 그 발표문들을 수정 보완하여 새로 수록한『경남문화연구』제24호(경상대학교 경남문화연구원, 2003) 가운데서 사재명·이상필·김해영·채휘균·원창애 씨의 것들을 차례로 읽어보았다. 그 중 사재명 박사의「진주목 지역의 고문서 조사─敎旨類·立案類·明文類·試券을 중심으로─」가 특히 상세하고 치밀하였는데, 이를 통해 내가 사 군으로부터 전해 받은 CD에 A, B, C로 분류된 것은 각각 "진주목 지역의 고문서 자료소장처로서 동부지역(A지역)은 개천면, 금산면, 문산읍, 북천면, 영오면, 일반성면, 이반성면, 진성면으로, 중부지역(B지역)은 금곡면, 대곡면, 미천면, 정촌면, 진주시, 집현면, 축동면으로, 그리고 서부지역(C지역)은 단성면, 명석면, 삼장면, 수곡면, 시천면, 옥종면, 진주시, 청암면 등"으로 나눈 것임을 확인하였다.

한국학술진흥재단의 지원에 의해 본교 경남문화연구센터가 진주목 지역의 고문헌과 고문서를 조사 정리한 작업은 2002년 12월부터 한 해 동안에 걸쳐 진행되었는데, 위의 세 지역에 대해 3개 組의 조사팀을 구성하여 한 팀이 각기 한 지역씩을 맡아 읍면별, 동리별로 소장처를 직접 방문하여 조사하는 저인망식 방식으로 수행되었다. 그렇다고는 하지만 1차 조사는 2003년도 동계방학 중에 90% 이상을, 그리고 2차 조사 시에 나머지 10% 정도를 수행하였다고 한다. 일련번호가 붙은 CD에는 디지털 카메라로 촬영된 자료들이 각 소장처 내에서 다시 항·목에 따라 종류별로 분류되어져 있어서 비교적 찾아보기에 편리하게 되어 있으며, CD 33매에 나뉘어 수록되었을 정도로 그 내용도 꽤 방대하다.

CD에 수록된 것은 대체로 필사본 문집류를 제외한 순수한 고문서들인 듯하므로 사상사를 다루는 나의 작업에 이러한 자료들이 그다지 많이 사용되는 것은 아니지만, 그래도 구 진주목 지역에 거주한 남명 연원가들이 대부분 망라되어져 있고 기왕의 내 논문에서 중요하게 다루어진 인물이나 문중과 직접 관계되는 것들도 적지 않으므로, 앞으로의 보다 정밀한 연구를 위해서는 이러한 고문서 자료들도 확보해 둘 필요가 있다고 판단한 것이다.

5 (월) 맑음
식목일 휴일이라 하루를 쉬었다.

오전에는 집에서 『경남문화연구』 제24호에 실린 원창애 여사의 논문 「관부문서 및 소지·망기·통문류의 분석」과 김준형 교수의 「簡札類 및 기타 고문서의 분석」을 끝으로 2003년도 경남문화연구원 정기학술대회의 발표논문들에 대한 검토를 모두 마쳤고, 이어서 고문서 일반에 대한 지식을 심화하기 위해 경북대 역사교육과 許興植 교수의 저서 『한국의 古文書』(서울, 民音社, 1988, 대우학술총서 인문사회과학30) 및 崔承熙 저 『韓國古文書研究』(성남, 한국정신문화연구원, 1981, 연구총서 81-2)를 훑어보았다. 전자는 세종대왕 이전 시기의 우리나라 고문서에 대한 연구서이고, 후자는 고문서 일반을 개설한 책인데 1989년에 개정판이 나와 있는 모양이다.

정오 무렵에 내가 운전하는 차로 아내와 함께 처가 앞으로 가 장모님을 태우고서 벚꽃 구경을 나섰다. 구경삼아 대곡면 雪梅里(설매실)에 있는 진주교도소 앞까지 갔다가 부근의 장모님 친정 동네에 들러보았다. 장모는 설매실(雪梅谷) 마을의 晉陽姜氏 종가에 태어났다고 하는데, 먼저 우리를 안내하여 들판 가운데에 있는 재실로 데려갔다. 거기는 커다란 비석들과 재각 및 사당 건물들과 그 앞에 민가가 몇 채 들어서 있는 제법 고풍스런 마을이었다. 비석 중 하나는 무과 출신으로서 임진왜란 때 이순신 장군의 진에도 참여하여 安骨浦 전투 등에서 공을 세운 姜德龍을 기리는 것으로서 李家源 교수가 글을 지은 것이고, 또 하나는 그의 부친인 이 마을 入鄕祖 姜深을 기리는 것인데 재각 마당 모서리에 端磎 金麟燮이 지은 원래의 비석이 남아 있고, 사당 입구에는 그것을 한글로 번역하여 근자에 새로 세운 비석이 서 있었다. 비문을 읽어보니 강심의 딸 중 하나는 남명 문인인 雪墅 李大期에게 출가한 것으로 되어 있었다.

6 (화) 맑으나 저녁 무렵 빗방울

이미 수집하여 복사 제본되어져 있는 목판본『端磎集』을 통해 그 권23, 비문의 첫머리에 실려져 있는「贈戶曹參議姜公遺墟碑 幷序」를 읽어보았다. 姜深(字 大涵, 1522~1594)은 殷烈公 姜民瞻의 후예로서 晋州 北面 御風亭에서 태어났는데, 몇 차례 鄕試에 합격하였으나 司馬試에는 실패하였다. 申霈·鄭夢虯와 더불어 風綱을 고쳐서 진주의 徭役제도를 바로잡았으므로 주민들이 칭송하여 晉陽三老로 병칭하였다. 만년에 북면 雪梅谷으로 이주하여 시내 가에 草亭을 짓고 살면서 號를 臨溪(溪亭?)라 하였으며, 후진을 양성하는 것을 소임으로 삼았다. 이 때 災傷敬差官인 金行(남명의 손녀사위?)이 그를 방문하여 詩를 次韻한 것을 비롯해 지방관들이 종종 그를 예방하였다고 한다. 제자 중에는 남명 문인이기도 한 浮查 成汝信이 포함되어 있었고, 死後에 通政大夫 戶曹參議에 추증되었다. 1남 1여를 두었는데, 아들 德龍은 임란 때 의병을 일으켜 많은 무공을 세웠으므로 鶴峰 金誠一에 의해 조정에 보고되어 咸昌縣監이 되었다가 長鬐縣監으로 옮겼으며, 宣武原從功臣에 녹훈되고 死後에 兵曹參議로 추증되었다. 딸은 군수인 李大期에게로 출가하였다. 덕룡에게는 3남 1녀가 있었는데 아들은 모두 承仕郎이었고 學識과 行誼로 세상에 알려졌다. 차남인 得胤은 4남 1녀를 낳았는데 그 중 딸은 松亭 河受一의 嗣孫인 河自溫에게로 출가하였다. 10대손들이 草亭이 있던 자리인 시내 가에 유허비를 세우고자 하여 사람을 보내 端磎에게 비문을 청하였다고 한다.

成汝信 등이 편찬한『晉陽誌』를 뒤져보니, 권1 各里 條에 북면 新塘里의 屬坊 중 하나로서 御風亭村이 있었고, 권2 亭臺 條에 "御風亭은 新塘의 南江 가에 있는데, 故 생원 鄭以良이 터 잡은 것이다. 자손이 지키지 못하여 외증손인 현감 姜德龍의 것이 되었다."고 되어 있었다. 권3 인물 조에도 姜深을 포함한 晉陽三老가 모두 보이는데, 강심이 호조참의에 추증된 것은

아들 덕룡이 선무원종공신에 녹훈되었기 때문이라고 되어 있었다. 권4 武科 조에 강덕룡은 계미년(1583, 선조 16년)에 급제한 것으로 보인다.

남명학연구소로부터 빌려서 학교 주변의 상점에다 복사 제본을 맡겨 두었던 『松亭日記』『松亭年譜』『松亭西行錄』을 오후에 구자익 군이 찾아 왔다.

7 (수) 대체로 맑음

어제 구자익 군이 찾아온 필사본『송정연보』를 가지고서 石印本『松亭 續集』권3 부록에 실린 晦峰 河謙鎭이 光武 원년(회봉 28세)에 편찬한 연 보와 대조해 보았다. 필사본에는 丁丑년(송정 25세)부터 丁未년(송정 44 세)까지의 기록만 보이는데, 이는 회봉이 쓴 송정연보의 발문에 그의 伯 曾祖 容窩公이 기록해 남겼다고 한 「송정연보」의 경우와 일치하는 것으 로 보아 기본적으로는 그것에 근거한 것임을 알 수 있다. 그러나 용와공 의 것은 벌레가 갉아먹은 부분이 반을 넘는다고 하였는데 여기에는 그런 흔적이 전혀 없고, 그 기록의 오류로 지적된 부분도 수정되어져 있으며, 상단의 여백 여기저기에 보충해 넣은 기록도 보이므로, 이는 용와공의 것을 참조하여 회봉이 수정한 중간 단계의 것임을 알 수 있었다. 회봉이 撰한 「송정연보」의 여기저기에 송정의 일기와 「西行錄」이 언급되어져 있었으며, 필사본의 기록도 기본적으로는 그것들에 근거한 것임을 알 수 있었다.

석인본『송정연보』선조 16년 癸未 조의 주에 "滄浪[成文濬]은 牛溪 文 簡公의 아들로서 선생의 外從妹婿이다. 선생과 사이가 매우 돈독하였다" 고 보이는데, 그것은 같은 조의 주에 보이는 "喚醒公[河洛]은 栗谷 및 成牛 溪, 朴思庵과 契分이 매우 두터웠다. 三賢이 쫓겨나게 되자 항의하는 疏를 올려 伸救하였으며" 운운의 내용과 서로 연관되는 것이다. 평소 남명 문 인인 喚醒齋 河洛이 西人的인 정치적 입장을 취하게 된 데 대해 의문을 품고 있었는데, 이로써 그 배경을 파악할 수가 있다. 「滄浪年譜」에 의하 면 牛溪 成渾의 嗣子인 成文濬은 16세 때 主簿 堪의 딸이요 參奉 庭堅의 손녀이며 休庵 白仁傑의 외손인 咸安趙氏를 아내로 맞았는데, 목판본『송정집』부록의「世系」에 의하면 송정 하수일의 부친인 沔은 趙庭堅의 딸을 아내로 맞았으니, 창랑의 장인인 趙堪은 송정의 외삼촌에 해당하는 것이다. 송정도 숙부인 喚醒齋의 시에 次韻한「和栗谷李文成公隱屛退老歸田吟」을 남겼으며, 趙堪의 죽음을 애도한 시에 의하면 진주 사람인 조감은 牛溪의 거처인 坡州로 옮겨가 살다가 죽어서 거기에 묻혔다.

8 (목) 맑음

오후 내내 필사본『松亭西行錄』을 석인본「송정연보」와 대조하며 읽었다.『송정서행록』은 하수일이 주로 과거 응시를 위해 서울로 가고오거나 서울에서 머문 때의 일기인데, 선조 24년(1591) 39세 文科 覆試에 응시하여 합격한 때와 그 다음해인 선조 25년(1592) 40세 때 다시 상경하여 첫 발령받은 校書館에서 免新禮를 행하고서 하향하다가 충주에서 처음 임진왜란이 발발한 소식을 듣고서 서둘러 귀향하여 가족과 함께 五臺寺로 피난한 때, 그리고 선조 40년(1807) 55세 때 尙州牧의 提督으로 있다가 重試 응시를 위해 상경하여 서울에 머물며 刑曹 등에서 벼슬살이 한 시기의 것이다. 화재로 책의 가장자리 부분이 불에 타 한 行 정도씩 보이지 않는다.

후손인 하겸진이 편찬한『송정연보』에는 숙부인 하락과 송정 3형제 중 막내로서 환성재의 양자가 된 河鏡輝가 상주에 살다가 임진년에 왜적에게 죽임을 당하게 된 원인에 대해 피난처에서 나와 상주목사와 함께 성을 지키기 위해 가다가 도중에 왜적을 만난 것으로 설명하고 있지만,『서행록』에 의하면 환성재는 4월 22일에 가족을 데리고서 절에 피난 가 있었으나, 숙모가 副室에 대해 투기를 하여 병을 핑계하고서 집으로 돌아가 버렸기 때문에 그녀를 데리러 왔다가 25일 길에서 왜적을 만나 피하지 못한 것으로 설명되어져 있다.

9 (금) 맑음

오전 중『송정서행록』을 계속 읽어「丁未(1607)西行錄」10월조까지를 읽었다. 그 앞의 신묘 및 임진년 일기는 뒷날에 정리한 것이기 때문에 상세하지 못한데 비해 정미년의 것은 매일의 동향이 거의 빠짐없이 기록되어 있어 분량 상으로도 전체의 절반을 넘고 있다.

10 (토) 맑음

필사본『송정서행록』의 검토를 마치고서 필사본『송정일기』의 검토를 시작하여 퇴근 무렵까지 그 작업도 마쳤다. 전자의「丁未西行錄」에는 선조 40년 3월 9일부터 그 다음해인 무신년(1608, 광해군 즉위년, 송정 56세) 6월 8일까지의 일기가 현재 남아 있다. 후자는 복사 제본한 책의 표지에 한문학과 이상필 교수의 글씨로 보이는『松亭日記』라는 제목이 보이지만, 그 실제 내용은「송정연보」의 草稿로 판단되었다.

현재 입수되어 있는 것은 처음 두 장을 제외하고서는 모두 어느 목판본 책의 안쪽 면에다 草書로 흘려 쓴 것이기 때문에 복사된 상태로는 판독하기가 어렵다. 송정 40세 때인 임진년 3월 26일부터 60세 때인 임자년 정월 13일 사망에 이르던 날까지의 것으로서, 개중에 49·50·51·54세의 것이 빠져 있는데다 나이를 잘못 적은 곳도 있으며, 끝부분의 두 장은 순서가 착종되어져 있다. 전체적인 내용은 대체로『西行錄』을 발췌해 놓은 것이며, 거기에 없는 부분의 것은『松亭歲課』에 실린 작품들의 제목을 시기별로 나열해 놓았을 따름이다. 그러나 임진년 부분의 일기는『서행록』에 보이는 내용과 詳略이나 서술 방식에 다소 차이가 있으므로 어느 쪽이 송정 자신의 원형에 보다 가까운 것인지 판단하기 어려운 점이 있다. 또한 무신년 6월 9일부터 22일까지의 일기는『서행록』에 결락되어 없는 것이 여기에는 보인다. 엊그제의 내 일기에서 언급한 송정 숙부 환성재 및 동생 경휘의 죽음에 관한 기록은『서행록』에 보이는 것과 완전히 다른 반면 일반적으로 알려져 있는 내용과는 일치하며, 무신년 6월 6일의 기사에도『서행록』에 보이는 내암 정인홍에 관한 기록은 전부 삭제하고서 그 내용을 다소 윤색해 놓았다.

12 (월) 맑음

조교를 통해 본교 경남문화연구원이 한국학술진흥재단의 지원하에 진행한 '진주권 지역 고문헌자료 조사·정리'라는 프로젝트의 보고서로서 출판한『진주권 지역의 고문헌』(2004년 2월 27일 발행)을 한 부 입수하여 그 내용을 검토해 보았다. 2003년 10월 24일에 있었던 정기학술회의 발표자료집『진주권지역 고문헌의 소장현황』이나 그것을 정리하여『경남문화연구』제24집(2003)에 실은 것과 대체로 동일하나, 그것에다 각 분야의 문헌 목록을 첨부한 점이 다르다. 말미에 부록으로서 첨부된「소장처별 문헌목록(서책류)」를 통하여 근자에 내가 남명학연구소로부터 입수하여 복사·제본해서 검토해 온 필사본 서책들 중『滄洲集(生員公遺稿 포함)』2책은 대곡면 단목리 하효상 씨 댁에서 2003년 2월 17일에, 그리고『松亭日記』『松亭西行錄』『松亭年譜』각 1책과『松亭歲課』4책은 수곡면 사곡리 하원준 씨 댁에서 2월 22일에,『辨誣』1책은 역시 하원준 씨 댁에서 2월 23일에 각각 조사된 것임을 확인하였다.

13 (화) 맑음

오전 중 대학원 수업을 마친 후 오후 내내 다시 한 번『松亭日記』를『松亭西行錄』및 석인본「松亭年譜」와 대조 검토하는 작업을 하였다. 그 결과『일기』는『서행록』의 내용을 토대로 하여 발췌하고 다소 수정을 가한 것임을 확인하였다.「연보」에서는『서행록』과 더불어 송정의『일기』에 대해서도 언급하고 있지만, 현재 내 수중에 있는『일기』가 이미『서행록』과『松亭歲課』의 내용을 가지고서 연보 형식으로 정리한 것이니만치, 晦峰 河謙鎭이「송정연보」를 편찬할 당시 이것 외에 다른 송정의 일기가 남아 있었을 리 없다는 판단을 내리게 되었다.

대전대학교 영상철학과의 송인창 교수가 새한철학회의 신임 회장이 되어 인사말과 더불어 2004년도 새한철학회 임원명단을 보내 왔다. 나는 그 전신인 영남철학회의 부회장이 되었던 시절 이래 거의 계속하여 이 학회의 이사 명단에 들어 있었지만, 이번에는 빠져 있었다.

퇴근 무렵에 내암 정인홍의 후손인 합천의 정기철 씨가 전화를 걸어와 남명학파의 의병활동과 관련한 국·내외의 연구 동향 및 사단법인 남명학연구원과 본교 남명학연구소의 근황에 대해 자기 나름의 평가를 하면서 오래 동안 이야기를 계속하였다. 할 수 없어 도중에 말을 끊고서 다음에 만나 자세한 이야기를 나누자고 했는데, 그럼에도 불구하고 이미 퇴근 시각이 평소보다 20분 남짓이나 늦어졌다.

14 (수) 맑음

종일 필사본『송정일기』를『송정서행록』및「송정연보」와 대조하여 검토하는 작업을 계속하여 드디어 마쳤다. 하겸진이 찬한「송정연보」에『서행록』과 더불어 송정의『일기』에 대한 언급들이 보이지만, 그의「연보」에는 의도적으로 꾸며진 부분이 많으므로 그는『서행록』외의 다른『일기』를 본 적이 없고, 현재『일기』로 알려져 있는 것은 그 자신이「연보」를 편찬하기 위해 만든 試案的 성격의 것이라는 결론을 내렸다. 여러 날 계속된 이 필사본들에 대한 검토를 마친 후, 晦峰 河謙鎭의 族兄 河憲鎭의 문집인 鉛활자본『克齋遺集』4권 2책에 대한 검토를 시작했다.

16 (금) 맑으나 초여름 더위

오전 10시부터 오후 6시 무렵까지 남명학관 남명홀에서 '남명학의 계승과 발전(2)─海州鄭氏 門中을 중심으로─'라는 大주제하에 본교 남명학연구소의 2004년도 제1차 학술대회가 열렸다. 등록이 끝나고서 오전 10시 30분에 개회식이 시작될 무렵 거기로 가서 발표논문집을 한 부 얻어 연구실로 돌아와서 그 내용을 검토해 본 후, 오후 4시부터 시작되는 종합토론에 다시 가서 방청해 보았다. 특히 기조발표에 해당하는 한문학과 이상필 교수의 첫 번째 논문「海州鄭氏 가문의 진주 정착과 학문성향」에 대해 비판적인 질의를 해 볼 생각이 있었으나, 종합토론의 좌장인 한문학과의 장원철 교수가 시간관계상 플로어의 질문은 한 사람만 받겠다고 한 후 해주정씨 문중 사람이 일어나 질문이라기보다는 감사의 뜻을 피력하는 말을 하였으므로, 내가 발언할 기회는 없었다. 나는 2001년 8월 16~17 이틀간에 걸쳐 산청군 시천면 내공리에 있는 三星산청연수소에서 개최된 남명 탄신 500주년 기념 국제학술회의에서 「18세기의 江右學派—宗川書院 院變 문제를 중심으로—」라는 논문을 발표하여 해주정씨 문중과 晉陽河氏 謙齋 河弘度 후손 측의 갈등 문제를 다룬 바 있었으므로, 이상필 교수의 발표 내용과 관련한 문제에 대해서는 이미 숙지하고 있는 것이다.

진주교대의 김낙진 교수나 사단법인 남명학연구원의 상임연구위원인 설석규·정우락 박사 등이 오늘 모임의 발표 혹은 토론자로서 참석하였으므로, 모처럼 그들과 만나 잠시 대화를 나눌 기회가 있었지만, 저녁 회식에는 참석하지 않고서 바로 귀가하였다. 차를 운전해 집으로 돌아가야 하므로 술을 마실 수 없다는 것이 그 표면적인 이유였지만, 본교 한문학과의 독무대인 이런 자리에 내가 참석한다는 것 자체가 피차 불편할 것이기 때문이었다.

오늘의 회의장 안팎에는 해주정씨 문중이 보낸 화환들로 가득하였고, 청중도 그 후손들이 대부분인 듯하였다. 農圃 鄭文孚의 후손으로서 주로 西人이었던 해주정씨가 남명학의 계승자라는 것은 실로 터무니없는 주장이지만, 작년에 H 교수가 후손으로부터 위촉을 받아 明庵 鄭栻 (1683~1746)의 문집을 번역 출판했던 것이 오늘 모임에 하나의 계기가 되었던 듯하다. 한문학과 측으로서는 해당 문중으로부터 적지 않은 재정적 원조를 받을 수 있을 터이며 청중 확보의 문제도 아울러 해결할 수 있을 터이니, 작년의 泰安朴氏와 금년의 해주정씨에 이어 앞으로도 이러한 문중 중심의 학술대회를 계속해 나갈 것이다.

17 (토) 맑음

지난 수요일에 서문과 목차까지 읽다만 河憲鎭의 『克齋遺稿』를 계속하여 읽어 발문과 권4 부록 부분의 카드화를 마쳤다. 처음으로 돌아가 지난번에 읽던 목차의 나머지 부분부터 계속하여 훑어나가다가 권2의 편지 부분에 이르렀다. 그 중 여러 군데에 나오는『남명집』중간본 관계의 내용을 가지고서 내가 작년 4월에 간행된 새한철학회의『철학논총』제32집 제2권에다 발표했던 논문「『남명집』중간본의 성립」중 河憲鎭에 대해 언급한 靑谷寺 刊會 등의 부분과 대조해 보다가, 이 책을 이미 읽어 카드화까지 마쳤음을 새삼 알게 되어 더 이상 세밀하게 읽는 작업은 중단하고서 대충 제목만 훑었다.

19 (월) 흐림

지난주의 남명학연구소 학술대회에서 발표된 이상필 교수의 논문「해주정씨 가문의 진주 정착과 학문 성향」을 다시 한 번 읽으며 그 문제점을 카드화하였다.『진주권지역의 고문헌』에 실린 고문서 목록들도 다시 한 번 검토하면서 고문서 CD 중 小川書堂과 河有楫 씨 소장품들을 체크해 보았다. 소천서당의 것 중에서 復庵 曺垣淳에게 보낸『남명집』중간본 관계 서간들이 다수 있었고, 하유집 씨 소장품 가운데서는『德川師友淵源錄』의 편찬을 주도한 그 조부에게 보낸 서신 등이 많았다. 이것들은 모두 연구 가치가 높은 것들이지만, 개중에는 초서로 된 것이 많아 판독하기 어려운데다 수량도 매우 많아서, 그것들에 대한 본격적인 연구에 착수하는 것은 일단 보류해 두기로 마음먹었다.

21 (수) 맑음

아침 일곱 시 무렵에 일어나 근처의 산길을 산책하여 돌아온 후, 잔디마당에서 어제 마련해 온 음식 남은 것으로 아침 식사를 하였다. 청소와 정리를 끝낸 후 외송리의 홍화원 마을까지 함께 내려와 산청군청에 간다는 권오민 교수와 작별한 후, 다섯 명은 구자익 군의 티코 승용차를 타고서 학교로 돌아왔다.

권오민 교수는 자택의 화장실에다 내 저서『동아시아의 사상』을 갖다 두고서 이미 스무 번쯤 읽었다고 하는데, 그 중에서도 특히 제9강 「고려 불교와 가마쿠라 불교」 부분에서 얻는 바가 많았다고 하므로, 연구실로 돌아온 후 그 부분을 새로 한 번 읽어보았다.

22 (목) 맑음
어제에 이어 『동아시아의 철학』 제9강을 한 번 더 읽어보았다.
　오후에 교수신문사의 강석민 기자로부터 내 연구실에 전화가 걸려와, 서울대 종교학과 琴章泰 교수의 新著 『도와 덕—다산과 오규 소라이의 중용·대학 해석—』에 대한 서평을 위촉하기에 이를 수락하였다. 금 교수의 이 책은 250쪽 정도의 분량이라고 하는데, 해설이 아닌 논평 위주로 200자 원고지 7매 정도의 분량을 5월 10일까지 작성하여 보내달라는 것이었다.

23 (금) 맑음
다음 학기에 내가 담당할 과목인 학부의 한국유학특강에서는 『退溪集』과 『高峰集』에 실린 四七理氣論辨에 관한 서신들을 읽고, 일반대학원의 중국근대철학연습에서는 淸代 초기의 張學誠이 쓴 『文史通義』를 다루어 보기로 마음먹었다.

24 (토) 맑음
『중국사상사연구』 제26호(2003)에 실린 周桂鈿 교수의 글을 마저 읽었다. 그의 글 제4절은 '나의 일본과의 인연'으로 되어 있고, 주로 京都學派의 중국사상사 연구에 대해 언급하고 있는데, 개중에 "小島[祐馬]의 다른 한 사람의 학생이었던 佐藤匡玄은 前世紀 80년대에 『論衡の硏究』라는 一書를 출판하였다."라는 언급이 있다.
　이 책의 해적판은 내 연구실 서가에도 꽂혀있으므로, 1981년에 東京의 創文社로부터 동양학총서 중 하나로서 출판된 그것을 꺼내어 검토해 보았다. 1902년 愛知縣 태생으로서, 京都大學을 졸업하고 출판 당시 愛知敎

育大學 명예교수이며 愛知學院大學 문학부 교수로 있었던 저자는 '후기'에서 "이 책의 내용은 前篇, 後篇, 附篇의 세 부로 나누었는데, 개중에 전편과 후편의 대부분은 昭和29년도[1954] 京都대학 문학부에서의 集中講義 草案이다. 마침 新舊제도의 改正期에 해당하여, 그 후 약간의 補訂을 가하여 학위청구논문으로서 제출하게 되었던 것으로서, 그동안 主審인 重澤俊郎 교수께는 각별히 수고를 끼쳐드렸다."고 되어 있다.

나는 자신의 학위수여식에 참석하기 위해 京都大學을 방문했을 때, 현재의 중국철학사 전공 주임인 池田秀三 씨로부터 한 세기 정도의 역사를 지닌 이 연구실에서 내가 다섯 번째로 문학박사학위를 받게 된다는 말을 들은 바 있었다. 그 중 일제시기에 학위를 받았던 小島祐馬와 重澤俊郎은 이 전공의 제2·3대 주임교수이며, 2차대전 이후의 新制 대학 시절에 또 한 사람의 일본인이 학위를 받았고, 그 외에는 나보다 한 해 전에 上海 復旦大學 출신인 吳震이라는 중국인이 陽明學에 관한 주제로 학위를 받았다는 것이었다. 戰後의 일본인이 누구인지는 지금까지 모르고 있었는데, 오늘 비로소 그가 바로 佐藤匡玄 교수이며, 이 책은 그 학위논문을 출판한 것임을 짐작하게 되었다.

다음 학기의 수업 계획을 위하여 관계 문헌을 조사해 보던 중에 퇴계 이황과 고봉 기대승의 四七論辨을 정리한 『兩先生四七理氣往復書』2권 1책을 학부 수업의 교재로 택하기로 마음먹었고, 대학원에서는 내가 소장하고 있으며 1885년에 北京의 文物出版社로부터 간행된 標點本 『章學誠遺書』를 택하기로 하고, 그 첫머리에 실린 史城의 序文을 읽어보았다. 아울러 錢穆의 『中國近三百年學術史』 上冊 第9章의 章實齋 부분도 훑어보았다.

27 (화) 흐리고 때때로 부슬비

구자익 군을 남명학관 안에 있는 한적 자료실인 文泉閣으로 보내 다음 학기에 학부 수업의 교재로 사용할 예정인 『兩先生四七理氣往復書』를 대출해 와 복사 제본을 맡기도록 했다. 이 책은 목판본 2권 1책으로 되어 있는데, 表題는 『高峰集』이고 版心題는 「四七理氣往復書」이며, 正祖 10년

(1786)의 발문이 있다. 성균관대학교 대동문화연구소에서 영인 간행한 『高峰全書』에 수록되어 있다고 하는데, 한국문집총간 제40책에 수록된 『高峰集』에는 보이지 않는다. 그러나 후자에 고봉과 퇴계의 저 유명한 四七理氣論辨에 관한 서신은 전혀 수록되어져 있지 않으므로, 이것이 『高峰集』의 일부임은 분명하다고 하겠다.

김경수 군에게 전화하여 서울대학교 규장각에 근무하는 남명학연구원의 상임연구위원인 신병주 박사에게 연락하여 규장각도서 4114번으로 소장된 필사본 『四七續編』을 한 부 복사해 보내주도록 부탁해 달라고 했다. 1책 51장으로 된 이 책은 牛溪 成渾이 栗谷 李珥에게 한 辨書 5장과 율곡의 答書 5장 등 10장의 왕복 서간을 수록하고서 巍巖 李柬의 「題林[泳]趙[聖基]理氣辨後」를 부록으로 덧붙였으므로, 퇴계·고봉 간의 『兩先生四七理氣往復書』에 대한 續編의 형태로 이루어진 것인 듯하다.

어제 집으로 왔던 소포가 오늘 본교 인문대학으로 배달되어져 왔다. 예상했던 대로 교수신문사 측이 내게 서평을 위촉했던 금장태 교수의 新著 『도와 덕―다산과 오규 소라이의 〈중용〉·〈대학〉 해석』(파주, 〈주〉이끌리오, 2004년 4월 9일 간행)이었다. 주식회사 이끌리오(ECLIO)는 빠른등기로 보내져 온 소포의 포장지에 '(주)북이십일'로 찍혀져 있었다.

28 (수) 맑음

『傳習錄』 하권 黃直의 기록을 다 읽고서 黃修易의 기록으로 들어갔다. 오후에 『章學誠遺書』의 전체 목차를 다시 한 번 검토해 보았다. 다음 학기 대학원에서는 이 책 중의 「文史通義」와 더불어 章 씨의 대표적 저술 중 하나인 「校讐通義」도 함께 읽을 것을 고려하고 있기 때문이다. 학부에서는 『兩先生四七理氣往復書』와 더불어 『四七續編』도 함께 읽을까 생각하고 있다.

모처럼 김병택·조규태 교수와 더불어 풀코스를 산책하여 돌아온 후 다시 금장태 교수의 『도와 덕』을 읽기 시작하였다. 조규태 교수가 조교를 시켜 내가 부탁해 두었던 柳志福 씨의 한국정신문화연구원 한국학대학원

미술사학전공 문학석사 학위논문인 「孤山 黃耆老의 書藝 硏究」(2003년 12월)를 보내 왔고, 또한 서울의 예문서원으로부터 『오늘의 동양사상』 제10호(2004년 봄·여름)가 우송되어져 왔으므로, 그 내용을 검토하였다. 유지복 씨의 논문은 16세기 중종·명종 연간에 활동했던 草書의 名家에 대해 다룬 것인데, 그 연구 대상인 황기로는 퇴계·남명의 문하생으로 추정되는 인물이라고 한다. 남명이 남긴 합천군수 李增榮을 위한 「李陝川遺愛碑」의 글씨를 쓴 사람이며, 또한 진주시 문산면 어수리에 있는 조규태 교수의 선조 曺潤孫(1468~1547)의 묘비명 글씨를 쓴 사람이기도 하다.

29 (목) 맑음

『오늘의 동양사상』 제10호를 마저 읽었다. 지난 호에 이어 이 잡지의 '해외 학계동향' 란에는 하버드대학에 유학 중인 고려대 출신 송재윤 씨가 「미국의 중국지성사 연구, 방법과 전망(2)」이라는 글을 싣고 있다. 미국에서의 중국철학연구 동향과 더불어 그 근래의 성과를 소개한 것이다. 아내가 내년에 연구년을 받아 우리 가족이 함께 미국 시카고쯤에 가서 1년을 지내자고 조르고 있으므로 웬만하면 그렇게 해 볼까 생각하고 있는데, 내가 미국에 간다면 그곳에서 공부해 보고 싶은 주제가 '미국의 동아시아 사상 연구'라고 할 수 있다. 이를테면 송 씨의 글과 비슷한 성격의 보고서를 한 편 써보고 싶은 셈인데, 영어에 능숙하지도 못한 처지에 1년 만에 이런 주제로 학회지에 실을만한 보고서를 써낼 수 있을지 스스로 생각해 봐도 자신이 생기지 않는다.

어제 서울에 가서 김용옥 씨를 만나 『기학』 번역본의 문제를 상의하고 돌아온 손병욱 교수가 오후에 내 연구실로 전화를 걸어와 김용옥 씨가 내 안부를 물으면서 자기의 최근 저서 세 권을 손 교수 편에 부쳤다고 하므로, 구자익 군을 보내어 받아왔다. 현재 MBC에서 방영되고 있는 도올특강 '우리는 누구인가' 시리즈와 관련된 『삼봉 정도전의 건국철학—『조선경국전』『불씨잡변』의 탐구—』(서울, 통나무, 2004), 『讀氣學說—최한기의 삶과 생각—』(통나무, 1990 초판, 2004 개정판), 『혜강 최한

기와 유교—『기학』과『인정』을 다시 말한다—』(통나무, 2004)였다. 그 앞면 첫 장에는 각각 예의 특이한 붓글씨로 檮杌이라는 서명과 더불어 '吳二煥 先生님께' '吳二煥 교수님께, 옛정이 그립습니다. 二千四年 四月 二十八日' '吳二煥先生道存'이라는 말이 씌어져 있었다.

지난 1980년대 후반쯤에 도올이 양심선언을 하고서 고려대학교를 스스로 퇴직한 후 하동 쌍계사의 國師庵에 내려와 머물고 있었을 때, 가끔 진주로 와 제자인 손병욱 교수를 찾아보고서 그가 東京大學 유학 시절부터 이름을 알고 있었고, 하버드대학 유학 시절에는 한 차례 엽서 왕래가 있었던 내가 이 대학에 재직하고 있다는 것을 알고서 몇 차례 연구실로 나를 방문해 와 대화를 나누고, 당시 칠암동에 전세 들어 살고 있었던 우리 집에까지 함께 왔던 적이 있었다. 처음 만났을 때 그는 나를 대동하여 시내 중심가의 청구서점으로 가서 당시까지 간행되어 있었던 자기 저서들을 모두 한 권씩 달라고 하여 이번과 같은 휴대용 붓으로 서명을 해서 내게 기증하였고, 나는 자신이 번역하여 1986년에 을유문화사로부터 초판이 나온 狩野直喜(가노 나오키)의『중국철학사』를 한 권 선사한 바 있었다. 당시 도올이 나에게 주었던 책들은 역시 집의 공간이 부족하여 다른 藏書들과 함께 그 후 모두 철학과의 도서로 기증하였었는데, 학생들이 모두 가져가 버려 이제 학과 서고에는 한 권도 남아 있지 않다.

5월

1 (토) 맑음

국학진흥원에서『한국유학사상대계』철학사상편의 모두 수합된 장별 집필계획 및 그것에 대한 편집위원회의 검토의견을 이메일로 보내왔으므로, 내가 그동안 수정해 둔 제8장 남명 부분의 새 목차를 회신으로 보냈다. 오후에는 주로 교수신문사가 서평을 위촉해 온 금장태 교수의 저서『도와 덕』을 계속하여 읽어 전체 5장 가운데서 2장까지를 마쳤다.

3 (월) 비

구자익 군을 시켜서 남명학관 文泉閣에 소장된『退溪學文獻全集』제8책을 대출해 와 그 중『兩先生往復書』3권 3책을 복사제본점에 맡기게 했다. 高峰 奇大升이 편집한『朱子文錄』은 1998년 광주의 고봉학술원이 영인 간행한 것을 이미 입수해 있으므로, 한국문집총간 제40책에 수록된『고봉집』에 포함되지 않은 기대승의 저술은 이로서 모두 갖추어지는 셈이다.

고영두 역『퇴계와 고봉, 편지를 쓰다』의 내용도 다시 한 번 읽어보았다. 이 책은 제44회 한국백상출판문화상 번역대상을 비롯하여 여러 중앙지들이 선정한 2003년 최고의 책에 두루 포함되었으며, 2003년 1월 29일에 초판이 발행된 이후 한 달 만에 3쇄가 나올 정도로 많이 팔린 책이다. 그것은 한문으로 된 중요한 철학적 저작을 한글전용을 원칙으로 하여 오랜 기간 동안 정성을 들여 번역해 냈고 편집도 참신하기 때문이다. 역자의 부친인 본교 국어교육과의 前任 김수업 교수가 원래 한글전용주의자로서 그러한 원칙을 전국적으로 확산시켜 나가고 있는 본교의 배달말학회에서도 창립 당초부터 중심적 역할을 수행한 사람 중 하나이니, 그 부친의 영향이 적지 않았을 듯하다.

금장태 씨의 저서『도와 덕』의 제3장도 계속하여 읽었다.

4 (화) 맑음

『도와 덕』제3장을 다 읽고서 제4장『대학』편에 들어갔다.

6 (목) 맑음

총 275페이지에 달하는『도와 덕』을 마침내 다 읽었다.

7 (금) 맑음

어제 사단법인 남명학연구원으로부터 우리 집으로 연구원이 발간한 계간 종합잡지『선비문화』창간호(2004. 봄)가 30부 부쳐져 왔으므로, 출근 직후 인문대학 교수휴게실 서가에 한 부를 놓아두고, 나머지는 모두 조교에게 주어 인문대학의 각 학과와 인문학부 전체 교수 및 철학전 공의 시간강사와 동양철학을 전공하는 대학원생들에게도 각각 한 부씩 배부하게 했다.

오전 중 그 잡지의 내용을 훑어보았다. 이는 연구원이 10여 년간 32호 까지 발행해온 계간 뉴스레터인『南冥院報』를 대체하는 성격의 것이다. 나와 김경수 사무국장이 사임한 이후, 원구원은 대대적인 변혁을 시도하 여 뉴스레터뿐만 아니라 학술지인『南冥學硏究論叢』도 폐지하고서 단행 본 형태의 간행물로 변경하기로 결정한 바 있다.

오후에는「서평: 금장태,『道와 德—다산과 오규 소라이의〈중용〉· 〈대학〉해석』, 파주, (주)이끌리오, 2004」를 입력하여 퇴근 무렵에 탈고 한 후, 내게 그 글을 위촉했던《교수신문》의 강성민 기자에게 이메일 로 부쳤다. 위촉받은 원고 매수는 200자 원고지 7매였지만, 탈고하고 보 니 8.1매의 분량이 되었다. 원고료는 매당 5천원이라고 하는데, 그것은 내가 현재 받아보고 있지 않은《교수신문》의 구독료로 대체해 달라고 했다.

오늘자《경남일보》에 산청군 신등면 평지리 법물마을에 거주하는 勿川 金鎭祜(1845~1908)의 증손자 김포환 씨(75세)가 물천서당에 대대로 보관해 오던 문화재급 고서 700여 권(감정 예상가 1억 원 상당)을 어제 본교 도서관에 기증하였다는 기사가 실려 있었다. 이번에 기증된 고서 가운데는 퇴계 이황과 갈암 이현일의 친필 글씨로 추정되는 고문서를 모아 둔『退葛筆帖』과『勿川先生文集』초고 원고 및『學記類編』초간본이 포함되어 있다.『학기유편』초간본은 내가 물천서당에서 처음 발견하여 학계에 소개했던 것인데, 이로써 내가 발견한 현존 최고의『남명집』인 갑진본의 산질 1책과 더불어 남명학 관계 최고의 서책 두 건이 모두 본 교의 소장품으로 되었다.

본교 도서관에서는 앞으로 약 4개월간 분류 정리 작업을 마친 후 이를 '勿川文庫'로 명명하여 남명학관 안에 위치한 고서실인 文泉閣에 소장할 예정이다. 이로써 문천각의 소장 고서는 약 17,000권으로 늘어나게 되었고, '我川文庫'를 필두로 하여 9번째의 개인문고를 설치하게 되었다.

8 (토) 흐리다가 퇴근 무렵부터 비

어제 오후 5시 48분에 서평을 부쳤는데, 그 직후인 6시 2분에 ≪교수신문≫ 학술부의 강성민 기자로부터 잘 받았다는 회신이 와 있었다.

10 (월) 맑음

『한국유학사상대계』 철학사상편 제8장 남명 부분의 집필을 위해 독서카드를 정리하기 시작했다.

11 (화) 맑음

서울대 국사학과 출신인 韓明基·高錫珪·金允濟·申炳周 및 高英津 씨의 책과 논문들을 읽고서 그들의 남명 사상에 대한 시각을 카드화하였고, 『한국유학사상대계』 집필을 위한 독서카드 정리 작업을 계속하였다.

12 (수) 흐리다가 정오부터 비

사단법인 남명학연구원으로부터 오늘 철학과사무실로 전화가 걸려와, 다음 주 토요일(22일)에 있을 상임연구위원회에 내가 참석해 달라는 요청이 있었다고 한다. 서울의 남명학회로부터는 21일 오후에 5·18기념재단 이사장 박석무 씨의 초청강연 형식으로 열릴 2004년 춘계학술회의 초청장이 왔는데, 정년퇴임한 이남영 서울대 철학과 교수를 대신하여 성균관대학교의 송재소 교수가 회장으로 되어 있었다. 서울대 철학과 홈페이지에 접속하여 정원재 씨가 이남영 교수의 후임으로서 2004년 2월 1일자로 전임강사에 부임하였음을 확인하였다. 그의 전공분야는 성리학으로 되어 있으며, 저서 및 논문으로는 석사·박사학위논문 외에 내가 몇 차례에 걸쳐 검토해 준 「조식이 본 김굉필」(『남명학보』 2, 남명학회, 2003.4) 한 편이 목록에 올라 있었다.

13 (목) 오전까지 흐리다가 개임

연구실의 파일 캐비닛 속에 보관된 독서카드 전체를 새로 검토하여 그 중에서『한국유학사상대계』의 집필에 필요한 것들을 골라내는 작업을 계속하였다.

14 (금) 맑음

『한국유학사상대계』 철학사상편 제8장 「남명 조식의 사상과 남명학파의 좌절」의 집필에 필요한 독서 카드들을 골라내는 작업을 마치고서, 그것들을 예정된 네 개 節의 내용에 따라 대충 분류하는 작업까지 마쳤다. 본격적인 입력을 시작하기에 앞서 이메일로 받아 둔 원고 집필요강을 다시 한 번 검토해보기 시작했다.

여러 해째 석사논문의 제출을 보류하고 있는 정병표 목사가 간밤 4시 39분에 내게로 이메일을 보내왔다. 1995년에 새로 시작한 대학생활이 쏜살같이 지나가 버려 허전한 마음이 들었으므로 그것이 대학원에 진학할 마음을 먹게 된 동기가 되었다면서, 박사과정은 생각지도 않았지만 금년 가을에 논문을 끝내고 나서 받아주기만 한다면 내년에 박사과정에 진학하고 싶다는 의사를 비쳤다. 말미에는 "오이환 선생님이 저의 지도교수이신 것을 늘 자랑스럽게 생각합니다."고 적었다. 이에 대해 오전 10시 36분에 회신을 보내면서, 내가 최근 탈고하여 ≪교수신문≫으로 보낸 금장태 교수의 저서에 대한 서평이 정 목사의 논문 주제와 직접 관련되므로 첨부파일로 하여 함께 부쳤다.

15 (토) 비

「남명 조식의 사상과 남명학파의 좌절」 입력을 시작하여 200자 원고지 10.8매의 분량까지 나아갔다. 제1절 1항의 記述과 아울러 부록의 참고문헌을 동시에 작성해 나가기로 했다.

18 (화) 맑음

서울대 금장태 교수의 저서 『道와 德』에 대한 나의 서평이 5면 '금주의 비평' 섹션에 실린 ≪교수신문≫ 제313호(2004년 5월 17일)가 두 부 우송되어져 왔다.

19 (수) 흐림

남명학연구원으로부터 5월 22일의 상임연구위원회 개최를 통보하는 우편물이 집으로 우송되어져 왔으므로 읽어보았다. 한국정신문화연구원의 박병련 교수를 '부원장'으로 호칭하고 있었고, 5월 14일에 개최된 『선비문화』 편집위원회의에 정우락 교수가 작성하여 가져 간 회의자료 「『선비문화』 창간호와 관련하여」가 첨부되어져 있었다.

20 (목) 맑음

제8장의 입력을 다시 시작하였다.

21 (금) 맑음

8장의 입력을 계속하여 200자 원고지 19매의 분량에 이르렀다.

오전 11시 30분부터 평거동에 있는 富鏡초밥이라는 일식집에서 중국인 崔元萍 씨 내외 및 윤리교육과의 손병욱 교수와 더불어 점심을 함께 하기로 약속이 되어 있으므로 10시 50분경에 내 차를 운전하여 그리로 갔다. 지난 겨울방학 중 본교 구내에서 崔 씨 내외 및 그들과 동행한 다른 중국인 두 명을 우연히 만나 인사치레로 언젠가 다시 한 번 식사를 함께 하자고 말한 적이 있었는데, 그로부터 제법 시일이 지난 까닭에 실없는 소리로 되지 않도록 하기 위해 崔 씨의 남편 任 선생과 마찬가지로 진주보건전문대학의 강사로 근무하고 있는 김경수 군에게 맡겨 이런 자리를 마련해 본 것이다. 손 교수는 오후 1시부터 수업이 있다면서 먼저 자리를 뜨고, 김경수 군을 포함한 네 명은 좀 더 남아서 대화를 나누다가, 차를 주차해 둔 장소까지 김 군과 함께 걸어 와서 학교로 돌아왔다.

22 (토) 맑음

근자에 받은 부산개성중학교 제14회 동기회보 『開物成務』 제210호 (2004년 5월호)에 5월 22일부터 23일까지 이틀간 지리산 중산리에 있는 천왕봉의집이란 식당에서 부산모임과 서울모임이 함께 하는 부부동반 야유회가 있다는 공고가 있었다. 그리로 가 보기로 작정하고서 오후 세 시를 전후하여 출발할 그들이 도착할 시각에 맞추어 평소의 퇴근시각인 오후 6시에 연구실을 나섰다. 칠암 캠퍼스의 간호학과가 들어 있는 도서 관 건물 앞으로 가서 아내를 태운 후 나동·완사를 거쳐 하동 가는 국도 와 수곡을 경유하여 아직 해가 남아 있는 7시 반 무렵에 중산리 매표소 앞에 있는 5층 건물 1층의 천왕봉의집에 도착하였다.

23 (일) 맑음

아내 및 부인네 몇 명을 태우고서 승용차를 운전하여 1.5km 정도 떨어 진 중산리 아랫마을까지 걸어서 내려가는 동기들 사이를 지나 아랫마을 에 도착한 다음 뒷자리의 부인네들을 내려주고서 하산하였다.

진주시 수곡면으로 들어와 자매리를 지나서 내가 본교에 부임한지 오 래지 않았던 시기에 답사한 바 있었던 사곡리의 覺齋先生遺墟碑·大覺書 院·落水庵 등을 다시 한 번 둘러보았다. 낙수암을 찾아가던 도중에 그 지점을 지나쳐 버려 자매리 뒤편의 외진 상대마을 부근까지 들어갔다가 되돌아 나오기도 하였다.

사곡리를 지나 수곡면 소재지인 대천리에 가까운 한석마을에서 옆길 로 빠져나가 효자리의 상중전·중중전·하중전 마을들을 지나 대평면에 진입한 후 사거리에서 어느 노인에게 그 부근인 하촌리 硯山마을에 있었 던 공자를 모신 道統祠의 소재지를 물어 그 방향으로 차를 몰아 진양댐 승상공사로 말미암아 새로 옮긴 대평면 소재지 부근까지 나아갔으나 찾 지 못하고서 도로 돌아왔다. 승상공사로 대평면 일대의 상당 부분이 물 에 잠기게 되었으므로, 연산마을 자체가 없어지고 거기에 있던 도통사는 다른 곳으로 이전되었다고 한다.

훨씬 넓어진 진양호 주변의 도로를 따라서 돌아오던 도중에 다시 대평면 내촌리에 있는 임술민란의 주모자 柳繼春의 기념비를 찾아가 보고자 했지만, 또다시 코스를 잘못 잡아 수곡면 원내리 쪽으로 빠져나왔다. 거기서부터는 어제 갔던 코스를 따라 사천시 곤명면 완사에 이르렀다가 다시 진양호반의 도로로 접어들어 드라이브를 즐기면서 집으로 돌아왔다.

24 (월) 맑음
8장의 입력을 계속하여 31.2매의 분량까지 나아갔다.

25 (화) 맑음
출근 전에 집에 있는 관광 위주의 지도집인 『최신 전국여행 슈퍼정보』를 통해 엊그제 찾아갔던 道統祠의 현 위치를 확인하였다.

오전 9시 30분부터 시작되는 일반대학원 수업을 준비하기 위해 「智證和尙碑銘」을 계속하여 읽고 있으려니, 조덕제 씨가 연구실로 찾아와 오늘 발표하기로 된 사람의 준비가 충분치 못하니 그 대신 이번 학기의 수업 내용으로서 신라 말 최치원의 四山碑銘 중 하나인 眞鑑禪師碑가 있는 쌍계사에 답사를 다녀오는 것이 어떻겠느냐는 것이었다. 그 제의를 받아들여 수업 시작 시간에 수강생 세 명과 더불어 조덕제 씨의 차를 타고서 출발하였다. 일부러 남해고속도로가 아닌 하동 방향의 1001번 국도 코스를 취하여 도중에 진주시 내동면 유수리 723번지 정동마을에 있는 도통사에 들렀다. 그곳을 관리하는 순흥안씨 성을 가진 노인의 안내를 받아 경내를 둘러보고, 孔子와 朱子 및 安子(安珦)의 위패를 모신 사당도 둘러보았다. 이 건물은 원래 1913년(癸丑)에 대평면 하촌리 547-2번지 연산마을에 창설하여 그 이듬해에 낙성한 것인데, 1970년대의 큰 水災로 말미암아 상당 부분 파손되었고, 그 후 화재로 말미암아 강당인 同文堂은 全燒되었다고 한다. 남강댐 숭상공사로 인해 1995년에 한국수자원공사가 예산 7억5천만 원을 전담하여 현재의 장소로 옮겼는데, 동문당은 원래 것보다 규모가 다소 축소된 형태로 복원되었고, 사당인 도통사와 장판각인 光明閣은 이건하였으며, 유생의 기숙사로서 현재는 관리인의 거처로 되어 있는 硯山齋(일명 萬卷室)은 대부분 새로운 자재를 썼기 때문에 이건이라고는 하지만 사실은 신축한 것이나 다름이 없다고 한다. 원래는 대문인 啓東門 바깥에 있었던 創祠碑가 지금은 동문당 옆으로 옮겨져 있었다.

쌍계사에 도착해 보니 예전에 걸어서 올라가던 절의 진입로 어귀에 새로운 도로와 주차장 공사를 대규모로 벌이고 있었다. 예전에 악양의 동편제 소리꾼인 소운인가 하는 사람을 따라서 찾아갔다가 주인이 부재중이라 허탕을 치고 말았던 절 입구의 운수리 207번지에 있는 단야식당 백운장이라는 음식점에 들러 그곳 별미인 사찰국수와 감자전, 도토리묵, 더덕주 등으로 점심을 들었다. 대웅전 앞에 있는 진감선사비를 둘러보고서 바로 내려와 남해고속도로를 경유하여 학교로 돌아왔다.

나는 연구실에서 예전에 수집하여 복사 제본해 둔 『道統祠誌』를 찾아내어, 이미 한 차례 읽고서 카드화해 두었던 그 책을 퇴근 시각까지 새로 읽으며 카드화하였다. 祠誌에 실린 그림을 통해 현재의 도통사는 대체로 원형대로이나, 다만 만권실 뒤쪽에 있었던 庫舍와 倉庫, 門間 건물이 생략되었음을 알 수 있었다.

27 (목) 흐림

『道統祠誌』(道統祠 同文堂 발행, 晋州市 日新印刷所 인쇄, 1961년 鉛活字本 1책)의 카드화를 마치고서, 다음으로 『闕里誌』(1926년 연활자본 2책)를 읽으며 카드화하기 시작했다.

도통사는 1909년 겨울에 硯山마을에 거주하는 順興安氏 문중에서 그 선조 安珦의 문집인 『晦軒實記』를 간행하고서, 다음해인 1910년 9월 15일에 釋菜禮를 거행하고 儒契를 결성한 데서 비롯되었다. 1912년에는 臨江書院이 훼철된 후 長湍의 永慕堂에 안치되어 있었던 안향의 新舊 초상화 두 폭을 이곳으로 옮겨왔고, 1913년에는 그것을 봉안할 影閣을 건립하고서 다시금 水原 九井里에 소재한 華城闕里祠로부터 공자와 주자의 초상화를 模寫해 왔고, 중국 曲阜의 闕里로부터도 孔子行敎像의 모사본을 받아서 봉안하였다. 그리하여 공자를 主壁으로 하고, 주자를 配享하며, 安子(안향에 대한 이 칭호 역시 중국 궐리의 공자 후손으로부터 받은 것이다)를 從祀하고서, 그 사당의 명칭을 도통사로 정하였다. 祠額은 공자 76대손인 衍聖公 孔令貽가 썼다. 1934년에는 강당을 확장 중건하고서 그 명칭을 同文堂이라 하였으며, 堂額과 '昌平日月, 紫陽江山'이라는 楹聯을 令貽의 아들인 77대 衍聖公 孔悳成으로부터 받았다. 장판각인 光明閣에 보관된 『孔子編年』『朱子年譜』『安子年譜』 목판의 서문도 곡부의 궐리로부터 받아왔다. 創祠碑의 비문은 중국 福建省 武夷九谷 중 第五曲에 위치한 紫陽書院에 거주하는 주자의 28대손 緝齋 朱敬熙로부터 받았고, 글씨는 퇴계 종손 李忠鎬가 썼다.

이러한 모든 사업은 처음부터 연산에 거주하는 안향의 本孫인 芝山 安孝鎭이 부근의 老儒인 南川 李道黙, 惠山 李祥奎, 霞峰 趙鎬來, 驪汀 鄭奎錫과 협의하여 추진한 것이었다. 안효진 이후로는 역시 연산에 거주한 安明植이 본손의 대표 역할을 하였으며, 그가 도통사로 들어가는 출입문인 太極門의 글씨를 썼고, 이 祠誌도 간행하였다. 당시의 주소로 朝鮮國 慶尙南道 晋陽郡 大坪面 硯山里에 소재했던 道統祠는 1917년 이래로 중국 궐리 孔敎總會의 朝鮮支會로 승인받아 그 지회장으로는 丹城 黙谷에 거주하던 李祥奎가 맡았으며, 전국 八道에 지부를 두고 있었다. 그런 까닭에 중국 궐리의 공자 후손들과도 계속적인 연락과 교류를 가지고 있었다.

28 (금) 비

『闕里誌』의 카드화를 마쳤다.

『궐리지』는 明 孝宗 弘治年間(1488~1505)에 중국에서 간행되었던 것으로서, 공자의 선대와 공자 연보, 그리고 그 후손 등을 기록한 책이다. 조선의 正祖가 수원에다 華城을 건설하고서 공자의 63세손이라고 하는 孔瑞麟이 강학하던 장소인 화성부 남쪽 40리 지점의 九井里에다 聖廟를 짓고 그 장소를 闕里라 칭하였으며, 이 책을 印出하여 공 씨 후손에게 頒賜했던 것인데, 서린의 후손인 明烈이 純祖 5년(1805)에 조선의 후예에 관련된 내용 등을 증보하여 『東國闕里誌』를 만들었다. 내가 입수해 둔 이 책은 1926년에 연활자로 간행된 것으로서, 공자의 76세손이라고 하는 孔在善이 출판한 것이다.

재선의 선조인 仁博(1614~1675)이 인조 23년(1645)년 중국 曲阜의 궐리에 있는 공자묘를 방문하여 吳道子의 그림을 돌에 새겨둔 공자의 肖像을 모사해 돌아와 인조 27년(1649)에 자기가 살던 지금의 진주시 寺奉面 鳳谷里 茅谷마을의 書室 가에다 사당을 지어 안치하고서 여기에다 闕里祠라는 현판을 걸었던 것인데, 그로부터 오랜 세월이 지나 사라져 버린지 50년 만에 통훈대부 사헌부감찰의 경력을 지녔던 재선이 문중 및 유림과 협의하여 1922년에서 1923년까지에 걸쳐 원래의 장소 부근에다 다시 복원하고서, 종래의 『동국궐리지』에다 자기 집안의 계통인 檜原君 派 관계 사적을 추가하여 간행한 것이다. 회원군파는 고려 忠定王 원년 (1349)에 고려 恭愍王에게 시집오는 魯 衛王女인 大長公主를 陪從하여 온 공자 54세손이자 元의 翰林學士였던 孔紹(初名 思召)에게서 비롯되는데, 그는 후에 檜原君에 책봉되고 昌原伯을 襲封하였으며, 그의 묘는 慶尙道 昌原郡 西面 斗尺山 南麓 杜陵里 斗亦谷에 있다고 되어 있다. 나는 예전에 우연히 한두 차례 봉곡의 궐리사 터를 방문한 적이 있었다.

6월

1 (화) 맑음

「大嵩福寺碑銘」의 첫 부분을 끝으로 일반대학원의 한국고중세사상연구를 종강하였다. 이 수업에서는 이번 학기에 최치원의 『孤雲集』 중 四山 碑銘을 다루었다.

2 (수) 흐리다가 오후에 개임

『한국유학사상대계』제1책 제8장의 입력을 계속하여 200자 원고지 33매 남짓한 분량까지 나아갔다.

3 (목) 맑음

8장의 입력을 계속하여 35매의 분량에 이르렀고, 제1절 1항 '기존의 연구' 부분을 마치고서 2항 '조식 학문의 형성 과정'에 들어갔다.

釜慶大學校 교양과정부에 근무하는 서울대 철학과 후배 김영환 교수가 자신의 글 「한자도 우리 글자인가?」가 실린 『한글 새소식』 제381호(한글학회, 2004년 5월 5일)를 우송해 왔으므로 읽어보았다. 한글전용론자인 김 씨의 글은 안병희 씨가 쓴 「한자의 올바른 인식을 위하여」(『한글과 한자 문화』 2004년 2월호)에 대한 반박이었지만, 간접적으로는 내가 「동아시아적 사유구조」에서 피력한 한자 및 동아시아문화의 보편성에 관한 견해에 대한 반박이기도 했다. 중화적 세계관은 현실적 역학 관계에서 중국이 우리에게 강요한 것이며 우리는 아시아 여러 나라 가운데서도 그것의 가장 큰 피해자이기 때문에, 유럽 문화의 보편성과는 성격이 다르다는 것이었다.

4 (금) 맑음

김영환 씨의 「한자도 우리 글자인가?」를 다시 한 번 읽어보았고, 종일 8장의 입력을 계속하였다.

5 (토) 맑음

종일 작업하여 8장 중 제1절 제2항 '조식 학문의 형성과정' 부분을 마치고서 제2절 '조식 사상의 본질' 제1항 '실천유학의 전통' 부분의 입력에까지 나아갔다. 200자 원고지로는 52.4장의 분량인데, 내가 위촉받은 분량이 250장이니, 이제 1/5 정도를 마친 셈이다.

6 (일) 맑음

아내와 함께 산벗회의 낙동정맥 제12차 구간종주에 참가하여 한티터 널-침곡산-사관령-가사령 코스를 다녀왔다.

돌아오는 길에는 69번 지방도로를 따라 竹長面 소재지인 立巖里까지 내려왔는데, 선바위라고 불리는 이곳은 旅軒 張顯光이 만년을 보낸 곳으로서 내가 예전부터 한번 와 보고 싶어 했던 곳이다. 여헌을 향사하는 입암서원은 입암리보다는 오히려 그 위쪽의 매현리에 가까운 침곡교 부근에 있는 모양인데, 그 일대는 이른바 '선바위(立巖)' 등이 있는 풍치지구였다. 올 때 경유했던 69번 지방도로를 따라 영천호를 지나서 永川 시내로 향하는 도중에 포은 정몽주의 고향이자 포은을 모신 臨皐書院이 있는 임고마을도 지났다. 임고서원은 내가 예전에 한 번 답사해 본 적이 있었다.

7 (월) 부슬비

종일 내 연구실에 있는 『旅軒全書』를 읽으며 旅軒 張顯光(1554~1637)과 立巖里의 관계에 대해 알아보았다. 여헌은 仁同에서 태어났지만, 임진왜란으로 자택이 왜병의 방화에 의해 불타버렸기 때문에 이후 계속 이리저리 떠돌아다니면서 지내게 되었고, 호를 旅軒이라 지은 것도 그런 까닭에서이다. 임진왜란이 일어나자 永陽(永川의 별칭)의 선비 네 명(權克立·孫宇男 및 鄭四象·四震 형제)이 피난을 위해 당시로서는 그 縣 안의 북쪽 奧地였던 이 골짜기로 들어와 입암 부근에 먼저 정착하였고, 후일 먼저 입문해 있었던 정 씨 형제가 스승 여헌에게 여기로 들어와 함께 살 것을 권하였다.

여헌은 정유재란이 있기 한 해 전인 선조 29년(1596, 43세) 여름에 처음 이곳으로 들어와 본 후, 이 일대의 수려한 풍광과 세상 및 병란으로부터 멀리 격리되어 은둔하기에 적합한 환경을 사랑하여 이후 종종 왕래하면서 강학하였다. 선조 33년(1600, 47세) 봄에 들어와서는 입암과 그 주변 경치가 빼어난 28군데의 이름을 손수 지었으며, 선조 40년(1607)

겨울에는 「立巖精舍記」를 지었다. 선조가 승하한 해인 55세(1608) 때 여름 및 인조 6년(1628, 75세) 가을에도 이곳으로 들어왔고, 병자호란이 있은 다음해인 인조 15년(1637, 84세) 3월에는 이곳에서 여생을 마치기 위해 가족을 데리고서 들어와 立巖의 이름을 立卓巖으로 고쳤으며, 그해 9월 7일에 이곳 晩勖齋에서 별세하였던 것이다. 그 후 효종 8년(1657)에 영천 선비들이 입암서원을 세워 여헌의 位版을 봉안하였는데, 아마도 精舍가 있었던 자리 부근인 듯하다. 현재 이 서원에는 상기 네 명의 문인이 從享되어져 있으며, 서원 근처에 여헌 당시부터 있었던 건물인 萬活堂과 日躋堂이 있다고 한다. 全書 上卷인『여헌집』의 原集과 續集에 이곳과 관련된 글들이 꽤 많았는데, 그것들을 두루 다 읽어보았다.

8 (화) 흐리고 때때로 비

간밤에는 새벽녘에 깊은 잠을 이루지 못하여 누워 있지만 깬 상태나 다름이 없었으므로, 평소의 기상 시각인 오전 4시가 미처 되기 전에 일어났다. 노인의 경우에는 6시간 정도만 수면을 취해도 된다는 정보를 언젠가 '생로병사의 비밀' 프로에서 접한 적이 있었으므로, 이제부터는 수면 시간을 한 시간 단축하여 오전 3시에 기상하기로 작정하고서 자명종의 바늘을 그렇게 돌려놓았다. 퇴근 후 아내에게 그런 말을 했더니 아니나 다를까 수면 시간이 줄면 면역력이 떨어진다면서 크게 반대하므로, 자명종 바늘을 이전대로 오전 4시에 다시 돌려놓았다. 그러나 잠이 잘 오지 않는 경우에는 오전 3시 이후면 기상해 볼 생각이다.

나는 젊은 시절에 출가하여 승려가 될 것을 심각히 고려하고 있었고, 실제로 1972년에는 순천 송광사에 들어가 스무 날 정도 행자 생활을 한 적도 있었다. 지금도 속세에 있으나 출가한 사람과 마찬가지의 청정한 생활을 하고 싶은 욕구가 있다. 그러한 까닭에 취침 시간은 절에서와 마찬가지로 늘 오후 9시이지만, 기상도 중들처럼 오전 3시로 해 보려는 시도를 몇 차례 해 본 적이 있었으나, 번번이 수면부족을 느껴 포기해 버렸던 것이다.

9 (수) 맑음

『傳習錄』하권을 마저 읽었고, 이어서『王陽明全書』『章學誠遺書』의 총 목차를 다시 한 번 훑어보았다. 이로서 1학기 수업의 정리와 다음 학기를 위한 준비는 일단 마친 셈이다.

8장 제2절의 집필을 계속하기 위해 다시 그 부분과 관련된 독서카드를 분류하기 시작했다.

10 (목) 맑음

8장 제2절 제1항의 입력을 위한 카드 정리를 계속하다가, 오늘 아침 ≪조선일보≫에서 읽고서 구내서점을 통해 주문해 둔 책인 三庵 表暎三 지음, 檮杌 金容沃 서문, 『동학 1—수운의 삶과 생각—』(서울, 통나무, 2004년 6월 7일 발행)이 저녁 무렵에 벌써 연구실로 배달되어져 왔으므로, 하던 작업을 일단 중단하고서 그것을 읽기 시작하였다.

14 (월) 맑음

박사과정의 具滋翼 군이 이번 학기의 일반대학원 과목인 한국고중세 사상연구의 리포트로서 작성한 「崔致遠의 ‘東人意識’에 대한 긍정적 평가에 대한 異說的 상정」을 제출하였다. 그것을 다 읽어보았는데, 단순한 독서 보고서라기보다는 최영성 씨의 저서 『최치원의 철학사상』에 대한 일종의 반론이었다. 내가 이 대학에 부임한 이래 가르친 학생들 중 내 전공분야에서는 김경수·구자익 군이 가장 촉망되는 후학이라고 하겠다.

구 군에게 전산정보원 가상강좌지원실의 이승열 씨가 보내 온 콘텐츠 전문저작도구인 eStream Xpert[(주)자이닉스]의 사용교육에 관한 이메일 및 관련 PPT 첨부 파일인 사용 매뉴얼을 전해 주고서, 다음 학기부터 나의 가상강좌 과목 ‘동아시아의 철학사상’ 동영상 콘텐츠에서 사용할 파워포인트 용 강의노트를 구 군이 작성해 주도록 당부했다.

저녁 무렵 8장의 집필을 다시 시작하였다.

15 (화) 맑으나 무더위

8장 중 이미 입력해 둔 부분을 다시 한 번 읽으며 퇴고를 가한 다음, 입력 작업을 계속하여 54매 정도의 분량까지 나아갔다.

16 (수) 맑음

퇴근 시간까지 8장의 입력을 계속하여 200자 원고지 62장의 분량까지 나아갔다.

18 (금) 오전 중 비 온 후 오후에는 흐렸다가 밤에 다시 비

종일 8장의 입력을 계속하여 71.3장의 분량까지 나아갔는데, 두 개의 파일을 모니터상에 불러두고서 작업하다가 퇴근 때 평소처럼 마치기 버튼을 눌렀더니, 그 중 먼저 마친 8장의 것은 저장 여부를 물어오지 않고서 오후 내내 작업해 둔 것이 그냥 날아가 버리고 말았다. 이런 일은 지금까지 한 번도 없었는데, 어제 최신 버전을 새로 설치한 까닭인지 모르겠다.

19 (토) 豪雨

오전 중 어제 저장을 못해 날려버린 부분을 다소 수정하여 새로 입력하였고, 오후에는 그 다음 부분을 계속하여 75.7매의 분량에 이르렀다.

21 (월) 夏至, 오전 중 부슬비 내린 후 오후에 개임

오전 중 8장의 입력을 계속하였다.

22 (화) 端午, 맑음

8장의 입력을 계속하여 200자 원고지 80매의 분량까지 나아갔다.

23 (수) 맑음

8장 제2절 '조식 사상의 본질' 제1항을 마치고서, 원래 계획에는 없었

던 제2항 '의리의 자득'을 추가하여 86장의 분량까지 나아갔다.

24 (목) 비
8장은 90.2장의 분량까지 나아갔다.

25 (금) 비
8장의 입력을 계속하였지만, 기왕에 입력해 둔 부분과 관련된 독서 카드들을 세밀히 검토하며 수정 보완하는 작업이었기 때문에 92장까지밖에 나아가지 못했다.

26 (토) 오전에 부슬비 내린 후 흐림
8장의 입력을 계속하여 94.1장의 분량까지 나아갔다. 제2절 1항의 분량이 꽤 길어져 나에게 위촉된 250매의 분량으로는 전체 목차를 다 커버하기 어렵겠다는 판단이 섰으므로, 2항에 신설한 '의리의 자득'은 삭제하고서 원래 계획대로 2항의 제목을 '실학의 이념'으로 하고, 그 부분에 입력해 두었던 내용들은 모두 제1항의 끝부분으로 옮겼다.

다음 학기의 학부 강의계획서를 입력하였다. 금년도 2학기의 학부 수업에서는 가상강의인 '동아시아의 철학사상' 두 클래스 외에 4학년 전공과목인 '한국유학특강'에서 四端七情理氣論辨을 다룬 이황과 기대승 간의 『兩先生四七理氣往復書』(『高峰集』 所收 목판본) 및 이이와 성혼 간의 『四七續編』(규장각 소장 필사본)을 발췌윤독 하기로 했다.

28 (월) 맑음
저녁 무렵부터 8장 제2절 제2항 '실학의 이념' 부분을 입력하기 시작했지만, 95.5장의 분량까지밖에 나아가지 못했다.

29 (화) 맑음
어제 발간된 ≪교수신문≫ 제319호에 계명대 철학과 홍원식 교수의 글 「장윤수 교수의 지적(교수신문 317호)에 답한다—퇴계학은 '理學'인가」라는 제목의 논쟁적인 글이 실려 있었다. 그것과 관련하여 『오늘의 동양사상』 제10호(2004 봄·여름)에 실린 홍원식 씨의 글 「퇴계학, 그 존재를 다시 묻는다」를 새로 읽고서 그 요지를 카드화하였다.

8장의 입력 작업을 계속하여 100.3장의 분량까지 나아갔다.

30 (수) 맑음

8장은 110.8장의 분량까지 나아갔다. 현재 제2절 2항 '실학의 이념' 부분을 입력 중인데, 이미 요청 받은 250매의 절반 가까운 분량이어서 이대로는 4절까지로 이루어진 전체 목차의 분량을 균형 있게 안배할 수가 없다고 판단하게 되었다. 그래서 제3절은 세부 항목 없이 '4. 비성리학적 요소의 문제'라고만 하여 제2절의 끝항으로 넣어 마치기로 하고, 제4절 '남명학파의 전개' 부분은 이번의 글 속에는 포함시키지 않고, 다음 논문 「全恩과 討逆의 논리—鄭逑와 鄭仁弘—」에서 다루기로 마음먹었다.

7월

1 (목) 맑음

구자익 군이 가상강의 '동아시아의 철학사상' 제3주까지의 멀티미디어 강의록을 파워포인트로 작성하여 가져 왔으므로, 그 내용을 검토하며 함께 수정하였다.

『한국유학사상대계』의 실무책임자인 한국국학진흥원의 김종석 씨에게로 이메일을 보내어 8장의 목차가 변경된 점을 설명하고, 아울러 이번의 내 글에 포함되지 못하는 '남명학파의 전개' 부분이 혹시 다른 사람이 담당한 부분 속에서 함께 언급될 수 있는지 타진해 두었다.

2 (금) 오전에 흐리고 정오부터 비

8장의 입력을 계속하여 138.6장까지 나아갔다. 전체 분량의 절반을 넘어선 셈이다.

3 (토) 비

어제 오전 9시 45분에 국학진흥원의 『한국유학사상대계』 편집위원회 간사인 김종석 씨로부터 회신이 와 있었다. 내 메일에 "전체적으로 문제가 있다고 판단됩니다."고 전제한 뒤, "사정이 있으시겠지만, 당초 제시한 집필계획에 의거하여 집필하여 주시면 감사하겠습니다."고 요청하였다. 그 이유로서는 편집위원회에서는 〈배경-본질-전개〉의 내용 구조가 되도록 서술한다는 집필원칙을 마련하였고, 또한 필진들이 제시한 집필계획은 편집위원회에서 이미 수차 회람하여 확정하였기 때문이라고 한다.

그러나 내가 이번에 8장의 원고 범위에서 제외시키기로 한 제4절 '남명학파의 전개' 부분은 애초에 내가 국학진흥원 측으로부터 위촉받은 범위에는 들어 있지 않았던 것을 내가 임의적으로 포함시킨 것이었다. 250매의 분량으로는 남명 본인의 사상만으로도 충분히 커버하기가 어렵고, 게다가 애당초 언급되지 않았던 참고문헌이나 도판 15매 정도의 분량까지 거기에 포함시킨다고 한다면 더욱 제약이 따르는 것이다.

4 (일) 많은 비

김영두 번역 『퇴계와 고봉 편지를 쓰다』를 읽으며 카드화하는 작업을 계속했다.

6 (화) 맑음

본교 남명학연구소의 기관지인 『남명학연구』 제17집(2004.6)이 배부되어져 왔으므로, 그 내용을 검토해 본 다음 그 중 처음 보는 글들은 「남명학관계기간문헌목록」에다 추가하였다. 아울러 남명학연구소 및 동 연구소 측이 DAUM 카페에다 새로 개설한 '경상대학교 부설 남명학 연구소', 사단법인 남명학연구원 등의 홈페이지에 접속하여 새로 나온 문헌들이 있는지를 조사하여 목록에다 추가하였고, 목록의 말미에는 남명학과 유관한 인터넷 홈페이지들의 항목을 하나 추가하였다.

18 (일) 오전에 흐렸다가 개임

새벽 5시에 기상하여, 태풍으로 말미암아 그동안 두 번이나 취소되었던 산벗회의 낙동정맥 구간종주에 참가하였다. 지난번 산행의 종착 지점이었던 포항시 죽장면(북구) 가사리까지 가는 도중에 다시 한 번 張旅軒의 유적지인 죽장면 선바위를 통과하게 되었으므로, 이번에는 그 부근에 남아 있는 古家들 위치와 立巖書院의 현판을 뚜렷이 확인할 수가 있었다.

21 (수) 찜통더위

여행 기간 중 北京語言大學 漢語學院 文化系에 근무하고 있는 周月琴 씨로부터 초청장이 도착해 있었다. 금년 10월 하순에 河南省 鄭州市에서 개최될 예정인 河洛文化國際硏討會에 참가해 달라는 내용이었다. 어제 영문으로 참가하기 어렵겠다는 내용의 회답 이메일을 발송했었는데 웬일인지 되돌아 왔고, 주소가 틀림없으므로 오늘 다시 보내보았지만 역시 스팸 메일이라는 이유로 되돌아 왔다.

25 (일) 무더위

아내와 함께 천왕봉산악회의 7월 정기산행에 참여하여 전남 장성군 장성읍과 장성군 진원리의 경계에 위치한 불태산(佛臺山, 710m)에 다녀왔다. 도로교통지도에서는 이 산을 '불태산' '불다산'으로 적고 있으며 집행부에서 배부한 개념도에도 '불태산'으로 되어 있으나, 金正浩의 『大東地志』에는 佛臺山으로 적혀 있으므로 아마도 '불대산'을 한글로 적은 과정에서 생긴 오류가 아닌가 한다.

우리가 하차한 장성군 진원면 진원리는 내가 예전에 한두 차례 답사한 적이 있었던 高山書院의 바로 앞이며, 서원 맞은편에 불태산이 있으니 高山이라 함은 불태산을 지칭한 것인지도 모르겠다. 그 산 쪽으로 향하는 동네 입구의 비석에도 高山里라고 새겨져 있으나, 지도에 고산리라는 이름이 보이지는 않는 것으로 보아 공식적인 행정 지명은 진원리인 듯하다. 고산서원은 조선 말기 성리학의 6대가 중 한 사람으로서 唯理論의 주창자인 蘆沙 奇正鎭(1798~1879)이 여기서 그다지 멀지 않은 추월산 북쪽 기슭의 전북 순창군 복흥면 대방리에서 태어나 18세 때 조상의 근거지인 장성으로 이주해 온 이후 고종 연간인 1878년에 澹對軒이라는 精舍를 짓고서 강학하던 곳이다. 원래 토담으로 건립하였던 그 건물을 강당으로 하고서 후손들이 1924년에 중건하여 1927년에 현재의 명칭으로 편액을 건 것이다. 이 서원에는 노사를 主壁으로 하고 月皐 趙性家, 老柏軒 鄭載圭 등 진주권의 인물들을 포함한 8위의 문인들을 配享하고 있으며, 진주에서 판각된 『노사집』의 목판도 이리로 옮겨져 장판각에 보관되어 있다.

27 (화) 맑음

오전 중 어제 조교에게 보낸 서류에 하자가 있는지를 검토하여 수정을 가한 후, 새로 조교에게 주어 제출토록 했다. 이 서류에 의하면, 나는 본교의 2005학년도 연구년제연구교수로 신청하여 가족과 함께 2005학년도 2학기부터 2006학년도 1학기까지 1년간 미국 일리노이 주 시카고 시에 소재하는 시카고대학교 동아시아 언어 및 문화학과에 방문연구교수의 자격으로 가서 「全恩과 討逆의 논리」라는 주제의 연구를 하는 것으로 되어 있다.

서울 동대문구 용두2동에 있는 천안문서점으로부터 내가 근자에 주문해 두었던 顧頡剛 著 『漢代學術史略』(北京, 東方出版社, 1996, 民國學術經典文庫)이 우송되어져 왔으므로 그 내용을 훑어보았다. 이 책의 개정판인 『秦漢的方士與儒生』(上海古籍出版社, 1978, 1983 2刷)은 내가 일찍이 구입하여 두어 차례 면밀히 읽어본 바 있었다. 나는 현재까지 진행해 오고 있는 남명학에 관한 연구가 끝나면 조만간 일본 유학시절 이래 다년간 종사한 바 있었던 秦漢의 신비사상에 관한 연구로 돌아가 그 분야에 여생을 바치려고 생각하고 있다. 앞으로의 연구는 顧頡剛의 이 책을 디딤돌로 하여 진행할 예정이다. 이미 구입해 두었던 말레이시아의 鄭良樹 著 『顧頡剛學術年譜簡編』(北京, 友誼出版公司, 1987), 『顧頡剛古史論文集』(北京, 中華書局, 1988) 2책도 훑어보았다.

8월

2 (월) 맑았다가 저녁부터 흐리고 밤에 비

사단법인 남명학연구원이 발행하는 『선비문화』 제2호(2004. 여름)가 두 부 집으로 부쳐져 왔으므로 그 내용을 훑어보았다.

3 (화) 대체로 맑음

오후에 인문대학장 황병순 교수로부터 전화를 받았는데, 나와 아내가 나란히 2005학년도 연구년제연구교수의 연구업적선발에서 선정되었다고 한다. 연구업적선발은 금년에 신설된 것으로서 각 단과대학으로부터 7월 30일까지 본부에 추천된 교수들 가운데서 연구업적이 우수한 교수를 계열별로 총 10명 선발하며, 거기에서 선정되지 못한 교수들은 종전처럼 단과대학에 배정된 인원 총 25명의 한도 내에서 단과대학별로 선발하게 되어 있다. 그 외에도 총장이 직권으로써 정하는 5명이 있다. 대학본부에서 선정하는 이번의 연구업적선발에서 인문사회계는 8명을 추천하였고, 의대에서는 아내 한 명만이 추천되었다고 한다.

4 (수) 대체로 맑음

출근 직후에 인문대학 교수휴게실에서 황병순 학장과 마주쳐 한동안 대화를 나누었다. 이번의 연구업적선발에 인문대학에서는 네 명이 서류를 제출하여 그 중 나와 한문학과의 이상필 교수가 선정되었는데, 내가 1순위였다고 한다. 사회과학 쪽에서는 행정학과의 이시원 교수가 선정되었다고 들었다.

6 (금) 맑음

점심 때 내 연구실 복도 건너편의 대학원생 열람실에 있는 구자익 군과 더불어 점심을 들려고 하다가 같은 동양철학 전공자인 김경수 군과 권오민 교수까지 함께 청했다.

넷이서 구자익 군의 차를 타고서 산청 덕산으로 가서 개관을 앞둔 남명기념관을 둘러보았고, 거기서 지리산 쪽으로 좀 더들어간 내원사 계곡 윗부분에 위치해 있는 김경수 군이 아는 식당에 들러 닭찜과 쌀죽에다 맥주와 소주를 곁들여 들면서 모처럼 담소의 시간을 가졌다. 돌아오는 길에 다시 남명기념관 근처에 있는 마근담 계곡으로 들어가 보았다.

8월 4일자로 된 '2005학년도 연구년제연구교수(연구업적선발) 선발 통보' 공문을 받았다. 아내와 나를 포함하여 총 10명인데, 사회대학 경제학과의 김홍범 교수도 포함되어 있었다. 아내와 나는 2005학년도 2학기부터 2006학년도 1학기까지인데, 나는 「全恩과 討逆의 논리」라는 주제로 미국 시카고대학교에서, 아내는 「미국 내 한국이민자의 인생태도와 스트레스 대처방식이 적응행동과 심리적 안녕감에 미치는 영향」이라는 주제로 미국 일리노이주립대학교에서 연구하는 것으로 되어 있다.

예문서원으로부터 2003년도 하반기 인세계산표(2003년 7월~12월)가 이메일로 보내져 왔다. 내 책『동아시아의 사상』은 2003년 4월 30일에 출판되었는데, 하반기의 출고부수는 29부에 불과하며, 이 기간 중 반품된 것이 24부, 출고 누계로는 328부였다. 나는 500부까지의 인세를 이미 받았다. 출판된 책의 종류가 많이 늘어나 번거로우므로 앞으로는 1년 단위로 인세를 계산하겠다고 한다.

8 (일) 맑음

아내와 함께 희망산악회의 8월 정기산행에 참여하여 경북 포항시와 영덕군에 걸쳐 있는 內延山 정상인 香爐峰(930m)과 청하골을 다녀왔다.

근자에 낙동정맥 구간종주를 다니면서 계속 이용해 온 코스와 같은 남해·구마·경부고속도로를 경유하여 경북 영천에서 일반국도로 접어들었고, 69번 도로를 따라 북상하여 圃隱 鄭夢周의 고향인 임고에 있는 臨皐書院과 旅軒 張顯光을 모신 立巖書院을 지나 포항시 죽장면 하옥리의 비포장 도로 고갯마루에 이르렀다.

17 (화) 흐리고 저녁 무렵 비

다음 학기 대학원의 강의계획서를 입력하였다. 일반대학원 동양철학 전공 박사과정 학생들을 위한 중국근대철학연습에서는 청대 건륭 연간의 특색 있는 학자인 章學誠의 대표적 저술인 『文史通義』와 『校讐通義』를 발췌 윤독한다고 적었다.

본교 인문학연구소의 인문학총서 제8권 『인문학의 새 길을 찾기 위한 반성과 실천』(서울, 박이정, 2004)이 출판되어 내게도 한 부 배부되어져 왔다. 내가 논평문을 썼던 권오민 교수의 글 「신화와 종교의 만남, 인도 철학의 경우」도 실려 있었다. 그러나 당초 연구소장인 독문과의 이영석 교수가 이 글들과 함께 싣겠노라고 말했었던 논평문은 하나도 실리지 않았으니, 나는 적지 않은 시간을 낭비한 셈이다.

20 (금) 대체로 흐림

오전 중 이달 8월 30~31 양일간에 걸쳐 안동의 국학진흥원에서 있을 예정인 『한국유학사상대계』 철학사상편 집필 중간발표회에 대비하여 그동안 작성해 둔 200자 원고지 113.5매 정도의 제8장 원고를 편집위원장 김종석 씨에게 이메일로 발송하였다. 그 원고를 출력하여 당일의 시대별 패널 발표회 때 읽을 부분을 표시해 두었다.

21 (토) 대체로 맑으나 밤에 비

이번 주 17일부터 19일까지 사단법인 남명학연구원 주관으로 산청군 시천면의 덕천서원과 남명기념관 등에서 치러진 문화관광부 선정 지역 민속축제인 제4회 남명선비문화축제는 행사기간 동안 태풍으로 말미암아 비가 내리는 악조건 속에서 주관 측의 준비 부족과 운영 미숙 등이 겹치면서 별다른 호응을 얻지 못한 채 막을 내렸다고 한다. 19일 이래로 오늘까지에 사흘에 걸쳐 ≪경남일보≫는 연일 이와 관련한 기사나 칼럼, 사설 등을 실어 '산청 남명기념관 속빈 강정' '문제 많은 남명기념관' 등의 제목으로 주최 측인 남명학연구원을 비판하고 있다. 심지어는 산청군 관계자의 말을 인용하는 형태로 '산청군의 남명학 연구 단체인 남명학연구원'이라는 표현을 써서 진주에 있는 경상대학교 남명학연구소에 견주어 연구원을 산청군에 속한 지역단체인 것처럼 치부하기도 했다.

김경수 군이 연구원의 사무국장을 사임하고서 梁基錫 씨가 그 후임을 맡게 된 이후로 이 축제가 매년 제대로 운영되어 오지 못한 모양인데, 이런 기회를 이용하여 ≪경남일보≫의 문화 관계 기사를 전담하다시피 하고 있는 본교 한문학과 대학원 출신의 강동욱 기자 등이 연구원의 위상을 깎아내리려고 하는 의도가 없지 않아 보인다. 양기석 씨도 학부는 본교 중문과 출신이지만 대학원은 본교 한문학과로 진학하여 그 학과의 조교를 지낸 적도 있었고, 한동안 진주문화원 사무국장을 맡아 있었다가 사임한 지 얼마 후에 연구원의 일을 보게 되었다. H 교수의 추종자인 그는 현재 본교 한문학과의 대학원 박사과정에 재학하며 교양 강의도 맡아 있다고 들었다.

23 (월) 비

퇴근 후 우리 아파트 주차장에다 차를 세워두고서 택시를 타고 중심가의 국민은행 앞으로 나가 김경수 군을 만났다. 중앙시장 안의 하동집이라는 식당으로 가서 뒤이어 그리로 온 박물관의 유창환 학예사와 더불어 셋이서 아귀 수육을 안주로 소주를 마셨다. 거기를 나온 후 칠암동

귀빈예식장 부근의 산들레스토랑이라는 곳으로 자리를 옮겨 맥주로 2차
를 하고서 취해 귀가하였다.

하동집에서 유 군이 도착하기를 기다리는 동안, 최근 ≪경남일보≫에
난 선비문화축제 및 남명기념관 개관과 관련한 네 건의 기사를 사단법인
남명학연구원의 전임 사무국장인 김경수 군에게 보여주었다. 김 군은
≪경남일보≫의 K 기자와 더불어 진주 시내의 二以齋에서 지금은 김 군
의 처삼촌이 되어 있는 최인찬 옹에게서 함께 한문을 배웠으므로 일찍부
터 서로 잘 아는 사이인데, 근자에 K 기자가 김 군에게 자기 힘으로 남명
학연구원을 산청군으로 쫓아버리겠다는 말을 몇 차례 하고 있었다고 한
다. 김 군의 말에 의하면 K 기자 외에 그 글들을 쓴 다른 두 명의 기자는
남명학 관계에 대해 아무런 지식도 없는 사람이므로, 결국은 모두 K 기
자의 글이라는 것이었다. K 군은 본교 국문과의 학부 및 대학원 과정을
마쳤고 ≪경남일보≫ 내에서는 유일한 박사학위 소지자인데, 대학원 과
정에서 사실상의 지도교수는 한문학과의 H 씨였다. 이런 정황으로 보
아, 전국적인 기구인 남명학연구원을 산청군에 속한 단체로 치부한 기사
들의 내용은 K 기자의 의도에서 나온 것이 아닐까 라고 의심했던 내
추측은 빗나가지 않은 셈이다. K 군은 지금까지 사단법인 남명학연구원
과 본교의 남명학연구소를 나란히 언급할 경우에는 반드시 연구소의 순
서를 앞세운 기사들을 써 왔었다.

24 (화) 흐림

금년도 2학기의 인문학부 4학년 과목인 한국유학특강에서는 『고봉집
』 속에 포함되어 있는 『兩先生四七理氣往復書』 및 규장각 소장 필사본 『四
七續編』을 윤독하면서 퇴계 이황과 고봉 기대승, 그리고 율곡 이이와 우
계 성혼 사이의 사단칠정이기논변을 다루기로 작정하였고, 일반대학원
의 중국근대철학연습에서는 청대 건륭 연간의 역사평론가인 章學誠의
대표적 저술인 『文史通義』 및 『校讐通義』를 윤독하는 것으로 이미 강의계
획서를 입력해 둔 바 있었다. 그런데 금년 10월말까지 『한국유학사상대

계』철학사상편의 제8장 남명 부분 원고를 완성하여 제출해야 하므로, 수업 준비에 많은 시간을 할당하기가 어려워 『사칠속편』과 『교수통의』는 각각 다음 기회로 미루기로 마음을 고쳐먹고서 강의계획서를 수정 입력하였다.

30 (월) 맑음

오후에 『한국유학사상대계』 철학사상편의 편집위원장인 국학진흥원의 김종석 씨로부터 전화를 받았다. 내일 오전 10시부터 오후 5시까지 열릴 예정인 중간발표회에 참석할 각 장의 집필자들 가운데서 30일 숙박을 신청한 사람은 나 밖에 없다는 것이었으므로, 어제 생각해 둔 바대로 나 역시 내일 새벽에 승용차를 몰아 출발하겠다는 뜻을 전해 두었다. 그로부터 얼마 후에 분담 집필자 중의 한 사람인 진주교대 김낙진 교수로부터 전화를 받았는데, 지난겨울 단양에서 열렸던 예비 모임의 경우처럼 내일 자기 차에 동승하여 함께 가자는 것이었으므로, 오전 6시에 우리 아파트 입구 경비실 앞에서 만나기로 약속했다.

31 (화) 맑음

새벽 6시 무렵 우리 아파트 입구에서 김낙진 교수와 회동하여 그의 차에 동승해 안동을 향해 출발하였다. 9시 20분 무렵 예안에 있는 한국국학연구원에 도착하였다.

한동안 연구원 3층의 김종석·박경환 박사 연구실에서 차를 들며 대화를 나누다가, 오전 10시 무렵부터 2층 회의실에서 김종석 씨의 사회로 전체 회의를 가진 다음, 『한국유학사상대계』 철학사상편 상권 집필 팀은 그대로 2층 회의실에서, 하권 집필 팀은 3층 회의실에서 각각 1인당 20분 정도씩 각자가 맡은 장에 대해 중간발표를 하고 발표 당 20분 정도씩 토론을 하였다. 상·하권 전체가 23장으로 구성되어져 있으나 참석률이 좋지 못하여 상권 팀은 대구한의대 천인석, 서울대 철학과 후배로서 홍역사상연구소의 강사로 있는 장원목, 김종석, 나, 영산대학교 김경호, 광주대학교 고영진, 진주교대 김낙진 교수가 참석하였고, 하권 팀은 안동대 안영상, 국민대 지두환, 중앙대 유권종, 서울대 규장각의 김문석 씨가 참석하였을 따름이며, 그 밖에 국학연구원 측의 젊은 연구진이 실무 관계로 몇 명 더 동석하였다.

상권 팀은 오후 5시 30분 무렵에 회의를 마치고서, 나의 의견으로 최근에 외부 공사가 거의 완성된 국학진흥원의 박물관 및 전시관·장판각 건설 현장에 가 보았다. 상대적으로 발표자가 적었던 하권 팀은 일찌감치 마치고서 퇴계 종택 부근의 근자에 낙성한 이육사 기념관에 다녀왔다고 한다.

9월

1 (수) 맑음

가상강좌의 동영상 콘텐츠 작성 작업을 마침내 마쳤다. 지난번 강습회에서 배부 받은 『국립경상대학교 e-Campus 교수모드 사용설명서』를 구자익 군에게 주어 사전에 검토하게 한 다음, 작성된 콘텐츠를 새로운 홈페이지에 올리는 구체적인 과정을 설명 받았다. 우선 작성된 동영상 콘텐츠를 처음부터 다시 전체적으로 검토하여 수정할 부분은 새로 녹화한 다음 이를 CD에 복사하여 내 연구실의 데스크톱 컴퓨터에 탑재할 생각이다. 전체 15주의 분량 중 오늘은 첫째 주 두 시간 분의 콘텐츠를 검토하였다.

2 (목) 맑음

부산의 임형석 씨가 새 학기 첫 수업을 위해 진주로 와서 내 연구실에 들렀으므로, 구자익 군과 더불어 셋이서 구 군의 차에 동승하여 사천시 곤명면 용산리의 다솔사 입구 도로 가에 위치한 '동해물과 백두산이'라는 식당으로 가서 수제비로 점심을 들고 동동주도 곁들였다. 대화중에 임

박사가 이번 학기 내가 대학원에서 다룰 텍스트인 章學誠의『文史通義』를 발췌 번역하여 이미 출판사로 넘겼다고 하므로, 그 파일을 이메일로 전해 받기로 하였다.

8 (수) 맑음
오랜만에『한국유학사상대계』철학사상편 제8장의 작업을 다시 시작하였다. 제목 다음에 제3절 '비성리학적 요소의 문제'를 없애고서 그 제목을 제3절 제4항으로 포함시킨 목차를 추가하고, 참고문헌에 나열된 문헌들을 한글 자모순으로 소트하였으며, 글자 모양을 TH신명조로부터 HY신명조로 바꾸어 ~ 기호가 위쪽으로 붙어버리는 문제를 해결하였다. 그러고 나니 이번에는 ' '나 " " 부호가 반각에서 모두 전각으로 바뀌어 버리므로, 그 문제를 해결하기 위해 그 부호들 전후에 반각씩 띄웠던 것을 모두 지웠다.

9 (목) 흐리고 때때로 부슬비
8장의 수정 작업을 계속하였다.
남명학연구소로부터 다음 주 화요일인 9월 14일에 남명학관에서 있을 예정인 중국인민대학 劉廣和 교수의 초청강연회 안내장을 받았다. 「한자 문화와 21세기」라는 주제의 강연회였다. 劉 교수는 1995년에서 96년까지 본교 중문과의 외국인 교수로 와 있던 기간 중 누구보다도 나와 친교가 깊었고, 지금까지도 매년 연하장 교환 등을 통해 그러한 관계는 이어지고 있는 셈이다. 안내장에 의하면 劉 교수는 현재 중국인민대학 語言文字硏究所 소장, 북경사범대학 초빙교수, 중국어언문자학회 부회장의 직함을 가지고 있다.

10 (금) 흐리고 저녁부터 부슬비
오후 2시 30분에 본교 중앙도서관 2층의 도서관장실로 가서 오늘 총장으로부터 도서 기증에 대한 감사패를 받을 사람들과 합류해, 오후 3시에 김정남 도서관장 등과 더불어 대학본부 건물 3층의 총장 부속실로 이동하여 본부 보직교수들과 관계자들이 임석한 가운데 조무제 총장으로부터 향나무로 된 감사패(제4153호)와 본교의 마크가 새겨진 시계를 받았다. 오늘 나와 함께 감사패를 받은 사람들은 한적을 기증한 세 사람 및 그 부인들과 본교 사범대학 윤리교육과를 정년퇴임한 이병희 교수 및 그 자리에 참석하지 않은 부산대학교 교수 한 사람이었다. 개중에는 내가 예전에 답사하여 『南冥先生學記類編』의 丁巳초간본을 발견한 바 있었던 山淸郡 新等面 坪地里 法勿마을의 商山金氏 勿川 종손인 金布煥 옹 및 역시 내가 『端磎家曆日記』를 발견한 바 있었던 신등면 단계리의 상산김씨 단계 종손인 金東俊 옹도 포함되어 있었다. 김포환 옹은 문중 재실인 仁智齋에 소장되어 있었던 한적들이 두 차례나 도난을 당해 그 중 절반 정도를 잃어버린 후에 상기 초간본을 포함한 한적 일체를 본교에 기증하기로 결심했다고 하며, 김동준 옹은 太虛樓 벽장에 보관되어 있던 장서 중 문화재로 지정된 상기 일기를 제외한 나머지 한적들을 기증했다고 한다.

11 (토) 비

인터넷을 통해 오늘자 ≪경남일보≫에 '경상대 도서기증 6명에게 감사패'라는 제목으로 다음과 같은 내용의 기사가 실려 있음을 확인하였다.

경상대학교는 10일 오후 3시 대학본부에서 올 들어 경상대 도서관에 고문헌 등 각종 문집과 도서를 기증한 인문대학 오이환 교수 등 6명에게 감사패를 수여했다. 오이환 교수는 지난 2월 한강선생문집 외 2,433권을 기증했으며, 이병희 전 경상대학교 사범대학 교수는 현대사조의 이해 외 2,099권을 경상대 도서관에 기증해 후학들의 자료로 삼게 했다. 김채갑 전 건국대학교 도서관장은 지난 3월 구암선생문집 외 1,004권을, 김포환 씨는 물천선생문집 외 671권을 지난 5월 기증했다. 김동준 단성향교 전의는 후산선생문집 외 1,142권을 6월 기증했고 김용욱 전 부산대 법과대학 교수는 비교법학 외 5,654권을 경상대 도서관에 기증, 예비법학자들의 소중한 자료로 활용케 했다.

14 (화) 맑았다가 흐린 후 저녁 무렵 부슬비

중국인민대학의 劉廣和 교수가 어제 진주에 도착하여 오늘 아침에 내 연구실로 전화를 걸어왔고, 내가 두 시간 수업을 마친 후에 중문과의 劉應九 교수와 함께 내 연구실로 방문해 왔다. 유응구 교수가 돌아간 후 둘이서 계속 대화를 나누다가, 1년간의 진주 생활을 마치고서 1996년에 그가 중국으로 돌아간 후 처음으로 다시 함께 구내식당으로 가서 점심을 든 후 예전에 늘 그러했던 것처럼 둘이서 뒷산의 풀코스를 산책하였다. 그는 知人인 姜信沆 교수의 초청으로 서울에서 열린 어느 학술대회에 참석하기 위해 한국에 왔다가, 본교 남명학연구소장인 H 교수와 연락하여 H 교수가 博約會 경남지회의 초청 세미나에 초청연사로서 초대하는 형식으로 8년 만에 다시 본교를 방문하게 된 것이었다. 그래서 어제와 오늘은 H 교수의 아파트에서 묵고, 내일과 모레는 유응구 교수의 자택에서 머문 후 그 다음날에 부산에서 항공편으로 北京에 돌아가게 된다고 한다.

산책을 마친 후, 오후 세 시부터 남명학관 남명홀에서 「漢字文化와 21世紀」라는 H 교수가 정해 준 주제를 가지고서 열린 그의 초청강연회에 참석해 보았고, 이어서 오후 다섯 시 무렵부터 개양의 호동식당에서 있었던 저녁 회식에도 참석하였다. 올해로 만62세인 劉廣和 교수는 중국의 교수들이 일반적으로 그러한 것처럼 만60세가 된 2년 전에 중국인민대학을 이미 정년퇴임하였고, 현재는 모교인 북경사범대학에서 매주 7~8시간 정도의 강의를 맡으며 저술활동에 종사하고 있다고 한다. 초청장에 적힌 그의 약력 중 중국인민대학 語言文字硏究所 소장은 그 연구소 학술위원회 주임의 誤記이며, 중국어언문자학회 부회장은 中國音韻學會 학술위원회 부주임의 오기라고 한다. 내가 보기에 아마도 오기라기보다는 H 교수가 모양새를 갖추기 위해 일부러 부풀린 것인 듯하다.

15 (수) 흐리고 밤에 비

한국국학진흥원 측이 지난 8월 31일에 있었던『한국유학사상대계』철학사상편의 중간발표회에서 거론된 내용을 참작하여 최종 수정한 집필요강과 더불어 그 때 발표된 논문 전체를 이메일로 보내왔다. 그 중 서울대 규장각의 김문식 씨가 담당한「제18장, 북학론의 사상적 특징」가운데서 그 날 발표된 부분인 '제1절, 북학론 및 북학파에 대한 논의' 부분을 읽어보았다.

16 (목) 흐리고 때때로 부슬비

퇴근 후인 오후 6시 30분에 본성동의 단골 중국음식점인 북경장에서 제주대학교에 교류교수로 가 있는 배석원 교수를 제외한 철학과 교수 6명이 모인 회식이 있었다. 북경장을 나와서는 류왕표·권오민 교수와 더불어 셋이서 그 근처인 동성동 식당 골목의 건물 지하에 있는 피렌체라는 카페로 이동하여 내가 2차로 맥주를 샀다. 다시 권오민 교수를 따라 그가 살고 있는 신안동 쪽의 실비집으로 이동하여 3차를 했는데, 대학원생인 김경수 군도 전화로 불러냈다.

실비집에서 권 교수와 김경수 군 사이의 대화를 듣고 있다가 남명학연구원 측에서 불교철학 전공자인 권오민 교수에게 연락하여 김경수 군을 제외한 다른 제자 중에서 차기 사무국장 한 사람을 추천해 달라고 하더라는 소식을 접하였다. 아마도 나를 다시 연구원으로 끌어들이기 위한 포석이 아닌가 싶었다.

17 (금) 흐리고 때때로 부슬비

오후 4시 무렵에 오후 1시부터 남명학관 101강의실에서 개최되고 있는 본교 경남문화연구원의 정기학술대회에 참석하여 사재명 군의 다섯 번째 발표를 듣고서 오늘의 발표문들이 실린『경남 서부지역 고문헌 조사(1)—산청·하동·사천·고성지역을 중심으로—』를 한 권 받아서 연구실로 돌아왔다. 사 군의 발표가 끝나고서 마지막 발표자인 사범대 역사교육과 김준형 교수의 발표에 들어가기 직전에 잠시 휴식이 있었다. 그 동안에 「문집 外 각종 성책류 자료의 해제」 발표를 맡았던 전임 소장인 역사교육과 김해영 교수에게 산청군 신등면 단계리의 김동준 씨 댁에 소장된 金麟燮의 일기를 가지고서 영남대학교 민족문화연구소가 근년에 출판한 『단계일기』 중에 4년분의 일기가 빠져 있음을 말하였더니, 김해영 교수는 자꾸만 2년분만이 빠졌다고 고집을 세우므로, 지난번 발표 때도 그가 진주시 대곡면 단목리에 세거하는 진양하씨 가문의 『남명집』 훼판 관계 통문철이 한국정신문화연구원이 간행한 『고문서집성』에 이미 영인 출판되어 있음에도 불구하고 내가 처음 논문으로 발표한 부분 이외의 것은 당시의 조사에서 처음 발견된 것으로 보고하고 있으므로, 그것이 오류임을 내가 지적한 바 있었다고 말했다. 그랬더니 김 교수는 여러 사람들 앞에서 창피를 당했다고 여겼는지, 내 말을 부인하며 자기는 당시 스스로의 힘으로 조사하여 이미 사실을 모두 밝혔다고 주장하고, 현 소장인 김준형 교수도 그의 편을 들어 『고문서집성』에 포함되지 않은 새로운 자료들도 제법 많이 발견되었다고 하는 것이었다.

나는 연구실로 돌아온 후 학교 홈페이지를 통해 김해영·김준형 교수의 이메일 주소를 찾아낸 후, 오후 4시 52분에 '사과와 정보'라는 제목으로 다음과 같은 이메일을 보냈다.

아까는 여러 사람들이 있는 자리에서 부주의한 발언을 하여 기분을 상하게 해드린 점 미안합니다.

간행된 『단계일기』 중 누락된 부분은 1840(14세), 1847(21세), 1848(22세), 1851(25세)의 4년분입니다. 정리 복사된 일기는 내 연구실에 있으니 오셔서 확인할 수 있습니다.

그리고 김해영 교수의 지난번 발표문에 언급된 단목 하씨의 통문 자료에 대해서는 김 교수의 인쇄된 글과 CD에 수록된 해당 자료 및 『고문서집성 48』의 272~376쪽에 수록 간행된 부분을 면밀히 대조해 보시면 내 말이 틀리지 않았음을 알 수 있을 것입니다.

18 (토) 흐리고 아침 한때 소나기

김해영 교수는 오늘 정오에 어제의 내 이메일에 대해 다음과 같은 회신을 보내왔다.

오이환 교수가 어제 나에게 한 말은 내가 마치 남의 글을 도둑질이라도 한 냥 비아냥거리는 식의 말투이거나, 아니면 이런 쓸데없는 일을 왜 하느냐는 식의 말투로 밖에는 달리 생각할 수 없었고, 그 때문에 내가 화를 낸 것인데, 여기 오늘 메일 내용을 보아하니, 기분을 상하게 한 것은 미안하나⋯내 말이 잘못된 것은 아니니 오해하지 말라는 뜻인 듯합니다. 2년분의 일기가 더 있고, CD에 수록된 자료가 고문서집성에도 영인되어 있는 것이 확인되면 오 교수가 어제 나에게 한 말에 화를 낼 까닭이 없다는 뜻인데, 어제의 말투는 그렇게 무슨 정보를 알려주려는 태도는 아니었던 것으로 생각됩니다. 게다가 그 자리는 내가 무슨 발견이나 주장을 담은 글을 발표하는 자리도 아니며, 금번의 조사 과정에서 나에게 건네 온 자료 가운데 중요한 자료로 판단되는 것(다른 사람에 의해 이미 소개된 것도 포함될 수 있음)을 소개하여 점검을 받는 자리이니, 혹 불찰로 간과한 부분이 있다고 하더라도 오 교수에게 내가 그 같은 소리를 들어야 할 이유는 없다고 생각됩니다.

이에 대해 나는 오후 3시 20분에 이런 회신을 보냈다.

'남의 글을 도둑질이라도 한 냥 비아냥거리는 식의 말투이거나, 아니면' 운운이라는 표현은 실로 지나친 말씀입니다. 어제 나는 김 교수의 발표 자리에 참석해 있지 않았으므로 어떤 내용의 발표가 있었는지 알지 못하며, 한 부 얻어온 발표자료집도 다른 일이 바빠 아직 읽어보지 못한 상태입니다. 간행된『단계일기』속에 빠진 부분이 있었다는 것을 알려드리고자 했을 따름인데, 뜻밖에도 김 교수는 빠진 부분이 있다는 사실을 이미 알고 계셨고, 자신이 조사해 본 바로는 분명 2년분이었다고 몇 번이나 주장하시며 나의 설명을 받아들이려 하지 않는 태도였습니다. 그래서 나는 김 교수의 조사가 정확하지 못하여 이미 『고문서집성』을 통해 다 간행된 자료를 새삼 발견한 것처럼 발표한 실수가 있음을 지난번의 발표장에서도 내가 알려드리지 않았었느냐고 지적했던 것입니다. 그러한 지적에 대해, 실로 뜻밖에도 그것은 내가 알려주어서 안 것이 아니라 스스로 조사해서 이미 알고 있었고 그 날도 분명 그런 내용으로 발표했다는 주장을 하시므로 나는 좀 어리둥절했고, 김준형 교수도 『고문서집성』에 수록되지 않은 단목 하씨의 통문 자료가 새로 발견된 것 중에 상당히 포함되어 있다는 말씀을 하시므로, 도대체 무슨 근거로 그런 말씀을 하시는지 나는 납득하기 어려웠던 것입니다. 왜냐하면 나는 CD를 입수하여 이미 세밀하게 대조 검토해 본 바이기 때문입니다.

　지난번 학림회의 술자리에서, 김 교수께서는 남명학연구소 측에서 나에 대해 절치부심하고 있고, 특히 점잖기 짝이 없는 이상필 교수가 나에 대해서 어떻게 말하고 있는지 아느냐고 하시며, 김준형 교수도 나에 대해 비슷한 말씀을 하고 있으니, 그 점으로 보아서도 내 처신에 문제가 있지 않느냐고 지적하신 바 있었습니다. 그에 대해 나는 1차적으로 학문적인 문제에 대해 내가 비판적인 발언을 삼가지 않기 때문이라는 설명을 드린 바 있습니다. 사실을 말하자면, 내가 그들을 비판한 까닭은 그들이 김윤수 씨 등을 내세워 다년간에 걸친 내 연구 성과를 거의 송두리째 뒤집어엎으려는 시도를 해 왔으며, 남명학연구소를 한문학과의 부설기구처럼 운영하고 있기 때문입니다. 내가 아는 한에서는 자신의 주장에 이렇다 할 오류가 있다고 보지 않으나, 학문적인 문제라 할지라도 남의 감정을 상하게 하는 것은 세련되지 못한 태도라고 생각하기 때문에 이번에 사과를 드렸던 것입니다. 이상필 교수 등이 입버릇처럼 말하고 있는 오만무례 등은 나에 대해 전혀 타당하지 않다고 생각하고 있습니다. 그 날 학림회의 술자리에서도 내가 사과해야 할 이유는 없었으나, 괜한 고집으로 대인관계를 그르치는 것은 현명하지 못하다고 판단했었던 것입니다.

20 (월) 흐리고 때때로 비

지난번에 본교 인문학연구소장인 이영석 교수가 『인문학연구』에 함께 싣겠다고 하면서 내게 권오민 교수의 논문에 대한 토론문을 요청해 왔으므로 제법 시간을 들여 작성해 주었었는데, 얼마 전에 간행된 최근호에는 결국 권 교수의 논문만 실리고 말았으므로, 나는 시간을 낭비한 셈이 되고 말았다. 그래서 지난 토요일에 그 토론문을 이메일로 권 교수에게 보내어 한 번 읽어보라고 했더니, 권 교수가 오늘 오후에 내 연구실로 찾아와 감사의 뜻을 표시했다. 대화중에 지난주 실비집에서 함께 술을 마시던 도중에 나온 남명학연구원의 사무국장 교체 건에 대해 좀 더 자세한 경위를 알려 줄 것을 요청했다. 오늘 권 교수의 설명에 의하면, 권정호 연구원 이사장이 얼마 전에 본교 인문대학장에게로 전화를 걸어와 인문대학 한문학과는 제외하고 국문과나 철학과의 대학원생 가운데서 현재의 양기석 사무국장을 대신할 사람을 추천해 줄 것을 요청해 온 것이라고 한다.

연구원 부이사장인 조옥환 부산교통 사장이 이번에도 추석선물을 보내왔는데, 사과 값이 오른 까닭인지 늘 보내오던 사과 한 상자 대신에 가는 멸치 한 박스를 보내왔다.

어제 오전 10시 23분에 김준형 교수가 자신의 발언 내용을 해명하는 이메일을 보내왔으므로, 오늘 출근 후에 그것을 읽고서 오전 9시 43분에 회답을 글을 작성하여 김준형·김해영 교수에게 함께 보냈는데, 오전 10시 17분에 다시 김해영 교수가 나를 힐난하며 정중한 사과를 요구하는 이메일을 보내왔다. 나는 오후 4시 26분에 회신을 보내어 "오해를 풀고자 하는 뜻에서 드린 말씀이 갈수록 오해를 심화시키고 있으니, 더 이상 이런 논의를 계속하는 것은 실로 무익하다는 생각이 듭니다…김 교수가 해명을 요구한 부분에 대해 마지막으로 답변하는 것으로써 이러한 논의를 끝내고자 합니다."고 전제하고서, 네 개의 항목에 걸쳐 조목조목 답변하였다. 그 제4항에서 "거듭 말씀드립니다만, 나는 자신의 언행에 무슨 실수가 있었다고 해서 사과를 했다기보다는 인간관계를 모나게 하지 않기 위해 내가 양보하는 뜻에서 사과의 의사를 표시해 온 것입니다. 김 교수의 '정중한 사과' 요구는 정중히 사절합니다."라고 잘라 두었다.

21 (화) 흐리고 낮 한때 부슬비

어제 오후 7시 38분에 김해영 교수가 보낸 이메일을 읽었다. "정신문화연구원에서 [간행된] 변무통문의 영인을 오 교수님께서 알려주어서 알게 된 것인지, 알려주기 이전에 알고 있었는지의 문제가 핵심인 것 같습니다. 제 기억에는 그 전에 알고 있었던 것으로 기억될 뿐이고…다만 제가 해제한 글에는 정신문화연구원에서 영인된 사실에 대한 언급이 없는 것은 사실입니다."라고 설명한 다음, "여하튼 이 일로 그간 저보다 연장자이신 오 교수님께 감히 무례를 범한 점을 사과드리며, 한때의 해프닝으로 이 문제를 끝내고 싶습니다."라고 맺었다.

내일인 22일부터 24일까지 2박 3일의 일정으로 진행되는 인문학부의 전라도 지방 추계답사에 내가 인솔교수의 한 사람으로서 참여하게 되므로 학생들이 만든『답사자료집』을 훑어보았고, 또한 지난 17일 경남문화연구원의 정기학술대회에서 받아온 당일의 발표문들을 모아 편집한 『경남 서부지역 고문헌 조사(1)—산청·하동·사천·고성지역을 중심으로—』의 내용을 훑어보았다. 그 중 김해영 교수의 발표문인「문집 외 성책류 자료 해제」에는 이번에 나와의 언쟁의 발단이 된 산청군 신등면 단계리 김동준 씨 소장 '金麟燮家의 日記類 冊子'에 대해 "금번의 조사 과정에서는 김동준씨 댁에 소장된 일기류 책자 전부를 면밀히 조사, 분류하고, 간혹 다른 문서철에 섞여 있는 일기 기록도 주목해서 살폈다. 이 과정에서 김인섭의 일기 가운데, 영남대학교에서 출판할 당시 없는 것으로 간주하여 빠뜨린 정미년(1847)과 무신년(1848)의 일기가 있음을 확인할 수 있었다."(55쪽)고 되어 있다. 이에 대해 나는 경자년(1840)과 신해년(1851)년의 일기가 더 있음을 설명하자 김 교수가 이를 신빙하려 하지 않은 데서 이번의 언쟁이 벌어진 것이다. 경자년의 것은 5월 28일부터 11월 15일까지, 신해년의 것은 1월 1일부터 2월 10일까지의 것이 부분적으로 남아 있는데, 이번 조사에서는 이를 확인하지 못했던 것이다.

오늘자 「慶尙大新聞」(731호) 2면에 '도서관 자료기증자 감사패 수여'라는 제목으로 내가 지난 2월에 2,433권의 장서를 본교 중앙도서관에 기증한 사실 등에 관한 기사가 실렸다.

25 (토) 맑음

점심 때 구내의 교직원식당에 들렀다가, 근자에 나와 언쟁이 있었던 사범대 역사교육과의 김해영·김준형 교수 및 전임 교수회장인 사범대 지리교육과의 김덕현 교수와 합석하여 식사를 하면서 대화를 나누었다. 교육대학원의 한국철학사특론을 수강하는 공군 장교가 추석 선물로서 양말 한 세트를 주었고, 지난번에 남명학연구원으로부터 가는 멸치 한 상자가 탁송되어 온 데 이어서, 오늘은 연구원의 부이사장인 조옥환 사장으로부터 배 한 상자가 배달되었다.

연구실로 돌아와서는 『한국유학사상대계』 집필요강의 최종수정본에 따라 기왕에 입력해 둔 제8장 부분의 형식적 사항을 수정하였다. 경남문화연구원의 『2004년도 경남 서부지역 고문헌조사 (1)』도 다시 한 번 훑어보았다.

27 (월) 맑음

집에서 종일 『한국유학사상대계』 철학사상편 제8장의 입력 작업에 종사하여, 러시아 여행 이후 실로 몇 달 만에 처음으로 200자 원고지 10장 정도의 분량을 추가하여 총 122.7장에 이르렀다.

28 (화) 흐리고 오후에 부슬비

오늘이 추석인데, 종일 집에서 논문 작업을 계속하였다. 카드 박스 두 개에 든 독서 카드들을 새로 정리하였고, 제2절 제2항 '실학의 이념' 부분을 퇴고하여 마치고서 제3항 '독립불굴의 비판정신'에 들어갔다.

29 (수) 오전 중 흐리다가 개임

추석 연휴의 마지막 날이다.

종일 서재에서 노트북 컴퓨터로 논문 작업에 종사하여 원고지 134.2
매, 총 45쪽의 분량까지 나아갔다.

30 (목) 맑음

8장의 입력 작업을 계속하여 '독립불굴의 비판정신' 부분을 일단 마쳤
다. 원고지 136.5장의 분량이 되었다.

10월

1 (금) 맑음

시카고 로욜라대학교의 철학과장인 폴 K. 모저 교수로부터 9월 30일
오전 12시 20분에 다음과 같은 내용의 회답 이메일이 도착하였는데, 역
시 스팸메일 박스에 들어 있었다.

친애하는 오이환.

당신이 시카고 로욜라대학교에서 방문학자가 되는데 관심을 가져주셔
서 감사합니다. 우리는 이러한 가능성에 대해 매우 관심을 가지고 있습니
다. 철학과의 데이비드 슈와이카르트가 기꺼이 당신의 스폰서로 되고자 합니
다. 우리는 당신의 요청서를 우리 학장실로 보내어 동의를 요청할 것이며,
그런 다음에 당신과 접촉하겠습니다.

성의를 다하여,
폴 모저

그는 이 메일을 나에게 보내면서 동일한 내용을 같은 학과(?)의 앤 해링턴·데이비드 슈와이카트·이자이아 크로포드·패트릭 보일 씨에게도 참조하도록 하였다. 나는 시카고 시내에 있는 시카고·노드웨스턴·로욜라대학교의 철학과 및 아시아학 관계 전공 모두 여섯 곳에다 거의 같은 내용의 이메일을 보내어 방문교수의 자격을 요청하였는데, 시카고대학교 동아시아 언어 및 문화학과로부터는 거절을 당했고, 로욜라대학교 철학과로부터 처음으로 일단 승인을 얻은 셈이다.

서울 동대문구 용두2동에 있는 天安門中國圖書中心을 통해 예약 주문해 두었던 劉宗賢·蔡德貴 主編『當代中國儒學』(北京, 人民出版社, 2003)이 도착하였으므로, 오후에는 그 내용을 훑어보았다. 이 책은 국가사회과학 연구 '95'계획 항목인 '當代東方哲學的新進展—當代東方儒學的現況, 特點和發展趨勢研究'의 최종 성과로서, 연구책임자는 劉宗賢으로 되어 있고, 山東社會科學院·山東大學·山東省委黨校 등의 연구인원들이 참여하여 공동집필한 것이다. 편자인 劉宗賢·蔡德貴 씨는 부부로서 둘 다 北京大學을 졸업하고서 산동사회과학원에 근무하고 있는데, 나와는 오래 전부터 서로 아는 사이이다. 劉宗賢 여사와는 河南省에서 '중국 宋學과 동방문명' 국제학술회의가 열렸을 때 처음 만났고, 그 몇 년 후 孟子의 출신지인 山東省 鄒城에서 맹자 관련 국제학술회의가 있었을 때 두 번째로 만났었는데, 후자에는 그 남편인 蔡德貴 씨도 참여해 있었던 것이다.

4 (월) 맑음

로욜라대학 시카고校의 철학과에서 내 스폰서로 정해둔 데이비드 슈와이카트 교수로부터 10월 3일 오전 2시 15분, 2시 24분, 4시 39분의 세 차례에 걸쳐 내게 이메일이 보내져왔다. 첫 번째로 보낸 메일이 본교에서 설정해 둔 스팸 차단 장치에 걸렸기 때문이었다. 스팸메일 박스에 들어 와 있는 그 첫 번째 메일의 내용은 다음과 같은 것이었다.

친애하는 오 교수,

우리 학과장으로부터 당신이 로욜라에 방문 교수로서 오시는 데 대한 우리의 관심을 담은 메시지를 받았을 것이라고 봅니다. 로욜라의 행정적 동의를 얻는 데는 어려움이 없을 것이라고 봅니다만, 절차를 더 추진시키기에 앞서 당신이 우리가 초청한다면 받아들일 것인지를 확인해 두고자 합니다. 알고 계시리라고 생각합니다만, 당신이 적합한 비자를 얻기 위해서는 작성하셔야 할 서식이 많습니다.

당신이 로욜라에 오기로 결정하신다면, 내가 당신의 공식 후원자가 될 것입니다. 당신은 나의 연구실과 컴퓨터를 함께 쓰실 수 있고, 물론 도서관 이용에 관한 모든 권한을 누릴 수 있습니다.

데이비드 슈와이카트 드림

이 내용으로 보아 가능한 한 빠른 시일 내에 의사를 결정하여 로욜라 대학교 측에 회답해야 할 것이라고 판단되었으므로, 오전 9시 26분에 노드웨스턴대학교 철학과장 핀카드 교수, 그리고 9시 43분에는 시카고 대학교 철학과장 포스터 교수에게 다시 이메일을 발송하여 내가 지난번에 보낸 방문학자 자격 요청에 대한 조속한 회답을 당부하였다.

8장 제3절 제4항 '비성리학적 요소의 문제' 입력을 시작하여 총 141.9장의 분량까지 나아갔다.

5 (화) 맑음

노드웨스턴대학교의 신임 철학과장 테리 핀카드 씨로부터 오늘 오전 3시 18분에 이메일이 왔는데, "나는 당신과 접촉하려고 하였지만, 당신의 이메일 시스템이 (그것들을 '스팸'으로 분류하면서) 나로부터의 이메일을 거부하였습니다. 나는 이 메시지가 통과하기를 기대합니다."라고 되어 있었다. 나는 이에 대해 11시 3분에 "이제야 문제가 무엇이었는지를 이해했습니다. 우리 대학에서는 스팸을 방지하는 시스템을 채택하였는데, 나는 근자에 그것이 정확히 작동하지 않는 경우가 있다는 사실을 알았습니다. 관리자에게 연락하여, 그런 경우를 피하기 위해 당신의 이메일 주소를 일러주었습니다. 미안합니다. 다시 한 번 당신의 메시지를 보내주시겠습니까?"라고 회답하였다.

시카고대학교의 전임 철학과장 마이클 포스터 씨로부터는 4일 오전 10시 53분에 회답이 왔는데, 역시 스팸메일 박스에 들어 있었다. 그 내용은 금년 여름의 인사이동에서 철학과장이 바뀌어 현재의 학과장은 존 호지랜드 씨이므로 그에게로 연락해 보라는 것이었다. 그러므로 11시 42분에 호지랜드 씨에게로 편지와 이력서를 첨부한 이메일을 보내고서 조속한 회신을 요청해 두었다.

노드웨스턴 대학교의 아시아 및 서남아시아 프로그램 책임자인 라이언즈 교수에게도 오후 2시 32분에 이메일을 보내어 9월 21일자 방문교수 자격 요청 이메일에 대한 조속한 회답을 부탁해 두었다.

이러한 메일들을 발송하기에 앞서 오전 8시 52분에 본교 전산실의 이메일 담당자에게 이메일을 보내 이 문제에 대한 항의와 아울러 조속한 해결을 요구하였고, 잇달아 전화를 걸어서 다시 한 번 엄중 항의하였다. 그리고 오후 2시 15분에는 이메일을 보내 내가 현재 접촉하고 있는 미국 대학 당국자들의 이메일 주소를 일러 주었고, 오후 4시 35분에는 이 주소의 이메일들이 앞으로는 스팸처리 되지 않도록 설정하였다는 회신을 받았다.

이러한 조처들을 마친 다음, 8장의 입력 작업을 계속하여 퇴근 시간까지 총 146장의 분량에 이르렀는데, 마치는 과정에서 저장을 해 두지 않고서 평소처럼 그냥 마치기 아이콘을 클릭하였더니 저장 여부를 물어오지 않은 채 새로 작성해 둔 부분이 모두 날아가 버리고 말았다.

6 (수) 맑음
시카고·노드웨스턴 양 대학교로부터는 아직 답장이 오지 않으므로, 10월 3일자 로욜라대학교의 데이비드 슈와이카트 교수 이메일에 대한 답장을 써서 오전 10시 29분에 발송하였다.

친애하는 슈와이카트 교수,

당신의 친절한 메시지 대단히 감사합니다!

우리 대학에서는 스팸을 방지하는 시스템을 채택했는데, 나는 근자에야 그것이 정확하게 작동하지 않는 경우가 있음을 알았습니다. 당신의 메시지를 받고 난 후 담당자에게 연락하였고, 그런 경우를 피하기 위해 당신의 이메일 주소를 그에게로 보냈습니다. 대단히 죄송하며, 다시는 그런 일이 일어나지 않을 것이라고 믿습니다.

나는 시카고에 소재하는 세 개의 대학교에 이메일을 보내 방문교수의 자격을 요청해 두었습니다. 그러나 스팸 방지 장치와 학과장의 교체로 인하여, 다른 두 대학교로부터는 아직 회답을 받지 못했습니다. 당신의 메시지를 읽은 후, 나는 그 대학들에 다시금 이메일을 보내어 가능한 한 빠른 시일 내에 회답해 줄 것을 요청하였습니다. 수일 내에 회답을 받을 수 있으리라고 생각합니다. 좀 더 기다려 주시겠습니까?

나는 당신의 대학으로 가기를 희망하는데, 그것은 내 아버지가 노드 셰리던 로드[로욜라대학교 소재지]에 있는 아파트에 사셨고, 가톨릭이셨기 때문입니다.

오이환 드림

퇴근 시간까지 논문 작업을 계속하여 147.9장의 분량까지 나아갔다.

7 (목) 흐리고 퇴근 무렵 부슬비

7일 오전 1시 4분에 슈와이카트 교수로부터 답신이 왔는데, 그 내용은 "나는 기다리는 데 아무 문제가 없습니다. 얼마 후 당신으로부터 연락이 있기를 기대하겠습니다."로 되어 있었다. 이 메일을 아내에게 전했더니, 9시 16분에 아내로부터 다음과 같은 반응이 왔다.

휴!! 안심이네요!

저는 당신과 함께 미국에서 1년 동안 연구년제를 보내는 것이 평생소원이랍니다.

당신이 옆에만 있어도 저는 편안하고 안심이 되기 때문입니다.

회옥이와 저를 위해서 당신이 옆에 있어준다면 너무나 행복할 것입니다.

1년 동안 방학마다 근교 가족여행도 하면 더 좋겠지요!!!

고마워요!!!

8장의 작업을 계속하여 151.9장의 분량까지 나아갔다.

8 (금) 흐림

논문 작업에 종사하여 155.9장의 분량까지 나아갔다.

9 (토) 오전에 비 온 후 흐림

오전 8시 50분에 로욜라대학교 철학과의 데이비드 슈와이카트 교수에게 '결정'이라는 제목으로 다음과 같은 내용의 이메일을 보냈다.

슈와이카트 교수,

나는 아직 그 두 대학교로부터 회답을 받지 못했지만, 이미 당신 학과로 가기로 마음을 정했습니다.

나를 초청하기 위한 절차를 시작해 주시겠습니까?

오이환

이것을 보낸 다음, 모처럼 다시 인터넷으로 「US 뉴스 앤드 월드 리포트」의 홈페이지에 들어가 보았더니 2005년도 미국 대학교의 종합순위가 발표되어져 있었으므로, 그 내용을 검토해 보았다. 학부 및 석·박사과정이 모두 개설된 248개 미국 국내대학교 가운데서 노드웨스턴 대학은 작년과 마찬가지로 11위, 시카고대학은 한 등급이 내려간 14위, 로욜라대학은 99위에서 111위로 내려가 있었다.

이어서 내가 내년 9월부터 1년간 방문교수로 가기로 예정되어 있는 로욜라대학교의 홈페이지로 들어가 그 대학 및 철학과에 대해 좀 더 자세히 알아보았다. 이 대학은 제주위트 교단이 1870년에 창설한 것으로서, 시카고 시내 북부의 미시건 호반에 문리과대학 및 대학원을 포함한 메인캠퍼스인 레이크 쇼어 캠퍼스가 있고, 그보다 남쪽 시카고市 중심부 부근의 미시건 호반에 경영·사범·법대 등이 포함된 워터 타워 캠퍼스가 있고, 시내 안쪽에는 의·간호대가 중심인 메이우드 캠퍼스가 있으며, 그 외에 이탈리아의 로마에 학부의 인문학 과정 및 하계 대학원 프로그램을 주로 하는 로마 센터를 두고 있었다. 1991년에는 명문 신학대학으로서 시카고 교외에 따로 아름다운 캠퍼스를 가지고 있는 먼들레인 칼리지와도 합병한 상태이다. 내가 주로 다니게 될 호반(레이크 쇼어) 캠퍼스는 아버지가 거주하던 노드 셰리던 로드에 위치해 있으며, 두리가 사는 버치우드와도 걸어서 다닐 수 있을 정도로 가까운 거리에 있다. 철학과는 캠퍼스 북동부의 미시건 호수에 면해 있는 크라운 센터라는 건물에 들어 있는데, 그 바로 옆에 중앙도서관인 큐더하이(Cudahy)도서관이 위치해 있어 편리할 듯하였다.

철학과의 전임 교수는 모두 31명이고, 고참(시니어) 및 명예교수는 6명, 시간강사는 2명인데, 전임교수 중 토머스 오브록타 부교수는 먼들레인 칼리지의 철학과장으로 있다가 1991년에 합병되면서 로욜라로 오게 된 사람으로서, 그의 다섯 개 전공 영역 중 하나로서 아시아 철학이 보일 따름이었다.

인터넷 검색을 마친 후, 퇴근 무렵에 8장의 입력을 계속하여 157.3장의 분량까지 나아갔다.

11 (월) 맑음

논문 작업을 계속하여 163.6장의 분량까지 나아갔다.

12 (화) 맑음

논문 작업을 계속하여 170.7장의 분량까지 나아갔다.

13 (수) 맑음

오늘 오전 4시 21분에 슈와이카트 교수로부터 다음과 같은 내용의 회신이 왔다.

친애하는 오 교수,

우리는 초청 절차를 시작했습니다. 나는 당신의 요청을 문리과대학 학장에게 전달했고, 아울러 그가 당신에게 공식적인 초청장을 보내도록 요청했습니다. 만약 필요하다면, 나도 당신에게 한 부 보내드릴 수 있습니다.

작성해야 할 서식이 여러 가지 있습니다. 그 중 하나는 내가 작성해야 합니다. 내가 당신으로부터 얻고 싶은 정보가 두 가지 있습니다.

1) 나는 당신의 '기본적 연구 분야'와 당신의 연구 계획이 무엇인지를 기술해야 합니다.

2) 나는 당신의 영어 구사력을 증언해야 합니다. 솔직한 평가를 알려주시겠습니까? 당신의 통신을 통해 볼 때, 나는 당신의 영어 문장은 훌륭하다고 봅니다. 말하는 능력은 어떻습니까?

우리 대학 外事處의 메어리 테이스가 대학교 측이 작성해야 하는 다른 서식과 관련하여 곧 당신께 연락하여 당신의 재정, 건강보험 등에 관해 문의할 것입니다.

아무 어려움이 없으리라고 봅니다. 당신은 나의 연구실과 내 컴퓨터를 함께 쓸 수 있으며, 우리 대학 도서관들을 이용할 수 있습니다. 그것으로 충분했으면 합니다.

데이비드 슈와이카트 드림

이에 대해 나는 오전 11시 30분에 다음과 같은 회신을 보냈다.

친애하는 슈와이카트 교수:

친절한 말씀 감사합니다.

당신의 첫 번째 질문에 관하여는, 나는 이력서에서 '중국 철학 및 한국 철학'이 내 연구영역이라고 기술했습니다. 내 근자의 주제는 한국 성리학 중의 남명학에 집중되어 있지만, 나는 불교를 제외한 그 양쪽 분야에 대해 가르치고 또한 논문을 써 왔습니다. 그리고 나는 귀 학과장에게 보내는 서신에서 시카고에서는 '미국의 동아시아 철학 연구'에 대해 연구할 것이라고 적었습니다.

아시다시피 나는 영어를 상용하는 나라에서 거주하거나 공부한 적이 없습니다. 그리고 대학원 과정부터는 내 전공이 이미 동아시아 사상으로 한정되었기 때문에 영어로 된 문헌을 거의 읽지 않았습니다. 나는 중학교 시절부터 영어를 공부하기 시작하여, 학부 과정까지는 늘 영어에 우수했습니다. 대학생 시절에는 국제적인 모임에서 영어 통역을 맡았던 적도 더러 있습니다. 그 젊은 시절로부터 이미 삼십년 정도의 세월이 지났지만, 기본적으로는 아직도 영어를 말할 수 있으며, 당신 대학에 머무는 일 년 동안에 꽤 유창해지기를 바랍니다.

나는 노트북 컴퓨터를 가지고 있습니다. 그러나 당신 대학의 LAN 시스템에 접속하기 위해서는 나 자신의 ID와 패스워드를 가져야 하지 않을까요?

오이환 드림

퇴근 시간까지 8장의 입력을 계속하여 176.7장까지 나아갔다.

曹友仁의 『頤齋集』을 대출하기 위해 내 연구조교인 전정민 군을 남명학관에 있는 漢籍도서관인 文泉閣으로 보냈지만, 그 자료는 한문학과의 윤호진 교수가 대출 중이라는 것이었다. 윤 교수가 그 자료에 대해 해제를 써서 『남명학연구』 제17집에 실린지가 이미 꽤 오래 되었는데 아직도 반환하고 있지 않으므로, 전화를 걸어 내가 그 자료를 필요로 한다는 의사를 밝혔더니, 그 책은 지금 H 교수에게 가 있으니 연락해 보겠노라고 했다. 한문학과 교수들이 문천각의 소장 문헌을 거의 1년이 넘도록 반환하지 않고 있다는 것은 그들이 이를 자기네 물건처럼 인식하고 있음을 의미하는 것이다.

14 (목) 맑음
금년도의 본교 연구활성화보조금 지원신청서를 작성하여 조교를 통해 제출하게 했다. 지원 금액은 1등급이 180만 원인데, 저서인 『동아시아의 사상』과 논문 「『남명집』 중간본의 성립」만으로 이미 그에 필요한 점수를 충족시키고도 남았으므로, 나머지 공저 두 권은 기입하지 않았다.
오후에는 논문 작업을 계속하여 제3절 '조식 사상의 본질' 부분을 모두 마쳤는데, 원고지 184.8장의 분량이 되었다.

15 (금) 맑음
엊그제 한문학과의 尹浩鎭 교수에게 부탁해 둔 曹友仁의 문집 『頤齋集』이 아직도 내 손에 들어오지 않았으므로, 오늘 아침에 다시 한 번 윤 교수에게 전화해 보았다. H 교수가 어제 오늘 부산에 가 있으므로 학생을 시켜 H 교수의 연구실로 들어가서 그 책을 찾아보라고 했으나 찾지 못했다는 것이었다. 윤 교수가 쓴 「『頤齋集』解題」는 금년 6월에 간행된 『남명학연구』 제17집에 실려 있으므로, 윤 교수가 이 책을 대출해 간 것은 그보다 훨씬 전인 셈이다. 윤 교수가 그 책 권2에 실린 「上從兄曹善伯」을 복사해 둔 것이 있다고 하므로, 전정민 군을 남명학연구소 사무실로 보내어 그것을 받아오게 하여 한 번 읽어보았다.

16 (토) 맑음

陳榮捷 著 『朱學論集』 가운데서 「早期明代之程朱學派」 「從朱子晚年定論看 陽明之於朱子」를 훑어보았고, 8장의 입력을 계속하여 총 190.7장의 분량 까지 나아갔다. 오늘부터 마지막 단락인 '제4절. 남명학파의 전개'를 입 력하기 시작했는데, '1. 영남학파의 성립과 남명학단'은 생략하고서, '2. 내암 정인홍과 남명학파'를 '1. 정인홍과 남명학파'로 고쳐서, 어제 입수 한 『頤齋集』의 자료 인용에서부터 시작했다.

17 (일) 맑음

아내와 함께 東山산악회를 따라 김해의 神魚山(630.4m)에 다녀왔다. 남해고속도로를 경유하여 추수가 이미 절반 정도 진행되어 있는 가을 논들을 바라보며 나아가다가 김해시 안동의 한일아파트 뒷길에서부터 등산을 시작하였다. 우리가 탄 능선은 김해시와 김해군 대동면의 경계를 이루는 것으로서 대동면 수안리 선암마을의 불암교 근처로 흘러내린 것 을 거슬러 오르는 셈이었다. 칠불사가 있는 능선에 오르니, 곧 삼각형으 로 뾰족 솟은 370봉이 건너편에 바라보였다. 남명이 산해정을 짓고서 30대부터 40대 중반까지 15년 정도 거주했었던 처가 동네는 지금의 대 동면 주중리로서 산봉우리들 사이로 주중리 들판이 내려다 보였다. 이 370봉이 여기서 어린 나이로 죽은 남명의 첫 아들 次山의 이름을 따서 조차산이라 불리는 것인 듯한데, 그 기슭의 산해정 옆에 근자에 新山書院 을 복원해 두었다지만, 이 봉우리에 가려 보이지 않았다.

거기서 능선을 따라 좀 더 오르면, 근자에 김해공항에 착륙하려던 중 국 항공기가 視界不良으로 추락사를 일으킨 지점이었다. 도시 근처의 산 이라 능선 길에 큰 나무는 별로 보이지 않고, 그 대신 가을 정취를 느끼 게 해주는 억새꽃이 많았다. 돌탑봉을 지나 신어산 정상에 올랐고, 거기 서 東신어산(475.6m) 쪽으로 향하는 오솔길의 전망 좋은 바위에 걸터앉 아 준비해 간 도시락으로 점심을 들었다. 정상 아래쪽의 광장에서는 우 리 일행의 기념 산신제가 행해졌으나, 우리 내외는 참가하지 않았다.

점심을 든 후 일행보다 먼저 출발하여, 정상에서 얼마 떨어지지 않은 지점의 능선 삼거리에서 靈龜庵 쪽으로 내려왔다. 이 절이『남명집』에 실린 오언절구「題龜巖寺」의 현장이라는 것은『金海邑誌』인가에서 확인한 바 있었으므로, 한 번 와 보고 싶었기 때문이었다. 돌로 새로 지은 법당 옆에 세워진 안내판을 통해서도 영구암의 옛 이름이 구암사였음을 확인할 수가 있었다. 법당 마당 앞의 臺에서는 그 산 중턱에 펼쳐진 銀河寺(일명 西林寺)와 그 근처의 東林寺를 내려다 볼 수 있었다. 영구암 안내판에 의하면, 영구암은 동림사·서림사와 더불어 후한 광무제 때 인도에서 배를 타고 건너온 가야국 수로왕비 허황옥의 오빠인 長游和尚이 세운 것이라고 되어 있었다.

18 (월) 맑음

8장 제4절 제1항 '정인홍과 남명학파'의 입력을 계속하여 193.8장의 분량에 이르렀다.

H 교수에게 가 있다는 曺友仁의 문집이 아직도 내 손에 들어오지 않았으므로, 다시 한 번 한문학과의 윤호진 교수에게 전화하여 조속히 열람할 수 있도록 해 줄 것을 당부했다. 윤 교수가 쓴 이 책의 해제를 통해 澤堂 李植이 지은 조우인의 묘갈명이『國朝人物志』에 실려 있다는 것을 알고서 그 글을 찾아서 읽어보았고, 趙穆의 문집인『月川集』부록을 통해 그가 조목의 주요 문인임을 확인하였다.

19 (화) 흐림

8장의 입력을 계속하여 200.4장의 분량에 이르렀다.

20 (수) 흐림

8장의 작업을 계속하여 205.4장의 분량까지 나아갔다.

21 (목) 맑음

8장 제4절의 작업을 계속하여 208.3매의 분량까지 나아갔다. '제4절 남명학파의 전개'는 원래 '1. 영남학파의 성립과 남명학단/ 2. 내암 정인홍과 남명학파/ 3. 덕계·한강 적통론/ 4. 인조반정 이후의 남명학파'라는 네 항목으로 예정되어 있었는데, 이미 1·2항을 통합하여 '1. 정인홍과 남명학파'로 줄인데 이어, 오늘은 3·4항도 통합하여 '2. 인조반정 이후의 강우 유림'으로 고치기로 작정하였다.

아내에게도 오늘 일리노이주립대학교 시카고校로부터 교환방문자 비자 수속을 위한 서류가 항공우편으로 도착했다고 한다.

22 (금) 맑음

8장은 오늘 212.8장의 분량까지 나아갔다.

23 (토) 맑음

8장의 작업을 계속하여 217.5장의 분량까지 나아갔다.

25 (월) 맑음

8장의 작업을 계속하여 222.7장의 분량에 이르렀다.

26 (화) 맑음

8장의 작업을 계속하여 228.6장의 분량까지 나아갔다.

27 (수) 맑음

8장의 입력을 계속하여 135.1장의 분량에 이르렀다.

서울 마포구에 사는 남명학연구원 이사 鄭鉉澤 씨가 자신이 편집한 『月潭鄭師賢先生詩碑建立 및 文存 資料』(晉陽鄭氏殷烈公派大宗會, 2004)를 한 권 부쳐왔으므로 그 내용을 훑어보았다.

28 (목) 맑음

8장의 입력을 계속하여 239.6장까지 나아갔다.

29 (금) 맑음

8장의 입력 작업을 계속하여 243쪽 분량까지 나아간 다음, '제3절. 남명학파의 전개'의 세부 항목을 다시 '1. 참동계 논변' '2.『변무』의 출현', '3.『계암일록』친필본' '4.『송정세과』와『서행록』으로 바꾼 후, 제3절 전체의 내용을 처음부터 다시 읽어보기 시작했다. 이런 성격의 글은 기왕의 연구 성과를 정리하는 방식으로 서술하는 편이 오히려 나을지도 모르지만, 나로서는 논문이라는 이름에 걸맞은 전혀 새로운 글을 쓰고 싶으므로, 근자에 새로 발견된 자료를 가지고서 남명학파의 역사를 설명하게 된 것이다.

30 (토) 맑음

8장의 입력을 계속하여 248.5장의 분량에 이르렀다. 오늘 중으로 탈고하려고 했으나 오후 4시부터 교육대학원의 수업이 있어 그렇게 하지 못했다. 퇴근 직전인 오후 5시 59분에 실무책임자인 한국국학진흥원의 김종석 씨에게 이메일을 보내, "다음 주까지는 도판 자료를 포함하여 완성된 원고를 보낼 수 있을 듯합니다. 참고로 오늘 현재까지 입력된 파일을 첨부해 드립니다."고 하고서, 마무리 단계에 접어든 8장 원고를 함께 보냈다.

슈와이카트 교수로부터 '로욜라 초청'이라는 제목으로 오늘 오전 9시 56분에 다음과 같은 내용의 이메일이 왔다.

오 교수,

우리 학장 아이시아스 크로포드가 곧 당신께 공식적인 초청장을 보낼 것입니다. 그는 우리에게 학생 및 교수와의 상호작용이라는 점에서 당신이

로욜라에서 어떤 역할을 해 줄 것인지를 물었습니다. 나는 임의로 그에게 이렇게 말했습니다.:

"오 교수는 동아시아 사상에 관한 여러 수업에서 객원 강의를 해 줄 수 있을 것이고, 철학과 콜러키엄에서 학과 콜러키엄 위원회와의 상의하에 결정된 주제에 관해 강연을 할 것입니다. 그는 또한 아시아학 프로그램에 참여하는 교수진을 위한 예비 인원으로서도 봉사할 것입니다."

나는 당신이 이러한 성격 규정에 대해 반대하지 않을 것으로 믿습니다. 만약 문제가 있으면, 알려주십시오.

데이비드 슈와이카트

31 (일) 맑음
일요일에는 작업하지 않고서 등산 가는 것을 원칙으로 삼고 있으므로, 어제 김종석 씨에게 보낸 이메일에서 다음 주 중에 완성된 원고를 보내겠노라고 말해 두었다. 그러나 오늘로 공지된 마감기일을 지켜야만 마음이 편할 것 같아, 등산을 포기하고서 평소 출근 시간에 도시락을 싸 들고 학교의 연구실로 나가 종일 작업하였다. 오후 6시 4분에 김 씨에게 완성된 8장 원고를 이메일로 부쳤다. 200자 원고지 250장의 분량을 위촉받았었는데, 오늘 작성한 말미의 색인어 목록을 포함하여 총 250.2장이었다. 도판 자료는 다음 주 중에 부치겠노라고 말해두었다.

11월

1 (월) 맑았다가 저녁 무렵 흐리고 부슬비
8장의 퇴고 작업을 시작하여 제2절 2항 '실학의 이념'까지 마쳤다.

2 (화) 맑음

8장의 퇴고를 계속하여 제3절 2장 '『변무』의 출현'까지를 대충 마쳤다.

오전 중에 학부의 두 시간 수업을 마치고 난 후 로욜라대학교 철학과의 데이비드 슈와이카트 교수에게 회답 이메일을 보냈다. "[로욜라에서의 내 역할에 대한] 당신의 성격 규정을 충족시키기 위해서는 영어에 능통하지 않으면 안 될 것이라고 봅니다. 그리고 나는 당신이 그 점에 있어서도 나를 도와줄 것이라고 믿습니다."라는 내용이었다. 산책을 마치고서 돌아온 다음, 슈와이카트 씨로부터 벌써 회신이 와 있는 것을 보았다. "영어에 능통함이 중요하다는 당신 말이 옳습니다. 그러나 염려할 필요는 없습니다. 당신은 여기서 몇 달 지내면 영어에 상당히 능숙해질 것 같고, 그렇지 못하다면 당신에게 아무 역할도 기대하지 않을 것입니다."라는 것이었다.

3 (수) 맑음

『한국유학사상대계』 철학사상편 제8장 「남명 조식의 사상과 남명학파의 좌절」을 수정 보완하는 작업을 마쳤다. 본문 끄트머리에 내용을 좀 더 추가하여 254장 정도의 분량이 되었다. 도판목록은 거의 전면적으로 고쳐서 남명과 직접 관련되는 자료만 싣기로 하였으나, 아직 그 작업까지 마치지는 못했다.

4 (목) 맑음

8장의 도판목록을 완성하고, 그 중 일부는 컴퓨터에 밝은 구자익 군에게 내 디지털 카메라를 맡겨 촬영케 한 다음 압축파일로서 첨부해, 오후 3시 5분에 한국국학진흥원의 김종석 씨에게 이메일로 발송하였다. 대부분의 도판은 남명학연구원이 1996년에 간행한 『남명선생의 자취를 따라—남명 조식선생 사적 자료집—』에 실린 것으로부터 직접 취하라고 당부해 두었다. 도판목록을 포함하여 총 263장의 분량이었다. 이로써 또하나의 작업을 매듭지은 셈이다.

매일 집에서 화장실에 들어갈 때 啓明漢文學研究會 연구자료총서 II 인
『퇴계학문헌전집 八』로서 영인 간행된 『兩先生往復書』를 들고 들어가 용
변을 마칠 때까지 읽곤 해왔는데, 오늘로서 독파하였다. 이제부터는 다
음 연구 주제인 「全恩과 討逆의 논리」의 준비를 겸하여 예전에 한 차례
독파한 바 있는 『조선왕조실록 來庵 鄭仁弘선생 관련 사료, 선조 16년
(1572)~현종 13년(1671)』 상·하 두 책을 새로 읽을까 한다. 이는 합천에
거주하는 내암 후손 정기철 씨가 한글판 조선왕조실록의 CD 가운데서
내암 관련 부분을 가려내어 권당 500쪽 정도씩 되는 46배판 두 책의 분
량으로 묶어 놓은 것이다.

5 (금) 맑음
오전 10시부터 남명학관 남명홀에서 '明末淸初의 학술동향과 남명학'
이라는 주제하에 본교 남명학연구소의 2004년도 제2차 국제학술대회가
열렸다. 나는 오후 2시 30분부터 시작되는 오후 주제발표에 참가하여
성산효도대학 金德均 교수의 「不謀而合의 정치사상과 南冥 曺植과 唐甄」,
본교 한문학과 張源哲 교수의 「顔元의 사상에 대하여―학문론과 교육론
을 중심으로―」를 들었고, 종합토론도 좀 방청하다가 나의 퇴근 시간인
오후 5시에 자리를 떠서 집으로 돌아왔다. 오전의 주제발표자로서 성균
관대 유교학부장인 崔英辰 교수도 와 있어서, 종합토론 전의 휴식 시간에
잠시 함께 대화를 나누었다.

6 (토) 맑음
오늘 배달된 『오늘의 동양사상』 제11호(2004 가을·겨울) 가운데서 권
두의 '논과 쟁' 란에 실린 울산대 손영식 교수의 글 「존재 물음에 내몰린
'퇴계학', 겨우 존재하는 리―홍원식 교수의 「'퇴계학', 그 존재를 다시
묻는다」에 대한 반론」을 읽기 시작하였다. 그것에 이어 계명대 홍원식
교수의 글 「퇴계 이황의 리기호발설과 그 독창성―손영식 교수의 비판
에 답함」도 실려 있다. 내가 막 탈고하여 이번 주에 한국국학진흥원으로

보낸 논문 속에 이 두 사람의 관점에 대한 비판이 들어 있는데, 바로 그 문제를 가지고서 두 사람이 논쟁을 시작하였으니 흥미진진한 일이다.

미국 시간으로 어제 오전 10시 57분에 시카고 로욜라대학교 문리대학장으로부터 공식 초청장이 팩스로 도착하였다. 원본은 우편으로 부친다고 한다. 그 全文은 다음과 같다.

친애하는 오 박사:

나는 당신께 2005~2006학년도의 시카고 로욜라대학교 방문학자로서 예의 임명(courtesy appointment)을 드리게 된 것을 기쁘게 생각합니다. 이 임명은 교수 자격이나 보수를 수반하지는 않습니다만, 당신을 로욜라 핵심 컴퓨터 기능 뿐 아니라 로욜라의 도서관 자원에 접속할 수 있게 해 드릴 것입니다. 컴퓨터 및 도서관 접속을 신청하실 때는 이 편지를 제시하십시오. 작성하셔야 할 서식은 다음과 같습니다.:

a. 대학 컴퓨터 시스템 접속 신청서(로욜라 컴퓨터 관리실에 비치)

b. 동창/예의 카드 서식(湖畔[캠퍼스] 도서관 발행과에 비치)

당신이 철학과와 인연을 맺게 됨이 서로에게 도움이 되는 것이기를 나는 바라고 있습니다. 우리는 당신이 동아시아 사상에 관해 객원 강의를 해 주고, 철학과의 콜러키엄 시리즈에 참가해 주시기를 기대합니다. 우리가 당신을 더 도와드릴 수 있는 것이 있다면 알려주십시오.

학장, 철학박사 이자이아 크로포드 드림

회람: 피트 패시오니 박사, 패트릭 보일 박사, 폴 모저 박사(학과장), 데이비드 슈와이카트 박사, 캐티 미스 여사, 브루스 몬티스 씨, 메어리 테이스 여사

8 (월) 맑음

『오늘의 동양사상』제11호에 실린 손영식과 홍원식의 논쟁을 마저 읽은 다음, 지난주 금요일에 있었던 남명학연구소 국제학술대회 발표논문집 가운데서 일본 東北大學 전임강사 片岡龍 씨의「明末清初の思想と日本儒學について―中江藤樹と「朱子學」―」을 읽었다. 片岡 씨는 한문학과의 장원철 교수와 교분이 있는 사람으로서 작년인가의 남명학연구소 모임에서 한 번 인사를 나눈 적이 있었다. 早稻田大學 출신으로서 일본사상사가 전공인 그는 당시 서울의 숙명여자대학교에 취직한 지 얼마 되지 않은 시기였었는데, 그새 일본사상사 방면의 저명한 교수들이 재직한 바 있는 東北大學으로 취직하여 옮긴 모양이다.

9 (화) 맑으나 아침에 짙은 안개

片岡 씨의 논문을 마저 읽었다. 저녁 무렵 정병표 목사가 모레인 11일 오후 2시에 발표할 석사학위논문「茶山의 天觀 形成 背景 研究」의 요약문을 갖고 왔으므로, 읽기 시작하였다.

10 (수) 흐리고 오후에 많은 비

정병표 목사의 논문을 마저 읽은 다음,『오늘의 동양사상』제11호를 훑어보았고,『日本中國學會報』제36집(1984)에 실린 吾妻重二 씨의 논문「朱熹『周易參同契考異』에 대하여」를 읽으며 카드화 하였다. 吾妻 씨는 지금 關西大學 교수로 있고 내가 출판물을 통해 그 이름을 종종 보았으므로 꽤 나이가 많을 줄로 예상하고 있었는데, 이 논문을 실을 당시 그는 早稻田大學 박사과정 재학생이었으므로 어쩌면 나보다 젊은 사람일지도 모른다는 생각이 들었다.

11 (목) 오전에 흐렸다가 개임

오후 두 시부터 인문대학 1층의 교수회의실에서 철학과 일반대학원 석사과정 학위논문 발표회가 있었다. 서양철학전공자로서 진주 시내 고

등학교의 교사로 있는 오홍점 씨가 「보살핌 윤리에 관한 연구─길리건의 논의를 중심으로─」라는 주제를 발표하고, 이어서 내 지도학생인 정병표 목사가 다산의 天 사상 형성 배경에 관한 연구를 발표하였다. 오 여사의 것은 외국의 어느 여성주의자의 관점을 소개한 정도에 지나지 않고, 정 목사의 논문 역시 이렇다 할 새로운 점은 없었다. 발표회를 마친 후 정 목사가 내 연구실로 방문해 왔으므로 그 논문의 문제점을 설명해 주었고, 아울러 내가 읽으면서 체크해 둔 그의 논문 요지를 건네주었다.

12 (금) 맑음

어제 석사논문발표회를 마친 후 남명학관의 文泉閣에 들러 대출해 온 曺友仁의 『頤齋集』을 훑어보았다. 이 책은 8장을 탈고하기 전에 참조하기 위해 전정민 군을 문천각으로 보내 대출해 오도록 했더니, 한문학과의 윤호진 교수가 이미 여러 달 전에 대출해 간 후 아직 반환하지 않고 있다는 것이었고, 그 후 윤 교수와 통화하였더니 같은 학과의 H 교수가 가져 갔다는 것이었으므로, 전후로 다섯 번 정도 윤 교수와 통화하여 내가 논문을 집필하는데 그 책이 필요하다는 뜻을 말했는데, 끝내 아무런 연락이 없었다. 탈고하여 원고를 넘긴 후인 지난주에 남명학연구소 국제학술대회장에서 윤 교수를 만나 내가 부탁했던 것이 어떻게 되었느냐고 물어보았더니, 내가 마지막으로 전화를 건 그 날 학생을 시켜 바로 문천각으로 반환했다는 것이었다.

『이재집』의 검토를 마친 후, 일어나서 연구실 책상 앞 의자에 앉아 다음 논문인 「全恩과 討逆의 논리」 집필을 위한 카드 정리를 시작하였다.

밤에 사단법인 남명학연구원으로부터 내게 서적 소포 한 상자가 도착하였다. 『남명학연구논총』의 마지막 호인 제13집(2004) 한 권과 『선비문화』 제3호(2004·가을) 30부였다.

13 (토) 흐리고 다소 쌀쌀함

어제 남명학연구원으로부터 우송되어져 온 『남명학연구논총』 제13집과『선비문화』제3호의 내용을 훑어보았고, 거기에 보이는 새로운 자료들을 「남명학관계기간문헌목록」에다 추가하였다. 『선비문화』는 내가 한 부를 가지고 또 한 부를 인문대학 교수휴게실에다 비치한 외에는 모두 조교에게 주어, 인문대학의 각 학과 및 사범대학 윤리교육과·교육학과, 그리고 철학과 전체 교수와 윤리교육과의 손병욱 교수, 철학과 대학원생들에게 각각 한 부씩 배부하게 했다.

『남명학연구논총』은 1988년에 창간될 당시부터 내가 깊이 관여해 온 것인데, 상임연구위원인 鄭羽洛 교수 등의 의견에 의해 이번의 제13집으로서 종결하고 이후는 다른 체제로 시작하게 되었다. 그 배경에 대해 정우락 교수는 논총 13집에 실린 자신의 보고서 주석에서 이렇게 설명하고 있다.

한국학술진흥재단은 국내 학술지의 질적 수준 향상을 유도하고 '재단의 각 연구비 지원에 따른 학술연구업적 평가의 객관적 자료로 활용'하기 위한 목적으로 학술지를 심사하여 등재(후보)지를 선정한다. 학진의 학술지 평가는 나름대로 의의가 없는바 아니나 학문적 권력으로 작용하는 심각한 문제를 야기하고 있다. 학진의 학술지 평가 사업은 학술지를 등급화 하는데 주목적이 있다고 하겠는데, 여기에 등재(후보)되어야 비로소 논문으로 인정받고 그렇지 않으면 잡문 정도로 취급된다. 이에 따라 여러 학회는 학진의 등재(후보) 학술지가 되기 위하여 무리하게 회원 수를 늘이고, 연구결과물에 대한 형식적 심사를 하는 등 학술진흥재단이 요구하는 외형꾸미기에 급급하다. 이러한 사태가 지속되면 학진의 학문적 권력의 횡포에 순응하는 학회 및 학회지만 살아남게 될 것이다. 남명학연구원은 이것의 부당성에 맞서『논총』을 등재지로 만들기 위해 노력하는 것이 아니라 오히려 이것을 종간시키고, 남명학과 관련한 새로운 체제의 전문서적을 지속적으로 출간해 나가고자 한다.

15 (월) 맑으나 찬바람

오전 중『선비문화』제3집을 다시 한 번 훑어본 후,『양선생사칠이기 왕복서』를 계속하여 읽었다.

16 (화) 맑음

점심 때 교직원식당에서 교육학과의 文善模 교수와 우연히 동석하게 되었다. 그의 직계 선조인 來庵 문인 嶧陽 文景虎의 친필본을 가지고 있다고 하므로 식후에 그의 연구실로 가서 그 자료를 빌려와 오후 내내 읽어보았다. 표지에는『嶧陽行蹟』이라고 적혀 있고, 내용은「嶧陽先祖行蹟抄錄」「爐川先祖行蹟」「輓嶧陽先祖文」의 세 부분으로 구성되어져 있는데, 문경호와 그의 養子인 文必陽의 행적을 필양의 6세손인 再博이 정리해 둔 것이었다. 특히 역양 행적에는 광해군 시기 中北의 성립 과정에 대해 상세히 기술하고 있어 내가 준비하고 있는 다음 논문「全恩과 討逆의 논리」에 참고 되는 바가 많으므로, 그 주요 내용을 카드화하고 있다.

내암의 처남인 梁弘澍의 문집 필사본『西溪遺稿』도 복사 제본해 둔 문헌들 더미 가운데서 찾아내었다. 예전에 咸陽郡 水東面 牛鳴里 孝里部落에 사는 후손인 梁斗容 씨로부터 기증받은 것인데, 그 안에 양홍주가 선조 36년(1603)에 자형인 정인홍을 고발한 萬言疏인「癸卯封事」의 全文이 실려 있어 여러 번 찾고자 했지만 눈에 띄지 않다가 오늘 드디어 찾아내었다.

17 (수) 맑음

오늘이 대학수학능력시험 시행일이라 교통소통 원활화 종합대책과 관련하여 출근시간이 한 시간 늦추어졌다. 아내는 우리 외동딸 회옥이를 태워 고사장인 판문동의 耕海女高까지 데려다 주고서 돌아왔고, 오후에는 나더러 평소보다 한 시간 정도 일찍 퇴근하여 함께 그리로 가서 딸을 태워오자는 것이었다. 처음에는 난색을 표했다가 아비로서 그 정도의 구실은 해야겠다고 생각하여 받아들였다.

어제 밤 송림가든에 있을 때 《교수신문》 학술문화부의 이은혜 기자로부터 내 휴대폰으로 전화가 걸려왔었다. 문화면의 '생각하는 이야기'라는 칼럼에 실을 자유 주제로 된 수필 형식의 글을 써 달라는 것이었다. 술자리라 자세히 듣기 어려우니, 같은 내용을 이메일로 적어서 보내주면 검토해 본 후에 내 의사를 전하겠노라고 대답한 바 있었다. 그 대화가 끝난 후인 어제 오후 7시 27분에 이은혜 기자가 이메일에다 원고 청탁서와 더불어 기왕에 그 칼럼을 집필한 사람들의 글 몇 개를 샘플로 첨부하여 보내왔다. 오전 중 그것을 검토한 후 바로 입력을 시작하여 점심 식사 후에 원고지 11.9장 분량의 글을 탈고하여 보냈더니, 오후 3시 31분에 잘 받았다는 회신이 왔다. '딸의 수능 날에'라는 제목의 글이었는데, "소소하지만, 뜻 깊고 재미있네요. 그런데, 오늘이 신문 인쇄 날인데, 이번 주 것은 다른 에세이가 들어가서 수능 이야기가 들어가긴 하지만, 이걸 이번 주에 넣을지 다음 주에 넣을지 고민 중입니다."라는 코멘트가 있었다. 아내에게 내가 기자에게 보낸 메일을 전달했더니, 회옥이에게도 한 부 보내는 것이 좋겠다고 하기에 그렇게 했다.

19 (금) 맑음
전정민 군에게 지난주 교육학과의 문선모 교수로부터 빌려온 필사본을 맡겨서 복사 제본하게 한 후 원본은 문 교수에게로 반환토록 했다.
오후에는 來庵 鄭仁弘의 큰처남인 西溪 梁弘澍(字 大霖, 1550~1610)의 글과 전기 자료를 후손이 정리하여 필사 제본해 둔 『西溪遺稿』를 처음부터 읽어나가며 카드화하기 시작했다. 이 문집은 數萬 字로 된 「癸卯封事」가 그 대부분을 이루고 있는데, 이는 정인홍을 중심축으로 하는 北人 측의 탄핵에 의해 양홍주의 師友인 牛溪 成渾이 死後에 삭탈관작의 처분을 받게 되자 그 반격으로서 나온 것임을 알게 되었다.

20 (토) 맑음
오전 중 슈와이카트 교수에게 좀 장문의 편지를 써서 11시 51분에 이메일로 발송하였다. 그 요지는, 어제 그 원본을 입수한 크로포드 학장의 초청 서한에서도 내가 로욜라대학교에 와서 객원 강의 및 콜러키엄에 참여해 줄 것을 요청하는 내용이 있었는데, 문제는 나의 영어 능력이라는 것이었다. 그러므로 나는 로욜라에 도착한 후 ESL(English as a Second Language)을 수강하지 않겠다는 뜻을 이미 외사처의 테이스 여사에게 전한 바 있었지만, 지금은 다시 검토해 보고 있으며, 나의 저서인 『동아시아의 사상』 영문판을 내면 강의에 퍽 도움이 되겠다는 것이다. 영문판을 위해 필요한 번역자를 구하고 그 비용을 지급하는 문제는 로욜라 측이 맡아주기를 바라며, 이러한 내 의사를 철학과장인 모저 박사 및 문리대 학장인 크로포드 박사에게 전하여 그들의 의사를 통지해 달라는 내용이었다. 이 편지를 모저 박사에게도 참조할 수 있도록 동시에 보냈다.

전정민 군이 『嶧陽行蹟』을 복사 제본해 왔으므로, 오후에는 그 중 「嶧陽先祖行蹟抄錄」 부분의 카드화를 마쳤다.

22 (월) 맑음

『嶧陽行蹟』 가운데서 문경호의 양자인 必陽(1600~1632)의 생애를 6세손 再博이 기록한 「爐川先祖行蹟」과 「輓嶧陽先祖文」의 카드화를 마쳤고, 이어서 『西溪遺稿』 중 「癸卯封事」 부분의 카드화를 계속하였다.

23 (화) 맑음

『양선생사칠이기왕복서』의 상권을 다 읽었고, 『선조실록』 중 16년 7월 19일의 兩司가 領相 朴淳과 沈義謙·李珥·成渾을 논핵한 箚子 내용을 카드화하였으며, 『서계유고』 중의 「계묘봉사」 부분을 계속 읽었다.

24 (수) 맑음

『서계유고』 중 「계묘봉사」의 카드화를 계속하였다.

25 (목) 맑음

오전 중 鄭秉杓 목사가 석사학위논문 「茶山 天思想 형성의 배경 연구」를 탈고하여 가져왔으므로, 그것을 읽으며 첨삭지도하기 시작하여 절반 정도까지 나아갔다. 정 목사는 오늘 본교 철학과 동양철학전공의 박사과정 입학원서도 제출했다고 한다.

26 (금) 아침에 비 온 후 개임

정병표 목사의 석사논문에 대한 첨삭지도를 마치고서 조교에게 주어 정 목사에게 전달하게 했다.

30 (화) 맑음

로욜라대학의 슈와이카트 교수로부터 오늘 오전 2시 54분에 다음과 같은 내용의 이메일이 도착해 있었다.

오 교수,

크로포드 학장과 우리 학과장인 폴 모저의 의사를 타진해 보았습니다. 둘 다 같은 말을 합니다. 유감스럽게도 로욜라는 방문 학자의 번역 프로젝트에 지불할 자금이 수중에 없습니다. 우리는 당신께 연구실(공용), 우리 도서관 및 연구실 컴퓨터 사용권을 제공할 수 있으나, 그 이상은 안 됩니다. (우리 대학은 심각한 재정상의 위기로부터 갓 벗어나고 있습니다. 보다 형편이 좋았을 때라면 좀 더 너그러울 수 있었을 것입니다.)

우리 및 당신 부인의 계획들에 대해 내게 계속 알려주십시오. UIC(일리노이 주립대학교 시카고 교)는 당신들에게 주택을 제공하거나 아니면 보조금 정도라도 줍니까? 도착 예정일은 언제쯤입니까?

데이비드

나는 이에 대해 오전 11시 40분에 다음과 같은 회답을 보냈다.

슈와이카트 박사,

회답 감사합니다. 내 제의가 받아들여지기 쉽지 않을 줄은 알고 있습니다. 나는 아직 아내가 공식적인 초청장을 받았다는 말을 듣지 못했습니다. 그러나 UIC로부터 그 자격을 얻는데 문제는 없을 것입니다.

아마도 우리 가족은 내년 8월에 시카고에 도착하여 블루밍데일에 있는 누나 집에 거처하게 될 겁니다. 자형이 몇 개월 전에 작고했는데, 누나는 우리더러 들어오라고 권유합니다. 누이동생은 당신네 캠퍼스로부터 그다지 멀지 않은 버치우드에 살고 있습니다. 그녀의 남편인 마이클 모니타는 전에 수학교수였습니다. 그를 알지 못합니까?

오

오늘 배달된 ≪교수신문≫ 제337호(2004년 11월 29일) 8면 하단의 '생각하는 이야기'란에 내가 쓴 글이 실려 있었다. 원래의 제목은 '딸의 수능 날에'였으나, 17일의 수능일로부터 제법 날짜가 지난 탓인지 제목이 '進路를 고민하는 딸에게 보내는 편지'로 바뀌어져 있었다.

12월

3 (금) 맑고 포근함

오전 중 세 시간 수업을 끝으로 일반대학원 중국근대철학연습을 종강하였다. 章學誠의 『文史通義』 중 「浙東學術」를 다룬 이 수업은 창원에서 오는 조덕제 씨의 편의를 위해 오전 9시부터 시작되는 수업을 9시 30분으로 변경하였기 때문에 세 시간 수업을 마치고 나면 언제나 점심시간이 된다. 그래서 수업 후의 점심 식사까지 함께 하는 것이 상례가 되어 왔다.

6 (월) 맑음

정병표 목사가 석사 논문의 일부를 수정하여 오전 11시 35분에 이메일로 보내 왔으므로, 그것을 읽고서 다시 첨삭지도의 방식으로 문제점을 지적하여 오후 2시 59분에 첨부파일로서 반송하였다. 원고지 35.7장의 분량이었다. 정 목사는 메일에서 "[철학과]사무실에 있는 제 논문을 본 오홍점 선생이 오 교수님의 지도방식을 얼마나 부러워했는지 모릅니다. 논문을 수정하면서 교수님이 지적하신 부분을 접할 때 틀려서는 안 되는 부분을 발견할 때에는 심한 부끄러움을 느꼈고, 미처 생각도 못한 부분에 대해서는 감탄을 금할 수가 없었습니다."고 적고 있다.

7 (화) 맑음

『高峯集』卷4『兩先生四七理氣往復書』下篇「高峯答退溪再論四端七情書」를 끝으로 학부의 한국유학특강 수업을 종강하였다. 이로써 이번 학기의 교실 수업은 모두 마친 셈이다.

8 (수) 맑음

정병표 목사가 간밤에 다시 이메일로 자신의 석사논문 중 '다산이 살았던 시대적 정황' 부분 14.5장의 수정된 원고를 보내왔으므로, 오전 11시 59분에 첨삭 지도한 파일을 첨부하여 돌려보냈다. 지난번에 첨삭 지도하여 돌려보낸 파일에도 이 부분이 들어 있었는데, 그 때 것은 정 목사가 아직 수정하지 않은 것을 실수로 함께 보내왔었던 것이라고 한다.

江右茶會 회장인 대아고등학교 교사 정헌식 씨가 오전 중 연구실로 전화를 걸어와 2004년이 이 모임의 정신적 지주인 故 曉堂 崔凡述 스님의 탄신 100주년에 해당하므로 회지인『和白茶論』에서 이를 기념하는 특집호를 내려고 하는데, 나에게도 효당과의 인연을 주제로 한 글을 한 편 써 달라는 것이었다. 분량의 제한은 없고, 다음 주 초쯤까지 탈고해 주면 되겠다고 하므로 승낙했다.

점심을 든 후 혼자서 짧은 코스를 산책하여 남명학관 옆으로 내려오다가 충남대학교 스쿨버스가 주차해 있는 것을 보고서 오늘이 본교와 충남대의 공동학술세미나가 열리는 날임을 알고서 제2분과인 '영남과

호남지방의 학문과 문학'의 발표토론장인 남명홀 로비로 가서 발표논문집 한 부를 얻었다. 연구실로 돌아와 그 내용을 검토해 본 다음, 오후 4시쯤에 남명홀로 가서 5시 퇴근시간까지 마지막 발표와 종합토론의 일부를 참관하였다. 종합토론이 시작되기 전의 휴식 시간에 충남대 철학과 황의동 교수의 소개로 그 대학으로부터 온 발표자 및 토론자들과 잠시 인사를 나누었다. 그들 중 한문학과 강사로서 성균관대학교에 박사학위논문을 제출해 놓고 있다는 鄭敬薰 씨는 오늘의 두 번째 순서로 「尤庵 宋時烈의 〈南冥曺先生神道碑銘〉研究」를 발표하였는데, 이 주제에 관해서는 나도 일찍이 「남명집 이정본의 성립」 중에서 '신도비의 재건과 당론의 동향'이라는 節을 두어 연구한 적이 있으므로, 그가 논문 중에서 인용한 송시열이 尹拯 및 朴世采에게 보낸 편지의 해석 문제에 대해 서로 의견을 나누었다.

10 (금) 맑음

종일 작업하여 엊그제 정헌식 박사로부터 위촉받은 『화백다론』曉堂 崔凡述 100주년 기념호의 원고를 완성하였다. 「다솔사의 추억」이라는 제목으로서 원고지 19.8장 분량이다.

11 (토) 맑음

어제의 원고를 퇴고하여 오전 11시 58분에 정헌식 씨에게 이메일 첨부파일로 보냈는데, 산책을 마치고서 연구실로 돌아와 다시 첨부파일을 검토해 보았더니, 수정하던 도중의 것이 잘못 부쳐져 있었다. 그리하여 다시 어느 정도 수정을 가한 후 오후 3시 39분에 새로 정 씨에게 보냈다. 최종 수정한 원고는 23.3장의 분량이었다.

16 (목) 맑음

한국국학진흥원의 김종석 씨로부터 어제 오후 5시 56분에 '한국유학 사상대계 원고료 잔금 입금'이라는 이메일이 왔다. "예산 반납을 피하기 위하여 미리 입금한 것이니, 아직 원고를 제출하지 않으신 필자께서는 금주말까지 반드시 제출하여 주실 것을 다시 부탁드립니다. 또한 마감일에 맞추어 미완성 상태로 제출하신 필자께서도 최종 완성원고를 다시 보내 주시기 바랍니다."고 되어 있다. 『한국유학사상대계』 철학사상편 두 책은 금년 12월 말까지 출간할 예정이었는데, 아직 원고를 제출하지 않은 사람들이 있어 출판 작업을 시작도 하지 못하고 있는 상태임을 미루어 알 수 있다.

20 (월) 잔밤에 비 온 후 개이고 쌀쌀함
다음 학기 학부의 중국철학 과목에서는 後漢 시대 王充의 『論衡』을, 그리고 일반대학원의 한국철학 과목에서는 이번 학기 학부에서 退溪 李滉과 高峰 奇大升 사이의 四端七情 논변인 『兩先生四七理氣往復書』를 다룬 데 이어서 栗谷 李珥와 牛溪 成渾 사이의 사칠논변 서신들을 수록한 규장각 소장의 필사본 『四七續編』을 읽을 예정이다.

24 (금) 오전 중 흐리다가 비
오전 10시에 권오민 교수의 연구실에서 정병표 목사의 석사학위논문 「茶山 上帝天사상 형성의 배경 연구」에 대한 심사가 있었다. 권 교수가 위원장이고, 사범대 윤리교육과의 손병욱 교수 및 지도교수인 내가 참여하여, 정 목사에게 논문 내용에 대해 구두로 묻고 문제점을 지적하는 형식이었다. 만족스럽지 못한 논문이지만, 정 목사를 비롯한 2005학년도 일반대학원 철학과 박사과정 지원자 두 명 및 석사과정 지원자 두 명, 그리고 교육대학원 철학교육전공 석사과정 지원자 두 명은 이미 모두 합격이 공고되었는지라, 제출 마감 기한 이전까지 지적된 내용들을 참고하여 가능한 한 수정을 가하도록 지시하는 선에서 통과시켰다.

29 (수) 맑음
금년에 발간된 본교의 『2001~2003년도 교수연구업적』(제4집)이 배부되어져 왔다. 나는 이 3년 동안에 단행본 4종, 학술지 게재논문 8종, 학술대회 발표논문 1종의 연구 성과를 낸 것으로 되어 있다.

2005년

1월

4 (화) 맑음

『한국유학사상대계』편집위원회 간사인 김종석 씨로부터 이메일이 왔는데, 이 시리즈 첫머리의 철학사상편 두 책은 1월 한 달 동안 세 차례에 걸친 교정 절차를 거쳐 2월 중에 간행될 것이라고 한다. 원래는 작년 12월 중에 간행할 예정이었는데, 이제야 비로소 원고가 다 수합된 모양이다.

8 (토) 맑음

한국국학진흥원의 김종석 박사로부터 어제 오후 4시 39분에 '철학사상편 전체 논문 송고-3차(3편)'이라는 제목의 이메일이 첨부 파일과 함께 와 있었다. 추가로 들어온 원고로서 영산대 김경호 교수가 율곡 이이와 그 문도를 다룬 9장, 진주교대 김낙진 교수가 조선전기 논변을 다룬 11장, 서울대 금장태 교수가 철학사상편의 총결 부분으로서 작성한 23장 「한국유가철학의 특성」을 부친 것이었다. 아직도 4개의 장이 더 남았다고 한다. 며칠 전에 보내온 편집 작업 시작과 관련한 이메일을 읽고서 원고 수집은 이미 끝난 줄로 알고 있었더니 그렇지 않은 모양이다.

10 (월) 맑음

『남명학연구』제18집(경상대학교 경남문화연구원 남명학연구소, 2004. 12)이 배달되어져 왔으므로 그 내용을 훑어보았다.

13 (목) 맑음

한국국학진흥원의 김종석 박사로부터 『한국유학사상대계』 철학사상편의 집필진 소개를 위한 자료를 보내 달라는 이메일을 받고서 요구된 여섯 항목에 대한 회신을 보냈다. 그 중 세 번째인 전공분야에 대해서는 '동아시아 사상사'라고 적었다.

17 (월) 맑음

국학진흥원으로부터 『한국유학사상대계』 철학사상편 중 내가 집필한 제8장에 대한 편집위원회의 검토의견이 이메일로 도착하였으므로, 그것에 대한 내 의견과 그에 따라 부분적으로 수정한 원고를 첨부하여 오후 4시 57분에 이메일로 발송하였다.

24 (월) 흐리고 오전 한때 부슬비

梁弘澍의 필사본 『西溪遺稿』 중 「癸卯封事」와 「癸卯夏封事問答」을 마저 읽었다. 數萬言으로 된 이 상소문을 통하여 정인홍과 그 큰처남인 양홍주 사이의 대립 관계에 대한 자세한 내막을 비롯하여 鄭仁弘과 鄭逑 사이의 『남명집』 갑진본으로 말미암은 결렬 이전에 이미 양홍주로 말미암아 빚어진 미묘한 관계에 대해서도 비로소 확인할 수가 있었다.

27 (목) 맑음

남명학관 남명홀에서 개최된 2004학년도 지식정보관리사업의 지원을 받은 남명학 관련 고문헌 원문 DB구축 완료보고회에 잠시 참석하였다가 퇴근하였다.

28 (금) 맑음

어제 오후 참석했던 남명홀 모임에서 받아온 『남명학 관련 고문헌 원문 DB구축 완료보고』를 훑어보고서, 새로 구축된 남명학고문헌시스템 홈페이지에 연결하여 이를 즐겨찾기에다 추가해 두었다.

29 (토) 흐림

오늘자 ≪경남일보≫를 읽어보니, 거기에 '고문헌 전문 도서관 설립해야'라는 제목으로 어제 오후 본교 경남문화연구원 주최로 남명학관에서 '경남지역 고문헌 실태와 관리방안'이라는 주제의 학술세미나가 열린 데 대해 강동욱 기자가 쓴 기사가 실려 있었다. 원창애 연구원(경남문화연구원) 남권희 교수(경북대) 김학수 연구원(한국정신문화연구원) 김준형 교수(경상대) 이정희 사서(경상대 文泉閣)가 주제발표를 하고 김종진 도문화관광국장, 장원철 경상대 교수, 강동욱 경남일보 기자, H 경상대 교수, 강병주 진주시 문화재전문위원, 이상훈 국립진주박물관 학예연구사가 토론자로 참석했다고 한다. 이 세미나의 요지는 이정희 사서의 발표문 「경남 고문헌 전문도서관 건립방안」에 보이는 바와 같이 "경남지역 고문헌을 종합적으로 조사·정리·연구·보존하기 위한 박물관 기능을 가진 전문도서관을 시급히 건립해야 한다" "전문도서관의 위치는 고문헌이 많이 산재해 있고 관련 인프라가 잘 구축된 진주지역이나 관련 연구자·연구기관이 집중된 경상대학교 내가 적합하다" "지방자치단체와 중앙정부는 건립비용 분담, 운영비 지원, 행정절차 지원 등을 맡고 경상대학교는 연구·관리인력·교육수요자·건립 부지를 제공하는 형태가 바람직하다"는 것이었다.

보통 이런 모임이 있을 때면 이메일을 통해 안내문이 오고 인쇄된 초대장도 오는 것이 상례인데, 이번에는 전혀 그런 연락을 받지 못했고 신문 보도를 통해 비로소 알았다. 어제 점심 때 경남문화연구원의 전·현임 원장 및 본교 박물관장을 맡은 사범대학 역사교육전공의 김준형·김해영 교수가 산청군 新等面 柰勿里의 勿川 金鎭祜 종손과 더불어 교직원식당의 옆 테이블에서 식사하는 것을 본 바 있었으나 그 때도 그들이 이런 행사 관계로 모였다는 것은 짐작하지 못했다. 나에게 연락하지 않은 것이 단순한 사무상의 실수인지 혹은 고의적인 것인지 아직 판단하기는 어렵지만, 근자에 김해영 교수와 더불어 단목 하씨 가문의 고문서 관계로 언쟁을 한 바 있었고, 그 이후 경남문화연구원의 연구원으로 있는 사재명 군이 그 당시 조사 보고된 서부 경남지역 고문서들의 CD를 내게 빌려주어 지난번처럼 복사할 수 있도록 해 달라는 내 요청을 완곡하게 거절한 점 등을 고려한다면 착오는 아닐 것 같은 생각도 든다.

이번 세미나에 발표 혹은 토론자로서 참여한 이정희·장원철·H 씨는 모두 본교 한문학과의 교수 혹은 졸업생들이고 강동욱 기자 역시 본교 국문과 졸업생이지만 석사·박사학위논문의 사실상 지도교수는 H 교수였다. 경남문화연구원에는 구 경남문화연구소에 해당하는 경남문화연구센터와 남명학연구소가 병립해 있으며 이 두 기관은 모두 남명학관 안에 위치해 있는데, 센터를 이끌고 있는 김준형·김해영 교수는 단짝으로서 한문학과 및 남명학연구소의 중심인 H 교수와 서로 협조적이며 어떤 의미에서는 후자에 대해 종속적인 관계에 있다.

며칠 전 남명학연구원으로부터 추석 선물로 곶감 한 상자가 배달되어져 왔기에 부산 큰누나에게 주었는데, 오늘은 부산교통의 조옥환 사장 명의로 매년 명절 때마다 보내오는 사과 한 상자가 도착하였다.

2월

2 (수) 맑음

『선조실록』 35년 3월 25일 조의 대사헌 정인홍이 올린 상소 등과 『殷海光與近代中國自由主義』를 계속하여 읽었다. 후자에는 내가 臺灣대학 철학연구소에 유학해 있었던 당시 나와 주임교수 黃震華 사이에 발생한 문제를 언론에 통지하여 이른바 '오이환사건'이 일어나게 하는 직접적 계기를 마련한 臺灣대학 철학과 劉福增 교수의 이름도 殷海光의 대표적 문인 가운데 한 사람으로서 나오고 있었다.

다음 학기에 일반대학원에서 담당할 연구 및 한국성리학연습의 강의 계획서를 입력하였다. 연습은 조덕제 씨의 박사학위논문지도이고 한국 성리학연습에서는 규장각 소장 필사본인 編者 未詳 『四七新編』을 통해

栗谷 李珥와 牛溪 成渾 사이의 四端七情理氣論辨을 다룰 예정이다.

3 (목) 맑음

來庵 후손 정기철 씨가 한글판 『조선왕조실록』 CD에서 뽑아 46배판 2책으로 엮은 『조선왕조실록 내암 정인홍선생 관련 사료, 선조 16년 (1572)~현종 13년(1671)』을 두 번째로 읽고 있다. 오늘은 『선조실록』 35년 3월 19일(신묘)의 정인홍 제자 文勵가 이귀의 정인홍 탄핵 상소에 대해 兩司가 아무런 변호를 하지 않는다 하여 피혐한 대목까지를 읽으며 카드화 하였다.

5 (토) 맑음

『선조실록』 35년 4월 16일 조의 정인홍이 대사헌의 직에서 체직된 사유에 관한 내용을 카드화하였다.

8 (화) 아침에 부슬비 내린 후 개임

사흘간에 걸친 설날 연휴의 첫날이다. 종일 실내에 있으면서 어제 남명학연구원으로부터 우송되어져 온 趙吉惠·劉學智 主編 『張載關學與南冥學研究』(北京, 社會科學文獻出版社, 2004)를 훑어보았다. 이 책은 2000년에 西安에서 창건된 국제남명학연구회가 중심이 되어 한국의 사단법인 남명학연구원을 초청하여 2003년 7월 27일부터 28일까지 西安交通大學에서 거행한 국제남명학연구회의 제2차 年會 즉 '張載與曺南冥學術思想國際研討會'에서 발표된 논문들을 수록한 것이다.

14 (월) 맑음

≪교수신문≫의 이은혜 기자로부터 전화가 왔었다. 해방 60주년 기념으로 KBS 측의 의뢰를 받아 ≪교수신문≫이 실시하는 '한국지성사 60주년' 특집기사를 위한 동양철학 분야의 설문서를 내일 이메일로 내게 보내고 싶다는 용건이었다.

15 (화) 비

어제 오후 5시 36분에 ≪교수신문≫의 이은혜 기자가 보낸 이메일을 보고서 거기에 첨부된 설문사항에다 나의 의견을 적어 오전 10시 40분에 발송하였다. 교수신문사가 KBS와의 공동 작업을 통해 광복 60주년 특별기획으로서 '한국지성사의 풍경'(가칭)을 준비하고 있는데, 그 1차 작업으로서 각 분야의 교수들을 대상으로 해방 이후 한국의 지성사를 대표하는 기초자료에 대한 설문조사를 한다는 것이었다. 이 조사에 대한 응답은 교수신문사의 특별기획뿐만 아니라, 올 가을에 방영될 예정인 KBS의 한국지성사 특별다큐멘터리의 기초 참고자료로서 활용할 것이라고 한다.

21 (월) 맑음

지난 2월 15일 오후 3시 22분에 국학진흥원의 김종석 씨가 이메일로 보내온 『한국유학사상대계』 철학사상편 중 내가 맡은 제8장의 초교를 검토하기 시작했다.

22 (화) 맑음

『한국유학사상대계』 철학사상편 제8장의 초교 교정 작업을 계속하였다. 간사인 김종석 박사로부터 독촉 전화가 걸려왔으므로 가능한 한 오늘 중에 마쳐서 보내겠다고 대답했지만, 아직 조금 남아 있다.

조교로부터 인문대학에 연구보조원 신청 서류가 와 있으니 필요하면 신청해 달라는 전화 연락이 있었다. 지난 학기에 전정민 군이 맡았던 연구조교와는 달리 대학원과정을 이미 수료한 자도 무방함을 확인하고서, 구자익 군을 내 연구년 과제인 「全恩과 討逆의 논리」 연구보조원으로 신청하기로 작정하고서 나의 연구년 신청 자료를 구 군에게 빌려주어 그것을 토대로 그가 신청서를 작성하게 했다. 내 연구에 보조원이 별로 필요하지는 않지만, 매달 20만 원 정도의 수당이 나온다고 하므로 이렇다 할 수입원이 없는 구 군을 돕는다는 뜻에서 신청해 본 것이다.

23 (수) 맑음

『한국유학사상대계』 철학사상편 제8장 초교의 검토를 끝내고서 수정해야 할 곳들에는 붉은색으로 표시하여 내 의견을 적은 다음, 그것을 파일로서 첨부하여 오전 10시 40분에 한국국학진흥원으로 보냈다. 지난 2월 15일에 간사인 김종석 박사가 초교를 내게 보내면서 그 편지의 말미에 "오 교수님께 부탁드릴 것은, 원고 가운데서 푸른 색깔로 표시되어 있는 부분(제3절 가운데 회퇴변척 부분과 특히 한강 정구와 관련된 계암일록 인용 부분)에 대해서 다시 한 번 문장을 다듬어 주십사 하는 것입니다. 물론 글의 내용이 모두 자료에 바탕하여 쓴 것으로 그 내용이 틀렸다거나 문제가 있다는 것은 아닙니다. 다만 교수님의 글의 취지를 훼손하지 않는 범위 내에서 좀 더 압축적인 표현으로 바꾸면 어떨까 하는 것입니다. (정 안되면 각주로 처리하는 것도 한 가지 방법이라고 봅니다) 교수님의 혜량을 정중히 부탁드립니다"라는 말을 적은 바 있었다.

그가 지적한 부분들은 내가 이 글 속에서 최근에 발견된 새로운 자료에 의해 설명한 정인홍이 이언적·이황을 비판한 구체적 근거와 이수근 교수에 의해 발견된 김령의 『계암일록』 친필본 중 정구를 비판한 내용 등이 퇴계학의 본산이라고 할 수 있는 안동의 국학진흥원 입장으로서는 그대로 인쇄하기 어려운 점이 있으며 차후 시비가 벌어질 우려도 있으므로, 보다 애매하고 남의 주목을 끌지 않을 표현으로 바꿔 달라는 의미인 것이다. 이에 대해 나는 다음과 같이 회답하였다. "푸른 색깔 부분에 대한 고견은 무슨 뜻인지 알겠으나, 그렇게 한다면 본고의 취지가 상당히 모호하게 될 터이므로 따르기 어렵습니다. 양해해 주시기 바랍니다."

3월

2 (수) 흐림

지난주 토요일 오후에 남명학연구원 사무국에서 열린 상임연구위원회의 2차 회의 결과를 이메일로 전해 받았다. 이미 상임연구위원의 직을 사퇴한 나를 제외한 다른 위원들과 이사들은 대부분 회의에 참석하고 있음을 알았다.

3 (목) 흐림

1·2교시에 학부의 중국철학특강 첫 수업에 들어갔다. 지난 학기의 『兩先生四七理氣往復書』를 다룬 수업을 수강했던 여학생 세 명이 이 수업에도 참석해 있었다. 이번 학기에는 後漢 시대 사상가 王充의 主著인 『論衡』을 四部叢刊本을 텍스트로 하여 읽기로 하고, 다음 주에 그 끝 부분인 「自紀篇」에서부터 윤독 수업을 시작하기로 했다.

4 (금) 맑음

조교로부터 구자익 군을 나의 연구보조원으로 신청해 두었던 것이 인문대학의 심의에서 승인되었다는 보고를 받았다. 이로써 구 군은 금년 3월부터 1년 동안 본교로부터 매달 20만 원씩의 수당을 받을 수 있게 되었다. 철학과에서는 박선자 교수와 나 두 사람이 신청했었는데, 연구 실적이 훨씬 많은 내가 선정된 것이다.

오후에 전정민 군이 내 연구실로 찾아왔다. 전 군은 금년 2월말까지 반 년 동안 내 연구조교의 자격으로 월 20만 원씩의 수당을 받아 왔는데, 겨울방학이 시작된 이래 거의 두 달 반 동안 한 번도 모습을 나타내지 않았으므로 조교에게 그런 말을 한 적이 있었다. 전 군은 창원에 있는 자기 집으로 가서 아르바이트를 하기도 하고 국내를 정처 없이 여행도 했으며, 방학 중에도 자기가 연구조교의 자격을 유지하고 있는지 모르고 있었다고 설명하였다. 그의 통장으로 매달 수당이 입금되고 있음에도 불구하고 그런 말을 하는 것은 이치에 닿지 않으며, 조교의 직무를 수행하지 못할 사유가 있으면 그런 사정을 내게 말해 양해를 구해야 했다고 주의를 주었다.

5 (토) 흐리고 낮에 약간의 눈

얼마 전에 미국의 로욜라대학교 측이 내게 보내온 비자신청서류 (DS-2019)를 한 번 훑어보았다. 나와 내 가족에 대한 교환방문자(J-1 및 J-2) 비자 신청자격증명서로서 내가 비자를 신청할 때 한국주재 미국 대사관에다 제출해야 하는 것이다. 나의 로욜라대학교 방문교수 자격 기간이 2005년 8월 15일부터 2006년 8월 15일까지로 되어 있고, 본인인 나에 대해서는 J-1, 동반자인 내 가족에 대해서는 J-2 비자를 발급하도록 되어 있다.

오전 중에 조교가 우편물을 전달하러 내 연구실에 들렀기에, 대학원 박사과정 재학생인 전정민 군은 지난 학기 반 년 동안 내 연구조교였음에도 불구하고 방학 기간에 그 일을 전혀 수행하지 않았으므로, 그것을 보충하는 뜻에서 비록 조교의 기간은 끝났지만 이번 학기 중에도 이따금씩 그가 지난 학기에 하던 내 연구실 청소를 계속해 달라는 말을 전하라고 했다. 그 말을 한지 얼마 후에 전정민 군이 음료수를 한 상자 사서 연구실로 방문해 왔다. 음료를 들고 온 것은 지난 학기에 매주 수업이 끝날 때마다 점심 식사에 동행하곤 했었음에도 불구하고 아무런 답례를 하지 못한 데 대한 마음의 표시라고 했다. 조교로부터 내가 전하라고 한 말을 들었는지 물었더니 그렇다고 했다.

그가 돌아가고서 반시간 정도의 시간이 흘러 점심 식사를 위해 연구실을 나갈 무렵에 전 군으로부터 내 휴대폰으로 전화가 걸려왔다. 이번 학기에 연구조교의 일을 계속하라고 하지만 그 기간이 애매하다면서, 자기는 지난 학기에 겨울방학이 시작된 후로도 12월 말까지는 진주에 있었으므로, 실질적으로 조교의 일을 수행하지 못한 1·2월 두 달분의 수당을 나나 철학과 혹은 대학 당국에다 반환하고 싶다는 말을 했다. 좀 어이가 없어, 이번 학기의 수업이 있는 기간 동안만 봉사하면 된다는 뜻을 설명하고서, 학교 예산에 의해 이미 집행된 돈을 돌려받을 수는 없으니 그 일을 하기 싫으면 안 해도 된다고 말하고서 전화를 끊었다.

점심 식사와 산책을 마치고서 연구실로 돌아오니, 전 군이 진주의 하숙집으로부터 내 휴대폰으로 다섯 차례 전화한 표시가 있었으나 무시하고 말았다. 퇴근 무렵에 내 연구실의 자동응답전화기에도 전 군인 듯한 사람과 어떤 아주머니의 목소리 일부가 녹음되어져 있음을 알고서 비로소 전 군의 숙소로 전화를 걸어 보았다. 그 부인은 전 군의 모친이었다. 모친의 말에 의하면 외아들인 전 군이 지난 1월 4일에 창원의 집으로 돌아온 후, 무슨 일인지 모르지만 학교에 다니지 않겠다고 하면서 핸드폰도 내팽개치고서 밥도 안 먹고 드러누워 있으므로 모친도 애가 타서 화병이 들었다고 한다. 학교에 다니지 않으려는 애를 억지로 데리고서 어제 진주로 왔다는 것이었다.

7 (월) 맑음
2003년 7월 27일부터 28일까지 중국의 西安交通大學에서 열린 국제남명학연구회 제2차 年會에서 발표된 논문들을 모아 출판한 趙吉惠·劉學智 主編『張載關學與南冥學硏究』(北京, 社會科學文獻出版社, 2004)에 수록된 논문들 및 지난 2월 25일에 열린 남명학연구원 상임연구위원회 2차 회의에서 채택된 내암 정인홍 관계 연구계획서들의 제목을 「南冥學關係旣刊文獻目錄」에다 추가하였다.
오후에는 李零 著『簡帛古書與學術源流』의 第17講 「簡帛古書導讀六: 方術類」를 읽으며 그 내용을 정리하여 카드화하기 시작했다. 나는 앞으로 수년 만에 남명학 연구를 매듭짓고서 그 다음의 여생은 일본 유학 당시부터 뜻을 두고서 몇 편의 논문을 발표하다가 중단해 두고 있는 중국 秦·漢代의 신비사상 연구에 바치려고 생각하고 있다. 그 연구의 출발점으로서 진·한대에 특히 성행한 方士와 方術에서부터 착수하여 유가와 도가의 상관관계 및 그 分岐를 더듬어보려고 하는 것이다. 저자인 李零은 이 분야에 대해서도 『中國方術考』(北京, 인민중국출판사, 1993 초판; 北京, 동방출판사, 2001 수정판) 『中國方術續考』(北京, 동방출판사, 2001)와 같은 전문적인 저서가 있다.

8 (화) 맑음

일반대학원 동양철학전공 과목인 한국성리학연구의 첫 수업을 실시하였다. 이 수업에서는 규장각에 소장된 편자 미상의 필사본『四七續編』을 윤독해 가면서 栗谷 李珥와 牛溪 成渾 사이의 사단칠정이기논변을 다루겠다는 것을 말한 후 참고 자료를 소개하고서, 텍스트는 학생에게 주어 복사 제본하게 했다.

연구실로 돌아온 후『簡帛古書與學術源流』의 카드화 작업을 계속하였다.

전정민 군을 연구실로 불러, 며칠 전 그의 모친으로부터 들은 바인 대학원 공부를 그만두고자 하는 이유에 대해 물어보았다. 그의 나이 이미 37세인데, 선천적으로 몸이 허약할 뿐만 아니라 결혼이나 경제적 자립, 그리고 장래의 전망 등 어느 면으로 보나 해결의 가망이 없으므로 그런 데서 오는 좌절감이 원인이라고 한다. 작년의 입학 직후에 철학과 대학원생들 세미나 후의 술자리에 참석했다가 그 후 한 바탕 자퇴 소동을 벌인 후, 학우들과의 관계도 서먹서먹한 모양이었다.

9 (수) 흐림

오후 5시에 남명학관 106호실에서 남명학연구소 정기총회가 소집되어 소장 및 평의원·감사가 선출되었다. 한문학과의 H 교수가 네 차례 연속하여 2년 임기의 소장으로 선출되었다. 위임장을 보내 온 사람 외의 참석자는 열 명 정도였는데, 그 중 소장과 사회자(최석기)를 포함한 네 명은 한문학과 교수였고, H 교수를 추천한 사람은 중문과의 박추현 교수였다.

10 (목) 맑음

엊그제 임형석 박사가 갖다 준 번역본『문사통의』중 임 씨가 새로 집필하거나 대폭 수정했다고 하는 서문과 해제 부분을 새로 읽어보았다. 李零 著『簡帛古書與學術源流』제12강「簡帛古書導讀: 方術流」도 처음부터 새로 읽으며 카드화하기 시작했다.

12 (토) 강추위

엊그제 우송되어져 온 京都대학중국철학사연구회가 발행하는 『중국사상사연구』 제27호(2004)를 훑어보고 그 가운데서 北京사범대학 周桂鈿 교수의 글 「點·線·面—六十述學」을 읽은 다음, 작년의 제26호(2003)에 실린 周 씨의 글 「『論衡』의 인연으로부터 일본의 인연에 미치다」를 다시 한 번 읽었다.

周 씨의 글을 다 읽은 다음, 다시 李零의 『簡帛古書與學術源流』 제12강 方術流 부분을 읽으며 카드화 하는 작업을 계속하였다. 오늘 비로소 李 씨의 저서 『中國方術考』 및 『中國方術續考』는 그의 논문들을 모아 출판한 것임을 알게 되었다.

14 (월) 맑음

남명학연구원으로부터 『계간 선비문화』 제5호(2005. 봄) 30책이 엊그제 집으로 우송되어져 왔었다. 오늘 그 중 한 권을 제외한 나머지는 모두 조교에게 주어 인문대학 각 학과 사무실과 인문학부 교수들 및 사범대학 윤리교육과의 손병욱 교수 그리고 동양철학을 전공하는 대학원생들에게 배부토록 하고, 인문대학 교수휴게실에도 한 부를 비치하게 하였다. 한문학과 사무실에도 같은 책이 부쳐져 왔다고 한다. 『선비문화』 제5호를 절반쯤 훑어보았다.

15 (화) 흐리고 한때 빗방울

철학과 대학원생 가운데서 한 달에 20만 원씩 받는 연구조교가 이번 학기에는 다섯 명 배정되었는데, 전정민 군은 지난 학기에 이어 나에게, 그리고 조정희 씨는 그 지도교수인 권오민 교수에게 배정되었다. 이번 학기에 나는 연구보조원인 구자익 군 외에 연구조교인 전정민 군까지 거느리게 되었으나, 그들이 실제로 내 연구를 도울 일은 없는 것이다.

『선비문화』 제5호를 마저 읽었다. 어제 서울의 천안문서점으로부터 우송되어져 온 두 책 가운데 『張載關學與南冥學研究』는 남명학연구원으로부터 이미 같은 책 한 권이 보내져 왔으므로 내가 주문하여 구입한 것은 철학과 도서로서 기증하였다. 퇴근 시간까지 나머지 한 책인 戈國龍 著 『道敎內丹學溯源—修道·方術·煉丹·佛學—』(北京, 종교문화출판사, 2004)을 읽으며 카드화하였다.

16 (수) 흐림
어제 오후 11시 22분에 '동철연 운영에 대한 의견을 받습니다'라는 이메일이 왔고, 이에 대해 서울대 철학과의 고 심재룡 교수 후임인 조은수 씨가 전체회신 방식으로 보낸 회답 메일도 받았다. 서울대 출신자 및 대학원 재학생들로 구성된 동양철학연구회의 현 회장인 정영근 교수가 자신의 후임에게 회장직을 물려주려고 해도 다들 사퇴하므로 이에 대한 대책을 묻는 내용이었다. 정 회장은 나의 후임인데, 그가 부재중인 자리에서 회장으로 결정된 후 직책을 전혀 수행하지 않고 있다가 2년 만인 지난달에 임원개선을 위한 겨울모임을 비로소 열어 15명 남짓 참석하였으나 그 자리에서 후임을 결정하지 못했던 모양이다. 동철연은 출범한 지 이미 15년을 넘겼지만, 재학생들이 무능한 스승 이남영 교수의 퇴진 운동을 벌이다가 실패한 이후 서울대의 동양철학전공 교수들이 일체 참석하지 않게 되었고, 그들의 눈치를 보는 졸업생이나 재학생들도 기피하게 되어 현재 유야무야한 상태로까지 침체되어 있는 것이다. 첨부된 회원 연락처 파일에 의하면 현재의 회원은 꼭 백 명이었다.
이에 대해 나 또한 오늘 오전 9시 29분에 전체회신 방식으로 다음과 같은 글을 보냈다.

정영근 회장의 전임자는 나였는데, 과거의 선례에 따라 겨울모임을 겸한 총회에서 후임자가 결정되어 정 회장의 부재중에 인계한 이후 그동안 아무런 연락이 없었으므로, 나는 결국 흐지부지 해체되고 만 것일까 하고 혼자서 염려하고 있었습니다. 이 모임이 이처럼 부진해지고 만 것은 모교의 교수들이 전혀 참석하지 않게 된 것이 근본적인 원인이라고 판단하고 있습니다. 그 이유를 새삼 따질 필요는 없겠지만, 모임의 활성화를 위해서는 모교 교수들이 다시금 적극적인 관심을 가지는 것이 선결문제라고 생각합니다. 그리고 과거에 회장이나 총무 등 임원의 직을 맡았던 분들도 자신의 임기가 끝난 이후에는 이 모임에 나타나지 않는 것이 거의 관례가 되어 있습니다. 정 회장의 말처럼 수건을 남의 등 뒤에 갖다놓은 이후에는 이미 자기 책임이 아니라는 것입니까? 맹수는 무리를 짓지 않는다는 것이 서울대 출신자들의 기질을 시사하는 말로서 더러 입에 오릅니다만, 고대나 성대 등 다른 대학의 경우와 비교해 보면 좀 한심한 느낌도 없지 않습니다. 이남영 교수 회갑기념논문집 간행의 지지부진과 비용 문제의 경우는 그 무슨 추태입니까?

17 (목) 오전까지 비 오다가 개임
『簡帛古書與學術源流』제12강 方術流 부분의 카드화를 마치고서 전체를 다시 한 번 읽어보았다.

18 (금) 맑음
오후에 동양철학전공 박사과정 2학년생인 전정민 군이 연구실로 찾아와 자퇴원서의 지도교수 난에 날인을 요청하였다. 그가 작년의 입학 직후에 자퇴 소동을 벌였을 때는 다시 한 번 신중히 생각해 보고서 그래도 자퇴해야겠다는 결심이 서면 다시 찾아오라고 대답해 준 적이 있었고, 근자에 그의 모친으로부터 그가 여전히 자퇴 운운한다는 말을 듣고서 한 번 불러 그 이유를 물어본 적도 있었으므로, 별 말 없이 날인해 주었다.

19 (토) 맑음
오전 9시 44분에 '한국유학사상대계 편집위원회 (위원장 금장태)'의 이름으로 내게 다음과 같은 이메일이 왔다.

한국유학사상대계에 좋은 글을 제출해 주신데 대해 감사드립니다. 출간을 앞두고 선생님의 원고를 최종 검토하는 과정에서 일부 오해를 살 수 있는 표현이 있다는 판단을 하였습니다. 이 문제에 대해 한국국학진흥원에서 선생님께 수정 요구를 하였고 이에 대해 선생님께서 의사 표현을 하신 바 있습니다.

편집위원회에서 논의한 끝에 특별히 오해를 살 수 있다고 판단되는 최소한의 표현만 말줄임표로 생략하고 나머지는 필자의 의견을 존중하는 것으로 결론을 내렸습니다. 그 처리 결과를 첨부 파일로 송부하오니 참고하시고 본 사업에 협조하시는 차원에서 양해해 주실 것을 바라마지 않습니다.

첨부 파일에는 제3절 3의 한강 정구에 관한 『溪巖日錄』親筆稿 내용에 대한 설명 가운데서 "대소변의 변기 시중뿐 아니라 심지어는 용변을 본 후 물로 항문을 씻는 일까지 모두 제자들이 맡아 하였는데, 그런"이라는 부분이 "……등"으로 생략되어져 있었다. 이에 대해 나는 오전 11시 6분에 "잘 알겠습니다. 감사합니다."라는 회답을 보냈다.

28 (월) 맑음

『簡帛古書與學術源流』의 「結語」를 읽고서 카드화하였다.

29 (화) 맑음

來庵 鄭仁弘의 큰처남인 梁弘澍의 필사본 문집 『西溪遺事』 중 부록의 카드화 작업을 마쳤고, 퇴근 무렵에는 합천 가야의 내암 후손 집에서 입수하여 복사 제본해 주었던 내암의 필사본 문집들과 瑞山鄭氏 족보들을 꺼내 연구실 책상 위의 서가에다 비치해 두었다.

예문서원으로부터 내 저서 『동아시아의 사상』 2004년도 인세계산표 (2004년 1월~12월)가 이메일로 왔다. 이 책은 작년 한 해 동안에 120부가 팔렸고, 누계로는 448부가 팔렸다고 한다. 나는 500부 분의 인세를 이미 받았다.

31 (목) 맑음

예전에 합천군 伽倻面 黃山里에서 잡화점을 경영하고 있는 來庵 후손 鄭相元 씨 댁에서 입수하여 복사 제본해 두었던 필사본 자료 가운데서 내암 정인홍의 疏箚를 정리해 둔 책(내가 『來庵封事』라는 假題를 붙여 두 었다) 하나를 가지고서 서울의 아세아문화사로부터 1983년에 영인 출판 된 『來庵集』 상권의 권2에 실린 것과 대조해 읽으며 카드화하는 작업을 시작하였다. 오늘은 선조 11년(1578)에 永川郡守, 선조 19년(1586)에 益 山郡守를 각각 사직하며 올린 封事와 기축옥사의 다음해인 선조 23년 (1590)에 동문인 守愚堂 崔永慶을 신원하여 두 차례에 걸쳐 올린 봉사를 읽었다. 역시 간행된 문집에서는 서인인 심의겸·이이·성혼·정철을 비판 한 부분들이 모두 누락되어져 있음을 확인하였다.

며칠 전인 28일에 서울대 철학사상연구소로부터 그 연구소의 기관지 인 『철학사상』 제20호(금년 6월 1일 발행 예정)에 연구논문을 투고해 달라는 이메일 안내문이 온 적이 있었는데, 지금 계획하고 있는 연구년 제 연구 논문 「全恩과 討逆의 논리」는 이 잡지에다 기고할 것을 고려해 보고 있다. 그러나 20호에는 시기적으로 무리이고, 1년에 두 번 발행되 는 이 잡지의 내년이나 내후년도 분쯤에 보내 볼까 한다.

4월

1 (금) 맑음

필사본 來庵 疏箚 중 선조 35년(1602) 3월 8일 「大司憲時五不仕辭職箚子」 (『내암집』 105~112쪽)와 같은 해 3월 15일의 「大司憲辭職封事」(『내암집』 112~129쪽)를 읽으며 카드화하였다. 전자의 경우는 간행된 문집에서 고 의로 누락시킨 부분이 특히 많아서, 영의정 이덕형이나 성혼을 비판한 부분들을 완전히 누락시켰기 때문에 글의 길이가 매우 짧아져 있음을 확인하였다.

어제 학보사의 학생 기자가 연구실로 찾아와 산책로에 관한 기사를 쓰고자 하는데 국문과의 신경득 교수 등이 나를 찾아가 보라고 해서 왔다면서, 오늘 점심 때 나와 함께 산책로를 걸으며 대화를 나누고 싶다는 의사를 표하였다. 그래서 교직원식당에서 점심을 든 후 교수회장 조규태 씨와 함께 학생회관 건물 북문을 나서 밖에서 대기하고 있는 그를 데리고 셋이서 함께 풀코스를 걸으며 대화를 나누었고, 도중에 대나무숲 속에서 사진 촬영을 하기도 했다. 이제 봄기운이 완연하여 매화는 이미 거의 지고, 그 대신 산수유·개나리·목련에다 진달래까지 피어나고 있었다.

2 (토) 흐림

필사본 來庵 疏箚 중 선조 35년 3월 24일 「大司憲時箚子」(『내암집』 129~133쪽), 4월 23일 「護軍時辭職封事」(소 133~137쪽), 4월 28일 「護軍辭職封事」(동 137~141쪽), 5월 12일 「同知時辭職箚子」(동 141~148쪽), 6월 1일 「同知時辭職箚子」(동 155~160쪽), 6월 20일 「同知時辭職箚子」(동 160~164쪽), 6월 29일 「同知時辭職箚子」(동 164~168쪽), 7월 2일 宣祖 引見 三政丞 問答, 10월 19일 「大司憲時行到靑山縣呈辭封事」(『내암집』 168~173쪽), 선조 36년(1603) 1월 17일 「題賜食物謝恩疏」(동 173~176쪽), 그리고 『선조실록』 35년 9월 25일(甲申) 宜寧 進士 吳汝穩이 李貴의 疏 내용을 조목조목 논박하여 鄭仁弘을 변호한 상소와 이에 대한 史臣評을 읽으며 카드화하였다.

오전 8시 52분에 서울대학교 철학사상연구소로 지난 3월 28일자 '철학사상 제20호의 발간안내' 이메일에 대한 회신을 보내 투고규정을 보내줄 것을 요청하였고, 오전 10시 51분에 편집간사인 정진범 씨로부터 그것에 대한 회신과 함께 '『철학사상』 논문투고 안내'를 첨부파일로서 받았다.

4 (월) 맑음

필사본 내암 소차 중 선조 40년(1607) 2월 2일의 「食物謝恩封事」(『來庵

集』176~188쪽)와 그 책의 말미에 메모 형태로 보이는 「孚飮亭重修禊案」
의 카드화를 마쳤다. 그런 다음, 표지에 『壤流錄』이라고 적힌 것과 『疏箚
卷之三 禮』라고 적힌 두 종류의 광해군 시기 내암 소차의 필사본을 아세
아문화사로부터 간행된 『내암집』과 대조해 가며 처음부터 읽어나가기
시작하였다. 오늘은 광해군 2년(1610) 3월 10일 「辭職箚字」(『내암집』
335~338쪽), 4월 15일 「箚字」(소 338~342쪽), 6월 15일 「辭職箚字」(동
342~347쪽), 광해군 3년(1611) 1월 8일 「食物謝恩箚字」(동 347~352쪽),
이른바 '晦退辨斥箚'인 3월 15일 「辭職箚字」(동 352~353쪽), 광해군 4년
(1612) 5월 18일 「辭職箚字」(동 355~360쪽), 8월 18일 秘密教旨, 8월 24일
金泉에서 올린 「箚字」(동 360~363쪽)를 읽으며 카드화하였다. '회퇴변척
차'의 경우에는 刊本은 물론 필사본 『疏箚』권3에서도 '臣少事曺植' 이하
의 부분이 모두 '缺'로 처리되어 있었다. 『壤流錄』에 보이는 全文을 『광해
군일기』에 실린 것과 대조해 보니 실록에도 역시 생략된 부분이 있음을
확인할 수 있었다.

한국사상사학회로터도 오늘 4월 월례발표회와 아울러 논문투고에 대
한 안내문이 이메일로 보내져 왔다. 나는 지금 집필을 준비하고 있는
「全恩과 討逆의 논리」를 여기에다 기고할 것도 고려해 보고 있다.

5 (화) 화창한 봄 날씨

광해군 4년 8월 30일 西原(청주)에서 올린 「箚字」(『내암집』364~371
쪽), 9월 12일 東湖에서 올린 「箚字」(소 371~378쪽), 9월 22일 南小門洞에
서 올린 「箚字」(동 378~385쪽), 「未達」차자, 10월 10일 「詣闕」啓, 10월
11일 「箚字」(『내암집』392~402쪽)를 읽고서 카드화하였다.

6 (수) 흐리고 오후에 비

『宣祖實錄』36년 6월 10일, 6월 11일, 6월 12일, 8월 9일 조에 실린
梁弘澍의 「癸卯封事」에 관한 기사들을 읽고서 카드화하였다.

4월 5일자 「慶尙大新聞」743호의 제4면(문화)에 김태완 기자가 쓴 '산

책로에서 만난 사람—산책로에서 〈4월 이야기〉를 만들어 갑니다'라는 제목의 기사가 나와 조규태 교수가 나란히 대나무 숲속을 걷는 뒷모습 사진과 함께 실렸다. 기사 내용은 교수인 내가 학생 두 명과 더불어 대화한 것으로써 이루어져 있는데, 그 중 앞부분은 이렇게 되어 있다.

우리대학은 캠퍼스 내 완만한 경사의 숲길인 '산책로'가 있어 자연을 즐기고 건강을 찾으려는 학우는 물론 교수, 직원들이 자주 찾고 있는 장소가 되고 있다. 개강과 더불어 따뜻한 봄 햇살이 캠퍼스를 찾아온 지금 우리들의 '광합성'을 위해 산책로로 떠나보자.

'산책로에서 만난 사람'

철학과 오이환 교수와 함께 등산로를 오르며 산과 건강 등 여러 이야기를 나눌 수 있었다. 오이환 교수는 도쿄[교토] 유학 시절부터 산책에 취미를 가져 82년 우리대학 부임 후 지금까지 매일 산책로를 오르내리는 '산책 매니아'로 통한다. 또한 그는 점심 식사 후 정확히 12시 15분경에 규칙적인 산책을 한다고 해서 '경상대 칸트'라 불리기도 한다. 오이환 교수가 말하는 산책은 "계절의 변화를 잘 느낄 수 있고, 삼림욕을 함으로써 상쾌함과 기분 전환까지 할 수 있다"며 "하루의 전환점인 시간에 숲속의 사색을 가지면 오후부터 있을 연구나 작업에 능률을 높일 수 있다"고 말한다.

교수님과 산책로를 오르며 다른 등산로에 비해 길이 완만하고 넓게 닦여진 곳이 눈에 띄었다. 지금은 길이 넓은 편이지만 82년 그 때는 오솔길에다 주위에 풀들이 무성해 길이 많이 좁았다고 한다. 사실 알고 보니 산에 송신탑 건설을 하면서 지금의 넓은 길이 만들어지게 된 것이었다.

"산책 중 가끔 만나는 노루, 고라니들 때문에 놀라는 일이 있지만, 더 놀라운 것은 독사가 똬리를 틀고 길 중간에 버티고 있는 경우다"며 "갑자기 출현한 뱀이 무섭기도 하지만 이것도 연이라 생각해 나뭇가지로 툭툭 건드리고 같이 놀다보면 재밌다"고 말하는 모습에서 산책 경력이 긴 만큼 에피소드도 많음을 알 수 있었다.

다양한 나무 종류와 이쯤 되면 산 속 어디에 무슨 꽃이 피는지 알 수 있다고 말하는 오이환 교수의 말에서 이미 자연과 친구가 된 사람의 모습을 느낄 수 있었다.

7 (목) 흐림

『선조실록』39년 1월 22일(신묘) 조의 이덕형과 이항복의 前歷, 40년 5월 13일(을해) 조의 퇴계 문하 세 영수와 그 졸년에 관한 기사를 읽고서 카드화하였다.『壤流錄』중의 광해군 4년 10월 12일 남대문 밖에서 올린 「箚字」(『내암집』402~405쪽), 같은 곳에서 올린 10월 14일(동 405~408쪽), 10월 18일(동 409~412쪽), 10월 20일(동 412~415쪽)자 「箚字」를 읽고서 카드화하였다.

11 (월) 맑음

지난주 교직원식당에서 사범대학 영어교육과의 李道洙 교수와 같은 테이블에 앉아 점심을 들게 되었는데, 당시 이 교수가 자신의 선조로서 『남명집』에 수록된 「李陜川遺愛碑」의 대상 인물인 陜川郡守 李增榮의 비석이 어디에 있는지를 문의해 온 적이 있었다. 그래서 그것이 합천 입구 黃江 다리 가에 있는 야산 기슭의 新羅 竹竹將軍 碑閣에서 涵碧樓로 들어가는 길가에 위치해 있음을 알려준 바 있었다. 그리고 그가 이증영의 방손으로서 德山李氏의 종손임을 조규태 교수로부터 들어서 알고 있으므로, 혹시 족보 가운데서 이증영에 관한 부분의 복사물을 얻을 수 있을지 그리고 그와 관련된 다른 문헌은 없는지 물어본 바 있었다. 오늘 이 교수가 『德山李氏世譜 乙亥譜(1995년)』全6卷 중 1권의 始祖로부터 14世 增榮에 이르는 부분의 복사물과 이 집안의 名人들에 관한 기록을 모았고 이증영에 관한 『조선왕조실록』의 기사들도 포함된 『德山李氏崇慕錄』(1985, 덕산이씨숭모록발간협의회) 한 책을 보내주었다.

12 (화) 맑음

어제 이도수 교수로부터 받은 『德山李氏大同譜』의 복사물과 『德山李氏

崇慕錄』의 내용을 검토해 보았다. 후자의 첫머리에는「序文」다음에 네 사람의「讚辭」가 수록되어져 있는데, 그 중 세 번째는 이 교수의 것이었다. 오늘 前者를 살펴보았더니, 李增榮의 증조부 5형제 중 둘째와 셋째 부분은 두 장이 복사되어져 있는 반면, 넷째와 그의 직계인 다섯째는 빠져 있는지라, 다시 이 교수에게 연락했더니 족보 권1의 1면에서 5면까지를 새로 복사해 주었다.

그렇게 하여 확인한 바인데, 李增榮에게는 아들이 없고 딸만 둘이 있었고, 그 중 큰딸이 光州人 盧克愼에게 시집가서 낳은 2남3녀 중 장녀가 영의정을 지낸 저명한 인물인 靑松人 一松 沈喜壽의 부인이 되었으므로, 이증영은 심희수의 처 외조부에 해당함을 알 수 있었다.

李 교수는 그 사이 문중에 연락하여 문중 대표들이 합천으로 와서 내가 일러준 함벽루 입구의 남명이 지은「李陜川遺愛碑」의 존재를 확인하였고, 진주에도 다녀갔다고 한다. 그 비석의 글씨를 쓴 사람은 당대의 명필로서 이름이 높은 황기로인데, 황기로는 또한 조규태 교수의 선조인 진주 문산에 있는 조윤손 신도비의 글씨도 썼으므로, 조규태 교수는 조만간 이도수 교수와 더불어 합천으로 가서 그 비문을 탁본해 올 계획이라고 한다.

13 (수) 맑음
『南冥院報』제4호(1996년 11월 20일) 10쪽에서 13쪽까지에 걸쳐 수록된 鄭羽洛 씨의 연재물 '남명문학의 현장 답사기 3'「李令公遺愛碑, 스승이 생각한 참된 官人像」을 두 부 복사하여 구자익 군을 시켜 영어교육과의 이도수 교수와 국어교육과의 조규태 교수에게 각각 한 부씩 전하도록 했다. 점심 때 조규태 교수와 둘이서 산책을 하면서, 조 교수가 이번 일요일쯤에 이 교수와 더불어 그 비석을 탁본하러 가거든 내가 보관할 것도 한 부 부탁한다고 말해 두었다.

14 (목) 맑음

점심 때 교직원식당에서 이도수 교수와 같은 테이블에 앉아 식사를 하던 중에『德山李氏世譜』의 李增榮 조에 남명이 그를 위해 쓴 비문에 원래 一二樂亭 앞에 세워져 있었다는 기록이 있다는 말을 들었다. 연구실에서 고종 연간의 필사본을 저본으로 하여 1963년『慶尙南道誌』의 부록으로서 간행된『慶尙南道輿地集成』속의 「陜川郡邑誌」와 1937년에 鉛活字로 간행된『嶠南誌』의 합천군 부분을 검토해 보았는데, 그 비석은 다른 곳에 있던 것을 현재 위치로 옮겨 온 것이 아니라 원래부터 그 자리에 있었음을 확인하였다. 집에 돌아와서『덕산이씨세보』중의 해당 부분을 찾아보았더니, '一二樂亭'이라 함은 '公在陜川時, 治平第一, 二樂亭周怡送別詩曰' 부분을 잘못 읽은 것이었다.

17 (일) 맑음

산벗회의 낙남정맥 구간 종주에 참가하여 오곡재-발산재-담티재 구간을 다녀왔다.

발산재를 지나 다시 능선에 오르기 위해 혼자서 산악회의 리본을 따라 올라가다가 길을 잃었다. 가시가 있는 나무 가운데를 헤매다가 이럭저럭 시멘트 포장된 길로 나섰다. 그 길이 끝나는 지점에서 꽤 넓은 면적을 차지한 옛 무덤들이 나타났는데, 長興高氏의 선산이었다. 그 중 가장 높은 곳에 위치한 무덤은 명종·선조 연간의 인물인 隼峰 高從厚 (1554~1593)의 것이었다. 그는 의병장 高敬命의 아들로서 光州에서 태어나 문과에 급제하고서 臨陂縣令 등의 벼슬을 역임한 문신인데, 임진왜란에 그의 부친과 아우가 錦山에서 전사하자 이듬해에 400여 명의 의병을 규합하여 復讐義兵軍을 조직하고서 진주성에 들어가 계사년의 2차 전투에서 진주성이 함락될 때 金千鎰·崔慶會와 함께 남강에 투신 순절하여 '三壯士'의 한 사람으로 일컬어지는 사람이다. 그의 무덤을 여기서 만난 것은 참으로 뜻밖이었다. 죽은 후 이조판서에 추증되고 孝烈이라는 시호를 받았다.

21 (목) 맑으나 황사 현상

『壤流錄』이란 표제가 붙은 정인홍의 疏箚 壬子(1612, 광해군 4년) 10월 24일(『來庵集』 415~418쪽)과 10월 25일(소 418~419쪽)의 우의정 사직 箚子를 읽었다.

22 (금) 맑음

오전 9시 30분 무렵에 남명학관 남명홀로 가서 오늘 개최되는 남명학연구소의 2005년도 제1차 국제학술대회 발표논문집인『后山 許愈의 學問과 思想』을 한 부 얻어왔다.

25 (월) 맑음

지난 금요일에 있었던 남명학연구소의 국제학술대회 발표논문집『후산 허유의 학문과 사상』에 실린 논문들을 「남명학관계기간문헌목록」에다 추가하였다.

26 (화) 맑음

『후산 허유의 학문과 사상』에 실린 본교 한문학과 H 교수의 글 「후산가문의 형성과 그 학풍」 및 같은 학과 이상필 교수의 논문 「후산 허유의 남명학 계승과 그 의의」를 읽어보았다. 4대째 남명학연구소장을 연임하고 있는 H 교수는 근년에 같은 金海許氏 문중으로서 당시 三嘉縣에 속했고 지금은 陜川郡 嘉會面의 소재지인 德村里에 살았던 구한말의 寒洲 李震相 문인인 유학자 許愈의『后山集』을 번역 출판한 바 있었고, 이제 다시 그 집안의 지원을 받아 후산에 관한 국제학술대회를 개최하게 된 것이다. 이 행사에 발표자나 사회자 또는 토론자로서 참여한 사람들은 H 교수 및 본교 한문학과 교수들 대부분이 대학원 석사과정을 마친 한국학중앙연구원(구 한국정신문화연구원)의 전·현직 전임교수(한형조·정순우·이종묵·권오영)이거나 그가 박사학위를 취득한 성균관대학교(송재소·이학당) 또는 본교 한문학과(황의열·H·이상필·최석기·윤호진)나 타 대학 한문학과 교수가 대부분이다.

28 (목) 맑음
『后山 許愈의 학문과 사상』에 대한 검토를 마쳤고, 오후에는 필사본 來庵 疏箚 중 광해군 4년(1612, 壬子) 부분을 마저 읽고서 카드화하였다.

29 (금) 맑음
어제에 이어 來庵 疏箚 광해군 4년(1613, 癸丑) 부분을 읽으며 카드화하였다.

30 (토) 맑음
來庵 疏箚 광해군 시기 癸亥獄事와 관련된 부분들의 카드화를 마치고서, 다시 선조 26년(1593, 癸巳) 9월 20일의 「義兵大將時辭職封事」(『내암집』 62~85쪽)의 카드화를 시작했다. 여러 책으로 된 필사본 내암 소차에는 『내암집』에 보이는 箚子들이 모두 갖추어져 있지 않을 뿐 아니라, 개중에는 서로 중복되거나 누락된 부분도 많으므로, 그것들을 서로 대조해 가면서 면밀하게 읽고 카드화하여 순서에 따라 새로 정리해 둘 필요가 있는 것이다.

5월

6 (금) 흐리고 때때로 부슬비
퇴근 무렵에 필사본 來庵 疏箚 중 「癸巳年九月二十日義兵大將時辭職封事」를 마저 읽었다.

7 (토) 흐리고 꽤 서늘함
어제에 이어 필사본 來庵 疏箚 가운데서 기왕에 참조한 책들에서는 누락된 것 중 선조 시기 부분을 읽고서 카드화하였다. 오늘 읽은 것은 「甲午年二月初九日授尙州牧使辭職封事」(1594, 선조 27년, 『내암집』85~102쪽), 「戊戌年三月十三日呈天使徐給事前辨誣書」(1598, 선조 31년, 『내암집』권11 書, 497~504쪽), 「壬寅二月十一日特徵大司憲御題敎書」(1602, 선조 35년, 『내암집』권14 附錄, 659~660쪽), 「壬寅閏二月二十一日大司憲肅拜後避嫌啓辭」(『내암집』103~105쪽), 「戊申正月初八日參判時請斬領議政柳永慶封事」(『1608, 선조 40년, 『내암집』118~199쪽)였다. 내가 과거에 陜川郡 伽倻面 黃山里에 거주하는 내암 후손 鄭相元 씨 댁에서 빌려와 복사 제본해 둔 내암 소차 필사본은 모두 8책인데, 개중에 3책은 주로 선조 시기의 것이고 4책은 주로 광해군 시기의 것이며, 나머지 1책은 양쪽에 모두 걸친 것이다. 이것들은 모두 『내암집』을 출판하기 전 단계의 것으로서 원문에 대한 변경이 가해지지 않았는데, 개중에는 출판을 위해 교정한 표시나 칼로 도려내어 삭제한 부분들도 있다. 책들 가운데 서로 중복되는 내용이 많고, 광해군 시기 뒷부분의 것은 남아 있지 않았다.

9 (월) 흐림

내암 소차 중 선조 시기의 누락된 것들에 대한 카드화를 마치고서 광해군 시기로 다시 들어가 「戊申三月十六日辭漢城府判尹疏」(1609, 광해군 즉위년, 『내암집』201~209쪽)를 읽었다.

12 (목) 맑음

퇴근 후 김경수 군 및 박물관의 유창환 학예사와 더불어 가호동에 있는 대도해물탕이라는 음식점으로 가서 해물탕을 안주로 동동주를 마셨다. 얼마 후 사재명 군도 와서 합석하였다. 거기를 나온 후 다시 택시를 타고서 지난번에 나의 인도로 넷이서 함께 간 적이 있는 서부시장 안의 서부불고기로 가서 대창을 안주로 소주를 마셨다. 그 다음은 관례에 따라 내가 좋아하는 생맥주로 마지막 입가심을 하기 위해 적당한 집을 찾아서 거기서부터 한참을 걸어 진주성 부근까지 갔다가 건널목에 있는 허름한 호프집에 들어가 3차를 하였다.

술자리에서 사단법인 남명학연구원의 상임연구위원으로 있는 사재명 군에게 들었는데, 창립 이래로 꽤 오랜 기간 동안 나와 김경수 사무국장이 사실상 이끌어갔던 이 연구원은 우리 둘이 사임한 이후 영산대학교에 근무하다가 최근에 모교인 경북대학교로 옮겨간 鄭羽洛 교수가 실질적인 중심 역할을 하고 있다 한다. 그의 발의에 의해 기관지인 『남명학연구논총』은 한국학술진흥재단의 등재(후보)지로 선정되지 못했다 하여 폐간해 버렸고, 소식지인 『남명원보』도 『선비문화』로 이름을 바꾸고 체제를 크게 고쳤는데, 수년 동안 이렇다 할 연구 성과는 없었다. 내가 중심이 되어 추진하던 『國譯 南冥全書』의 계획도 취소되고, 그 대신 내가 발견한 『孤臺日錄』의 번역작업이 기획되었다. 그로부터 이미 여러 해가 지났으므로, 번역 작업이 어느 정도 진척되었는지를 물었더니, 조옥환 부이사장의 예산 지원에 의해 사실상 번역 작업은 이미 끝났으나, 이 과제를 다시 학진의 3년 과제로 신청하기 위해 출판을 보류해 두고 있다는 것이었다. 원장이나 이사장을 비롯하여 상임연구의원들도 대부분 돈 때문에 모여 있는 단체이니만치, 연구원의 생명은 이미 끝났다고 해도 과언은 아닐 것이다.

17 (화) 맑았다가 오후에 흐리고 퇴근 무렵부터 비바람

간밤에 이상래 군으로부터 스승의 날을 기념하는 내용의 이메일이 도착하였으므로, 오늘 출근 직후에 읽고서 답장을 보냈다. 이 군 내외는 창원에 거주하며 둘 다 고교 교사로서 재직하고 있는데, 그는 올해 고3 담임을 맡아 매일 오전 6시 30분에 집을 나서 밤 10시에 귀가한다고 한다. "정병표 목사님이 박사과정에 들어오셨다는 소식을 들었습니다. 그분과 함께 선생님 자택에서 공부하던 그 시절이 너무 고맙고 소탈하고 즐거웠습니다. 동료에게 이야기하면 다들 눈빛이 달라집니다. 요즘 세상에 그런 교수님이 있냐고……"라는 구절이 있었다. 오늘 수업에서 발표를 맡은 정 목사에게 이상래 군의 메일 이야기를 했더니, 근자에 그가 자기

교회에 들렀으나 만나지 못하고서 돌아갔다는 것이었다.

18 (수) 오전까지 흐리다가 개임

미국으로 떠나기 전에 본교의 금년도 분 교수연구활성화보조금을 신청하기 위해서는 금년 1월에 간행된 논문 「남명의 생애에 관한 약간의 문제」 외에 내가 제8장을 집필한 『한국유학사상대계』 제1권 철학사상편이 늦어도 6월 말까지는 출판되어야 할 터이다. 그러나 작년 연말 이전까지 간행될 예정이었던 이 책이 차일피일 지금까지도 소식이 없으므로, 오늘 한국국학진흥원의 실무책임자인 김종석 박사에게 전화를 걸어 언제쯤 책이 입수될 수 있는지를 문의해 보았다. 그의 설명에 의하면 공동집필자 중 한 사람의 원고가 어제서야 마지막으로 도착되었으므로 최종 편집 제작과 출판에 한 달 정도 걸리는 점을 감안한다면 6월 말까지는 간행될 수 있으리라는 것이었다.

21 (토) 맑음

광해군 시기의 누락된 來庵 疏箚들을 계속 읽어, 광해군 즉위년인 戊申 3월 18일부터 6월 24일 분까지를 카드화하였다.

24 (목) 맑음

1교시 대학원 수업에 들어가 보았더니, 수강생 세 명이 이번 학기에는 한 번도 함께 밖으로 나간 적이 없었다면서, 수업은 다음 주로 미루고 오늘은 밖으로 나가 보자는 것이었다. 정병표 목사를 포함한 네 명이 조덕제 씨의 차에 동승하여 먼저 다솔사에 들렀다. 절을 둘러본 후, 곤양읍으로 가서 구 도로를 경유하여 사천읍으로 이동한 후 구암 2리에 있는 백산가든에 이르렀다. 옻닭으로 점심을 들며 산사춘 한 병을 비웠다.

12시 반 쯤에 그 식당을 나와 근처에 있는 龜巖 李楨을 主壁으로 하는 龜溪書院에 들렀다가 학교로 돌아왔다.

26 (목) 맑음

내암 소차 중 광해기의 누락된 것들을 계속해서 읽고 카드화하였다.
광해군 즉위년(1608, 戊申) 「六月二十四日大司憲時辭職箚字」(『來庵集』 226~
232쪽)에서부터 「七月二十四日辭二相下直箚字」(소 249~263쪽)까지를 마
쳤다.

27 (금) 맑음

내암 소차의 카드화를 계속하여 「戊申十二月二十九日辭食物疏」(『내암
집』 289~294쪽)까지 나아갔다.

28 (토) 맑음

서재에서 필사본 내암 소차의 카드화 작업을 계속하여 「己酉[광해군
1년, 1609]十月十四日辭職箚字」(『來庵集』 313~325쪽)까지 나아갔다.

6월

2 (목) 아침까지 비 온 후 흐림

「庚戌[1610, 광해군 2년]二月初十日辭職箚字」를 끝으로, 필사본 내암
차자의 카드화를 모두 마쳤다. 이어서 필사본에 없고 간행된 『來庵集』
에만 수록된 차자들에 대한 카드화를 시작하여, 甲寅(1614, 광해군 6년)
2월 10일의 「辭職疏」로부터 丙辰年(1616, 광해군 8년)의 「再箚」에까지
이르렀다.

3 (금) 오전 중 흐렸다가 개임

필사본 내암 소차에는 없고, 1911년에 간행된 『내암집』에만 실려 있
는 箚子들에 대한 카드화를 마쳤다. 이 부분은 매우 소략할 뿐 아니라
서로 중복되는 내용과 연대 배열이 잘못된 것들도 있으므로, 『내암집』을

간행할 당시 이 문집의 대부분을 이루는 소차 부분의 저본이 된 것은 바로 내가 입수한 필사본들이었음을 확인하였다. 이어서 『내암집』 권1의 詩들을 모두 읽어보았고, 권2에서 권10까지에 걸친 封事·疏·箚 부분을 필사본을 통해 이미 카드화해 둔 것과 면밀히 비교하여 빠진 것이 없음을 확인하였다.

오후 2시 경에 남명학관 101강의실에서 개최된 2005년도 남명학연구소 학술대회 「『稗林』의 資料的 意義와 價値」에 참석하여, 명지대 국어국문학과 安大會 교수의 첫 번째 주제발표 「『稗林』과 조선 후기 野史叢書의 발달」을 잠시 듣다가 연구실로 돌아와 발표논문집의 내용을 대충 훑어보았다. 본교 남명학연구소에서는 한국학술진흥재단의 지원을 받아 지난번 『大東韻府群玉』의 번역 간행에 이어 2004년 10월부터는 고종 무렵에 이루어진 것으로 추정되는 조선 후기의 대표적인 야사총서 『패림』의 번역을 진행해 오고 있다. 1년에 5책씩 3년간 15책을 번역하는 일인데, 이번 발표대회는 올해 1년차 사업의 중간발표로서 『패림』에 대한 종합적인 검토를 하는 셈이다. 『대동운부군옥』의 경우에는 본교 한문학과 교수들이 번역을 도맡았었는데, 이번의 경우에는 한문학과 대학원생 및 외부에 용역을 주고서 한문학과 교수들은 마지막 교감 정도의 역할을 맡는 모양이다.

李志軍 著 『西學東漸與明清實學』(成都, 巴蜀書社, 2004, 儒道釋博士論文叢書)이 택배로 도착하였다. 李志軍 씨(1961년생)는 中國人民大學 葛榮晋 교수의 제자로서, 우리 가족이 동서인 황 서방네 가족과 함께 중국 여행을 갔을 때 北京의 호텔로 우리를 찾아왔었고, 다음날 아침 葛 교수 부인과 더불어 우리를 인도하여 清華大學으로 함께 갔던 사람이다.

4 (토) 흐림

『내암집』 권11 '書'에 대한 카드화를 마쳤다. 내암이 永昌大君의 按律과 仁穆大妃의 廢黜에 대해 반대하는 입장이었음을 확인할 수가 있었다.

9 (목) 맑음

학부의 중국철학특강을 종강하였다. 이로써 이번 학기 가상강의를 제외한 교실 수업은 모두 마친 셈이다. 「刺孟篇」을 마저 읽은 다음, 그 이후의 편들은 『論衡注釋』의 각 편 첫머리에 실린 해설을 통해 대체적인 내용만을 파악하기로 하고, 그런 방식으로 「感類篇」까지 나아갔다.

오후 4시부터 인문대학 교수회의실에서 인문대학 교수회 및 교수친목회의 금년도 제2차 회의가 있었다. 교수회에서는 인문대학 성과급연구보조비 지급규정 개정 문제가 주된 안건이었다. 그러나 이번에 학장 측이 마련해 온 성과급 지급기준안은 "교원 개인별 교육·연구 및 봉사활동 등의 실적에 따라 직급별로 3등급(A: 15%, B: 70%, C: 15%)으로 구분하고 액수는 A(110%) B(100%) C(90%)로 차등 지급"하는 것으로 되어, 사실상 종전과 별로 다름이 없도록 되어 있다. 연구 활동의 심사기준안도 평론 및 해제에 대해 사실상 논문과 동등한 인정점수를 배정하는가 하면, 공동저서인 단행본의 경우 배점이 너무 낮게 책정되어 있는 등 문제점이 적지 않았다. 예컨대 내가 『한국유학사상대계』에 기고한 원고지 250매 이상 분량의 제8장 남명 및 남명학파에 관한 글의 경우에는 사실상 논문보다도 더 많은 노력이 들었음에도 불구하고 오히려 4인 이상의 공저로 간주되어 중앙지에 발표한 평론 및 해제 한 편이 30점임에 비해 12점 밖에 받지 못하도록 되어 있었다. 그러나 이런 문제 등에 대해 축조 심의하자는 의견을 지닌 사람은 매우 적어서, 결국은 수정 없이 원안대로 통과되었다.

10 (금) 많은 비

본교 홈페이지의 '정보 광장'에 올려 진 공문 중에 파견 및 국외여행을 계획하는 교원은 예정일(파견: 40일) 전까지 계획서를 제출하여 승인받으라는 내용의 것이 있었다. 조교를 통해 알아보니 나처럼 연구년을 외국에서 보내는 경우에도 출국 40일 전까지 다시금 계획서를 제출해야 한다는 것이었으므로, 조교에게 말하여 예전에 연구년을 신청할 때 제출했었던 계획서에 약간 수정을 가하여 해당되는 날에 제출하도록 당부해 두었다. 연구 주제에 대해서는 처음 신청할 때「全恩과 討逆의 논리—鄭仁弘과 鄭逑—」로 되어 있었는데, 그 중 부제인 '정인홍과 정구' 부분은 삭제하였다. 지금으로서는 정인홍을 중심으로 다루려고 생각하고 있기 때문이다.

11 (토) 맑음

노트북 컴퓨터에다 전자판 CD『조선왕조실록』의 실행 파일을 설치하고서, 예전에 내암 후손 정기철 씨로부터 받아 둔『조선왕조실록—내암 정인홍선생 관련 사료, 선조6년(1572)~현종13년(1671)—』상·하권에 수록된 내암 관계 실록 기사를 CD 제2판에 수록된 같은 범위의 것과 대조해 가며 카드화하였다. 나는 이 책을 예전에 이미 한 번 이상 읽은 적이 있었다. 혹시 고의적으로 누락시킨 부분이 있지 않나 싶어 CD의 검색 기능을 통하여 출력하여 책으로 만든 것과 일일이 대조해가며 광해군 7년까지에 이르렀다. 몇 군데 누락된 곳이 있기는 하였으나 고의적으로 그렇게 한 것으로는 보이지 않았다.

13 (월) 맑음

『조선왕조실록』CD 중『선조실록』과『광해군일기』의 정인홍 관계 기사를 정기철씨가 출력하여 제본해 둔 것과 대조해 보는 작업을 마쳤다. 그 외에도 내 연구 주제와 관련되는 내용들을 CD의 색인 기능을 이용해 검색하여 카드화해 두었다.『來庵集』507쪽(권11, 書)에 실린「答都堂」은『광해군일기』9년 11월 24일(을묘) 조에 실린 인목대비의 폐비 문제에 관한 좌의정 정인홍의 의견을 고의로 왜곡한 것으로서, 실은 의정부에 보낸 것이 아니고 이이첨에게 보낸 글임을 확인하였다.

14 (화) 맑음

집의 서재에 있는『光海君日記』鼎足山本을 학교로 가져가서 국역판

CD와 대조해 가며 카드화 작업을 계속하였다.

15 (수) 흐림

『光海君日記』의 카드화를 계속하였다.

16 (목) 맑음

『燃藜室記述』「廢主光海君故事本末」을 읽으며 카드화하였다.

17 (금) 맑음

『광해군일기』의 카드화 작업을 계속하였다.

18 (토) 맑음

어제 사단법인 남명학연구원으로부터 아마도 30책 한 묶음으로 우송되어져 온『선비문화』제6호(2005·여름)를 조교에게 주어, 전례에 따라 인문대학의 각 학과와 교수휴게실, 인문학부 교수들 및 사범대학의 윤리교육과 손병욱 교수에 추가하여 국어교육과의 조규태, 영어교육과의 이도수 교수, 그리고 일반대학원 동양철학전공의 학생들에게도 각각 한 부씩 배부하게 했다. 나 자신은 오전 중에 그 책의 내용을 대략 훑어보았다.

20 (월) 맑음

연구년 기간 중에 작성할 다음 논문으로서 예정하고 있는「선조 시기의 정인홍」및「全恩과 討逆의 논리」작성을 위해 선조·광해군대의 정인홍 및 남명학파 관계의 독서 카드들을 찾아내어 따로 모아두었다. 그렇게 한 다음『來庵集』중의 아직 읽지 못한 부분들을 읽어나가기 시작했다.

21 (화) 맑음

『내암집』권12, 13을 읽으며 카드화하는 작업을 계속하였다.

22 (수) 맑음

『내암집』 권15 부록까지의 카드화를 마쳤다.

23 (목) 맑음

아세아문화사가 출판한 『내암집』에 하권으로 첨부된 자료들 가운데서 「登對草」 말미의 임자년 부분을 『광해군일기』 鼎足山本 및 번역본 CD 『조선왕조실록』의 광해군 4년(임자) 9월 29일 부분과 대조하여 읽으며 카드화하였다. 「등대초」는 정인홍이 상경하여 광해군과 직접 면담한 내용을 기록한 것인데, 실록의 기록과 표현상에 다소 차이가 있을 뿐 아니라 실록에 보이지 않는 내용이 수록되어져 있기도 하다. 번역본 『광해군일기』는 정족산본과 그 中草인 太白山本을 합친 것인데, 오역도 종종 눈에 띤다.

미국에 가져 갈 자료의 양을 최대한으로 줄이기 위해 인터넷으로 본교 남명학관 내의 한적도서관인 文泉閣 측이 한국학술진흥재단의 지원을 받아 구축한 남명학 관계 자료 원문제공 프로그램에 접속해 보았다. 다른 기관에서 이미 작업해 둔 자료에 대해서는 별도로 구축하지 않고서 제목을 클릭하면 그러한 기관으로 바로 접속되도록 해 두었는데, 국립중앙도서관으로 연결된 자료 가운데에는 후자의 전자도서관 검색창에 그런 자료가 아예 나타나지 않는 경우도 있었고, 자료가 있더라도 저작권 보호 관계로 내 컴퓨터로써는 접속이 되지 않았다.

24 (금) 맑음

어제에 이어 「登對草」 가운데서 광해군 7년(1615, 乙卯) 10월 1일에 광해군이 세자를 대동하여 좌의정 정인홍을 인견해 대화한 내용과 같은 해 10월 15일에 인견한 내용을 읽으며 카드화하였다. 이러한 내용들은 『광해군일기』에 모두 누락되었고, 전자의 경우는 인견한 사실만 기록하고서 대담 내용은 남기지 않았다. 그 주된 내용은 討逆의 政局과 궁궐 건축 및 민생 문제에 관한 것으로서, 인조반정을 일으킨 서인 및 그에 동조한 남인 측에 불리한 것이기 때문에 고의로 실록에서 누락시킨 것인 듯했다.

25 (토) 맑음

종일 집의 서재에서 「登對草」 광해군 7년 10월 15일 및 11월 13일 부분을 읽으며 카드화하였다.

26 (일) 오전 중 비 오고 오후는 흐림

종일 서재에서 논문 준비를 하였다. 광해군 7년 11월 16일의 왕세자 會講禮 부분을 끝으로 「登對草」의 카드화를 마쳤다. 이어서 내암의 방계 후손으로서 그 조부 이래로 3대에 걸쳐 노력하여 마침내 내암의 신원 사업을 이룬 鄭濟龍이 종손 鄭海榮의 위촉을 받아 1910년에 완성한 「來庵 鄭先生家狀」을 읽으며 카드화하기 시작하여, 광해군 즉위년의 臨海君 역모 사건을 둘러싼 全恩과 討逆의 대립된 주장에 관한 부분까지 나아갔다.

27 (월) 흐리고 때때로 부슬비

「來庵鄭先生家狀」의 카드화를 계속하여 광해군 5년(1613)의 癸丑獄事 부분까지 나아갔다.

28 (화) 부슬비

「來庵家狀」의 카드화를 마쳤고, 아울러 『한국인물대사전』(한국정신문화연구원, 1999초판)으로부터 내 논문에서 다루어질 주요 인물들의 인적 사항을 조사하여 카드화하였다.

29 (수) 오전 중 흐렸다가 개임

한국정신문화연구원(현재의 한국학중앙연구원)이 간행한 『한국인물대사전』과 『한국민족문화대백과사전』을 통하여 광해군 시기의 인물과 사건들에 관한 카드화를 좀 더 진행하였다. 『來庵集』 하권에 수록된 고종 원년(1864) 종손인 鄭基德의 명의로 조정에 내암의 신원을 위해 올린 최초의 原情을 읽은 다음, 정기룡이 『광해군일기』를 비롯한 여러 문헌들 가운데서 정인홍 관계 내용을 발췌하여 편찬했다고 하는 『史本通記』의 카드화를 시작하여 癸丑獄事 부분까지 나아갔다.

7월

5 (화) 부슬비

국학진흥원의 김종석 씨에게 전화하여 내 논문이 실린 『한국유학사상대계』철학사상편이 그가 지난번에 말한 6월 말까지 출판되지 못했을 뿐만 아니라 내가 출국하는 7월 말까지도 출판 전망이 불분명함을 확인하였다. 출국 전에 본교의 교수연구활성화보조금 금년도 분을 신청해 두기 위해 게재증명서를 이 주 안으로 우송해 보내주도록 부탁했다.

6 (수) 맑음

한국동양철학회 편집간사인 서울대 철학과 후배 장원태 군으로부터 논문심사를 의뢰하는 휴대폰 연락을 받았다. 어제도 한국학술진흥재단으로부터 복수의 연구과제 심사를 의뢰하는 전화 연락을 받고서 사절한 바 있었는데, 후배가 서울대 철학과 정원재 교수의 의견에 따라 내게 위촉한다는 것을 야박하게 사절하기는 어려웠다. 연구실로 돌아와 이메일로 보내져 온 논문을 열어보았더니 「'禘' 해석의 근거 읽기」라는 제목의 중국 예학에 관한 주제였고, 그 각주 65번에 1984년 한국철학회의 기관지 『철학』제21권에 실린 내 논문 「漢代 郊祀의 연혁—鄭玄 注에 이르는 과정—」이 인용되어져 있었다.

8 (금) 흐렸다가 오후에 부슬비

한국국학진흥원으로부터 우송되어져 온 원고게재증명서를 첨부하여 본교의 2005학년도 2분기 교수연구활성화보조금 지급신청서를 작성하여 제출했다.

한국동양철학회로부터 보내져 온 심사의뢰논문에 대한 검토를 마치고서 오전 10시 59분에 심사결과서를 이메일로 발송하였다. 오후에 장원태 편집간사로부터 잘 받았다는 연락이 와 있는 것을 보았다.

내가 부재중이었던 어제 남명학연구원의 상임연구위원이자 권정호 이사장의 친동생인 대진대학교 철학과 권인호 교수로부터 전화가 걸려 왔었다면서, 조교가 메모를 전해주었다. 남명학 연구 책자를 제작할 예정인데, 나의 대표논문이 필요하다면서 연락할 전화번호를 남겨두었다. 그 휴대폰 번호로 전화를 걸어보았더니, 금년 8월말 경에 남명학 연구 시리즈의 제1집으로서 남명에 관한 단행본을 간행할 예정인데, 김충렬 원장이 철학 분야에서는 원장 자신과 나의 논문을 싣는 것이 좋겠다고 하니 기왕에 발표한 나의 남명 사상 관계 논문 가운데서 대표적인 것을 하나 골라 보내달라는 것이었다. 오전 11시 21분에 국학진흥원의 『한국유학사상대계』 철학사상편 제8장에 실릴 「남명 조식의 사상과 남명학파의 좌절」을 그의 이메일 주소로 발송하였다.

이 시리즈는 제1집이 남명 조식, 제2집이 덕계 오건과 수우당 최영경, 제3집이 내암 정인홍에 관한 것으로 될 예정이다. 나의 연구년 기간 중의 주된 연구 주제 역시 내암에 관한 것이므로, 현재 예정하고 있는 두 편의 논문을 내년 가을 쯤 출간될 예정인 제3집에다 실을 가능성에 대해서도 운을 띄워보았다. 이미 상임연구위원회에서 연구계획서를 심의하여 위촉할 논문들을 선정해 놓았으므로, 그로서는 나의 의사에 대해 이렇다 할 책임 있는 응답을 해 줄 수 있는 입장이 아닌 것이다.

11 (월) 종일 비

교내 연구지원과로부터 전화가 걸려와, 연구활성화보조금의 경우 개재증명서는 연말에 한 번만 접수하고 분기별로는 안 받는다고 하므로, 조교에게 일러 이번 여름방학 중에 한국국학진흥원의 『한국유학사상대계』철학사상편과 남명학연구원의 남명사상 관계 단행본이 간행되면, 내가 출국한 이후라도 그것들에 실린 내 연구실적물을 가지고서 대신 신청해 주도록 당부해 두었다.

12 (화) 대체로 맑음
중국 여행 이래 한동안 중단해 두었던『來庵集 下』所收『史本通記』의 카드화를 계속하였다.

13 (수) 맑음
어제에 이어『사본통기』의 카드화를 계속하여 광해군 6년(1614, 甲寅) 11월 條까지 나아갔다. 남명학연구원의 기관지『남명학연구』제19집 (2005.6)이 배부되어져 왔으므로, 그 내용을 훑어보고서 거기에 실린 글들을「南冥學關係旣刊文獻目錄」에다 추가하였다.

14 (목) 맑음
『史本通記』의 카드화를 계속하여 광해군 9년(1617, 丁巳) 廢母論의 대두 부분까지 나아갔다.

22 (금) 맑음
오전 9시 무렵에 집을 나서 1박 2일의 일정으로 전주대학교 교수연구동 8층 대강당에서 개최되는 한국동양철학회 2005년 제47차 하계학술발표대회에 참석차 떠났다.

28 (목) 한국은 곳에 따라 폭우, 미국은 맑음
새벽 4시 30분경에 큰처남 황광이가 우리 집 앞으로 와서 전화를 걸어 주었다. 간밤에 약간의 비가 내린 모양인지 차에 빗물 흔적이 있었다. 승용차 트렁크와 뒷좌석의 일부에 한 사람 당 두 개씩의 큰 짐을 싣고 수화물로서 기내에 들고 들어갈 가방과 배낭들도 차 안으로 가지고 오니 뒷자리에는 회옥이와 아내가 간신히 앉을 만한 자리를 마련할 수가 있었다.

미국에 도착한 후 입국 수속 및 짐 찾는데 또 상당한 시간이 소요되어 출구로 나와 보니 작은누나와 두리가 영접을 나와 있었고, 내 스폰서인 데이비드 슈와이카트 교수는 공항까지 마중 나왔다가 나의 누이 두 사람을 만나보고서는 오후 1시에 다른 약속이 있어 먼저 돌아갔다. 다음 주 월요일에 로욜라대학 근처에서 만나기로 약속을 정했다고 한다. 두리의 남편 마이크(마이클 V. 모니터 교수)는 주차비를 아끼기 위해 공항 주위를 여러 차례 돌면서 시간을 보내다가 마침내 우리 일행과 만나 우리 짐을 자기 차에 싣고서 두리와 함께 먼저 공항으로부터 멀지 않은 거리인 블루밍데일에 있는 작은누나 댁으로 갔고, 우리 가족은 자형이 생전에 새로 구입한 배기량이 큰 고급 링컨 승용차를 타고서 갔다.

9월

20 (화) 맑음

캐나다 로키 여행 기간 동안의 밀린 이메일과 신문들을 점검했다.

9월 16일자로 카본데일 시에 있는 南일리노이대학교 철학과의 트레비스 스미드 씨가 이 대학에서 내년 3월 31일 저녁부터 4월 2일 오후까지에 걸쳐 개최될 제3차 동아시아 사상 연례 중서부 학술회의에 관한 안내 이메일을 로욜라대학교 철학과로 보내왔는데, 로욜라대학 철학과 비서인 케리 하만드가 이를 학과 소속 교수 등에게 전달한 것을 데이비드가 16일에 다시 내게로 전달해 왔다.

27 (화) 맑음

철학과 조교에게 이메일을 보내어 한국국학진흥원과 남명학연구원에서 출판할 책들에 실릴 내 연구실적물들이 입수되었는지 물어보았다.

28 (수) 흐리고 오후부터 때때로 부슬비

경상대 철학과 조교 최정임 양으로부터 어제 보낸 내 이메일에 대한 회신이 왔다. 한국국학진흥원과 사단법인 남명학연구원에서 간행하기로 되어 있는 책들은 아직 출판되지 않았으며, 전자에 대해 나의 급한 사정을 설명하였더니 담당자와 이야기하여 가본이라도 찍어야 하겠다고 말하더라는 것이었다. 그러나 나는 연말까지 연구실적물을 제출하면 되므로 그렇게 서둘 필요가 없으니 가본은 찍지 말도록 전하라고 다시 당부해 두었다.

10월

8 (토) 흐리고 추움

진주시 상대동에 사는 謙齋 河弘度의 10대손으로서 태백철강 대표라고 하는 하창선 씨가 내게로 이메일을 보내왔다. 宗川書院 院變과 당시 愧窩 河大觀의 역할에 대해 알고 싶어 학교로 찾아갔으나 출장 중이라 하므로 이메일로써 문의한다는 내용이었다. 내 논문 「18세기의 강우학파—종천서원 원변 문제를 중심으로—」의 장편과 단편 파일을 첨부해 보내면서, 하홍도와 하대관에 대해서는 나의 다른 논문들에서도 여기저기서 언급한 바 있으니, 그것들을 두루 참조하려면 『남명학파연구』를 구입해 보라는 조언을 덧붙였다.

14 (금) 화창한 봄 날씨

경상대 철학과 조교 최정임 양이 학과의 홍보 리플릿 제작에 쓰기 위해 내 최근 사진과 연구업적에 대한 자료를 요청해 왔다. 사진으로는 예문서원에서 『동아시아의 사상』을 출판할 때 스캔으로 떠서 만들어둔 스냅 한 장을 첨부해 보냈고, 연구업적은 본교 LAN을 통해 교수용 프로그램에 접속하여 내 계정에 수록되어져 있는 것을 사용하도록 당부해 두었다.

25 (화) 맑음

지난 9월 16일자로 로욜라대학 철학과로 보내져 온 제3차 중서부 동아시아 사상 학술회의(2006년 3월 31일~4월 2일)의 이메일 안내문을 데이비드로부터 전해 받았었는데, 오늘 그 주최 측 대표자인 서든 일리노이 대학교 철학과의 트레비스 스미드 교수에게 이메일을 보내 원고 작성 및 출판과 관련한 몇 가지 사항에 대해 문의했다. 그러나 로욜라대학이 제공해 준 나의 이메일 주소로는 에러가 생겨 제대로 발송되지 않았기 때문에 부득이 한국의 인터넷 포털 사이트인 '다음'의 한메일로 보냈다.

26 (수) 맑음

오늘 로욜라대학의 이메일을 사용하여, 어제 보낸 것과 같은 내용의 문의 메일을 다시 한 번 발송하여 제3차 동아시아 사상 중서부 학술회의의 주최 측 대표인 트레비스 스미드 교수로부터 회신을 받았다. 내가 이 학술회의에서 영어로 논문을 발표할 경우 30~35분의 발표 시간이 주어질 것이며, 논문 분량은 대략 15페이지 혹은 3,500자 정도의 분량이 적당할 것이고, 그 전에 1~2매 분량의 요약문을 제출해야 한다는 것이었다. 미국에 온 기념으로『한국유학사상대계』철학사상편에 보낸 남명 및 남명학파에 관한 개론적 수준의 논문을 적당한 분량으로 줄여 영어로 고쳐서 서든 일리노이 대학교에서 열리는 이번 학술회의의 기회에 한 번 발표하고, 미국의 학술지에도 그것을 한 번 실어볼까 한다.

11월

11 (금) 맑음

제3차 연례 미국 중서부 동아시아 사상 콘퍼런스에서 발표할 영어 논문의 작성을 위해, 오후부터『한국유학사상대계』철학사상편의 제8장으로서 기고한 남명 사상 및 남명학파에 관한 한국어 원고를 우선 적당한 분량으로 줄이는 작업을 시작했다.

12 (토) 맑았다가 밤에 비

어제부터 시작한 논문 작업을 계속하여, 일단 한글로 된 내 논문을 대회 주최 측인 서든 일리노이 대학 철학과의 트레비스 스미드 교수가 내게 이메일로 알려준 영어 논문 분량인 15페이지 3,500단어 정도로 줄인 다음, 그것을 가지고서 다시 내년 1월 7일까지 제출해야 할 요지의 분량인 1~2페이지로 줄이는 작업을 시작하였다.

13 (일) 차고 다소 강한 바람

제3회 연례 중서부 동아시아 사상 학술회의에서 발표할 논문의 한국어 초록 작성을 마쳤고, 이어서 영문 초록의 입력을 시작했다. 제8장의 원고 중 남명학파 부분은 제외하고서 제목을 「남명 조식의 사상」이라고 정하였다.

19 (토) 맑음

「남명 조식의 사상」 영문 초록 만드는 작업을 계속하였다.

20 (일) 맑음

두어 시간 동안 영문 초록 만드는 작업을 계속하였다.

21 (월) 맑고 포근함

영문 초록 작성을 일단 마쳤다.

23 (수) 아침까지 눈 온 뒤 개임

영문 초록의 검토를 마치고서 창환이에게도 보여 부분적인 수정을 받았다.

24 (목) 강추위

영문 초록의 수정을 마치고서, 오전에 제3차 연례 중서부 동아시아 사상 학술회의의 주최 측 대표인 남 일리노이대학교 철학과 트레비스 스미드 교수에게로 그것을 첨부하여 부쳤고, 아울러 로욜라대학 철학과장 폴 모저, 학과 비서 케리 하만드, 나의 스폰서 데이비드 슈와이카트 씨에게도 참조하도록 함께 보냈다. 그런데 발송한 이후에 첨부 파일을 검토해 보았더니, 뜻밖에도 남명의 죽은 해인 1572년이 1512년으로 잘못 입력되어져 있었고, 그 밖에도 로욜라대학의 이메일이 사용하는 소프트웨어가 내가 입력한 마이크로소프트 워드가 아닌 마이크로소프트 익스플로러여서, 한자가 깨지는가 하면 그 밖에도 형식이 달라진 점이 많았다. 창환이에게 물어보니 받는 측에서 내가 작성할 때 사용한 워드프로세서의 소프트웨어를 자기 컴퓨터에 실어 가지고 있으면 별 문제는 없다고 한다. 그래서 오타를 수정하고 일부 문장을 다시 고쳐서 오후에 다시 한 차례 발송했다.

25 (금) 대체로 맑으나 오후에 시카고는 눈

로욜라대학 철학과장인 폴 모저 및 나의 스폰서인 데이비드 슈와이카트 씨로부터 어제 내가 보낸 추수감사절 인사 이메일에 대한 답신이 왔다. 폴은 내 논문과 관련하여 자기가 도울 수 있는 일이 있다면 알려달라고 했다.

27 (일) 비

「The Thought of Nammyeong Jo Shik」의 본문 입력을 시작하여 한 장 분량을 마쳤다. 지난 10월 24일에 주최 측의 트레비스 스미드 교수가 내게 보낸 이메일 답신에 의하면, "당신에게 30분에서 35분 정도의 발표 시간이 부여될 것입니다. 당신의 논문은 대략 15페이지 또는 3,500 단어 정도의 분량이 적당할 것입니다. 현재로서는 1~2 페이지의 요지만 보내주시면 됩니다."라고 되어 있다. 지난 추수감사절 날 작성해 보낸 요지는 보통의 마이크로소프트 워드로 작성한 것으로서 두 장에 채 못 미치는 분량이었는데, 단어 수로는 이미 두 장 분을 꽤 초과하였다. 그러므로 오늘은 본문의 활자 포인트를 10에서 12로 크게 확대하고 자간 간격도 1.5배로 늘여서 페이지와 글자 수를 조정하였다. 그럼에도 한 페이지의 단어 분량이 스미드 씨가 말한 정도를 초과하였다. 나는 이왕 영어로 논문을 작성하는 바에야 이것을 미국 학술잡지에다 발표해 나의 연구 성과로도 만들어볼 생각을 가지고 있었으나, 허여된 분량이 너무 적어 한 편의 독립된 논문으로 되기는 어렵겠다는 생각이 든다.

28 (월) 맑고 포근함
영어 논문의 입력 작업을 계속하여 제2쪽 부분을 마쳤다.

29 (화) 대체로 흐림
영어 논문 작업을 계속하여 세 번째 페이지로 들어갔다.

30 (수) 흐림
서든 일리노이대학 철학과의 트레비스 스미드 교수로부터 내가 보낸 요지문을 받았으며, 결정이 이루어지는 대로 통지해 주겠다는 내용의 이메일을 받았다.

12월

7 (수) 맑음
영어 논문의 기왕에 입력해 둔 부분을 좀 수정하고서 주석 하나를 첨부하였다. 논문의 체제나 주석 형식은 시카고대학 동아시아언어문화학과 에드워드 쇼네씨 교수의 논문집인 Before Confucius: Studies in the Creation of the Chinese Classics를 참조하여 대체로 그것에 준하도록 했다.

2006년

1월

2 (월) 비

진주의 우리 집에 세 들어 살고 있는 사학과 조교 박민애 양과 철학과 조교 최정임 양, 그리고 김경수 군으로부터 이메일이 도착하였으므로 각각 회답을 적어 보냈다. 최정임 양의 말에 의하면 한국국학진흥원과 남명학연구소(사단법인 남명학연구원?)로부터 내 글이 실린 책들이 이미 부쳐져 왔다고 한다.

24 (화) 맑으나 저녁 한때 눈발

서든 일리노이 대학 철학과의 트래비스 스미드 교수로부터 '제3회 연례 중서부 동아시아 사상 회의'라는 제목으로 다음과 같은 내용의 편지를 받았다.

　친애하는 오이환 씨,

　위원회를 대표하여 제3회 연례 중서부 동아시아 사상 회의에 당신이 제출물을 보내주신 데 대해 감사드립니다. 아쉽게도 우리는 그것을 금년 회의에 발표하시도록 수락할 수가 없게 되었습니다. 우리는 몇 가지 흥미 있는 신청들을 받고서 결정하기가 어려웠습니다. 다시 한 번 당신이 회의에 관심을 보여주신 것을 감사드리며, 미래에 당신이 제출물들을 보내 주실 것을 격려하며 또한 환영하는 바입니다.

트래비스 드림

이로서, 이 학술회의에서 영어로 논문을 발표하고 또한 그 참관기를 한국 학술지에다 기고하여 미국의 동아시아 철학 연구 동향을 소개하고자 했던 나의 계획은 수포로 돌아갔다. 내 짐작으로는, 미국의 동아시아 사상 연구 분야에 있어서는 한국에 대한 관심이 일반적으로 높지 않으며, 또한 내가 발표하려 했던 주제인 남명 사상은 그들이 일찍이 들어본 적도 없었던 생소한 것이기 때문인 듯하다. 내가 미국 시민권자나 영주권자가 아닌 방문 학자의 신분이라는 것도 영향을 미쳤을 가능성이 있다. 이미 보낸 요약문을 제외하고서, 영문 원고의 본문은 모두 17매 분량으로 작성할 예정이었다. 오래 전에 3매까지를 입력해 두고서 다른 책들을 읽노라고 작업을 중단해 둔 상태였는데, 헛된 수고를 덜게 되어 오히려 다행인 셈이다.

2월

2 (목) 맑음
새벽에 이메일을 열람해 보았더니, 제3회 연례 중서부 동아시아 사상회의 주최 측이 내게 보낸 이메일을 지난 1월 26일에 내가 데이비드에게 전달한 데 대해 어제 오전 9시 57분에 보낸 그의 답신이 들어와 있었다. 오늘 점심을 함께 할 수 있겠는지 묻는 내용이었다.

3 (금) 부슬비 내린 후 개임
구자익 군으로부터 설날 인사 이메일을 받고서 회답했다. 그는 2006년 1학기에 본교 철학과로부터 '동아시아의 철학사상'(2시간)과 '동양철학사'(3시간) 두 과목의 강의를 배정받았다고 한다. 『한국유학사상대계』에 실린 내 글의 복사본도 조교로부터 전달받아 읽고 있다고 했다.

7 (화) 맑음

이틀 만에 이메일을 체크해 보았더니, 본교 철학과의 조교인 최정임 양으로부터 '학과 소식'이라는 제목의 메일이 도착해 있었다. 거기에 "선생님께서 연구 활성화 보조금 신청하라고 한 한국유학사상대계는 전문학술지가 아니라 저서로 구분이 되고, 이에 11인 공동저서로 분류되어서 연구활성화 보조금 신청 점수인 최소 70점이 되질 않는다고 합니다. (선생님의 그 책은 40점이 된다고 합니다.)"라는 내용이 들어 있었다. 거기에 대해 나는 이렇게 회답하였다. "국학진흥원의 『한국유학사상대계』에 실린 글이 논문 한 편에 해당하는 점수도 못 받게 되었다니 어이가 없지만, 규정이 그렇다고 하면 자네인들 어쩔 수가 있겠는가? 그러나 그 글은 분량에 있어서나 내가 기울인 노력의 정도에 있어서나 학술적 가치에 있어서 모두 논문 두 편 정도의 가치는 있는 것이라고 생각하고 있네."

그 밖에 철학과의 새 홈페이지 제작과 관련한 내용도 있었지만, 이력서 파일을 하나 첨부해 보낸 외에 나에 관한 항목 작성에 있어서 필요하다면 내 연구보조원인 구자익 군과 상의해 보라고 일러두었다.

18 (토) 맑으나 강추위

본교 철학과의 조교 최정임 양에게 내가 당부해 둔 한국국학진흥원의 『한국유학사상대계』 철학사상편에 실린 내 글의 복사물이 도착했다. 내 글은 원래 이 책의 제8장으로서 집필한 것이었는데 제7장으로 바뀌어져 있었고, 김종석 씨가 쓴 제6장 「퇴계 이황의 사상과 퇴계학의 전개」도 함께 부쳐져 왔다. 내 글이 출판된 상태를 살펴보고서 부분적으로 다시 읽어보았다.

19 (일) 맑으나 강추위

조교인 최 양에게 나의 같은 글이 실린 사단법인 남명학연구원의 남명 사상 관계 단행본이 과연 출판되었는지를 확인하는 이메일을 보냈다.

20 (월) 맑음

조교가 보내 온 『한국유학사상대계』 철학사상편의 복사물을 다시 한 번 읽어보았다.

3월

2 (목) 흐리고 때때로 부슬비

구자익 군과 김경수 군으로부터 새 학기를 맞아 인사 이메일이 왔으므로 회신을 보냈다. 김경수 군의 이메일에서는 『한국유학사상대계』에 실린 내 논문을 읽어보고서 내암 정인홍의 후손인 정기철 씨와의 전화통화에서 그것에 대해 언급했더니, 정 씨가 곧 그 책을 구해 보고서 전화를 걸어와 "과연 오 교수밖에 없다."는 말을 하더라고 했다. 그 논문이 나의 작년도 연구실적물로서 성과급을 지급받지 못하게 된 사정과 관련하여, 전임 조교인 최정임 양과 주고받은 이메일도 김 군에게 전달했다.

16 (목) 흐리고 오후에 큰 눈

자형의 장서 중에 들어 있는 가톨릭 관계 서적들과 『코란』 읽기는 이 정도로 마치고서, 앞으로는 안식년의 내 연구주제인 정인홍 관계 논문 작성에 들어갈까 한다.

28 (화) 흐리고 때때로 부슬비

한국에서 가져온 독서 카드들을 정리하여 논문의 입력을 시작했다. 정인홍에 관한 논문을 「선조 시기의 정인홍」과 광해군 시기를 다룬 「全

恩과 討逆의 논리」의 두 편으로 나누어 전자의 머리말 부분을 200자 원고지 5.9장의 분량까지 입력했다. 원고작성 요령은 일단 경상대학교 남명학연구소의 것을 따르기로 했다.

29 (수) 흐림
논문의 입력을 계속하여 원고지 11.1매의 분량까지 나아갔다. 머리말 부분은 끝냈다.

30 (목) 오전 중 흐렸다가 오후에 개임
논문 입력을 계속하여 19.6매의 분량까지 나아갔다.

31 (금) 맑으나 강한 바람에 저녁 무렵 비
논문 작업을 계속하여 제2장 1절 '조식의 수제자 설' 입력을 마치고서 2절 '출사와 동서분당'으로 들어갔다. 200자 원고지 27.1매의 분량이다.

4월

1 (토) 흐림
논문 작성을 계속하여 39.9매의 분량까지 나아갔다.

4 (화) 맑음
논문 입력에 다시 착수해 41.6매의 분량까지 나아갔다.

5 (수) 맑았다가 저녁 무렵 부슬비
논문 입력을 계속하여 47.3매의 분량까지 나아갔다.

6 (목) 맑았다가 정오 무렵부터 흐리고 약간의 빗방울

　종일 논문 작업을 계속하여 53.6매의 분량까지 나아갔다. 제2장 제2절 '출사와 동서분당'은 마치고서 제3절 '기축옥사와 남명학파' 부분에 들어갔다.

7 (금) 오전 한때 비 온 후 계속 흐림

　종일 책상 앞에 앉아 논문 작업을 했다. 62매의 분량까지 나아갔다. 제2장 '임란 이후' 부분으로 들어가서, 정인홍의 의병 활동 부분을 입력했다.

8 (토) 맑음

　어제 입력해 둔 논문 내용에 좀 퇴고를 가했다.

10 (월) 맑음

　논문에 약간의 수정 보완을 가했다.

11 (화) 맑았다가 밤에 비

　종일 논문 작업을 하여 68.8매의 분량까지 나아갔다. 제2장 제1절 '의병 활동' 부분을 마치고서 제2절 '정인홍의 重用과 서인의 대응'에 들어갔다. 내 연구년의 주제인 정인홍에 관한 논문 두 편 작성하는 작업을 마칠 때까지 골프와 여행 등은 함께 하자고 권유하는 사람이 있는 경우 외에는 일단 보류해 둘 생각이다.

13 (목) 맑음

　종일 논문 작업을 계속하여 80.4매의 분량까지 나아갔다.

14 (금) 맑으나 오후 한때 빗방울

　논문 작업을 계속하여 84.8매의 분량까지 나아갔다.

15 (토) 맑음

종일 논문 작업을 했다. 어찌된 셈인지 어제 오전에 입력한 것이 전혀 저장되어져 있지 않았으므로, 엊그제의 80.4매에서부터 다시 시작하여 87.3매의 분량에 이르렀다.

16 (일) 아침 한때 맑았다가 낮부터 비

아침에 논문 작업을 계속하다가 컴퓨터를 끄지 않고 한참동안 그냥 두고서 다른 용무를 보고 난 후 다시 전원 버튼을 눌러서 그새 자동으로 꺼진 모니터를 활성화 시켜 작업을 계속하려 했다. 근자에 몇 번 그런 식으로 사용해 왔으나, 오늘은 어쩐 일인지 곧 전원이 꺼져 버려 작업해 둔 내용을 저장하지 못한 채 또 잃어버리고 말았다.

17 (월) 맑음

종일 논문 작업을 계속하여 91.3매의 분량까지 나아갔다.

18 (화) 맑음

종일 논문 작업을 했으나,『선조수정실록』의 정인홍 관계 기사를 검토하며 기왕에 입력해 둔 부분에 대해 수정 보완을 가하는 데서 그쳤기 때문에 분량 상으로는 거의 나아가지 않았다.

19 (수) 새벽 한때 비 온 후 개임

종일 논문 작업을 하여 원고지 99.5매의 분량까지 나아갔다.

20 (목) 맑음

오늘도 종일 논문 작업을 계속하여 102.7매의 분량까지 나아갔다. 來庵 疏箚의 필사본들과『來庵集』및『조선왕조실록』등을 이미 읽고서 카드화 해 둔 것들이 많지만, 이번에 그 1차 자료들을 차례대로 다시 차근차근 읽어가면서 입력하므로 진도가 더딘 것이다.

21 (금) 맑음

논문은 109.1매의 분량까지 나아갔다. 제3장 2절의 제목을 '정인홍의 중용과 서인의 대응'에서 '정인홍의 중용과 당론의 대립'으로 고쳐보았다. 그 절의 입력은 일단 마친 셈이다.

24 (월) 맑음

논문 작업을 계속하여 제3장 3절의 제목을 '산림의 위치와 세자 책봉 문제'로 정하고 111.7매의 분량까지 나아갔다.

25 (화) 아침까지 비 온 후 흐리고 추움

논문 작업을 계속하여 116.9매의 분량까지 나아갔다.

26 (수) 맑음

논문은 123.3매까지 나아갔다.

27 (목) 맑음

종일 작업하여 논문은 133.6매의 분량까지 나아갔다.

28 (금) 맑음

종일 작업하여 200자 원고지 134.4 매의 분량까지 나아갔다.

29 (토) 흐렸다가 오전부터 비

종일 작업하여 145.7매의 분량까지 나아갔다.

30 (일) 비

종일 작업하여 제3장의 입력을 마쳤다. 제3장 3절의 제목을 '산림의 위치와 세자 책봉 문제'에서 '책봉'을 '傳攝'으로 바꾸었고, 총 152.6매였다.

5월

1 (월) 흐리고 때때로 부슬비
어제까지 입력해 둔 부분들을 다시 한 번 읽으며 퇴고를 가했다.

2 (화) 맑음
김경수 군으로부터 매달 한 차례씩 받는 안부 이메일이 와서 회신을
보냈다. 사단법인 남명학연구원 소식도 전해 주었다. 한국학술진흥재단
의 등재후보 학술지 자격을 얻지 못한 『남명학연구논총』의 발간을 포기
한 지 4년이 지난 지금에 와서 조옥환 사장의 요구로 그것을 다시 간행
하기로 결정했다는 것과 1년에 4회 발간하던 소식지 『선비문화』를 연
2회 발간으로 줄이기로 했다는 것, 그리고 그 발간과 관련하여 전 사무
국장인 양기석 군이 자기 인쇄소를 차려 인쇄비의 상당 부분을 착복한
비리 등의 내용이었다.

'맺음말'을 끝으로 「선조 시기의 정인홍」 본문 입력을 끝냈다. 총
167.1장의 분량이었다.

3 (수) 맑음
논문의 참고문헌 목록과 목차, 그리고 국문 초록과 키워드 작성을 마
치고서, 영문 초록의 절반 남짓까지 진행했다. 이 논문을 서울대 철학사
상연구소에서 발간하는 『철학사상』지에 기고할까 하고 그 투고규정을
읽어보았는데, 분량을 200자 원고지 150매 이내로 한정하고 한글전용을
요구하는 등 조건이 맞지 않아 역시 본교의 남명학연구소에서 발간하는
『남명학연구』에 보내기로 마음먹었다. 그렇다면 6월 30일에 간행하는
다음 호(제21집)의 투고마감일이 5월 10일이므로, 좀 서둘러야 하겠다
는 생각이 들었다.

4 (목) 맑음

영문 요지와 영문 키워드 작성을 마치고서 창환이에게 이메일로 보내 검토 수정을 당부한 뒤, 논문을 처음부터 다시 한 번 읽으며 약간의 퇴고를 가했다.

5 (금) 맑음

어제 창환이에게 보낸 영문 요지와 키워드의 수정본이 오지 않으므로, 새벽에 다시 전화하여 빨리 보내달라는 뜻의 메시지 녹음을 남겼는데, 산책 도중에 창환이로부터 전화를 받았다. 영어로 말하는데 발음이 똑똑하지 않아 무슨 뜻인지 잘 알아듣지 못했지만, 어쨌든 어제 보낸 파일을 다시 한 번 보내달라는 것이었다. 집으로 돌아온 후 새로 보냈더니, 얼마 후 수정된 파일이 되돌아왔다. 영어로 적은 이메일 메시지에 의하면, 내가 보낸 파일 중 한글 부분은 자기 컴퓨터에 한글 폰트가 설치되어 있지 않아 모두 깨어져 읽을 수 없다는 것이었다. 그 한글 부분은 창환이가 영문 부분과 대조해서 참고하도록 같이 보낸 것일 뿐이었으므로, 창환이가 돌려보낸 수정 파일을 다시 검토하여 내 의도대로 변경을 가한 후, 그 부분을 원고 파일에다 첨가해 붙여서 오전 11시 무렵에 경상대학교 남명학연구소로 「선조 시기의 정인홍」 원고 파일을 전송했다. 목차와 국·영문 초록 및 키워드 등까지 모두 합하여 184.1매의 분량이었다. 예정대로라면 이 논문은 금년 6월 30일에 간행될 『남명학연구』 제21집에 실리게 될 것이다.

6 (토) 맑음

다음 논문인 「全恩과 討逆의 논리」를 준비하기 위해 독서카드 정리를 대충 한 차례 마쳐두었다.

16 (화) 흐렸다가 개임

새 논문 「全恩과 討逆의 논리」 작성을 위해 독서카드를 다시 한 번 정리한 후, 오후부터 입력에 들어갔다. 오늘은 200자 원고지 7.6장의 분량까지 나아갔다. 머리말 부분을 쓰고 있다.

17 (수) 맑았다가 때때로 소나기

논문 작업을 계속하여 12.4매의 분량까지 나아갔다. 아직 머리말 부분이다.

18 (목) 변덕스런 날씨

종일 작업하여 머리말 부분 입력을 마쳤다. 원고지 25매 정도의 분량에 이르렀다.

22 (월) 맑음

「전은과 토역의 논리」 머리말 부분을 다시 한 번 퇴고하였다.

25 (목) 흐리고 때때로 부슬비

「전은과 토역의 논리」 머리말 부분을 또 한 번 읽어보고서, 제2장 '임해군의 逆獄' 부분을 입력하기 시작했다. 총 25.1매의 분량까지 나아갔다.

26 (금) 맑고 무더움

종일 논문 작업을 하여 29.9매의 분량까지 나아갔다.

27 (토) 무더위

종일 작업하여 35.3매의 분량까지 나아갔다. 임해군 옥사의 전말에 대한 정리를 끝내고서 정인홍에 관한 부분으로 들어갔다.

29 (월) 대체로 맑으나 때때로 흐리고 소나기

종일 논문 작업을 계속하여 43.3매의 분량까지 나아갔다.

6월

4 (일) 맑음

여행을 다녀와 처음으로 이메일을 열어 보았더니, H 교수로부터 6월 2일에 '투고논문 게재 확정'이라는 제목의 이메일이 와 있었다. "투고하신 논문은 정식 심사를 거쳐 남명학연구 21집에 게재되는 것으로 확정되었습니다. 논문투고양식과 맞지 않는 사항을 첨부파일로 보내드리오니, 수정하여 6월 7일까지 보내주시기 바랍니다." 라는 내용이었다. 나중에 첨부 파일을 열어보니 내가 참조한 제18집에 수록된 작성요령과는 다른 내용이었다. 그 점을 설명하고서, "만약 제18집 이후에 수정된 새 작성요령이 있으면 그것을 한 부 보내주시고, 현재의 요령에 맞지 않는 부분은 편집 담당자로 하여금 새 것에 맞추어 고치도록 해 주시면 감사하겠습니다."라고 회답했다.

김경수 군으로부터도 6월 1일자로 매달 월초에 한 차례씩 오는 안부 이메일이 도착해 있었다. 사단법인 남명학연구원에서 『남명학연구논총』을 폐간하는 대신으로 다른 곳에 발표된 논문들을 모아 단행본으로 출간한다고 했던 책들은 아직 한 권도 나오지 않았으며, "선생님께서 권인호 선생에게 보내신 원고는 제가 구호[연구원의 새 사무국장 조구호] 씨를 만난 그 때까지 아직 연구원으로 도착도 하지 않은 상태라고 하니 〈남명〉 편 자체가 언제 출간될지 참으로 아무도 모르는 상황이라고 합니다."고 되어 있었다. 나는 내 글이 실린 남명 편이 이미 출간되어 있는 줄로 알고 있었는데, 이러한 상태라고 하니 어이가 없다는 회신을 보냈다.

한국학술진흥재단으로부터 6월 3일자로 2006년 기초연구과제(인문사회, 공동연구) 전공심사 참여를 요청하는 이메일이 와 있었지만, 이번에도 해외 체재 중이라는 이유로 사절하였다. 사단법인 남명학연구원은 사실상 내가 김경수 당시 사무국장과 함께 운영의 실무를 관장하고 있었는데, 오늘날과 같이 지리멸렬한 상태에 처하게 된 결정적 원인은 한국학술진흥재단이 본교 남명학연구소의 기관지 『남명학연구』를 등재후보지로 선정하고 연구원의 기관지인 『남명학연구논총』을 후보지에 올리지 않은 데 있었다. 학진 측의 이러한 임의적인 선정은 후보지에 오르지 못한 수많은 학술단체들의 존립기반을 사실상 박탈한 것이고, 일부 선정된 학회들은 투고 논문에 대해 제각기 까다로운 투고규정을 적용하고 게재료를 징수하는 등 고자세로 전환하게 된 근본원인을 제공하였다. 결국 그 배경에는 연구비 지원 및 연구실적 인정이라고 하는 문제가 걸려 있는 것이다. 전체적으로 보면 국가권력이 돈이라는 무기를 가지고서 자유로워야 할 학문의 세계에 개입한 것이므로, 한국의 학술 발전을 위해 득보다는 실 쪽이 훨씬 크다고 할 수 있다.

5 (월) 맑음

남명학연구소장 H 교수로부터 회신이 도착했다. 『남명학연구』 19집부터 논문 투고에 관한 규정이 바뀌었다면서 새 규정을 한 부 첨부했고, 투고비를 받을 계좌번호를 알려 달라는 것이었다. 그것에 대한 회답을 보내면서, 새 규정에 따른 내 논문의 작성 양식 수정을 편집 실무자에게 위탁한다는 뜻을 다시 한 번 전했다.

오후에 논문 작업을 계속하여 44.8매의 분량까지 나아갔다.

6 (화) 맑음

종일 논문 작업을 계속하여 49.8매의 분량까지 나아갔다.

8 (목) 맑음

논문 작업을 계속하여 51.9매까지 나아갔다.

9 (금) 맑음

논문은 52.5매까지 나아갔다.

10 (토) 오전 중 비 오고 정오 무렵부터 개임
논문은 55.4매까지 나아갔다.

11 (일) 맑음
오늘 논문은 56.7매까지 나아갔다.

13 (화) 맑음
논문은 59.2매까지 나아갔다.

14 (수) 맑음
종일 논문 작업을 하여 66.8매까지 나아갔다.

15 (목) 맑음
논문은 73.3매까지 나아갔다.

17 (토)
논문 작업을 계속하여 77.2매까지 나아갔다.

19 (월) 맑음
남명학연구소장 H 교수로부터 『남명학연구』 제21집의 최종편집이 완료되었다면서 내 원고의 최종수정본을 첨부해 보내면서 이상이 있을 경우에는 그 교정 사항을 별도로 적어서 수요일(21일)까지 이메일로 보내달라는 이메일이 왔다. 수정본을 검토하여 10개의 교정 사항을 입력한 다음 파일로서 첨부해, 저녁 무렵 H 교수에게 이메일로 발송하였다.

20 (화) 대체로 맑으나 오전 중 이따금 빗방울
현재 작성하고 있는 논문 「전은과 토역의 논리」를 처음부터 다시 한 번 읽으며 퇴고를 가했다. 오늘까지 77.9매의 분량이 되었다.

21 (수) 오전 중 부슬비 내린 후 개임

종일 작업하여 87.2매의 분량까지 나아갔다.

22 (목) 오전 중 비 온 후 개임

종일 논문 작업을 하여 95.5매의 분량까지 나아갔다. 제2절 '임해군의 逆獄' 부분은 대충 마쳤다.

23 (금) 아침에 부슬비 내린 후 맑으나 꽤 서늘함

논문 작업을 계속하여 98.9매에 이르렀다. 제3절 '계축옥사'의 첫 부분을 입력하기 시작했다.

24 (토) 맑음

종일 논문 작업을 계속하여 105.1매의 분량까지 나아갔다.

25 (일) 부슬비 내린 후 대체로 흐림

논문작업을 계속하여 106.9매의 분량까지 나아갔다.

26 (월) 흐리고 때때로 부슬비

논문 작업을 계속하여 110.5매까지 나아갔다.

27 (화) 대체로 맑음

논문 작업을 계속하여 114.6매까지 나아갔다. 며칠 전에 제3절의 제목을 '계축옥사'에서 '이언적·이황 비판'으로 바꾸고 이전의 제3절은 제4절로 돌리기로 했다. 총 6절로써 구성하려고 생각하고 있고, 전체의 절반도 채 못나갔는데, 벌써 원고 분량이 이 정도로 되었다. 웬만한 학술지는 원고 매수를 150매 정도로 제한하고 있으므로 그 점이 걱정이다.

28 (수) 맑음

논문은 119.7매까지 나아갔다.

29 (목) 맑음

논문은 124.7매의 분량까지 나아갔다.

30 (금) 맑음

논문은 128.7매까지 나아갔다.

7월

1 (토) 대체로 맑음

종일 논문 작업을 하여 135.7매의 분량까지 나아갔다. 晦退辨斥 부분을
입력하기 시작했다.

13 (목) 맑음

오전 11시 15분 철학과장 폴 모저 교수를 만나기로 약속한 시간에 맞
추어 9시 무렵에 집을 나섰다. 캠리 차를 몰고서 옥턴 로드를 따라 한
시간 반쯤 달려서 로욜라대학 캠퍼스에 도착하였다. 인문대학이 들어
있는 크라운 센터 빌딩과 그 앞의 큐더히 중앙도서관, 그리고 대학 본부
건물 부근의 모습 등을 가지고 간 디지털 카메라에다 수록해 담았다.
약속 시간 가까이 되어 철학과가 들어 있는 크라운 센터 3층에 올라가
보았다. 여름 방학을 이용하여 건물 전체가 온통 내부 수리 중이었다.
리모델링을 하고 있는 모양이었다. 조교인 케리 하만디 양의 모습이 눈
에 띄지 않고, 학과 우편함에는 내 이름표도 보이지 않았다. 뒤에 알고
보니 하만디 양은 이미 학내의 다른 부서로 배치가 옮겨져, 거기서 일하
면서 아직 졸업하지 못한 이 대학의 학부 과정을 무료로 공부하게 되었

으므로, 현재 철학과에는 조교(secretary라고 부른다)가 없는 상태였다.

데이비드 슈와이카트 교수의 연구실에 들어가 중국어로 번역된 그의 주저 『Against Capitalism』 및 『After Capitalism』, 그리고 중국 학술지에 실린 그의 논문 번역문 등을 뒤적이고 있으니, 데이비드가 나타났다. 그를 따라서 학과장의 연구실로 찾아갔다가 다른 방에서 나오는 폴을 만나 셋이서 함께 철학과 휴게실로 가서 대화를 나누었다. 작별 인사를 마친 다음, 데이비드와 함께 예전에 둘이서 들른 적이 있었던 식당으로 이동해 가서 햄버거와 흑맥주로 점심을 들며 한동안 대화를 나누었다. 거기서도 기념사진을 찍어 두었다.

데이비드의 차로 로욜라대학 캠퍼스에 돌아와 그와 작별한 후, 두리집으로 전화를 걸어 보니 마이크가 집에 있었으므로 돌아오는 길에 거기에 들렀다. 여러 시간동안 1층 거실에서 마이크와 함께 대화를 나누었다.

20 (목) 천둥 번개치고 비 오다가 오후에 그침

저녁 무렵에 어제부터 접수가 시작된 학술진흥재단의 2006년도 인문사회분야 단독연구 기초연구과제 지원사업의 신청요강을 읽어보았다. 신청기간은 금년 7월 19일부터 31일까지이다. 나는 여기에 700만 원 고정액 과제로서 「일제 시기의 덕천서원」이라는 주제의 논문을 신청해 볼까 한다.

25 (화) 맑음

철학과 조교인 소지영 양으로부터 2006학년도 교원성과급 지급자료 작성을 요청하는 이메일이 왔으므로, 대상 기간인 2005년도의 연구실적과 사회봉사 항목만 작성하여 보냈다.

학진의 연구계획서 작성을 계속하여 14매 정도까지 나아갔다.

26 (수) 아침에 부슬비 내렸다가 오전 중 개임

학진의 신청서 작성과 연구계획서 탑재를 마쳤다.

저녁 다섯 시 무렵에 모처럼 인디언레이크 골프장으로 나가 보았다. 저녁 시간인데도 불구하고 골프를 치거나 연습하는 사람들이 많았다. 골프 천국이라고 하는 미국에 와서 1년을 체재하며, 목돈을 내어 회원 카드까지 발급받아 두고서 실력을 제대로 향상시키지 못한 채 귀국하기가 못내 아쉽다. 그러나 제대로 된 골프를 치려면 거의 매일 골프장에서 살다시피 해야 하므로, 그렇게 하자면 연구는 완전히 도외시할 수밖에 없게 된다. 논문 작업에 착수한 이후로 골프장에는 거의 가지 못했는데, 교수의 본분을 생각할 때 골프는 역시 玩物喪志로서, 거기에다 대부분의 시간을 붓는다는 것은 벤저민 프랭클린이 말한 바와 같이 호루라기 값을 너무 많이 지불하는 셈이 되는 것이다.

27 (목) 맑음
오전 중에 「전은과 토역의 논리」 가운데서 기왕에 작성해 둔 부분을 처음부터 다시 한 번 읽어보기 시작했다. 오늘은 머리말 부분까지를 검토했다.

28 (금) 맑음
철학과 조교인 소지영 양으로부터 내가 부탁했던 학진 신청서와 연구계획서를 온라인에서 프린트하여 본교 연구산학지원과의 이영미 씨에게 제출하는 일을 무사히 마쳤다는 보고 이메일을 받았다.
「전은과 토역의 논리」 제2절 '임해군의 역옥' 부분까지의 퇴고를 마쳤다.

29 (토) 맑으나 무더위
「전은과 토역의 논리」 제3절 '이언적·이황 비판'의 기왕에 입력해 둔 부분에 대한 검토를 마치고서 다시 계속 작성해 나가기 시작했다. 오늘은 142.2매의 분량까지 나아갔다.

8월

8 (화) 맑음

김경수 군으로부터 안부 이메일을 받고서 답장을 보냈다. 지난달에 김 군이 보내준 메일 안에 사단법인 남명학연구원의 김충렬 원장이 사임의 의사를 굳혔으므로 후임을 선출해야 할 정황이라는 소식이 있었는데, 오늘 메일에는 "김충렬 원장은 학술원 회원으로 선임되고 난 후에는 전혀 연락도 없는 상태인 모양이며, 후임 원장의 인선 작업이 암암리에 이루어지고 있는 듯합니다."고 되어 있다.

아침에 두리 내외로부터 작별의 전화를 받았다. 오전 10시 무렵에 누나가 운전하는 링컨 승용차에 우리 가족이 동승하여 오헤어 공항 제5터미널로 향했다. 티케팅 수속을 마친 후 출국장으로 들어가기 전에 그 입구에 있는 스낵에서 커피와 아이스크림을 들며 반시간 정도 대화를 나누다가 누나 및 회옥이와 작별하였다. 오후 12시 55분에 출발하는 대한항공 직항 편으로 서울을 향해 귀국 길에 올랐다.

16 (수) 맑음

연구실에 나가 오늘도 종일 도착해 있는 우편물과 서적들을 검토 정리했다. 민족문화추진회의 한국문집총간이 그동안에 마침내 완간된 것을 알았다. 한국동양철학회로부터 2006년 3월부터 2008년 2월까지 나를 다시금 제13대 이사로 위촉한다는 위촉장이 와 있었다.

17 (목) 맑음

지난 1년 사이에 도착한 정기간행물들에 대한 검토를 마치고서, 최신호를 제외한 나머지는 모두 학과 조교를 통해 철학과 및 인문대학 동양학문헌실, 서양학문헌실로 나누어 기증했다. 민족문화추진회 사무국에다 전화를 걸어 내가 미국에 체제 중에 완간된 『한국문집총간』의 마지막 간행 분(341~350책 및 속편 1~10책)을 주문했다. 각종 학회에서 발간하는 정기간행물들은 처음 도착할 때 한 번 훑어보고 난 이후에는 별로 이용하지도 않으면서 서가의 공간을 적지 않게 차지하므로, 새로 입수하는 책을 꽂을 공간을 확보하기 위해 그것부터 먼저 처분하기로 한 것이다.

서울대학교 철학사상연구소에서 보내온 금년 12월 1일 발행 예정인 『철학사상』제23호에의 투고 안내 메일에 대한 회신을 보냈다. 현재 절반 정도 진척되어 있는 내 논문「전은과 토역의 논리」를『철학사상』제23집에 기고하는 데는 분량 초과 및 한글전용 요구를 수용하기 어려운 문제가 있음을 언급해 두었다.

18 (금) 흐림

어제에 이어 집에 있던 철학 관계 학회지들 중 운반할 수 있을 정도의 것들을 보자기에 싸서 학교로 가져가 조교를 통해 철학과에 기증하였다.

어제 교직원식당에서 이수건 교수의 사위인 사범대 과학교육학부의 김봉곤 교수를 우연히 만나 같은 테이블에서 식사를 하던 중에 여러 해 전 그와 더불어 진주를 방문한 이수건 교수를 만난 이후, 이 교수에게 부탁하여 얻은 자료들을 사용한 내 논문들이 이미 간행되어져 있다는 말을 한 바 있었다. 김 교수가 수일 내에 장인인 이 교수를 만나러 가게 된다고 하였으므로, 조교에게 말하여 내가 2000년도에 발표한 논문「남명과 육왕학—지와 행의 문제를 중심으로—」의 별쇄본에다가『한국유학사상대계Ⅱ—철학사상편 상』의 제7장으로서 작년에 간행된「남명 조식의 사상과 남명학파의 좌절」을 한 부 복사한 것을 보태어 이수건 교수에게 전하도록 김봉곤 교수에게 갖다 드리게 했다.

19 (토) 비

어제 갔었던 럭키공인중개사 사무소에 다시 들러 오늘 오전까지 둘러본 네 가지 물건 중에서 어제 본 B동 1405호에 가장 관심이 있음을 말하고, 분양가에 내놓은 물건들도 있으니 가능한 한 프리미엄을 낮추도록 주인 측과 교섭해 달라고 당부해 두었고, 아울러 현재 우리가 살고 있는 주약동의 한주럭키아파트 7동 804호의 44평형 아파트도 매물로서 내 놓겠다는 의사를 말했다. 그로부터 얼마 후에 아내가 전화를 받고서 럭키부동산에 다녀오더니 집주인이 7백만 원의 프리미엄을 받고서 팔겠다고 한다는 소식을 가져왔다. 그리고 오후에 우리 집을 보러 온 첫 부부가 있었는데, 알고 보니 그 처되는 사람은 본교 대학병원의 간호사로서 아내의 제자였다. 남편은 칠암동의 신상록서점 건물 2층에 세무회계사무소를 열고 있는 林贊柱라는 이름의 세무사였고, 그들 본인은 물론 가족 여러 세대가 이미 럭키아파트에 거주하고 있는 모양이었다.

임 씨 내외를 안내해 온 럭키부동산의 소장으로 보이는 여인에게 아까 말해 두었던 B동 1405호의 프리미엄을 최대한 낮추어 달라고 다시 한 번 부탁해 두었더니, 얼마 후 임찬주 씨 내외가 우리 집을 2억2천만 원에 사고자 한다는 소식과 함께 우리가 부탁했던 물건의 프리미엄이 6백만 원으로 낮추어 졌다는 연락을 받았다. 이리하여 모든 일이 일사천리로 진행되어, 오후에 다시 한 번 럭키부동산 사무실로 가서 주약동 156-1에 소재한 성우트리팰리스 B동 1405호의 현 소유주 신창용 씨와 더불어 계약서를 작성하기에 이르렀다. 그는 호탄동의 우리마트 옆에서 MBC 노래연습장을 경영하는 사람이었다.

우리가 구입하여 9월 중에 이사하게 된 새 집은 면적이 168.88 평방미터인 51평형 주상복합아파트인데, 거실을 제외하면 방 3개에 욕실 2개가 있으며, 지하주차장과 복도 등 공유면적이 많기 때문에 전용면적은 40.70평으로 되어 있다. 총가구수는 160가구로서 방향을 달리하는 3개 동으로 구성되어져 있는데, 내가 구입하게 된 B동은 동남향으로서 칠암동, 주약동 및 도동 방향의 진주 시가지와 선학산, 월아산을 바라보아 조망이 넓고 좋다. 또한 경전선 철로와는 복도 및 엘리베이터가 설치된 벽으로 말미암아 차단되어져 있으므로, 지금은 물론 앞으로 그 쪽에 넓은 도로가 난다 할지라도 그 소음을 염려할 필요는 없을 것이다. 시공사는 성우종합건설이며, 도시가스 개별난방 방식으로 되어 있다. 진주시의 중심부가 진주성 근처로부터 남강 건너편의 칠암동 쪽으로 점차 옮겨져 오고 있다 하므로, 투자 가치로 보아서도 장래성이 있을 것이다.

22 (화) 오전 중 흐리고 비 온 후 오후에 개임

오늘도 집에 있는 학술지들을 보따리에 싸서 학교로 가져가 조교를 통해 철학과에 기증했다. 여러 날 계속 그러다 보니 내 글이 실린 것들도 거의 다 준 셈인데, 나중에 그것들을 보관해 두는 편이 낫겠다는 생각이 들어, 내 논문이 실린 학회지들을 본교의 LAN을 통해 출력하여 조교에게 주고서 찾아보게 했지만, 한 권도 못 찾았다는 대답이 돌아왔다. 조교가 면밀히 조사하지 못했을 수도 있고, 그것들은 이전에 본교 도서관에 이미 기증한 도서 속에 들어가 있을 가능성도 있다.

조교에게 말하여 다음 학기의 내 강의시간표를 작성해 받았다. 동양철학사특론에서는 漢代에 班固가 纂集한『白虎通德論』을 강독할 예정이고, 한국도교연구에서는 李能和의『朝鮮道敎史』를 윤독할 예정이다.

23 (수) 오전 중 흐리고 비 온 후 오후에 개임

집에 있던 학회지들을 오늘 마지막으로 학과에 갖다 주고서, 다시 한 번 조교에게 당부하여 이미 기증한 책들 중 내 글이 실린 것 몇 종류를 찾아내어서 연구실에 따로 비치해 두었다.

25 (금) 대체로 맑으나 때때로 부슬비

교수신문사 학술문화부의 이은혜 기자로부터 오후에 전화가 걸려왔고, 이어서 이메일도 보내왔다. '신진학자를 찾아서'라는 기획 시리즈를 다루고 있는데, 그 중 동양철학 분야의 촉망받는 신진학자를 3명 이내로 추천하여 8월 28일 월요일 오전 11시까지 통보해 달라는 내용이었다. 인하대학교 철학과의 이봉규 부교수와 여성 동양철학자인 이혜경 박사를 추천하는 내용의 이메일 회신을 보냈다.

박영률출판사의 편집자 정경자라는 사람으로부터도 이메일을 받았다. 그 출판사에서는 '고전천줄읽기'라는 독특한 고전 시리즈를 기획하고 있는데, 지구상의 모든 고전을 작은 판형의 부담 없는 크기에 담아 독자들로 하여금 고전의 정수를 손쉽게 읽을 수 있도록 함이 목적이라고 한다. 이 기획은 독일의 Neues Leben Verlags GmbH 사에서 출판한 HEUTE 시리즈의 성공에서 착안한 것이라고 한다. 각각의 고전 텍스트들을 해제가 아닌 원전 텍스트 천 줄로 발췌하는 것이라고 한다. 내게는 이 시리즈 중 조식의 『남명집』에 대한 집필을 의뢰해 왔다.

28 (월) 맑음

오후 3시에 101동 124호실에서 인문대학 교수회의가 있었다. 안건은 인문대학 교원 성과급 지급기준변경안의 심의였다. 기타 토론 때 나는 발언을 요청하여 『한국유학사상대계』 철학사상편 제7장에 수록된 내 글이 인쇄된 분량으로 62매에 달하는 장편임에도 불구하고 11명이 공동집필한 단행본이라는 이유로 논문 한 편에도 미달하는 평가 점수를 받은 점을 예시하여, 차후 평가기준을 현실에 맞도록 재검토하여 수정할 것을 건의했다.

지난주에 『남명집』의 발췌번역을 위촉하는 이메일을 보내 온 서울 마포구 연남동 568-33 충무빌딩 1층에 소재하는 박영률출판사의 편집장 정경아 씨에게로 전화를 걸어 출판 및 집필 계획과 관련한 몇 가지 사항을 문의해 보았다. 그들이 기획하고 있는 〈고전 1000줄 읽기〉 시리즈는 한 권당 가로 103mm, 세로 170mm, 두께 8~10mm(원고지 300~500매 분량)로 된 콤팩트한 판형의 하드커버로서, 국학 및 동서양의 여러 고전들을 각 분야의 전문가에게 위촉해서 축약, 발췌하여 집필토록 하는 것이라고 한다. 일단 섭외를 마친 후 9월말까지 집필요령을 정하여 담당 편역자들에게 통보하며, 금년 10월부터 시작하여 월 10종 정도씩 5~10년에 걸쳐 출간할 계획이라고 한다. 내가 현재 작성하고 있는 논문 작업을 마친 후 천천히 착수해도 되는 모양이므로, 일단 집필을 수락했다.

30 (수) 비

「全恩과 討逆의 논리」 입력을 계속하기 위해 다시 한 번 카드 정리를 시작했다.

내 박사학위논문의 심사위원 중 한 사람이었던 京都대학 문학연구과의 夫馬進 교수로부터 얼마 전에 내가 보낸 그림엽서를 잘 받았다는 편지와 함께 그가 근자에 발표한 논문 두 편이 부쳐져 왔다. 그 중 하나는 『思想』 981호(2006년 6월 1일)에 발표된 「朝鮮通信使による日本古學の認識―朝鮮燕行使による清朝漢學の把握を視野に入れ―」이고, 다른 한 편은 서울대학교 개교50주년 및 규장각 창립 230주년 기념 한국학국제학술회의 발표논문집 『21세기 한국학의 진로 모색』(2006년 5월 25일 초판, 7월 7일 2쇄)에 수록된 「조선통신사와 일본의 서적: 古學派 校勘學의 저작과 古典籍을 중심으로」였다. 전자부터 읽어 나가기 시작했다. 이 논문의 주석4에 『季刊 日本思想史』 제59호(2000)에 실린 河宇鳳 씨의 논문이 언급되어져 있으므로, 같은 곳에 실린 내 논문 「日本哲學の訓詁的傳統と思辨的傳統」도 그가 읽었을 것임을 짐작할 수 있었다.

31 (목) 맑음

『계간 일본사상사』 제59호에 실린 내 논문을 다시 한 번 읽은 다음, 夫馬 교수가 보내준 논문 「조선통신사에 의한 일본 古學의 인식」을 다 읽었고, 이어서 「조선통신사와 일본의 서적」도 읽었다. 후자는 규장각 창립 230주년 국제학술회의의 제1세션 '규장각과 동아시아 지식체계: 서적의 편찬, 유통, 교류'에서 발표된 것이었다.

밤에 ≪교수신문≫의 이은혜 기자가 집으로 전화를 걸어와, 며칠 전에 내가 신진학자로서 추천했었던 이혜경 씨의 연구 내용에 대해 문의했다. 그러나 나도 그녀의 연구실적에 대해 구체적인 기억은 없으므로, 이미 이메일로 알려준 내용에 대해 부연설명을 한 후 본인에게 직접 연락하여 문의해 보라고 응답했다.

9월

4 (월) 맑음

오전 9시부터 시작되는 1·2교시에 교육대학원 동양철학사특론의 첫 수업을 실시하였다. 이번 학기에는 후한 대의 班固가 纂集한 『白虎通德論』 四部叢刊本을 텍스트로 하여 강독하게 되었다.

정오 무렵에 철학전공의 대표인 여학생 두 명이 내 연구실로 찾아와 9월 27일부터 29일까지 2박3일간에 걸쳐 있을 예정인 인문학부 철학전공 학부생의 학술답사에 대해 상의하였다. 금년부터는 인문학부 사학전공과 철학전공이 따로따로 답사를 가게 되었으며, 철학전공은 안동지역으로 퇴계의 발자취를 찾아가는 첫 여행을 기획하게 되었다고 한다. 철학과에 동양철학전공 교수가 두 명인데, 그 중 유학 및 한국철학 분야는 내 전공이므로, 자연히 내가 깊게 관여할 수밖에 없게 되었다.

5 (화) 흐리다가 오후에 비

오늘 우송되어 온 9월 4일자 ≪교수신문≫ 제410호의 제5면에 '분야별 신진학자를 찾아서 ❻ 동양철학'이라는 제목으로 이은혜 기자가 쓴 글이 실렸는데, 내가 추천한 이혜경 씨를 포함한 8명의 소장학자들의 연구경향이 본인들의 사진과 함께 실려 있다.

7 (목) 맑음

일반대학원의 한국도교연구 첫 수업을 실시하였다. 이 수업에서는 李能和의 『朝鮮道敎史』를 윤독하기로 하였다.

8 (금) 맑음

오후 2시부터 남명학관 101호실에서 본교 경남문화연구센터의 2006년도 학술대회가 있었다. 함양·함안·통영·거제 지역의 고문헌 조사 성과를 발표하는 모임이었다. 잠시 거기에 들러 발표 자료집 『경남서부지역 고문헌 소장현황』을 한 부 얻어 와서 그 내용을 훑어보았다. 그리하여 感樹齋 朴汝樑(1554~1611)이 남긴 광해군 초기인 1608년에서 1611년까지의 『感齋日記』가 발견된 사실을 비로소 알았다. 이 자료는 현재의 내 연구와도 직접적으로 관련되는 것으로 보인다.

본교 남명학연구소와 서울의 남명학회가 중국 北京大學 韓國學研究中心과 공동으로 주최하여 금년 11월 10일부터 11일까지 북경대학에서 개최될 예정인 국제학술대회 '동아시아 학술과 남명학'에서의 발표 주제들을 나의 「남명학관계기간문헌목록」에다 수록하였다. 나와 친밀했던 중국인민대학의 劉廣和 교수는 지난번 본교에서 열린 남명학연구소 주최의 학술대회에 H 교수의 초청을 받아 참가하더니, 그 이후 내게 매년 보내오던 연하장도 작년과 금년에는 보내오지 않았고, 이번 북경대학에서 열리는 모임에는 북경사범대학 소속으로서 「南冥·退溪詩韻和朝鮮文學語音」이라는 논문을 발표하는 것으로 되어 있다.

11 (월) 흐리고 오후에 비

지난주 금요일 경남문화연구원의 발표회에서 「함양·함안·통영·거제의 草稿本 현황 및 문집·實記類 목록」을 발표한 한문학과의 李相弼 교수에게 전화하여, 그의 발표문 가운데 들어 있는 朴汝樑 친필의 『感齋日記』를 보고 싶다고 말했다. 자기 집에 있는 노트북 컴퓨터의 하드디스크 박스에 그것이 수록되어 있는데 디지털카메라로 촬영된 것이라 용량이 커서 이메일 첨부파일로는 보낼 수 없고 또한 웬만한 용량의 CD로도 복사할 수 없을 것이라면서, 내일 오후 2시 이후에 자기 연구실로 오면 열람 혹은 다운로드 받을 수 있게 해 주겠다는 것이었다. 그 시간에 컴퓨터에 밝은 구자익 군을 보내어 그것을 복사해 오도록 했다.

논문은 144.9매까지 나아갔다.

12 (화) 오전 중 비 오다가 오후에는 흐림

구자익 군이 오후에 남명학관 3층에 있는 한문학과 이상필 교수의 방으로 가서 디지털카메라로 촬영된 『感齋日記』 두 책을 USB 이동식 칩에다 복사해 왔다. 그것을 다시 내 컴퓨터에다 복사해 두고서, 저자인 朴汝樑의 문집인 『感樹齋集』 권8의 雜著에 수록된 「從仕日記」와 대조하면서 첫 부분인 광해군 즉위년(1608) 11월 22일 조부터 읽어나가기 시작하였다. 정인홍 문인 박여량의 친필로 된 이 일기는 초서로 적혀 있는 데다 함양읍의 박효정 씨가 소장하고 있는 원본으로부터 복사한 것이 아니고 사진 촬영된 것이므로 읽기 어려운 곳이 많았다. 문집에 실린 것은 이 친필본 일기를 저본으로 하여 내용을 대폭 축소한 것임을 확인하였다.

15 (금) 오전에 흐리다가 정오 무렵부터 비

『感齋日記』를 읽었다. 정인홍의 제자인 感樹齋 朴汝樑은 명종 9년(1554)에 태어나 선조 33년(1600) 별시문과에 급제하여 벼슬생활을 시작한 후 광해군 3년(1611)에 죽었다. 이 두 권의 일기 중 첫째 권은 광해군 즉위년(1608) 11월 22일부터 시작되어 광해군 2년까지 160장 분량이며, 둘째 권은 56장으로서 광해군 3년의 것이다. 내용은 대부분 서울에서 벼슬 생활을 하면서 자신의 일과와 조정의 동향을 기록한 것이다. 이는 그가 죽을 때까지 가장 만년에 견문한 내용을 기록한 것이므로, 광해군 시기의 정인홍을 다루는 내 현재의 연구에도 도움을 줄 수 있을 것이다. 디지털카메라로 촬영한 것을 실물 크기로 확대하니 훨씬 쉽게 판독할 수가 있었다.

사단법인 남명학연구원이 펴내는 계간지 『선비문화』 제10호(2006·가을) 두 권이 집으로 우송되어져 왔으므로, 그 내용도 훑어보았다.

16 (토) 흐리고 오후에 비

오전 중 연구실에서 어제 입수된 『선비문화』 제10호의 내용을 보다 자세히 읽어 본 다음, 월요일에 있을 교육대학원의 수업에 대비하여 『백호통덕론』의 爵篇을 마저 읽었다. 四部叢刊本은 현존 최고의 판본이기는 하지만, 인쇄된 내용에 오류가 많으므로 주로 皇淸經解續編에 실린 陳立의 『白虎通疏證』을 가지고서 읽었고, 앞으로도 수업을 준비하기 위한 부분을 제외하고서는 청대 학자들의 교감을 거친 疏證本을 가지고서 읽어 나갈 작정이다.

오후에는 학교에서 가져온 USB 이동식 메모리에 담긴 『感齋日記』를 노트북컴퓨터에다 복사해 두고서 『감수재집』 부록에 수록된 「從仕日記」와 대조해 가면서 읽었다. 그러나 노트북컴퓨터에서는 원형 크기로 확대하여 읽고자 하는 부분으로 자유롭게 이동하기가 불편하였다. 그래서 우선 내가 현재 논문을 쓰고 있는 광해군 3년 부분부터 먼저 읽기 시작하였는데, 뜻밖에도 「종사일기」에 수록된 내용은 21b에서부터 끝인 81b까지 전체의 약 3/4 정도가 이 해의 일기에 집중되어 있음을 알게 되었다. 두 책 분량 전체를 슬라이드해서 보니 촬영된 사진들은 부분을 보다 자세히 보이기 위해 같은 면을 두 번씩 찍은 경우도 있었으니, 이상필 교수가 집계한 각 책의 면수가 과연 정확한 것인지 의심이 들었다. 광해군 3년 정월부터 4월 5일 任叔英의 削科와 관련된 부분까지 나아갔다.

18 (월) 흐리고 오후에 부슬비
『감재일기』 광해군 3년 부분을 계속하여 읽어 4월 12일에 박여량이 사간원 헌납으로서 이언적·이황을 비판한 스승 정인홍을 위해 변호하는 啓辭를 올린 대목까지 나아갔다.

지난 주말에 경남문화연구원장인 사범대학 사회교육학과 지리전공의 김덕현 교수에게 부탁해 두었던 2005년도 경남문화연구원 정기학술대회의 발표 자료집 『경남 서부지역 고문헌의 소장현황—거창·합천·남해지역을 중심으로—』가 전달되어져 왔으므로, 퇴근 무렵에는 그 책의 앞부분을 좀 검토해 보았다.

19 (화) 맑음
어제 입수한 『경남 서부지역 고문헌의 소장 현황—거창·합천·남해지역을 중심으로—』에 대한 검토를 마치고서, 『감재일기』를 조금 더 나아갔다.

20 (수) 맑음

『감재일기』 광해군 즉위년부터 2년까지의 부분을 다시 한 번 훑어보았다.

21 (목) 맑음

『감재일기』는 컴퓨터를 통해 사진으로 읽기가 불편하므로, 구자익 군에게 부탁하여 오늘 오후 내가 부재중에 내 연구실로 와서 사진을 모두 A4용지에다 출력한 다음, 구내의 제본점에다 맡겨 두 권의 책으로 장정하게 했다.

23 (토) 맑음

오전 8시 무렵부터 이사가 시작되었다. 어두워진 후에 비로소 대충이사 작업을 마쳤다. 집 전체에서 가장 넓은 공간인 거실의 일부를 내서재로 삼았고, 아내는 주방 뒤편의 방 하나를 따로 자기 서재로 꾸몄다. 그러나 아직도 정리가 제대로 되지 않아 전체적으로 어수선한 점이 남아있다.

25 (월) 맑음

본교 남명학연구소로부터 사단법인 남명학연구원과 남명학연구소가 공동으로 간행한 『南冥學 關聯 文集 解題(Ⅰ)─南冥 從遊人 및 門人 一部一』(진주, 도서출판 述而, 2006년 7월 30일 초판)가 배부 되어져 왔으므로, 그 내용을 훑어보았다. 서두에 한문학과 이상필 교수가 집필한 43장 분량의 장편 『남명집』 해제가 실려 있는데, 그 제2·3절 부분에서 『남명집』 판본 문제에 관한 김윤수 씨와 나의 설을 비교 소개하면서 나의 설을 비판하고 전면적으로 김 씨의 주장을 지지하는 입장을 표명하고 있었다.

26 (화) 맑음

귀가 후 『조선의 문화공간』 제1책 가운데서 「인왕산 무계정사와 안평

대군의 꿈」「솔바람 소리가 맑은 성수침의 청송당」 부분을 읽었다.

27 (수) 맑음

인문학부 철학전공의 2박3일간에 걸친 전공답사가 시작되는 날이다. 이번 여행의 주제는 '안동의 정신과 문화'로서, 퇴계 및 그 문도의 유적지를 돌아보게 되어 있다. 오전 8시 반까지 인문대학 앞에서 집결하여 9시에 출발하기로 예정되어 있었으나, 9시가 넘어서야 떠날 수 있었다. 사학전공은 우리보다 조금 더 이른 시각에 출발하여 전북 및 충북 지역으로 답사여행을 갔다고 한다. 나는 사학과 측의 요구에 따라 이제부터 답사여행을 따로 떠나게 되었다는 소식을 들은 이래로 인문학부라는 명칭은 이제 더 이상 의미를 가질 수 없게 되었다고 보고서 그 이후에 새로 새긴 명함에서는 인문학부가 아닌 철학과 교수로 새겼다.

41인승 대절 버스에 교수 넷, 대학원생 넷, 4학년 철학전공 및 철학교직과정을 밟고 있는 학부생 32명을 합하여 빈 좌석이 하나도 없는 만원 상태였다. 남해 및 구마, 중앙고속도로를 경유하여 벼가 누렇게 익어 가는 들판을 달려 북쪽으로 나아갔다. 안동의 고속도로 휴게소에 들러 국밥으로 점심을 들고서 서안동에서 일반국도로 접어들어 먼저 예안면에 있는 光山金氏의 鳥川遺蹟地에 이르렀다. 鳥川七君子라고 일컬어지는 일곱 명의 퇴계문인을 배출한 집안의 가옥들인데 안동댐의 건설로 말미암아 수몰될 상황이라 이곳에다 옮겨 모아둔 것이다. 내가 오늘 出喪하는 영남대 사학과의 이수건 교수로부터 입수하여 이 바로 이웃에 위치한 한국국학진흥원에서 간행한 『한국유학사상대계』의 철학사상편 상권 제7장에다 기고한 남명 및 남명학파에 관한 글에서 처음으로 소개했던 『溪巖日錄』親筆稿의 주인인 金坽의 신도비와 그가 거주한 溪巖亭도 있었다. 학생들이 준비한 책자 중의 해당 부분을 읽고 난 다음, 내가 설명하는 순서로 답사가 진행되었다.

다음 순서로는 동남쪽으로 반대 방향 있는 풍산읍의 병산서원으로 향하였다. 거기에는 여자 해설사가 배치되어 있었으므로 晩對樓에 올라 그 설명을 듣고 내가 사상사적인 코멘트를 보태었다. 이어서 하회마을에 들러 柳成龍 계의 종택인 忠孝堂과 그 형인 柳雲龍 계의 종택으로서 이 마을 풍산유씨의 대종가인 養眞堂에 들렀다. 양진당을 끝으로 오늘의 답사 일정을 모두 마치고서, 이번 여행 이틀간의 숙소로 예약된 하회마을의 식당 겸 민박집인 추임새 파크라는 2층 양옥 건물로 이동하였다.

28 (목) 흐림

오전 8시에 숙소를 출발하여 먼저 청량산으로 향했다. 봉화 땅에 속한 청량산 입구에 이르렀다가, 김경수 군이 일행을 인도하고자 했던 청량산 聾巖종택의 유교문화원은 안동에 속한 것임을 알고서 차를 돌려 왔던 길을 되돌아왔다. 안동시 도산면 가송리 612번지에 있는 농암 李賢輔의 종택은 원래 도산서원 아래편에 있었던 것인데, 역시 수몰 관계로 근자에 이 자리로 옮겨온 것이다. 김경수 군이 남명학연구원의 사무국장을 맡아 있던 시절 그와 교분이 있었던 종손 李性源 씨를 만나서 이 씨의 안내를 받아 경내를 둘러보면서 설명을 들었다. 汾江서원이 현재 재건 중이었고, 내가 예전에 들른 바 있었던 愛日堂은 아직 이리로 옮겨오지 못했다고 한다. 서원 앞으로 낙동강의 본류가 흐르고 있었는데, 예전에는 그 강가로 도산서원에서 청량산을 오가는 길이 나 있어서 수많은 詩人墨客들이 그 풍경을 담은 작품들을 남겼다고 한다.

두 번째로는 안동시 도산면의 토계리에 있는 퇴계 종택에 들렀다. 나로서는 처음 가보는 퇴계 묘소와 퇴계의 유적인 養眞庵 터, 그리고 묘소 입구의 下溪 마을에 있는 퇴계 후손 이만도 등의 독립운동 기념비도 둘러보았다. 토계리를 떠나서는 다시 청량산 입구로 가서 청량산관리사무소 맞은편에 있는 식당에서 점심을 들었다. 다시 도산면으로 돌아오는 길에 온혜리의 퇴계 고향 마을에 들러 출생지인 胎室에 들렀다. 예전에 왔었을 때보다는 제법 잘 정비된 느낌이었다.

도산서원에 들러 문화유적해설사의 안내를 따라 경내를 두루 둘러본 다음, 거기서 2km 쯤 떨어진 곳에 있는 예안리의 한국국학진흥원에 들렀다. 그 뒤편에 국학박물관이 석 달 전부터 개관되어 예전에 연구동 건물 내의 전시실과 자료실에 있던 물건들이 모두 그리로 옮겨져 있었다. 거기서도 여성 안내원의 설명을 들으며 4층까지의 박물관 구내를 두루 둘러보았다. 견학을 마칠 무렵 김경수 군을 통해 사전에 연락해 두었던 국학자료부의 수석연구원 설석규 박사가 입구에 마중 나와 있었다. 그의 안내를 따라 교수 네 명과 대학원생 네 명이 연구동 2층의 부장실로 가서 커피를 마시며 대화를 나누었다.

예전에는 안동대학교 동양철학과의 교수들이 국학진흥원의 여러 부문 책임자로 되어 있었는데, 금년부터 그들은 모든 업무를 인계하고서 철수했으므로 수석연구원 중 가장 연장자인 설석규 박사가 현재 국학자료부 부장의 직책을 맡아 있는 모양이었다. 부장실에는 내가 발견한『孤臺日錄』의 번역물이 출력되어 탁자에 얹혀 있었다. 남명학연구원의 상임연구위원 다섯 명이 분담하여 이미 번역작업을 모두 마쳤으며, 서울에 있는 민족문화추진회 成百曉 씨의 감수를 받은 후 내년 중에 출판될 전망이라고 한다. 사단법인 남명학연구원과 본교 남명학연구소가 공동 명의로 출판한『남명학관련문집해제(Ⅰ)』은 연구비 지원기관인 한국학중앙연구원의 심사에서 불합격 판정을 받아 차후의 지원을 중단하기로 결정되었다는 소식도 거기서 처음으로 들었다. 설 박사는 남명학연구원의 상임연구위원을 겸임하고 있는 것이다.

안동시내로 돌아와 역전에서 안동대학교 동양철학과의 유일한 서양철학 담당 교수인 심상형 씨를 만나 안동시 용상동 454-9번지에 있는 잉어찜 원조 용상가든이라는 식당으로 이동하여 잉어찜으로 저녁 식사를 대접받았다. 밤늦게 숙소인 하회마을 입구의 추임새파크로 돌아와서는 학부생 및 대학원생들과 어울려 다음날 오전 3시 40분 무렵까지 술을 마셨다.

29 (금) 맑음
답사 셋째 날인 오늘은 먼저 안동시 西後面 金溪里 856번지에 있는 의 성김씨 鶴峰종택에 들렀다. 본교 사범대학에 근무하고 있는 후손인 김덕현 교수를 통해 사전에 연락해 두었으므로, 종손을 비롯한 세 명의 노인이 종택 대문 밖까지 나와 우리를 기다리고 있었다. 그 중 한 명으로서 여기가 근무처인 金龍洙 씨가 유물관인 雲章閣 및 종택 내부로 우리를 안내하여 친절하게 설명해 주었다.

학봉종택을 떠나서는 鳳停寺로 향했다. 나로서는 세 번째로 이 절에 와보는 셈이다. 남자해설사의 설명을 듣고서 경내의 古건축물을 두루 둘러본 다음, 영화 '달마가 동쪽으로 간 까닭' '동승'을 촬영한 장소인 딸린 암자의 마루에 앉아 기념사진을 촬영하기도 했다.

봉정사를 끝으로 예정된 답사 일정을 모두 마치고서 돌아오는 길에, 김경수 군의 제의에 따라 안동 지방의 명물 중 하나이며 제비院미륵불로서 더욱 잘 알려진 泥川洞석불상에 들렀다. 거기에도 여성 해설사가 배치되어져 있어 마애불과 제비 전설에 얽힌 이야기 등을 들려주었다.

10월

1 (일) 맑음
『씨올의 소리』사로부터 위촉받은 글 「인문학은 위기인가」를 입력하기 시작하여 200자 원고지 7매의 분량까지 나아갔다.

3 (화) 맑음
「인문학은 위기인가」의 입력을 계속하여 13.3매의 분량까지 나아갔다.

5 (목) 맑음
「인문학은 위기인가」의 입력 작업을 계속하여 저녁 무렵에 마침내 끝냈다. 200자 원고지 29.8매의 분량이었다. 지난번『씨올의 소리』사무국의 박영자 씨로부터 30매 내외로 써 달라는 요청을 받았던 것이다.

6 (금) 맑음, 추석

설날이라 오전 중 처가로 갔다. 장모님께 절을 하고 두 처남 및 처남댁들과 맞절을 나눈 뒤 처남 댁 자녀들로부터 절을 받고서 아내와 나는 각각 한 사람당 만 원씩의 돈을 나누어주었다.

이른 점심을 들고서 장인의 산소에 참배하러 갔다. 처남들은 먼저 진주시 집현면 봉강리의 뒷산에 흩어져 있는 조부모 산소로 가고 나도 장모님과 아내 및 처남댁을 장인 묘소에 태워다 준 후 봉강리로 가서 처남들을 만나 산보삼아 장인의 부모 묘소까지 따라가 볼 작정이었지만, 사위는 가는 법이 아니라 하므로 그냥 그들이 올 때까지 집현면 지내리에 있는 장인의 산소에서 머무르게 되었다. 2001년 1월 6일에 장인이 돌아가시고서 49재까지 마친 후로는 아마도 장인 묘소에 처음으로 와 본 듯하다. 장인 묘소에는 그새 石物들이 완성되어져 있었는데, 아직 살아계신 장모의 무덤도 장인 묘소 옆에 만들어져 있고, 묘소 옆에는 묘표도 세워져 있었다. 그런데 그 비문은 예전에 내가 장모님의 요청에 따라 지은 것과는 전혀 딴판인데도 불구하고 사위인 내가 큰처남 황성이의 요청에 따라 지은 것으로 새겨져 있었다.

그 비문 내용을 두 번 읽어보았는데, 한문 투의 국한문혼용체로서 시종일관 상투적인 문구로 점철된 것이었다. 장모님께 물어보았더니, 내 글을 토대로 하여 비문의 글씨를 쓴 梁 아무개라는 사람에게 돈을 따로 지불하고서 위촉하여 지은 것이라고 한다. 게다가 비석의 앞면에는 장인의 이름이 우리가 아무도 모르는 安周根으로 새겨져 있었고, 비문의 첫머리에 '一名 學龍'이라고 하였다. 장모는 그 점에 대해 지은 사람이 족보를 가져오라고 하여 갖다 주었는데, 족보에는 그런 이름으로 되어 있다는 것이었다. 내가 지은 장인의 비문은 아무라도 이해할 수 있는 현대어로서 가능한 한 간결하게 사실만을 적었다. 당시에는 처가의 족보를 보지 못했으므로 장인의 선대에 대해 알 수도 없었거니와, 오늘날의 비문에는 본관 정도를 밝히면 될 것이라고 보아 별로 저명하지 못한 선대의 이름을 꼭 적어야할 필요를 느끼지도 않았다. 그런데 이 비문에는 安珦 이하

선대에 대한 설명이 나열되어 있었는데, 어쩌면 내 글에 그런 내용이 빠진 것을 큰 흠으로 생각했을지도 모르겠다.

새겨진 비문 중에는 글자가 틀린 곳도 있고, 한문의 문리에 맞지 않는 부분도 있었다. 내가 비문을 지어준 후 비석이 세워졌는지를 장모께 몇 차례 물은 바 있었는데, 그 때마다 장모는 돈이 부족하여 차후로 미루었다는 식으로 대답하고 있었다. 그런데 이제 보니 내가 정성을 다해 지은 장인의 비문(書記官農村指導所長安公墓碑)을 폐기하고서 아무것도 아닌 사람의 통속적인 글을 돈으로 사서 내 이름으로 새긴 것이었다. 무덤 바로 앞에 세워진 돌에는 장인이 받은 녹조근정훈장과 장모의 훈장이 큼직한 그림으로 나란하게 새겨져 있었다. 불쾌한데다 처남들이 조부모 산소의 성묘를 마치고서 그리로 올 때까지 기다리기도 지루하여 그냥 돌아가겠다고 말하고서 혼자서 논둑길을 걸어오니 아내도 같이 간다면서 뒤따라왔다. 아내와는 집에 도착할 때까지 한 마디의 대화도 나누지 않았다.

오후에 「인문학은 위기인가」를 퇴고하여 오후 6시 27분에 『씨올의 소리』 사무국의 박영자 씨에게 이메일 첨부파일의 형태로 송부하였다. 총 31매의 분량이었다.

書記官農村指導所長安公墓碑

公의 諱는 學龍이며, 1927년 5월 1일 順興安氏 集姓村인 集賢面 鳳降里에서 태어났다. 집현초등학교를 13회로 졸업하고서 晋州農高를 거쳐 56년 3월에 慶尙大學校 農科大學을 졸업하였다. 그 해 6월부터 다음해 10월까지 晋陽郡 産業課, 57년 10월부터 60년 11월까지 慶尙南道 農事院 敎導課에 근무하였고, 60년부터 70년에 이르기까지 山淸·宜寧·梁山郡, 鎭海·晋州市의 指導所長, 71년부터 86년까지 晋陽·居昌·山淸·泗川郡의 指導所長을 역임하였으며, 86년부터 88년의 停年에 이르기까지 南海郡 農村指導所長을 지냈다. 32년이란 公職生活의 기간 동안 市郡의 책임자로서만 28년을 보냈으니, 綠色革命의 旗手

로서 농민의 생활향상을 위해 바친 한평생이었다고 할 수 있으며, 그 공로로 綠條勤政勳章을 수여 받았다. 晉州市에 살다가 2001년 1월 6일에 74세로 卒하였다. 公은 용모와 성품이 端正하여 평소 언행에 흐트러짐이 없었고, 젊은 시절에는 술 담배를 하였으나 일찍 그것을 끊은 이후로 다시는 입에 대지 않았다. 자녀들에게 자주 들려주던 말은 有備無患으로서 몸소 그것을 실천하였다. 晋陽姜氏 命垛와 결혼하여 2男2女를 두었는데, 長女 晃欄은 理學博士로서 慶尚大學校 醫科大學 看護學科 教授이며, 長男 晃成, 次女 晃珠, 次男 晃光이 있다. 晃欄은 吳二煥과의 사이에 딸 懷玉을 두었고, 晃成은 朴善姬와의 사이에 아들 珉國 딸 叡恩을, 晃珠는 黃桂成과의 사이에 아들 祥鎬·圭皓를, 晃光은 張沃姬와의 사이에 아들 珉佑를 두었다.

2001년 1월 16일
사위 京都大學博士(文學) 慶尚大學校 人文學部 教授 吳二煥 지음

10 (화) 맑았다가 저녁 무렵 흐림
『씨울의 소리』 사무국의 박영자 씨로부터 내 원고를 잘 받았다는 이메일 회신이 왔다.

11 (수) 맑으나 저녁 무렵 흐림
『感齋日記』 광해군 3년 4월 12일 조를 읽었다.
경북대학교 퇴계연구소로부터 『퇴계학과 한국문화』 제39호(2006.8)가 우송되어져 왔으므로, 거기에 실린 이 대학 국문학과 정우락 교수의 논문 「정인홍의 비평정신과 창작의 실제」를 좀 훑어보았다.

12 (목) 맑음
『감재일기』 광해군 3년 4월조를 계속하여 읽었다.

13 (금) 맑음

『감재일기』 광해군 3년 조를 계속하여 읽었다.

14 (토) 맑음

『감재일기』 광해군 3년 조를 계속하여 읽으며 카드화하여 6월 20일 조까지 나아갔다. 두 번째 책을 거의 다 읽은 셈이다.

17 (화) 흐림

朴汝樑 친필의 『感齋日記』를 그의 문집인 『感樹齋集』의 내용과 대조해 보았고, 『감재일기』 제1책 무신·기유·경술년 분을 훑어 읽으며 카드화 하였다. 이 문헌에 대한 첫 보고서를 쓴 이상필 씨는 『감재일기』에 대해 "160장 1책과 56장 1책 등 모두 2책이며, 행초서로 쓰여졌다."고 적었다. 그러나 내가 오늘 각 쪽마다 번호를 매겨가며 확인한 바로는 표지를 제 외한 쪽수는 무신·기유·경술년 분의 제1책이 136장, 신해년 분의 제2책 이 52장이었다. 연보에 의하면, 박여량은 명종 9년(1554)에 함양 동부 加省村에서 태어나 광해군 즉위년 11월 22일 55세 때부터 58세인 광해군 3년(1611) 7월 24일까지의 일기를 남겼는데, 그는 광해군 3년 9월 2일에 숙환으로 서울에서 죽은 다음, 그 해 11월에 영구가 고향인 가성촌으로 운반되어져 왔고, 12월에 선산인 桃川에 묻혔다. 感樹齋란 堂號는 그가 도천의 선영 아래에다 지은 집의 편액에서 유래한 것으로서, 죽은 부모 를 사모하는 뜻을 담은 것이다. 기유년 3월 18일자의 일기를 통해 그 해에 진주·김해·삼가에 있는 남명의 세 서원이 사액된 것은 동부승지 이이첨의 건의에 의한 것이었음을 확인하였고, 그의 문집 권6에 수록된 「頭流山日錄」도 경술 9월 이후의 일기에서 옮긴 것이라는 점, 그리고 후 세에 한강 문인으로서 알려진 知足堂 朴明榑가 내암 문인인 박여량·鄭慶 雲과 더불어 지리산 여행에 동행하였음을 확인하였다.

18 (수) 맑음

『감재일기』 첫째 권을 다시 검토하기 시작하여 기유년 8월말 부분까지 나아갔다.

19 (목) 맑음

『감재일기』 제1책에 대한 검토를 대충 마쳤다.

21 (토) 맑음

느지막하게 일어나, 오후 내내 논문 작업을 하여 151.2장의 분량까지 나아갔다. 『감재일기』와 관련된 내용을 추가하였다.

22 (일) 비

모처럼 비가 내리는지라 종일 집안에 머물러서 논문 작업을 했다. 『감재일기』를 통한 보완 작업을 계속하여 157.2장의 분량까지 나아갔다.

24 (화) 맑음

논문 작업을 계속하여 『辨誣』의 내용을 추가해 164장까지 나아갔다.

25 (수) 맑음

논문 작업을 계속하여 165.4장까지 나아갔다. 고려하고 있는 정기간행물의 금년 하반기 논문 투고 마감 시기에 대해 확인해 보았더니, 본교 『남명학연구』의 경우에는 투고 시한이 11월 15일이고 서울대 『철학사상』은 12월 1일에 간행하는 것으로 되어 있었다. 그러므로 서울대 쪽은 이미 늦었고 본교 쪽도 남은 기간이 얼마 되지 않으므로, 현재 작성하고 있는 「全恩과 討逆의 논리」를 두 편으로 나누어서, 이미 거의 마무리된 제3장까지를 제1부로 삼아 먼저 발표하고 제2부는 내년 상반기쯤에 발표하는 것으로 계획을 수정할 수밖에 없다고 판단했다. 지금까지 작성된 분량으로 보아서도 그렇게 하지 않을 수 없는 듯하다.

서울의 천안문서점으로부터 며칠 전에 주문해 둔 陳迎年 著『感應與心物—牟宗三哲學批判』(上海三聯書店, 2005)과 彭林 主編『中國經學』第1輯(桂林, 廣西師範大學出版社, 2005)이 우송되어져 왔으므로, 그 내용을 훑어보았다. 전자는 上海 復旦大學의 박사학위논문을 출판한 것으로서, 내가 臺灣大學 유학시절에 강의를 듣고 사택에도 가 본 적이 있는 新儒家의 대표적 학자 牟宗三 교수의 철학 체계를 비판한 것이고, 후자는 본교 H 교수와의 친분으로 말미암아 나도 진주에서 몇 번 만난 적이 있는 北京 淸華大學 歷史系의 彭林 교수가 중심이 되어 창간한 학술지인데, 역시 나와 인연이 깊은 京都大學 中國哲學史 연구실의 주임인 池田秀三 교수도 10인의 편집위원 중 한 사람으로서 참여해 있었다.

26 (목) 흐리고 저녁 무렵 부슬비
이미 입력해 둔 논문 끝부분의 수정 보완 작업을 계속하여 166.4매까지 나아갔다.

27 (금) 맑음
논문 가운데서『변무』와 관련된 내용을 수정 보완하는 작업을 마쳤다. 이로써 일단 본문의 작성은 모두 마친 셈이다. 166.6장이었다.

28 (토) 맑음
밤에 사단법인 함석헌 기념사업회로부터 내가 쓴 글「인문학은 위기인가」가 포함된 격월간 잡지『씨올의 소리』2006년 9·10월호(통권 제192호) 30부가 특급 택배로 부쳐져 왔다.

30 (월) 맑음
엊그제 도착한『씨올의 소리』를 조교에게 주어 인문대학 각 학과와 교수들에게 나누어 주도록 했다. 내게는 한 부만 남았다.

11월

1 (수) 맑음

논문 작업을 계속하여 목차를 추가하고, 남명학연구소의 원고작성요령에 따라 참고문헌과 본문을 수정 퇴고하는 작업에 들어갔다. 총 168.4매의 분량이 되었다.

2 (목) 맑음

종일 작업하여 본문의 수정을 마쳤다. 총 170장이 되었다.

3 (금) 맑음

논문 작업을 하여 국문 초록과 키워드 작성을 마치고서, 그것을 영문으로 옮기기 시작하였다.

4 (토) 흐림

논문의 끄트머리 부분에 한 단락을 추가하여 총 170.6장이 되었다.

6 (월) 맑음

퇴근할 무렵까지 일단 새 논문의 영문 초록 및 키워드 작성을 마쳤다. 그 분량은 15.7장이었다.

7 (화) 맑음

한국학술진흥재단에서 2006년 하반기 기초연구과제 인문사회분야 단독연구 예비선정결과를 발표했는데, 내가 신청했던 「일제 시기의 덕천서원」은 선정되지 않았다.

영문 요지의 작성을 완료하고서 영문과 백승진 교수에게 검토를 의뢰해 두었다. 남명학연구소에 연락하여 논문투고신청서를 이메일로 받아 작성해 두었다.

8 (수) 맑음

영문과 백승진 선생으로부터 내 새 논문의 영문초록 검토한 것을 돌려받고서 그것에 따라 수정을 가한 후 국문과 영문 초록 및 키워드를 각각 본문의 해당 위치에다 삽입해 넣고서 전체를 다시금 퇴고하는 작업을 계속했다. 초록을 포함한 전체 분량은 200자 원고지 188장이 되었다.

9 (목) 맑음

마침내 「全恩과 討逆의 논리 (1)」을 탈고하여 본교 남명학연구소가 발행하는 『남명학연구』 제22집에 싣기 위해 논문투고신청서와 함께 오전 9시 57분에 이메일로 발송했다.

그 직후 10시 13분에 서울 마포구 연남동 충무빌딩 1층에 있는 박영률출판사의 편집장 정경아 씨에게 이메일을 보내 지난 8월 25일에 의뢰받은 바 있는 고전천줄읽기-『남명집』의 편역 작업을 이제부터 착수할 수 있음을 알리고 그 집필요강을 보내줄 것을 당부했다. 얼마 후 정경아 씨와 통화하였는데, 이 달 20일 경에 원고작성요령을 완성하여 보내주겠다는 말과 함께 금년 연말까지 탈고해 보내주면 내년 2월 중에 책이 간행될 수 있다는 설명을 들었다. 8월말에 받은 〈고전 1000줄 읽기〉의 편집계획에 의하면, 한 건 당 원고 분량이 200자 원고지로 300~500매 (A4용지로 약 40~60매) 정도이므로 집필기간은 10~50일 정도로 예상하고 있는 모양이다. 그러므로 다음 논문 작업에 착수하기 전에 먼저 이것부터 마쳐두고자 하는 것이다.

『남명집』의 편역 작업에 착수하여 일단 저자 및 편자 소개 부분의 입력을 마쳤는데, 3.6장의 분량이었다.

퇴근 후 『씨올의 소리』 사무국의 박영자 씨로부터 전화 연락을 받았다. 근자에 출판된 내 글 「인문학은 위기인가」의 원고료 12만 원을 보내주겠다면서 통장번호와 주민등록번호를 알려달라는 용건이었다.

10 (금) 맑음

　점심 때 배석원 교수를 따라 진주시 하대동 306-28호에 있는 통영굴밥이라는 식당으로 가서 함께 점심을 든 다음, 그 근처의 하대현대아파트 분산상가 지하실에 있는 배 교수의 진주철학문화원에 들러보았다. 이는 내가 미국에 있었던 당시 창립되어 한동안 진주 지역의 매스컴 등에 두루 보도되었던 것이다. 배 교수는 제주대학교 철학과에서 행하고 있는 이런 유의 대중적 철학운동에서 자극을 받아 몇 년 후로 다가온 자신의 정년 이후를 대비하여 만든 모양이다. 그 전에는 남명학연구원 건물을 빌어 이와 비슷한 대중철학 운동을 시도해 보다가 실패한 적이 있었으며, 이것도 작년까지는 본교 철학과 대학원생이나 철학계의 친분 있는 교수들을 청해 와서 특강을 행하기도 했었던 것인데, 지금은 주로 혼자서 한 주에 한 번 정도 4~5명 정도의 회원을 대상으로 세미나 같은 것을 행하고 있는 모양이다. 짐작컨대, 그가 새한철학회 회장으로 있던 시기에 본교에서 전국철학자대회를 개최하여 천만 원이 넘는 흑자를 낸 바가 있었는데, 그 돈을 자신이 보관하고 있다가 이런 일을 시도해 보는 것이 아닌가 싶다.

　진주철학문화원에서 본교 한문학과의 최석기 교수가 지은『나의 남명학 읽기—남명사상의 현대적 의미—』(서울, 景仁문화사, 2005)를 빌려와 연구실에서 그 내용을 살펴보았다. 이는 본교 남명학연구소가 간행하는 남명학교양총서 시리즈의 첫째 권으로서 출판된 것이다. 금년에는 그 두 번째로서 한문학과 윤호진 교수가『남명의 인간관계』라는 책을 출판했으며, 이어서 제3권으로 H『남명의 한시선』, 장원철『남명의 산문선』, 안동준『남명에 대한 설화』, 최석기『남명과 지리산』, 이상필『남명과 16세기 사림』등의 책들이 기획되어져 있다. 현재로서는 남명 문인들까지 포함하여 모두 16권이 계획되어져 있는데, 그 중 국어교육과의 안동준 교수나 미정인 경우를 제외하면 집필자는 모두 본교 한문학과 교수들이다.

　그들 중 H·이상필·윤호진·최석기 교수 및 본교 한문학과 출신의 강

정화 박사는 오늘부터 내일까지 이틀간에 걸쳐 北京대학에서 개최되는 '동아시아 학술과 남명학'이라는 주제의 2006년 남명학 국제학술대회에 발표자 또는 토론자로서 참석해 있으며, 나와 친분이 있었던 北京사범대학의 劉廣和 교수(이전에는 중국인민대학 소속)도 오늘 거기서 「南冥·退溪詩韻和朝鮮文學語音」이라는 주제의 논문을 발표하는 것으로 되어 있다. 이 행사는 서울대 철학과 이남영 교수의 정년퇴임 이후 송재소 교수가 회장직을 맡아 있는 남명학회 및 北京대학 한국학연구중심과의 공동주최 형식으로 되어 있다. H·최석기 씨는 일찍이 송재소 교수가 정약용의 한시를 주제로 한 박사학위논문을 단행본으로 출판할 때 그 책 부록으로서 첨부된 『俟庵先生年譜』를 둘이서 공동번역 한 바 있었다.

『남명집』의 편역 작업을 계속하여 8장의 분량까지 나아갔다.

13 (월) 맑음
『남명집』의 편역 작업을 계속하여 22.4매까지 나아갔다.

14 (화) 맑음
『남명집』의 편역 작업을 계속하여 詩 부분을 마치고서 賦에 들어갔다. 분량은 200자 원고지 36.5매에 이르렀다.

15 (수) 맑음
『남명집』 편역 작업을 계속하여 「原泉賦」를 거의 마쳤는데, 총 50.4장이 되었다.

16 (목) 맑음
『남명집』 편역 작업은 「原泉賦」를 마치고서 「民巖賦」로 들어갔는데, 모두 59.7장의 분량에 이르렀다.

17 (금) 맑음

「민암부」의 번역을 마쳐 총 89.3장의 분량에 이르렀다.

18 (토) 오전 중 흐렸다가 개임

본교 인문대학 2006년도 교수친목회 야유회가 있는 날이라 토요일임에도 불구하고 평소처럼 학교로 갔다. 오전 9시 15분 무렵에 사회대학 앞에서 대절 버스 한 대로 출발하여 대진고속도로를 경유하여 함양군 안의면의 黃石山城으로 향하였다.

안의에서 26번 국도를 따라 화림계곡을 경유하여 육십령·장계 방향으로 나아가다가 거연정·군자정이 있는 西下面 봉전리에서 산길로 다소 올라간 다음 우전 마을에서 하차하여 등산을 시작하였다. 중문과의 권호종 교수가 그 학과 소속의 외국인 교수로서 금년 9월 1일부터 1년간 근무하게 된 중국인 교수를 한 명 데려왔는데, 권 교수는 등산 도중의 지점에서 하산하여 부인과 아이들이 있는 강원도 제천으로 향하게 되므로, 중국어를 할 수 있는 내가 그 중국인 교수와 함께 다니게 되었다. 그는 山東省의 靑島大學 문학원 중문과에서 魏晋남북조 문학을 전공하는 30대 후반의 王今暉 부교수인데, 黑龍江省 海倫 출신으로서 그 省에서 사범대학을 졸업한 후 山東대학에서 대학원 과정을 밟아 박사학위를 취득한 사람이었다. 부인도 같은 대학에서 중국 현대문학을 가르치는데, 北京사범대학 박사과정을 수료하고서 현재는 靑島로 돌아와 학위논문을 준비하고 있으며, 슬하에 자식은 없다고 했다.

20 (월) 맑음

지난주 금요일에 사단법인 남명학연구원으로부터 전 주소인 럭키아파트로 발송되어져 온 김충렬 교수의 저서 『남명 조식의 학문과 선비정신—다시 울린 千石鍾』(서울, 예문서원, 2006, 한국철학총서 25)의 내용을 훑어보았다. 김 교수는 근자에 지난 20년 동안 맡아 왔던 남명학연구원장의 직을 사임하였는데, 이 책은 그동안에 발표해 온 남명에 관한 그의 연구 성과를 모은 것이다. 서두의 「책을 펴내며—남명 조식의 학문, 사상, 정신 연구 선양」은 일종의 회고록인데, 김 교수의 글들이 대부분 그렇듯이 이 내용도 과거에 발표했던 글을 수정 보완한 것이다. 그 중에서 남명학연구원 설립 당시의 상황과 관련하여 나에 대해 이렇게 언급하고 있다.

처음에는 사무실도 없고 직원도 없어서 부산교통사무실에서 曺圭錫(조옥환 사장의 장조카) 부장이 관계 사무를 보아 주는 형편이었다. 그러나 이때에 연구원 학술 연구에 기초가 되는 작업을 착실히 진행했으니, 무엇보다도 우선 경남 일대 남명연원가들이 가지고 있는 문집, 자료를 수집하여 영인을 하는 일이었다. 이 작업은 경상대학 철학과의 오이환 교수가 맡아 고생을 했다. 이 때 사무실은 없으면서도 복사기는 절대 필요하므로 조옥환 사장이 마련해 주시고 경비도 부담하셨다. 그 때 오이환 교수가 이 작업을 성공시키지 못했다면 남명학연구원의 학술 업적은 나올 수 없었다. 필자는 그저 원장이란 이름만 걸어 놓았지 별로 한 일은 없으니 내실의 공은 온전히 오이환 교수에게 돌려야 한다. 이 회고록을 쓰면서 다시 한 번 오이환 교수에게 감사를 드린다. (35쪽)

혼자서 학교 뒷산의 풀코스를 산책하여 연구실로 돌아온 후, 오후에는 『남명집』의 편역 작업을 계속하여 賦 부분을 마치고서 銘으로 들어갔다. 109.2장의 분량에 이르렀다.

21 (화) 맑음
『남명집』의 편역 작업을 계속하여 122.4장까지 나아갔다.

22 (수) 흐림
『남명집』 편역 작업을 계속하여 書(편지) 부분 126.7장까지 나아갔다.

23 (목) 흐림

『남명집』 편역 작업은 136.5장까지 나아갔다.

24 (금) 대체로 흐림

『남명집』書 부분의 편역 작업을 계속하여 145.5매까지 나아갔다.

27 (월) 비

종일 『남명집』의 편역 작업을 계속하여 161.6장까지 나아갔다.

28 (화) 흐리고 낮 한때 부슬비

『남명집』의 편역 작업을 계속하여 164.6장까지 나아갔다.

30 (목) 맑음

이능화의 『조선도교사』를 다룬 이번 학기 일반대학원 수업을 종강하였다.

12월

1 (금) 맑음

조규태 교수가 나의 요청에 따라 보내준 曺圭泰 편 『우리가문의 내력』(진주, 昌寧曺氏侍中公派宗親會, 1995)을 훑어보았다. 조 교수는 문중 일에 관심이 많아 종친회의 총무를 맡고 있으며, 1989년에 있었던 시랑공 이하 3대의 壇所 건립과 1991년의 파보 출판, 그리고 이것과 같은 홍보책자 출판 사업에 이르기까지 주도적으로 관여해 왔다. 시랑공파 출신 가운데서 가장 두드러진 인물은 대사헌공 曺淑沂와 그 아들인 판서공 曺潤孫인데, 조윤손은 후에 晦齋 李彦迪의 아들이 된 李全仁이 曺玉剛이라는 이름을 가지고 있었을 당시 부친이었고, 全仁이 조 씨 문중을 떠나 이 씨 집안으로 가게 된 데는 남명이 깊이 관여하였으므로, 내가 조 교수에게 이 자료를 요청했던 것이었다.

4 (월) 맑으나 추움

교육대학원의 동양철학사특론을 종강했다. 이로써 이번 학기 교실수업은 모두 마친 셈이다. 일반대학원의 한국도교연구에서는 李能和의 『朝鮮道敎史』 제21장 '朝鮮丹學派' 중 제2절 '金時習'의 『梅月堂集』 '龍虎'까지 읽었고, 동양철학사특론에서는 班固의 『白虎通義』 「王者不臣」 편까지를 읽었다.

다음 학기 학부 강의의 교재로서 고려하고 있는 皮錫瑞 著 『經學歷史』는 예전에도 한 번 다룬 적이 있었던 모양인데, 그 때는 전국 말기의 孟子 부분까지만 읽었었다. 새로 읽는다면 秦의 통일 이후부터가 될 것이다. 이 책 대신에 十三經注疏 중 아직 읽지 못한 『孝經』과 『爾雅』를 다룰 것도 고려해 보고 있다.

5 (화) 맑음

인터넷을 통해 다음 학기의 강의와 관련된 문헌들을 조사해 보았다. 구자익 군을 중앙도서관과 남명학연구소의 文泉閣으로 보내 皮錫瑞 著, 李鴻鎭 譯, 『中國經學史』와 『續修四庫全書』(上海古籍出版社, 1995) 150 經部 春秋類에 수록된 凌曙 撰 『春秋繁露注』와 蘇輿 撰 『春秋繁露義證』을 대출해 왔고, 구내서점에다 董仲舒의 『춘추번로』를 서울대 철학과 후배인 성균관대 신정근 교수가 번역한 『춘추: 역사해석학』(서울, 태학사, 2006)을 한 권 주문해 두었다. 『춘추번로』는 다음 학기 일반대학원에서 다룰 예정이다.

7 (목) 비

새벽에 기상한 후 남명학연구소로부터 보내져온 '논문투고 게재 결과 통보'라는 제목의 이메일을 접했는데, 내가 투고한 「全恩과 討逆의 논리

(1)」이 12월 30일에 발행되는 『남명학연구』 제22집에 게재할 수 없게 되었다는 내용이었다. H 소장의 설명에 의하면 게재를 희망하는 논문이 폭주하여 지면의 한계상 논문심사결과에 따르다 보니 그렇게 되었다는 것이었다. 무기명으로 된 세 사람의 심사 소견이 첨부되어져 있는데, 그들이 공통적으로 지적한 것은 이 논문이 동일한 주제를 쪼갠 것의 첫 부분이어서 한 편의 독립된 논문으로 완결되지 않았으며, 제목에 표시된 주제와는 상관없는 晦退辨斥에 관한 부분이 상당한 비중을 차지하고 있다는 것이다.

내가 30년 가까운 학자 생활을 통해 논문을 기고하여 게재가 거부된 것은 자신의 기억으로서는 이번이 처음이다. 근자에 미국에서 학회 발표를 신청한 단계에서 수락되지 않은 경우는 발표요지만 보냈던 것이었다. 지금까지 내가 발표해 온 남명학 관계논문들은 대부분 장편이었는데, 당시에는 내가 깊이 관여한 사단법인 남명학연구원의 기관지나 관계 간행물에 발표한 경우가 많았으므로 별로 문제될 것이 없었다. 그러나 『남명학연구논총』이 한국학술진흥재단의 등재후보 및 등재지에 선정되지 못해 이미 폐간되었으므로, 이번 경우에는 대부분의 학회들이 요구하는 200자 원고지 150매 내외의 기준에 맞추고 또한 발행 일자를 고려하다 보니 작성 도중에 한 논문을 전·후로 나누어서 발표하기로 작정한 것이었다. 그러한 사례가 전혀 없는 것은 아니지만, 남명학연구소는 본교에 소속된 것이라 해도 나와 적대감정이 있는 한문학과 교수들이 주관하는 것이므로 이런 결과가 된 것이라고 본다.

8 (금) 대체로 부슬비

오전 중 정수기에서 차 끓일 물을 받아오기 위해 인문대 교수휴게실에 들렀다가 전임 학장인 국문과의 황병순 교수를 만나 그로부터 사단법인 남명학연구원과 관련한 소식을 들었다. 이 단체의 실질적인 설립자이며 주된 후원자인 부산교통의 조옥환 사장은 이미 자신의 나이가 많고 후계자가 될 아들이 선조를 현창하는 이런 사업에 별로 관심을 갖지도 않은지라, 이 사업의 지속성을 위해 선비문화재단이라는 것을 창립할 준비를 추진하고 있다고 한다. 그는 경북대학교 퇴계연구소(한국국학진흥원?)의 사례로부터 이러한 힌트를 얻었다는데, 그 내용은 경상남도와 정부로부터 250억 정도의 예산 지원을 받고 자신도 기금을 출연하여 재단법인 선비문화재단을 설립함과 더불어 사단법인 남명학연구원은 해산할 생각이라고 한다. 본교의 전 총장인 서영배 씨가 대표로 나서 정부 측과 협의하고 있는데, 현재로서는 그 정도의 국가 예산을 얻어오는 문제가 쉽지 않다는 것이었다. 황 교수는 이 소식을 국문과 출신의 제자인 ≪경남일보≫ 문화부의 강동욱 기자로부터 들었다고 했다.

점심 때 국어교육과의 조규태 교수와 더불어 풀코스를 산책했다. 근래 1년 정도 나의 주된 산책 파트너였던 농경제학과의 김병택 교수는 이즈음 웬일인지 동행하는 때가 별로 없고, 그 대신 본교의 전임 교수회장인 조규태 씨가 그 빈자리를 채우고 있다. 조 교수는 H 소장 등 본교 남명학연구소 측 사람들과도 친분이 두텁다. 내가 투고한 논문이『남명학연구』 제22집에 실리지 못하게 된 사정과 심사 의견서의 내용을 설명했더니, 그런 이유라면 당연하다면서 분량이 얼마나 많아질지라도 논문 전체를 완성한 후에 H 교수와 한 번 상의해 보라고 말하였다.

11 (월) 맑음

오전 중 교육대학원 철학교육전공의 여학생 두 명이 연구실로 찾아왔다. 현재 1학년인 강영옥 양은 내년 1학기에 내가 담당하는 과목인 한국철학사특론을 처음으로 수강하기 때문에 2학년생 박인정 양이 대동하여 사전에 인사차 방문해 온 것이다. 두 사람 다 본교 철학과 86학번이라고 하며 논술 관계의 강사로 일하고 있는데, 각각 두 아이의 어머니들이다. 그들의 뜻에 따라 다음 학기에는 내 글도 실린 한국국학진흥원 편『한국유학사상대계』철학사상편 상·하권의 내용을 가지고서 매 주 발표 토론하는 식의 수업을 하기로 했다.

12 (화) 맑음

금년 6월에 간행된 「선조 시기의 정인홍」을 가지고서 2006년도 연구
활성화장려금을 신청하였고, 또한 같은 논문을 연구년제연구교수 연구
실적물로서 제출하였다. 나의 2005년도 연구년의 과제명은 「全恩과 討逆
의 논리」이며, 연구기간이 종료된 2006년 8월 31일로부터 1년 이내에
그 실적물을 제출하도록 되어 있다. 그러나 같은 제목으로 된 첫 번째
논문이 최근 본교 남명학연구소에 의해 등재 거부되었고, 또한 근자에
산책 중 조규태 교수로부터 들은 바에 의하면, 연구년제 연구 성과는
본교에서 자체적으로 관리하게 되어 있지만 실제로는 맡아서 관리하는
사람이 없기 때문에 제목이 그다지 중요하지 않을 뿐 아니라 심지어는
제출하지 않는 사람도 많다는 것이므로, 이 연구를 위한 첫 단계로서
금년 6월에 발표된 논문으로써 대체하기로 마음먹었다.

13 (수) 대체로 비

오후에 본교 연구지원실로부터 전화를 받았다. 내가 제출한 연구년제
연구 성과가 연구계획서에 적힌 제목과 다를 뿐 아니라, 규정된 謝辭도
없는 점에 대해 물어왔다. 사실대로 설명하여, 원래는 논문 한 편을 쓸
예정이었지만 정인홍의 정치적 생애에 관한 포괄적인 연구로 목표 범위
를 넓혀 잡았으며, 우선 그 전 단계로서 선조 시기까지를 다룬 것이 제출
된 논문이라는 것, 본 주제가 될 광해군 시기의 것은 분량이 너무 많아
이미 작성된 180매 정도의 것만으로써 「전은과 토역의 논리 (1)」이라는
제목으로 『남명학연구』에다 발표하고자 했지만 수락되지 않았으며, 앞
으로 적당한 지면을 찾아 언젠가는 완성된 논문을 발표할 것이라고 말했
다. 그랬더니 알았다면서 내가 제출한 연구계획서와 이번에 제출한 「선
조 시기의 정인홍」을 合綴하여 보관해 두겠다고 했다. 이로써 연구년제
연구실적물 건은 일단락 된 셈이다.

22 (금) 맑음, 동지

어제 남명학연구원으로부터 우송되어져 온 남명학연구원 엮음 『남명사상의 재조명』(서울, 예문서원, 2006)의 내용을 훑어보았다. 이는 연구원의 기관지이지만 한국학술진흥재단의 등재후보지로 선정되지 못한 『남명학연구논총』을 폐간하기로 결정하면서 그 대신 이미 발표된 논문들 가운데서 우수한 것들을 묶어 단행본으로 간행하기로 한 '남명학연구총서'의 제1권이다. 책머리에는 사임한 김충렬 원장을 대신하여 박병련 부원장이 서문을 싣고 있다. 박 교수는 한국학중앙연구원 소속으로서 그곳에서도 윗사람들을 잘 받들어 모셔 주요 보직을 두루 맡아 온 사람이라고 예전에 김경수 군으로부터 들은 바 있었다. 그래서인지, 이 책에 수록된 성과물들도 김충렬 전 원장의 것을 두 편 싣는 등 이름난 사람들의 것을 열거했으나, 질에 있어서 그다지 의미 있는 것들이라고는 생각되지 않았다.

28 (목) 맑으나 쌀쌀함

오후 2시 40분쯤에 ≪경향신문≫ 문화부의 출판담당 김진우 기자가 전화를 걸어와, 그 신문 토요일자 섹션 '책과 삶' 2면에 '책@세상.깊이읽기'라는 코너에 나가게 될 서평으로서, 최근에 예문서원으로부터 출판된 남명학연구원 엮음 『남명사상의 재조명』과 김충렬 지음 『남명 조식의 학문과 선비정신—다시 울린 千石鍾』에 대한 글을 원고용지 12매 정도로 써 달라고 요청하였다. 수락해 두었다.